Melanie Müller

**Integrationskompetenz von Kunden
bei individuellen Leistungen**

GABLER EDITION WISSENSCHAFT

Markt- und Unternehmensentwicklung

Herausgegeben von
Professor Dr. Dres. h.c. Arnold Picot,
Professor Dr. Professor h.c. Dr. h.c. Ralf Reichwald,
Professor Dr. Egon Franck und
Professorin Dr. Kathrin Möslein

Der Wandel von Institutionen, Technologie und Wettbewerb prägt in vielfältiger Weise Entwicklungen im Spannungsfeld von Markt und Unternehmung. Die Schriftenreihe greift diese Fragen auf und stellt neue Erkenntnisse aus Theorie und Praxis sowie anwendungsorientierte Konzepte und Modelle zur Diskussion.

Melanie Müller

Integrationskompetenz von Kunden bei individuellen Leistungen

Konzeptualisierung, Operationalisierung und Erfolgswirkung

Mit einem Geleitwort von
Prof. Dr. Prof. h.c. Dr. h.c. Ralf Reichwald

Deutscher Universitäts-Verlag

Bibliografische Information Der Deutschen Nationalbibliothek
Die Deutsche Nationalbibliothek verzeichnet diese Publikation in der
Deutschen Nationalbibliografie; detaillierte bibliografische Daten sind im Internet über
<http://dnb.d-nb.de> abrufbar.

Dissertation Technische Universität München, 2007

1. Auflage Juli 2007

Alle Rechte vorbehalten
© Deutscher Universitäts-Verlag | GWV Fachverlage GmbH, Wiesbaden 2007

Lektorat: Frauke Schindler / Sabine Schöller

Der Deutsche Universitäts-Verlag ist ein Unternehmen von Springer Science+Business Media.
www.duv.de

Umschlaggestaltung: Regine Zimmer, Dipl.-Designerin, Frankfurt/Main
Gedruckt auf säurefreiem und chlorfrei gebleichtem Papier
Printed in Germany

ISBN 978-3-8350-0782-6

Geleitwort

Die Arbeit ist im Forschungsfeld „Mass Customization" angesiedelt. Bei diesem Konzept der Wertschöpfung werden Kunden aktiv in betriebliche Leistungserstellungsprozesse integriert. In der Konsequenz wandeln sich die Wertschöpfungsprinzipien, die der Leistungserstellung zu Grunde liegen, tiefgehend. Es entsteht eine Wertschöpfungspartnerschaft – eine „interaktive Wertschöpfung" – die von einem Prozess der kooperativen und freiwilligen Zusammenarbeit zwischen Hersteller und Kunde geprägt ist. Die Kundenintegration bei interaktiven Wertschöpfungsprozessen geht dabei weit über die Rolle des Kunden als externer Faktor im klassischen Dienstleistungsgeschäft hinaus.

Wird aus einer unternehmensbezogenen Wertschöpfung eine interaktive Wertschöpfung mit dem Kunden als Wertschöpfungspartner, dann bestimmen die Beiträge und das Leistungsvermögen des Kunden die Effizienz und Effektivität der unternehmerischen Leistung mit. Nicht nur der Anbieter hat Einfluss auf den Erfolg des Wertschöpfungsprozesses, sondern auch der Kunde bestimmt die Qualität der gemeinsamen Leistungserstellung sowie die Ausprägung nachgelagerter Größen wie der wahrgenommenen Kundenzufriedenheit. Der Zusammenhang zwischen Kundenzufriedenheit und unternehmerischem Erfolg wurde in vielen Untersuchungen nachgewiesen, womit die betriebswirtschaftliche Relevanz der Thematik offenkundig wird.

Vor diesem Hintergrund behandelt die vorliegende Arbeit von Melanie Müller eine aktuelle Thematik: die Operationalisierung und Messung der Kompetenz von Kunden, die in die Leistungserstellung integriert werden, und die Auswirkungen des untersuchten Konstruktes auf den Unternehmenserfolg. Der Begriff *Kundenintegrationskompetenz* beschreibt die Kompetenz, die Kunden für gemeinsame Wertschöpfungsaktivitäten benötigen und lässt sich in drei Komponenten untergliedern: die Fachkompetenz des Kunden, seine Sozialkompetenz sowie die Motivation auf Kundenseite.

Die Untersuchungen über die Bedeutung der Kundenintegrationskompetenz bei interaktiver Wertschöpfung konzentrieren sich auf zwei Schwerpunkte: den Einbezug von Kunden in die Konfiguration („Co-Design") individueller Produkte sowie den Prozess der Leistungserstellung im Sinne von Mass Customization. Mass Customization bedeutet die Herstellung individualisierter Produkte mit den Effizienzanforderungen einer vergleichbaren Massenproduktion. Ein wesentlicher Beitrag zur Erlangung dieser Effizienz ist die Überführung der spezifischen Bedürfnisse in eine konkrete Produktspezifikation durch die Kunden. Diese mit einem dedizierten Konfigurationstool vollzogene Aufgabe ist zum einen erfolgskritisch für die spätere Übereinstimmung der Kundenbedürfnisse mit dem fertigen Produkt, zum anderen aber auch eine „potenzielle Falle", gekennzeichnet durch hohe Komplexität und Unsicherheit für die Kunden. Nur wenn die Kunden eine ausreichende und passende Kundenintegrationskompetenz besitzen, so die These der Autorin, können sie den Konfigurationsvorgang erfolgreich bewältigen. Dies sollte sich in einer höheren wahrgenommenen Servicequalität sowie einer gestiegenen Kundenzufriedenheit niederschlagen – durch besser passende Produkte und eine als geringer wahrgenommene Komplexität.

Untersuchungsziel der empirischen Analyse ist die Konzeptualisierung und Operationalisierung von *Kundenintegrationskompetenz* und die Entwicklung eines entsprechenden Messinstrumentariums. Die Untersuchungen basieren auf explorativen Erhebungen und quantitativ analytischen Methoden einer Kundenbefragung in vier Branchen. Ziel der Analyse ist die Erforschung von Zusammenhängen von Kundenintegrationskompetenz und Unternehmenserfolg, letzteres operationalisiert durch zwei Erfolgskennziffern auf der Unternehmensseite: der „wahrgenommenen Servicequalität" sowie der „Zufriedenheit mit dem individuellen Produkt und dem Unternehmen". Die Zusammenhänge werden aufgedeckt und solide belegt. Darüber hinaus leistet die Arbeit einen generellen Beitrag zur Dienstleistungsforschung. Hier wird das Thema Kundenintegration und Kompetenz von Kunden seit langem diskutiert, mit dem hier vorgelegten Ansatz wird jedoch ein Erfolg versprechender Bezugsrahmen präsentiert, der auch über den Spezialfall des Co-Designs hinaus für weitere Forschungsarbeiten geeignet ist und Beiträge zur Theorieentwicklung leisten kann. Auf der Basis der empirischen Befunde werden umfassende Handlungsempfehlungen für die Steuerung erfolgreicher Co-Design-Prozesse sowie für den Aufbau von Kundenintegrationskompetenz abgeleitet.

Ich wünsche der Arbeit eine breite Aufnahme in Wissenschaft und Praxis und dem Leser erkenntnisreiche Einblicke in die Welt von Mass Customization.

Ralf Reichwald

Vorwort

Die Motivation für diese Arbeit resultiert aus meiner Faszination für die Individualisierung von Leistungen und den Forschungsbereich *Mass Customization* einerseits sowie das Interesse an Fragestellungen des Marketing andererseits. Die Erkenntnis, dass die Integrationskompetenz von Kunden einen wesentlichen Einfluss auf Leistungserstellungsprozesse hat, an denen Kunden mitwirken, wird in der Dienstleistungsforschung schon lange thematisiert, jedoch gibt es bisher kaum empirische Untersuchungen in diesem Themenfeld. Vor diesem Hintergrund verfolgt diese Arbeit das Ziel, die Integrationskompetenz von Kunden bei Mass-Customization-Angeboten zu konzeptualisieren und zu operationalisieren sowie Handlungsempfehlungen für Unternehmen abzuleiten. Hiermit soll ein Beitrag geleistet werden, dieses spannende Forschungsfeld tiefer zu beleuchten.

Die vorliegende Arbeit entstand in den Jahren 2003 bis 2006 während meiner Zeit am Lehrstuhl für Betriebswirtschaftslehre – Information, Organisation und Management der Technischen Universität München im Rahmen meiner Tätigkeit in Forschungsprojekten zum Thema Mass Customization.

Doch die Arbeit entstand nicht von selbst, sondern nur durch die hilfreichen Anregungen und die umfassende Unterstützung vieler Menschen, denen ich dafür danken möchte. Mein ganz besonderer Dank gilt meinem Doktorvater, Herrn Prof. Dr. Prof. h.c. Dr. h.c. Ralf Reichwald, der durch seine Unterstützung sehr stark zu der erfolgreichen Fertigstellung der Dissertationsschrift beigetragen hat. Er hat mir zudem während meiner Zeit am Lehrstuhl stets den notwendigen Freiraum und die erforderliche Inspiration zur Anfertigung dieser Arbeit gegeben. Herrn Prof. Dr. Frank-Martin Belz danke ich für die freundliche Übernahme des Zweitgutachtens.

Insbesondere gilt mein Dank Herrn Prof. Dr. Frank Piller, der mich während meiner Zeit am Lehrstuhl immer gefördert und unterstützt hat und zu meiner fachlichen und persönlichen Weiterentwicklung sehr stark beigetragen hat. Ein herzliches Dankeschön möchte ich auch meinen Kollegen am Lehrstuhl aussprechen, deren Anregungen mir ebenfalls sehr geholfen haben.

Ein ganz besonderes Dankeschön gilt meinem Freund Herbert Gillig, insbesondere, weil er die – nicht immer einfache – Zeit der Promotion mit mir gemeinsam durchlebt hat und mir immer mit aufmunternden Worten und Unterstützung zur Seite stand. Auch meiner Familie und meinen Freunden möchte ich Danke sagen, insbesondere meiner lieben Oma Veronika Müller und meiner Mutter Rita Müller. Beiden habe ich so viel in meinem Leben zu verdanken.

Melanie Müller

Inhaltsverzeichnis

Abbildungsverzeichnis

Tabellenverzeichnis

Anhangsverzeichnis

Abkürzungsverzeichnis

AGFI	Adjusted Goodness-of-Fit-Index
Anm. d. Verf.	Anmerkung der Verfasserin
B2B	Business-to-Business
B2C	Business-to-Consumer
BIC	Bayes Information Criterion
bzw.	beziehungsweise
BiL	Bedürfnis nach individuellen Leistungen
ca.	circa
χ^2	Chi-Quadrat
CEO	Chief Executive Officer
CFA	Confirmatory Factor Analysis
CFI	Comparative-Fit-Index
CIM	Computer-integrated Manufacturing
CIP	Consumer Involvement Profil
DEV	Durchschnittlich erfasste Varianz
df	Anzahl der Freiheitsgrade
d.h.	das heißt
et al.	et alii
EM	Expectation Maximation
etc.	et cetera
f.	folgende
ff.	fortfolgende
FR	Faktorreliabilität
GFI	Goodness-of-Fit-Index
Hrsg.	Herausgeber
hrsg. v.	herausgegeben von
i.d.R.	in der Regel

inkl.	inklusive
IR	Indikatorreliabilität
ITTC	Item to Total Correlation
IuK(-Technologien)	Informations- und Kommunikation(stechnologien)
Jg.	Jahrgang
KIK	Kundenintegrationskompetenz
KuP	Kundenzufriedenheit mit dem Produkt
KuU	Kundenzufriedenheit mit dem Unternehmen
MSA	Measure of Sampling Adequacy
ML	Maximum Likelihood
NFI	Normed-Fit-Index
Nr.	Nummer
n.s.	nicht signifikant
PII	Personal Involvement Inventory
RBV	Resource-based View
RMSEA	Root Mean Squared Error of Approximation
RPII	Revised Personal Involvement Inventory
S.	Seite
SQ	Servicequalität
SMC	Squared Multiple Correlation
SST	Self-service Technologies
sog.	so genannte/r
u.a.	unter anderem
u.E.	unseres Erachtens
ULS	Unweighted Least Squares
u.U.	unter Umständen
v.a.	vor allem
vgl.	vergleiche
Vol.	Volume
z.B.	zum Beispiel

1 Einleitung

1.1 Gemeinsame Wertschöpfung mit Kunden

Viele Anbieter betreiben heute nicht ausschließlich Wertschöpfung für die Kunden, sondern schaffen zusammen mit den Konsumenten Wert, indem sie diese in ihre Wertschöpfungsprozesse integrieren. Kunden sind damit nicht mehr nur Nachfrager einer Leistung, sondern aktive Partner im Rahmen gemeinsamer Wertschöpfungsaktivitäten[1] und leisten dadurch selbst einen wesentlichen Beitrag.[2] Dies führt zu einem vollständigen Wandel der Wertschöpfungsprinzipien:

> *„Aus der von Unternehmen dominierten Wertschöpfung*
> *wird durch die aktive Rolle der Kunden eine interaktive Wertschöpfung.“*[3]

Die zunehmende Integration von Kunden in wertschaffende Vorgänge ist in vielen Bereichen auf Veränderungen der Marktbedingungen zurückzuführen, die für Unternehmen mit neuen Herausforderungen verbunden sind.[4] Beispielhaft sind erhöhter Wettbewerbsdruck, steigende Innovationsdynamik und hohe Marktunsicherheit zu nennen, die in vielen Märkten zu beobachten sind. Hinzu kommt die Herausforderung, mit informierten und aktiven Konsumenten umgehen zu müssen. Konsumenten von heute eignen sich Wissen in den Bereichen an, die sie interessieren. Sie beschaffen sich weltweit Informationen und vernetzten sich global. Sie sind bereit, zu experimentieren und sie gehen aktiv auf Unternehmen zu.[5] Damit steigen auch die Anforderungen der Konsumenten an die Anbieter. Sie fordern heute mehr denn je Leistungen, die ihnen das Leben erleichtern und ganzheitlich ihre Probleme lösen.[6] Beispielsweise verlangen sie auch individuell

---

[1] Vgl. Reichwald/Seifert/Ihl (2004), S. 2. Zur Bezeichnung der gemeinsamen Wertschöpfungsaktivitäten von Konsumenten und Unternehmen wird häufig der Begriff *Value Co-creation* genutzt. Vgl. beispielsweise Friesen (2001), S. 28; Piller (2004), S. 14; Prahalad/Ramaswamy (2003), S. 12; Prahalad/Ramaswamy (2004), S. 10; vgl. ähnlich Normann/Ramirez (1993), S. 69; Ramirez (1999), S. 50; Sheth/Sisodia/Sharma (2000), S. 62; Thomke/von Hippel (2002), S. 74. Vgl. für einen ausführlichen Überblick zur Nutzung des Begriffs in verschiedenen Forschungsdisziplinen Piller (2004), S. 178ff.

[2] Vgl. Normann/Ramirez (1993), S. 66; Prahalad/Ramaswamy (2000), S. 80; Ramirez (1999), S. 50; Reichwald/Piller (2006), S. 13.

[3] Reichwald/Piller (2006), S. 1. Vgl. Reichwald/Piller (2006), S. 11ff. für einen ausführlichen Überblick zum Wandel von Wert und Wertschöpfung in der klassischen Industrieorganisation über die Wertschöpfung in überbetrieblichen Netzwerken hin zur interaktiven Wertschöpfung; vgl. auch Normann/Ramirez (1993), S. 69.

[4] Vgl. Pribilla/Reichwald/Goecke (1996), S. 2; Reichwald/Piller (2006), S. 13.

[5] Vgl. Prahalad/Ramaswamy (2004), S. 2ff.

[6] Vgl. Engelhardt/Kleinaltenkamp/Reckenfelderbäumer (1993), S. 407; Zuboff/Maxmin (2002), S. 4.

auf ihre Bedürfnisse abgestimmte Leistungen.[7] Die aktive Rolle der Kunden begünstigt damit das Entstehen neuer, integrativer Wertschöpfungsaktivitäten.[8]

Im Mittelpunkt dieser Arbeit steht die Integration von Kunden bei einem Angebot individueller Leistungen. Mittlerweile haben beispielsweise alle großen Unternehmen der Sportartikel-Industrie – *Adidas*, *Nike* und *Puma* – individuelle Leistungsangebote entwickelt.[9] *Adidas* bietet den Kunden an, sich in speziell dafür eingerichteten Shop-in-Shop-Einheiten einen individuellen Sportschuh zusammen mit einem Verkäufer zu gestalten. Hierbei wird der Schuh an die individuellen Maße der Kunden angepasst. Zudem bestimmen Nachfrager und Anbieter in einem interaktiven Co-Design-Prozess das Aussehen sowie funktionale Aspekte des Schuhs, z.B. die Dämpfung.

In diesem Zusammenhang wird von Mass Customization gesprochen, wenn trotz der Erfüllung individueller Kundenbedürfnisse die Effizienz einer Massenproduktion angestrebt wird.[10] Wissenschaftlich findet das Thema *Mass Customization* in den letzten Jahren zunehmende Beachtung. Auch die praktische Umsetzung nimmt kontinuierlich zu, so dass Mass Customization heute aus einigen Branchen nicht mehr wegzudenken ist. Die Weiterentwicklung in der Praxis wird dabei zum einen durch neue Technologien der Information und Kommunikation sowie der Produktion getrieben. Zum anderen befriedigt Mass Customization aber auch den zunehmenden Wunsch von Konsumenten nach individuellen Lösungen und ist deshalb mehr und mehr erfolgreich.

Eine wesentliche Bedingung, damit individuelle Leistungen überhaupt erbracht werden können, ist die Kundenintegration – insbesondere die Integration von einzelkundenbezogenen Informationen. Kunden sind bei Mass Customization an der Gestaltung der individuellen Leistung im Rahmen eines Co-Design-Prozesses beteiligt, in dem sie die gewünschte Leistung entsprechend den eigenen Wünschen zusammen mit dem Anbieter spezifizieren. Im Rahmen des Co-Design-Prozesses findet eine Interaktion zwischen Anbieter und Nachfrager statt. Dies kann online geschehen, d.h. mittels eines Webinterface, welches die Kunden selbst bedienen. Jedoch gibt es auch viele Unternehmen, die individuelle Produkte offline anbieten, d.h. in einem Ladengeschäft. In diesem Fall werden die Kunden meist von einem Verkäufer beraten und bei der Konfiguration des gewünschten Produktes unterstützt. Der Grad der Integration der Kunden in die gemeinsame Wertschöpfung ist dabei zum einem vom Angebot bzw. Unternehmenskonzept des Anbieters

---

[7] Generell wird von einem Wertewandel in der Gesellschaft gesprochen, der zu einer zunehmenden Individualisierung des Konsumverhaltens führt. Vgl. Blaho (2001), S. 62ff.; Hildebrand (1997), S. 12; Reichwald/Piller (2006), S. 22f.

[8] Vgl. Reichwald/Piller (2006) für eine ausführliche Darstellung neuer Formen der Wertschöpfung.

[9] Vgl. www.adidas.com, www.rbk.com, www.nike.com, www.puma.de [Stand: 20.06.2006].

[10] Vgl. beispielsweise Blecker/Abdelkafi (2006), S. 2; Davis (1987), S. 169; Duray/Milligan (1999), S. 3ff.; Piller (2003), S. 190; Pine II (1993), S. 48; Reichwald/Piller (2006), S. 199; Tseng/Piller (2003), S. 6; Wehrli/Wirtz (1997), S. 123.

abhängig. Zum anderen aber bestimmen auch die individuelle Bereitschaft und die Fähigkeiten der Kunden das Ausmaß der Interaktion zwischen Kunde und Anbieter sowie deren Ergebnis. Diese Leistungsfähigkeit und -bereitschaft von Kunden wird in der vorliegenden Arbeit betrachtet. In diesem Zusammenhang wird von Kompetenz gesprochen, wenn die Qualifikationen, die Kunden mitbringen, zu den Anforderungen der Integrationsaufgabe passen. Die Kompetenz, die Kunden für die gemeinsamen Wertschöpfungsaktivitäten im Rahmen des Co-Design-Prozesses und damit für ein erfolgreiches Ergebnis benötigen, wird als Kundenintegrationskompetenz (KIK) bezeichnet. Im Gegensatz zur Qualifikation ist Kompetenz weniger allgemein und bezieht sich direkt auf die Aufgaben im Co-Design-Prozess. Ziel der Arbeit ist es, Kundenintegrationskompetenz zu konzeptualisieren und zu operationalisieren. Dadurch können Anbieter ein besseres Verständnis für die Kompetenz von Kunden entwickeln und diese erfolgreicher in den Co-Design-Prozess integrieren. Zudem wird die Kundenintegrationskompetenz in einen übergeordneten Bezugsrahmen eingeordnet. Hierbei werden zentrale Größen der Marketingforschung berücksichtigt, die in Zusammenhang mit dem langfristigen Unternehmenserfolg stehen: Servicequalität und Kundenzufriedenheit.[11] Durch den Nachweis eines Zusammenhangs dieser Größen mit der Integrationskompetenz zeigt sich die Relevanz der Kundenseite für den Erfolg des Leistungsangebotes.

Zur Umsetzung dieser Ziele wird zunächst die Mass-Customization-Literatur betrachtet. Während der Bereich der Offline-Interaktion bisher kaum erforscht ist, ist die Forschung im Bereich des Internetvertriebs individueller Güter relativ weit vorangeschritten.[12] Allerdings werden auch bei der Forschung zu Online-Angeboten kundenbezogene Aspekte nur von wenigen Forschern betrachtet. Eine Auseinandersetzung mit den Fähigkeiten und der Motivation von Kunden findet bis jetzt nur am Rande statt.[13] In der Literatur werden bislang hauptsächlich die produktionstechnischen und logistischen Besonderheiten von Mass Customization untersucht, kundenbezogene Themen stehen bisher im Hintergrund und bieten ein Feld für künftige Forschung.[14] Zudem ist die Forschung stark von der Auseinandersetzung mit dem individuellen Produkt und dessen Präsentation geprägt. Bis auf die Tatsache, dass sich Forscher mit der Wahrnehmung von (zumeist) Online-Konfigurationsprozessen aus Kundensicht befassen,[15] spielen Aspekte, die in Zusammenhang mit dem Co-Design-Prozess stehen, kaum eine Rolle.

---

[11] Vgl. zur Argumentation unter Berücksichtigung der Kundenloyalität Bruhn/Georgi (2005), S. 603ff.; Diller (2006), S. 100ff.; Hippner (2006), S. 31; Homburg/Bruhn (2005), S. 10; Krafft/Götz (2006), S. 340 und Kapitel 6.

[12] Vgl. Kapitel 3.2.

[13] Vgl. beispielsweise Dellaert/Goebel/Dabholkar (2004); Dellaert/Stremersch (2005); Fiore/Lee/Kunz (2004); Guilabert/Donthu (2003); Hart (1995); Kreuzer (2005); Randall/Terwiesch/Ulrich (2005); Simonson (2005); Schreier (2005); Wolny (2005) und Kapitel 3.2.

[14] Vgl. beispielsweise Franke/Piller (2003), S. 579; Kahn (1998), S. 52.

[15] Vgl. beispielsweise Bendapudi/Leone (2003); Franke/Schreier (2002); Kamali/Loker (2002); Ihl et al. (2006); Levin et al. (2002); Park/Jun/MacInnis (2000).

Dies ist insbesondere deshalb erstaunlich, da der Co-Design-Prozess neben dem individuellen Produkt die von dem Kunden wahrgenommene Qualität und seine Zufriedenheit mit dem Angebot beeinflusst.[16] In diesem Zusammenhang stellt KAHN fest: „*Finally, just being part of the process – being involved – seems to increase satisfaction.*"[17] Allerdings ist anzumerken, dass die Beteiligung am Co-Design-Prozess nicht notwendigerweise zu Zufriedenheit führt, sondern dass dieser zielgerichtet gesteuert werden muss. Unternehmen müssen „*[...] für eine effektive und effiziente Integration externer Faktoren [...]*"[18] sorgen. Neben Ansatzpunkten auf Unternehmensseite trägt insbesondere die Qualifizierung der Kunden für die gemeinsamen Wertschöpfungsaktivitäten zu einem erfolgreichen Ergebnis bei.[19] Egal ob Kunden on- oder offline beteiligt sind, ihre Qualifikationen und Kompetenzen beeinflussen den Erfolg des Co-Design-Prozesses.[20]

Da die Betrachtung der Kundenperspektive in der Mass-Customization-spezifischen Literatur bisher erst am Anfang steht, wird zur Umsetzung der Untersuchungsziele dieser Arbeit insbesondere auf die Dienstleistungsliteratur zurückgegriffen, denn Mass-Customization-Angebote können auch als Sach-Dienstleistungsbündel bezeichnet werden. Dabei stellt der Co-Design-Prozess die Dienstleistung[21] des Leistungsbündels dar, das individuelle Produkt die Sachleistung. Aus Kundensicht prägen Immaterialität und Integrativität die Wahrnehmung sowie den Umgang mit derartigen Angeboten; zwei Aspekte, die in der Dienstleistungsforschung bereits intensiv diskutiert werden. Die Auseinandersetzung mit diesen Themen ist auf die konstitutive Integration von externen Faktoren – der Kunden oder eines Objektes aus ihrem Besitz – in den Leistungserstellungsprozess zurückzuführen.[22] Ohne den externen Faktor kann die Dienstleistung schlicht nicht erstellt werden. Beispielsweise wirken Kunden an der Leistungserstellung mehr oder weniger mit, wenn sie sich bei einer Bank oder Versicherung bezüglich diverser Anlagemöglichkeiten beraten lassen. Sie beeinflussen damit sowohl den Prozess als auch das Ergebnis der Beratungsleistung.

Viele Autoren betonen in diesem Zusammenhang die Bedeutung der Kunden als Ressource für das Unternehmen.[23] Dabei herrscht in der Literatur grundsätzlich Einigkeit darüber, dass jeder

---

[16] Vgl. Ihl et al. (2006), S. 174ff. sowie Kapitel 3.2.1.

[17] Kahn (1998), S. 51.

[18] Kleinaltenkamp (1997b), S. 353; vgl. auch Gouthier (2003), S. 1; Meyer/Blümelhuber/Pfeiffer (2000), S. 67f.

[19] Vgl. ähnlich Gouthier (2003), S. 2.

[20] Vgl. ähnlich Corsten/Stuhlmann (2001), S. 229; Gouthier (2003), S. 3; Meyer/Blümelhuber/Pfeiffer (2000), S. 52. Vgl. zur Abgrenzung von Qualifikation und Kompetenz Kapitel 3.1.1.

[21] Der Begriff *Service* wird hierbei – der angloamerikanischen Literatur folgend – synonym zu dem Begriff *Dienstleistung* verwendet, auch wenn er im deutschsprachigen Raum häufig für die Bezeichnung von Zusatzdienstleistungen herangezogen wird. Vgl. Meffert/Bruhn (2003), S. 30.

[22] Vgl. beispielsweise Stauss (1998), S. 1261 und Kapitel 2.1.1.

[23] Vgl. Bateson (1985), S. 52; Bitner et al. (1997), S. 197; Canziani (1997), S. 5; Gersuny/Rosengren (1973), S. 139; Gouthier (2003), S. 37; Gouthier/Schmid (2003), S. 122; Grün/Brunner (2003), S. 91; Lengnick-Hall (1996), S. 797f.; Prahalad/Ramaswamy (2000), S. 82; Schneider/Bowen (1995), S. 3f. Vgl. die Erläuterungen in Kapitel 3.3.2.

einzelne Kunde mit seinen Fähigkeiten und seiner Motivation auf den Prozess der Leistungserstellung sowie das Ergebnis und damit u.a. auch seine eigene Zufriedenheit einwirkt.[24] Ein zentrales Thema in der Diskussion zur Kundenintegration im Dienstleistungsbereich sind deshalb die Beiträge und Rollen von Kunden im Rahmen der gemeinsamen Leistungserstellung mit dem Anbieter. Hierzu gibt es eine Reihe von Arbeiten, allerdings beschränken sich die meisten Autoren auf eine Aufzählung möglicher Kundenrollen und -beiträge. Eine detaillierte Spezifizierung der notwendigen Kompetenzen, die Kunden für derartige Angebote benötigen, wird bisher nur von wenigen Forschern vorgenommen. Hervorzuheben ist in diesem Zusammenhang GOUTHIER, der die für die Dienstleistungserstellung notwendigen Fähigkeiten von Kunden auf Basis der Erkenntnisse der arbeitspsychologischen Forschung konzeptualisiert und drei Bereiche von Kundenintegrationskompetenz differenziert: Fach- bzw. Sachkompetenz, Methoden- und Sozialkompetenz sowie personale Kompetenz.[25] Die Dienstleistungsforschung liefert damit wichtige Hinweise in Hinblick auf die Aufgaben von Kunden im Co-Design-Prozess und unterstützt die Modellierung der Kundenintegrationskompetenz für diesen Prozess entscheidend. Allerdings besteht ein *Forschungsdefizit* in diesem Bereich, welches zur *Problemstellung* dieser Arbeit führt.

Es herrscht ein Defizit an:

1. *wissenschaftlichen Untersuchungen* im Bereich *Kundenintegrationskompetenz* sowie an

2. *empirischen Beiträgen* zur Integrationskompetenz von Kunden bei Co-Design-Prozessen.

Diese Forschungslücke wird mit der vorliegenden Arbeit geschlossen, indem Kundenintegrationskompetenz zunächst modelliert und in einen übergeordneten Rahmen eingeordnet sowie anschließend empirisch untersucht wird. Auch wenn Mass Customization mit spezifischen Anforderungen an die Qualifikationen und Kompetenzen von Kunden verbunden ist, ist zu vermuten, dass die grundlegenden Erkenntnisse dieser Arbeit auch auf andere Formen der Kundenintegration übertragbar sind. Im Dienstleistungsmarketing werden Kundenaufgaben und notwendige Qualifikationen zwar bereits diskutiert, allerdings fehlt eine vertiefende Modellierung und Überprüfung spezifischer Kompetenzen. Durch ein besseres Verständnis der Kundenintegrationskompetenz können Kunden beispielsweise auch erfolgreicher in die Innovationsaktivitäten von Anbietern einbezogen werden. Sind die Facetten bekannt, die kompetente Kunden von weniger kompetenten Kunden unterscheiden, können diese Größen bereits bei der Selektion der Kunden berücksichtigt werden. Zwar gibt es bereits erste Ansätze, allerdings ist auch in diesem Feld noch weitere Forschungsarbeit notwendig.[26]

---

[24] Vgl. hierzu die ausführlichen Erläuterungen in Kapitel 3.3.1 und 3.3.2.

[25] Vgl. Gouthier (2003), S. 92ff.

[26] Vgl. hierzu die weitergehenden Erläuterungen in Kapitel 7.1 und 7.2.3.

1.2   Zielsetzung, Forschungsfragen und Bezugsrahmen der Untersuchung

Aus dem geschilderten Forschungsdefizit sowie der abgeleiteten Problemstellung ergibt sich das Forschungsziel der Arbeit:

> Das *Ziel* dieser Arbeit besteht darin, *Kundenintegrationskompetenz* wissenschaftlich zu untersuchen, wobei die Integrationskompetenz von Kunden für Co-Design-Prozesse sowohl konzeptualisiert und operationalisiert, als auch in einen übergeordneten theoretischen Rahmen eingeordnet wird. Der Modellierung und Einordnung folgt die empirische Untersuchung von Kundenintegrationskompetenz. Auf Basis der Forschungsergebnisse werden Implikationen für die Theorie und konkrete Handlungsempfehlungen abgeleitet.

Das Forschungsziel lässt sich in zwei wesentliche Untersuchungsziele untergliedern, die mit dieser Arbeit verfolgt werden:

- zum einen ein *wissenschaftlich-theoretisches Ziel*, im Rahmen dessen eine Annäherung an die realen Gegebenheiten verfolgt wird, und

- zum anderen ein *praktisches Ziel*, welches auf die Anwendbarkeit der Ergebnisse im Unternehmenskontext gerichtet ist.[27]

Mit Hilfe der innerhalb dieser Arbeit durchgeführten Untersuchungen soll sowohl ein Beitrag zur Schließung der skizzierten Forschungslücke im Bereich Kundenintegrationskompetenz geleistet (wissenschaftlich-theoretisches Ziel) als auch konkrete Handlungsempfehlungen gegeben werden (praktisches Ziel). Die Erreichung beider Ziele basiert auf empirischen Arbeiten, die in Kooperation mit Unternehmen aus vier Branchen durchgeführt wurden. Hierdurch wird sowohl ein Beitrag zur Theorieentwicklung geleistet, als auch praxeologische Aussagen abgeleitet, d.h. *„[...] Aussagen, die einem praktisch Handelnden unmittelbare Hilfestellungen für seine Problemlösung zu bieten vermögen.“*[28] Indem sowohl eine theoretische als auch eine praktische Zielsetzung verfolgt wird, werden die Forderungen von WITTE erfüllt, der für die betriebswirtschaftliche Forschung gesicherte wissenschaftliche Aussagen und praxeologische Konsequenzen fordert.[29] Ähnlich merkt HEINEN an, dass sich die Betriebswirtschaftslehre nicht nur auf ein theoretisches Erkenntnisinteresse beschränken, sondern auch konkrete Handlungsempfehlungen geben sollte: *„Die Betriebswirtschaftslehre hat somit eine theoretische Erklärungs- und eine praktische Gestaltungsaufgabe zu erfüllen.“*[30]

---

[27] Vgl. Reichwald (1977), S. 231; vgl. auch Hoppe/Höllermann (2001).

[28] Grochla (1978), S. 70.

[29] Witte (1972), S. VII; vgl. auch Gerum (1977), S. 212.

[30] Heinen (1991), S. 4.

Im Rahmen des wissenschaftlich-theoretischen Beitrags der Arbeit stehen zwei Forschungsfragen im Vordergrund. Dabei sollen im Sinn der theoretischen Erklärungsfunktion die Gründe für das Auftreten eines Phänomens gefunden werden.[31]

---

1. Wie kann die Kundenintegrationskompetenz bei individuellen Leistungen *konzeptualisiert* und *operationalisiert* werden (Forschungsfrage 1)?

2. Wie kann Kundenintegrationskompetenz in einen *theoretischen Bezugsrahmen* eingeordnet werden (Forschungsfrage 2)?

Trotz der Existenz erster Begriffsbestimmungen herrscht bisher Unklarheit bezüglich des Terminus *Kundenintegrationskompetenz*.[32] Noch gibt es keine fundierten Erkenntnisse zu dieser nicht direkt messbaren Größe, die den wahren, nicht unmittelbar beobachtbaren Zustand eines Phänomens beschreibt und als theoretisches Konstrukt bezeichnet wird.[33] Das Ziel dieser Arbeit besteht deshalb zunächst in der Konzeptualisierung und Operationalisierung von Kundenintegrationskompetenz bei Mass Customization, d.h. der Erarbeitung der Konstruktdimensionen[34] sowie der darauf aufbauenden Entwicklung eines Messinstruments (Forschungsfrage 1).[35]

Im Rahmen der Konzeptualisierung geht es darum, ein grundlegendes und umfassendes Verständnis für die verschiedenen Facetten des Konstruktes, also seine Faktoren und mögliche Dimensionen, zu erhalten.[36] Grundlage aller Arbeitsschritte ist eine Charakterisierung von Mass-Customization-Angeboten aus Kundensicht, die zeigt, dass Integrativität und Immaterialität des Leistungsangebotes zu Herausforderungen auf Kundenseite und besonders einem hohen wahrgenommenen Risiko führen. Dabei trägt insbesondere die Informationsökonomik zum Verständnis der Informationsprobleme bei Mass Customization bei. Die geschilderte Bestandsaufnahme der Literatur zu Mass Customization sowie zu Dienstleistungen hilft im nächsten Schritt, relevante Ansätze und Anknüpfungspunkte zu identifizieren. Hierbei leistet die Dienstleistungsforschung einen wesentlichen Beitrag, da in diesem Bereich Kundenaufgaben und -beiträge

---

[31] Vgl. Heinen (1991), S. 4.

[32] Dabei beschreibt Kundenintegrationskompetenz die Kompetenz von Kunden für integrative Co-Design-Prozesse. Eine erste Konzeption für den Dienstleistungsbereich ist bei Gouthier (2003) zu finden. Hiervon ist die Anbieterkompetenz zur Kundenintegration zu unterscheiden. Vgl. Kapitel 7.3.2.

[33] Vgl. Bagozzi/Phillips (1982), S. 465.

[34] Als Dimension bezeichnet man im Rahmen der Konzeptualisierung und Operationalisierung komplexer Konstrukte einen Bereich, der mehrere Faktoren umfasst. Vgl. Anderson/Gerbing/Hunter (1987), S. 435; Homburg/Giering (1996), S. 6.

[35] Vgl. Homburg/Giering (1996), S. 5. Vgl. Homburg/Giering (1996), S. 5ff. sowie Kapitel 4.1 für die Vorgehensweise bei der Konzeptualisierung und Operationalisierung von Konstrukten.

[36] Vgl. Homburg/Giering (1996), S. 11.

schon lange diskutiert werden. Dagegen steht die Auseinandersetzung mit der Kundenperspektive bei Mass Customization erst am Anfang.

Um möglichst alle relevanten Aspekte von Kundenintegrationskompetenz zu berücksichtigen, werden in dieser Untersuchung deshalb zunächst verschiedene explorative Methoden herangezogen:[37] 17 Interviews mit Experten im Bereich Mass Customization sowie drei Befragungen[38] von 505 (potenziellen) Mass-Customization-Kunden. Zusätzliche Hinweise liefert eine vertiefende Literaturrecherche zu den vermuteten zehn Facetten von Kundenintegrationskompetenz. Diese Arbeiten führen zur Entwicklung eines standardisierten Fragebogens, der die möglichen Aspekte von Kundenintegrationskompetenz mittels 45 Variablen (auch Indikatorvariablen oder Indikatoren genannt) abbildet. Dadurch, dass die Indikatoren in Bezug zu den vermuteten Dimensionen und Faktoren gesetzt werden, wird das Konstrukt messbar gemacht (Operationalisierung).[39] Die erarbeiteten Indikatoren werden im nächsten Schritt mittels eines quantitativen Pre-Tests des Fragebogens sowie einer Expertenbewertung in Hinblick auf ihre Verständlichkeit und Eindeutigkeit sowie die inhaltliche Relevanz für das Konstrukt überprüft. Darauf folgt die eigentliche Datenerhebung unter Kunden von Mass-Customization-Unternehmen aus vier Branchen sowie die anschließende quantitative Analyse. Insgesamt werden 517 Kunden zu ihren Erfahrungen mit dem Kauf eines individuellen Shirts, Anzugs, Fahrrades bzw. Bauproduktes befragt. Das Ziel dieser Schritte ist ein reliables und valides Messmodell für Kundenintegrationskompetenz.

Aus der geschilderten Vorgehensweise wird deutlich, dass in dieser Arbeit die beiden wesentlichen Aufgaben empirischer Forschung – Hypothesenerkundung (Induktion) und Hypothesenprüfung (Deduktion) – verknüpft werden. Ob einer Arbeit eher die hypothesenerkundende oder die hypothesenprüfende Funktion zukommt, orientiert sich am Wissensstand im jeweiligen Forschungsbereich.[40] Während die hypothesenerkundende oder induktive Funktion die Entwicklung neuer Theorien und Hypothesen verfolgt und hilft, deduktiv konzipierte Zusammenhänge auf Grundlage empirischer Daten zu ergänzen und weiterzuentwickeln, besteht die hypothesenprüfende oder deduktive Funktion darin, durch empirische Untersuchungen zu überprüfen, inwieweit sich die aus Theorien, Voruntersuchungen oder Überzeugungen abgeleiteten Hypothesen in der Realität bewähren.[41] Aufgrund des bisherigen Kenntnisstandes im Themenfeld *Kundenintegrationskompetenz* ist die deduktive Vorgehensweise nicht ausreichend, sondern es muss zusätzlich induktiv vorgegangen werden, um die Komponenten von Kundenintegrationskompetenz zu

---

[37] Vgl. Homburg (2000), S. 78.

[38] Vgl. Kapitel 4.2.2.

[39] Vgl. Homburg/Giering (1996), S. 6.

[40] Vgl. Bortz/Döring (2003), S. 35.

[41] Vgl. Bortz/Döring (2003), S. 34f.

entwickeln. In der Arbeit werden somit bekannte Theorien aufgegriffen und gleichzeitig neue, die Theorie erweiternde oder verändernde Perspektiven aufgezeigt.

Die Einbindung von Kundenintegrationskompetenz in einen theoretischen Bezugsrahmen (Forschungsfrage 2) geschieht unter Berücksichtigung von Größen, die von weitreichender Bedeutung in der Marketingforschung sind. Zum einen wird das Bedürfnis nach individuellen Leistungen als Determinante von Kundenintegrationskompetenz berücksichtigt. Dieses steht in engem Zusammenhang zu einem der großen Trends in der Gesellschaft – dem Wunsch nach Individualität. Es wird vermutet, dass Kunden mit einem stärkeren Bedürfnis nach individuellen Leistungen, eine höhere Kundenintegrationskompetenz besitzen. Dies wird darauf zurückgeführt, dass sie sich mit individuellen Angeboten intensiver auseinander setzen. Zum anderen werden Servicequalität und Kundenzufriedenheit als Konsequenzen von Kundenintegrationskompetenz betrachtet. Beide Aspekte stellen zentrale Größen in der Marketingforschung dar und stehen in unmittelbarem Zusammenhang zum Unternehmenserfolg.[42] Es wird angenommen, dass Kunden mit höherer Integrationskompetenz eine bessere Servicequalität wahrnehmen und zufriedener mit dem Unternehmen sowie dem individuellen Produkt sind. Mit Hilfe dieser Größen werden insbesondere auch (Erfolgs-)Auswirkungen von Kundenintegrationskompetenz berücksichtigt und hierdurch die praktische Relevanz der Integrationskompetenz von Kunden aufgezeigt.

Neben dem theoretisch-wissenschaftlichen Ziel wird mit dieser Arbeit ein praktisches Ziel verfolgt, denn „*Die zweite Zielsetzung betriebswirtschaftlicher Forschung besteht darin, den Menschen in Betriebswirtschaften bei der Lösung ihrer ökonomischen Probleme unmittelbare Hilfestellung zu geben (Gestaltungsaufgabe).*"[43] Die *praktische Zielsetzung* besteht in der Ableitung von Handlungsempfehlungen zur Steuerung von Kundenintegrationskompetenz in Hinblick auf die Steigerung des Unternehmenserfolgs. Hierbei ist die Tatsache von zentraler Bedeutung, dass Kundenintegrationskompetenz zu erfolgsrelevanten Größen, wie z.B. der Kundenzufriedenheit, in Beziehung steht. Neben den Möglichkeiten, Kundenintegrationskompetenz direkt zu steuern, kann auch Einfluss auf Aspekte genommen werden, die in unmittelbarem Zusammenhang zu dieser Größe stehen. Aufbauend auf den theoretisch-wissenschaftlich Erkenntnissen ergibt sich die dritte Forschungsfrage:

> 3. Welche *wissenschaftlichen Aussagen* und *praxeologischen Konsequenzen* können aus den durchgeführten Untersuchungen abgeleitet werden (Forschungsfrage 3)?

Die Aussagen und Konsequenzen können drei Bereichen zugeordnet werden, die als wesentlich für erfolgreiche integrative Prozesse angesehen werden:

---

[42] Vgl. Bruhn/Georgi (2005), S. 603ff.; Diller (2006), S. 100ff.; Hippner (2006), S. 31; Homburg/Bruhn (2005), S. 10; Krafft/Götz (2006), S. 340 sowie Kapitel 6.

[43] Heinen (1991), S. 6.

- Welche unternehmensbezogenen Kompetenzen sind notwendig, um Kunden erfolgreich in Co-Design-Prozesse zu integrieren? In welchen Aspekten zeigt sich also die *Anbieterkompetenz zur Kundenintegration?*

- Welche Hinweise können in Hinblick auf die *Gestaltung des Interaktionsprozesses* zwischen Anbieter und Nachfrager gegeben werden? Wie muss dieser Co-Design-Prozess aussehen, damit beide Seiten ihre Kompetenzen bestmöglich entfalten können?

- Wie kann die *Integrationskompetenz von Kunden* gezielt gesteuert werden? Wie kann also diese Integrationskompetenz in Hinblick auf eine erfolgreiche Leistungserstellung bei Co-Design-Prozessen beeinflusst werden?

Die geschilderte Ausgangslage sowie die Ziele der Arbeit und die Forschungsfragen bestimmen den Bezugsrahmen der Arbeit. Ein Bezugsrahmen erfüllt die Funktion eines ordnenden Rahmens durch die strukturierte Darstellung von Ausgangssituation, Untersuchungsgegenstand, eingesetztem Untersuchungsinstrumentarium sowie des verfolgten Untersuchungsziels.[44] Er dient der Systematisierung sowie Ordnung des Untersuchungsbereichs und fördert das Verständnis für das Thema.[45] Dieser Rahmen ist für die vorliegende Arbeit in Abbildung 1 dargestellt und lässt sich wie folgt charakterisieren: Ausgehend von der Tatsache, dass Kunden zunehmend in Wertschöpfungsprozesse von Anbietern integriert werden, ist es – in Hinblick auf den Erfolg des Leistungsangebotes – wichtig, sich mit der Integrationskompetenz von Kunden für integrative Co-Design-Prozesse auseinander zu setzen. Es besteht ein Forschungsdefizit in Hinblick auf Kundenintegrationskompetenz, d.h. es mangelt sowohl an wissenschaftlich-konzeptionellen Untersuchungen als auch an empirischen Beiträgen in diesem Themenfeld. Insbesondere fehlt bislang die empirische Überprüfung der Kompetenz, die Kunden zur Erfüllung integrativer Aufgaben benötigen. Untersuchungsgegenstand dieser Arbeit ist diese Kundenintegrationskompetenz, wobei zwei Forschungsziele – ein wissenschaftlich-theoretisches sowie ein praktisches Ziel – verfolgt werden. Hierunter fallen drei Forschungsfragen, die in dieser Arbeit berücksichtigt werden. Zur Beantwortung der Forschungsfragen werden in der Arbeit Theorien und Erkenntnisse aus verschiedenen Untersuchungsgebieten sowie qualitative und quantitative Methoden berücksichtigt.

---

[44] Vgl. Möslein (2000), S. 6f.

[45] Vgl. Wolf (2005), S. 30.

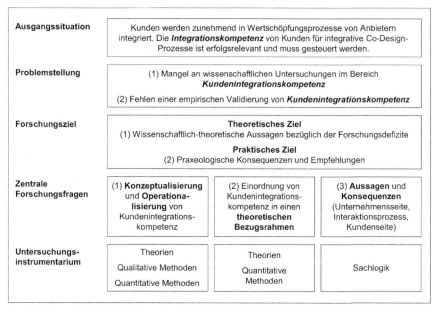

Ausgangssituation	Kunden werden zunehmend in Wertschöpfungsprozesse von Anbietern integriert. Die *Integrationskompetenz* von Kunden für integrative Co-Design-Prozesse ist erfolgsrelevant und muss gesteuert werden.		
Problemstellung	(1) Mangel an wissenschaftlichen Untersuchungen im Bereich **Kundenintegrationskompetenz** (2) Fehlen einer empirischen Validierung von **Kundenintegrationskompetenz**		
Forschungsziel	**Theoretisches Ziel** (1) Wissenschaftlich-theoretische Aussagen bezüglich der Forschungsdefizite **Praktisches Ziel** (2) Praxeologische Konsequenzen und Empfehlungen		
Zentrale Forschungsfragen	(1) **Konzeptualisierung** und **Operationalisierung** von Kundenintegrationskompetenz	(2) Einordnung von Kundenintegrationskompetenz in einen **theoretischen Bezugsrahmen**	(3) **Aussagen** und **Konsequenzen** (Unternehmensseite, Interaktionsprozess, Kundenseite)
Untersuchungs-instrumentarium	Theorien Qualitative Methoden Quantitative Methoden	Theorien Quantitative Methoden	Sachlogik

Abbildung 1: Bezugsrahmen der Arbeit

Es ist anzumerken, dass im Fokus der Arbeit nicht integrative Leistungsbündel per se stehen, denn dies würde eine sehr große Menge von im Detail sehr verschiedenartigen Leistungen umfassen, sondern Mass-Customization-Angebote, die mit einer besonders weitgehenden Integration von Kunden verbunden sind. Die untersuchten Mass-Customization-Angebote werden in Ladengeschäften angeboten, in denen Kunden die individuelle Leistung zusammen mit dem Verkäufer spezifizieren. Auch wenn eine Untersuchung von Offline-Interaktionen stattfindet, können die gewonnenen Erkenntnisse weitestgehend auch für die Online-Forschung herangezogen werden. Die Ergebnisse sind zudem grundsätzlich auf andere Formen der Kundenintegration übertragbar. Allerdings sollten die integrativen Prozesse im Einzelfall analysiert werden.[46]

1.3 Aufbau und Abgrenzung der Arbeit

Die geschilderte Zielsetzung spiegelt sich unmittelbar im Aufbau der Arbeit; diese gliedert sich in insgesamt sieben Kapitel. Vor dem Hintergrund der in *Kapitel 1* geschilderten Ausgangssituation und der zentralen Zielsetzungen widmet sich *Kapitel 2* den für die Arbeit relevanten theoretischen Grundlagen. Im ersten Schritt wird das Prinzip der Kundenintegration dargestellt, da sich das interessierende Konstrukt *Kundenintegrationskompetenz* auf Wertschöpfungsprozesse zwischen An-

---

[46] Hierzu besteht weiterer Forschungsbedarf. Vgl. Kapitel 7.2.3.

bieter und Nachfrager bezieht, die aus der Integration resultieren. Da die Integration einen Inter-aktionsprozess zwischen beiden Parteien erfordert, werden zusätzlich die Grundlagen der Inter-aktion und Kundeninteraktion erläutert und zur Kundenintegration in Verbindung gesetzt. Im Anschluss daran werden Mass-Customization-Angebote als Individualisierungsstrategie charakte-risiert, um ein grundlegendes Verständnis für die Besonderheiten der im Mittelpunkt der Arbeit stehenden, integrativen Leistungen zu schaffen. Hierzu erfolgt insbesondere eine leistungstypolo-gische Einordnung, bei der Immaterialität und Integrativität als wesentliche Kriterien herangezo-gen werden, da beide Aspekte aus Kundensicht zu besonderen Herausforderungen führen. Zum Verständnis der Wahrnehmung integrativer Angebote durch Kunden trägt insbesondere die In-formationsökonomik bei, die im Grundlagenkapitel abschließend erläutert wird.

Nach den theoretischen Vorüberlegungen wird in *Kapitel 3* – aufbauend auf den Grundlagen zum Kompetenzbegriff – der Stand der Forschung im Themenfeld Kundenkompetenz dargestellt. Dies dient der Spezifizierung der Rollen und Beiträge von Kunden beim Kauf individueller Pro-dukte und der Entwicklung eines Verständnisses für die Facetten, die einen Kunden mit hoher Integrationskompetenz ausmachen. Da die Betrachtung der Kundenperspektive in der Mass-Customization-spezifischen Literatur bisher erst am Anfang steht, wird insbesondere auf die Dienstleistungsliteratur zurückgegriffen, in der Aufgaben und Beiträge von Kunden bereits sehr intensiv diskutiert werden. Die verschiedenen Ansätze und Erkenntnisse werden umfassend dar-gestellt und erläutert. Schwerpunkt ist dabei ein Schema zur Strukturierung der Kundenintegrati-onskompetenz bei Dienstleistungen nach GOUTHIER.[47]

Basierend auf den Ergebnissen der Bestandsaufnahme der Literatur dient *Kapitel 4* dazu, das Konstrukt *Kundenintegrationskompetenz,* seine Dimensionen und Faktoren zu konzeptualisieren sowie zu operationalisieren. Bei der Konzeptualisierung werden im Rahmen von explorativen Vorstudien sowohl qualitative als auch quantitative Methoden kombiniert und 17 Experten sowie 505 Kunden befragt. Neben den explorativen Arbeiten wird zudem eine vertiefende Analyse der relevanten Literatur zu den möglichen Facetten von Kundenintegrationskompetenz, die die bis-herigen Arbeiten vermuten lassen, durchgeführt. Geeignete Indikatoren werden dabei aus der Literatur übernommen und im Rahmen abschließender Pre-Tests überprüft, wodurch die Opera-tionalisierung erfolgt. Zudem wird das Konstrukt *Kundenintegrationskompetenz* verwandten Kon-strukten gegenübergestellt und Gemeinsamkeiten sowie Unterschiede herausgearbeitet.

In *Kapitel 5* wird die erarbeitete Indikatorenmenge in Hinblick auf ihre Reliabilität und Validität überprüft, wodurch ein allgemeingültiges Messinstrument für Kundenintegrationskompetenz entwickelt wird. Die Datenanalyse basiert auf der Auswertung von 517 Kunden-Fragebögen aus den Branchen *Shirt, Anzug, Rad* und *Bauprodukt.* Ausgangspunkt der Analysen sind zehn Aspekte, von denen vermutet wird, dass sie Facetten von Kundenintegrationskompetenz darstellen: Pro-

---

[47] Vgl. Gouthier (2003), S. 92ff.

duktwissen, Produkterfahrung, Prozesswissen, Prozesserfahrung, Produktinvolvement, Kaufinvolvement, Konsum-Hedonismus, kommunikative Fähigkeiten, Bedürfnis nach Interaktion mit dem Verkaufspersonal sowie Technologieaffinität. Die möglichen Faktoren werden vier Dimensionen zugeordnet: Fachkompetenz, Sozialkompetenz, Methodenkompetenz sowie Motivation.

Anschließend werden die Dimensionen sowie Faktoren empirisch getestet und die Ausgangsindikatoren zur Konstrukterfassung auf ihre Wirksamkeit hin geprüft. Dabei werden die geläufigen Gütekriterien berücksichtigt und der Vorgehensweise von HOMBURG/GIERING zur quantitativen Analyse gefolgt.[48] Ein abschließender Re-Test mit 264 Studenten dient der Validierung der Ergebnisse.

Nachdem in Kapitel 5 die Entwicklung eines reliablen und validen Messinstruments für Kundenintegrationskompetenz dargestellt wurde, werden in *Kapitel 6* die Beziehungen des Konstruktes zu anderen Konstrukten aus relevanten Forschungsgebieten untersucht, wodurch die Einbettung in einen übergeordneten theoretischen Bezugsrahmen erfolgt. Hierbei werden eine Determinante – das Bedürfnis nach individuellen Leistungen – sowie drei Konsequenzen von Kundenintegrationskompetenz – Servicequalität, Zufriedenheit mit dem Produkt sowie Zufriedenheit mit dem Unternehmen – berücksichtigt. Es wird vermutet, dass Kundenintegrationskompetenz die Servicequalität und die Zufriedenheit mit dem Anbieter sowie dem Produkt beeinflusst; zudem bestehen möglicherweise Relationen zwischen den verschiedenen Konsequenzen. Beziehungen zwischen Kundenintegrationskompetenz und der Determinante bzw. insbesondere den Konsequenzen weisen darauf hin, dass das Konstrukt *Kundenintegrationskompetenz* Erfolgsrelevanz besitzt.

Die Ergebnisse der Untersuchungen werden in *Kapitel 7* aufgegriffen und diskutiert. Zudem werden die zentralen Implikationen für die Forschung sowie der weitere Forschungsbedarf erläutert. Aus den Untersuchungen können zudem zahlreiche Anknüpfungspunkte für die Unternehmenspraxis gewonnen werden: Neben Hinweisen zur Entwicklung der Anbieterkompetenz zur Kundenintegration, die für eine erfolgreiche Integration ebenso wichtig ist wie die Kundenkompetenz, werden Hinweise zur Gestaltung der Interaktionsprozesse zwischen Anbieter und Nachfrager gegeben. Einen weiteren Schwerpunkt bilden die Maßnahmen zur gezielten Steuerung der Integrationskompetenz von Kunden, die unmittelbar an den empirischen Erkenntnissen der Arbeit ansetzen.

Abbildung 2 zeigt den Aufbau der Arbeit im Überblick.

---

[48] Vgl. Homburg/Giering (1996), S. 12ff. und Kapitel 5.1.3.

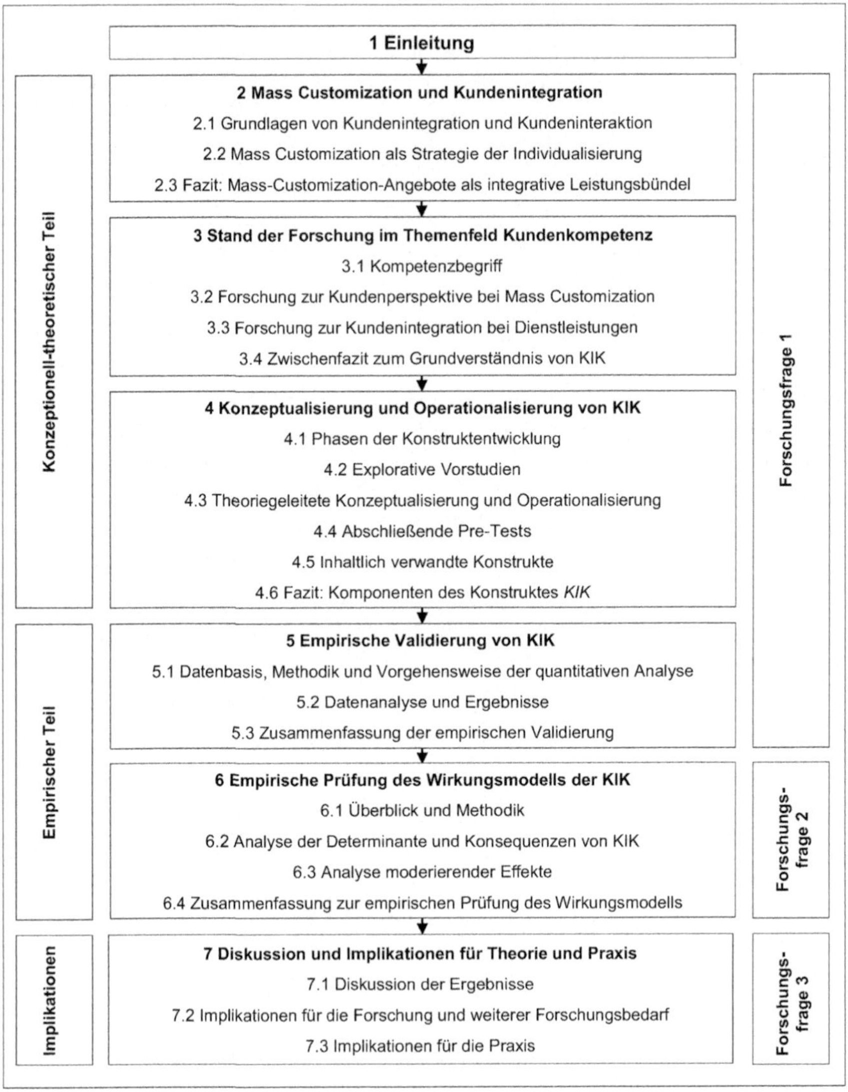

1 Einleitung

2 Mass Customization und Kundenintegration

2.1 Grundlagen von Kundenintegration und Kundeninteraktion

2.2 Mass Customization als Strategie der Individualisierung

2.3 Fazit: Mass-Customization-Angebote als integrative Leistungsbündel

3 Stand der Forschung im Themenfeld Kundenkompetenz

3.1 Kompetenzbegriff

3.2 Forschung zur Kundenperspektive bei Mass Customization

3.3 Forschung zur Kundenintegration bei Dienstleistungen

3.4 Zwischenfazit zum Grundverständnis von KIK

4 Konzeptualisierung und Operationalisierung von KIK

4.1 Phasen der Konstruktentwicklung

4.2 Explorative Vorstudien

4.3 Theoriegeleitete Konzeptualisierung und Operationalisierung

4.4 Abschließende Pre-Tests

4.5 Inhaltlich verwandte Konstrukte

4.6 Fazit: Komponenten des Konstruktes *KIK*

5 Empirische Validierung von KIK

5.1 Datenbasis, Methodik und Vorgehensweise der quantitativen Analyse

5.2 Datenanalyse und Ergebnisse

5.3 Zusammenfassung der empirischen Validierung

6 Empirische Prüfung des Wirkungsmodells der KIK

6.1 Überblick und Methodik

6.2 Analyse der Determinante und Konsequenzen von KIK

6.3 Analyse moderierender Effekte

6.4 Zusammenfassung zur empirischen Prüfung des Wirkungsmodells

7 Diskussion und Implikationen für Theorie und Praxis

7.1 Diskussion der Ergebnisse

7.2 Implikationen für die Forschung und weiterer Forschungsbedarf

7.3 Implikationen für die Praxis

Linke Randbeschriftung: Konzeptionell-theoretischer Teil · Empirischer Teil · Implikationen

Rechte Randbeschriftung: Forschungsfrage 1 · Forschungsfrage 2 · Forschungsfrage 3

Abbildung 2: Aufbau der Arbeit

2 Mass Customization und Kundenintegration

Das Prinzip der Kundenintegration wird im Folgenden dargestellt, denn dies ist wesentlich für das Verständnis des im Mittelpunkt dieser Arbeit stehenden Konstruktes *Kundenintegrationskompetenz.* Da gemeinsame Wertschöpfungsaktivitäten einen Interaktionsprozess zwischen Nachfrager und Anbieter implizieren, werden anschließend die Prinzipien der (Kunden-)Interaktion erläutert und zur Kundenintegration in Verbindung gesetzt.

Nach Erläuterung der Grundlagen wird Mass Customization als eine Form der Kundenintegration charakterisiert. Im Anschluss daran werden Mass-Customization-Angebote anhand ihrer Immaterialität und Integrativität eingeordnet. Beide Aspekte führen aus Kundensicht zu besonderen Herausforderungen und sind deshalb in Hinblick auf die Modellierung von Kundenintegrationskompetenz relevant. Abschließend wird der Beitrag der Informationsökonomik zum Verständnis der Informationsprobleme bei Mass Customization dargestellt.

2.1 Grundlagen von Kundenintegration und Kundeninteraktion

Die Integrationskompetenz von Kunden zeigt sich im Rahmen des gemeinsamen Leistungserstellungsprozesses mit dem Anbieter und beschreibt die Kompetenz für die Co-Design-Aktivitäten. Für das Verständnis des im Mittelpunkt der Arbeit stehenden Konstruktes *Kundenintegrationskompetenz* ist es deshalb wesentlich, die grundlegenden Prinzipien kennen zu lernen, auf denen die Leistungserstellung basiert. Hierzu werden im Folgenden Kundenintegration, interaktive Wertschöpfung sowie Kundeninteraktion erläutert und zueinander in Beziehung gesetzt.

2.1.1 Kundenintegration und interaktive Wertschöpfung

Kundenintegration in verschiedenen Forschungsrichtungen

Der Begriff der *Kundenintegration* geht auf PARSONS zurück, der sich mit der Integration von Kunden in den Dienstleistungsprozess befasst und den Ausdruck 1970 in die Literatur eingeführt hat.[49] Bis heute ist der Begriff sehr stark mit dem Dienstleistungsmarketing verbunden bzw. wird als Kriterium herangezogen, um Sach- von Dienstleistungen zu unterscheiden.[50] Integrativität bedeutet, dass bei manchen Angeboten die Leistungserstellung nicht möglich ist, ohne dass Kunden sich selbst oder eines ihrer Objekte, z.B. ein Fahrzeug bei einer Reparatur, als so genannten

---

[49] Vgl. Parsons (1970), S. 2ff.

[50] Vgl. Berekoven (1974), S. 29; Bowen (1986), S. 373; Corsten (1997), S. 28; Corsten/Stuhlmann (2001), S. 78f.; Engelhardt/Kleinaltenkamp/Reckenfelderbäumer (1993), S. 401ff.; Hilke (1989), S. 12f.; Meffert (1994), S. 521; Meffert/Bruhn (2003), S. 60ff.; Meyer (1996), S. 17ff.; Meyer/Mattmüller (1987), S. 188f. sowie die Erläuterungen in Kapitel 2.2.2 dieser Arbeit.

externen Faktor in den Leistungserstellungsprozess einbringen.[51] Externe Faktoren sind Faktoren, die zeitlich begrenzt in den Verfügungsbereich des Anbieters gelangen und mit internen Produktionsfaktoren im Leistungserstellungsprozess kombiniert werden, z.b. Personen (mit unterschiedlichem Aktivitätsgrad), Objekte, Tiere, Rechte, Nominalgüter und/oder Informationen.[52] Dabei gilt die Übertragung von kundenspezifischen Informationen als konstitutives Element der Kundenintegration, wohingegen die anderen Faktoren fakultativ sind.[53]

Daneben befassen sich verschiedene Autoren mit der Kundenintegration in Business-to-Business (B2B)-Märkten. In der deutschen Literatur sind hier insbesondere die Autoren ENGELHARDT und KLEINALTENKAMP zu nennen, die mit dem Begriff *Customer Integration* eine eigenständige Forschungsrichtung etabliert haben.[54] KLEINALTENKAMP beispielsweise bezieht sich bei seiner Definition von Kundenintegration zwar auf das Dienstleistungsmarketing bzw. den Dienstleistungsprozess, Ausgangspunkt sind für ihn jedoch B2B-Märkte. In diesen Märkten werden selten ausschließlich Sachleistungen verkauft, sondern die offerierten Leistungen sind meist Leistungsbündel und besitzen einen starken *Dienstleistungscharakter*.[55] In der Praxis zeigt sich in verschiedenen Branchen, dass zunehmend keine einzelnen Leistungen, sondern derartige Leistungsbündel oder -systeme angeboten werden, die sich aus mehreren Einzelleistungen zusammensetzen.[56] CHASE/GARVIN postulieren in diesem Zusammenhang schon 1989: „*The manufacturers that thrive into the next generation, then, will compete by bundling services with products anticipating and responding to a*

---

[51] Vgl. Stauss (1998), S. 1261.

[52] Vgl. Corsten (1990), S. 92; Engelhardt/Freiling (1995), S. 905; Engelhardt/Kleinaltenkamp/Reckenfelderbäumer (1993), S. 401; Fließ (2001), S. 7; Hilke (1989), S. 12; Kleinaltenkamp (2002), S. 445; Lengnick-Hall (1996), S. 798; Maleri (2001), S. 136. Ein externer Faktor weist folgende Merkmale auf: Er ist für den Dienstleistungsanbieter nicht frei am Markt disponierbar und bleibt vor, während und nach dem Erstellungsprozess zum Teil in der Verfügungsgewalt des Abnehmers. Auf ihn wird außerdem während der Leistungserstellung eingewirkt; umgekehrt wirkt auch er auf den Dienstleister ein. Vgl. Meffert/Bruhn (2003), S. 62. Dienstleistungen, bei denen der Konsument selbst als externer Faktor an der Leistungserstellung beteiligt ist, werden als personenbezogene Dienstleistungen bezeichnet. Vgl. Meyer/Blümelhuber/Pfeiffer (2000), S. 53.

[53] Vgl. Bowen (1986), S. 378; Engelhardt/Freiling (1995), S. 906; Engelhardt/Kleinaltenkamp/Reckenfelderbäumer (1993), S. 416; Fließ (2001), S. 28; Kleinaltenkamp (1996), S. 15; Kleinaltenkamp (1997b), S. 350; Kleinaltenkamp (2000), S. 208; Kleinaltenkamp (2002), S. 445; Mills/Chase/Margulies (1983), S. 302f.; Piller (2004), S. 135. Hinsichtlich der Auffassung, dass Informationen zu den externen Faktoren gezählt werden, sind die Meinungen allerdings geteilt. Vgl. zur Diskussion Engelhardt/Kleinaltenkamp/Reckenfelderbäumer (1993), S. 402. Corsten (1990), S. 172 nutzt den Begriff der *Auftragsleistung* für Leistungen, die in auftragsorientierter Produktion nach den individuellen Anforderungen des jeweiligen Abnehmers gefertigt werden. Er merkt an, dass Unterschiede zu Dienstleistungen eher gradueller denn grundsätzlicher Natur seien. In der vorliegenden Arbeit wird der Sichtweise gefolgt, dass es sich bei Informationen um externe Faktoren handelt.

[54] Vgl. beispielsweise Engelhardt/Freiling (1995); Engelhardt/Kleinaltenkamp/Reckenfelderbäumer (1993); Fließ (2001); Jacob (2003); Kleinaltenkamp (1996); Kleinaltenkamp (1997a); Kleinaltenkamp (1997b); Kleinaltenkamp (2000); Kleinaltenkamp (2002); Kleinaltenkamp (2005); Kleinaltenkamp/Fließ/Jacob (1996); Kleinaltenkamp/ Haase (1999); Weiber/Jacob (2000).

[55] Vgl. Kleinaltenkamp (1996), S. 15; Kleinaltenkamp (2000), S. 207; vgl. auch Kleinaltenkamp (2005), S. 365ff.

[56] Vgl. beispielsweise Crosby/DeVito/Pearson (2003), S. 19; Engelhardt/Kleinaltenkamp/Reckenfelderbäumer (1993), S. 407; Kersten/Zink/Kern (2006), S. 191; Meffert (1995), S. 681; Normann/Ramirez (1993), S. 68.

truly comprehensive range of customer needs. "[57] Mit dem Angebot von Leistungsbündeln wird oft das Ziel verfolgt, ein Kundenproblem zu lösen und damit den Kundennutzen zu steigern.[58] Daraus ergibt sich in vielen Fällen die Anpassung des Leistungsangebotes an die individuellen Bedürfnisse des Kunden.[59] Ein Beispiel ist eine nach Kundenwunsch konfigurierte Telefonanlage, bei der die Produktion nach der Kundenspezifikation und -bestellung erfolgt.

Auch bei der kundenspezifischen Leistungserstellung ist die Integration externer Faktoren ein konstitutives Merkmal.[60] Kunden müssen dem Anbieter zumindest Informationen darüber übermitteln, welchen Anforderungen die Leistung entsprechen soll.[61] Die individuellen Informationen gehen dann als externe Faktoren in den Leistungserstellungsprozess ein.[62] Zudem zeigt sich, dass Kunden mit dem Anbieter häufig auch über die Einbringung von Informationen hinaus zusammenarbeiten.[63] Dabei kann die Mitwirkung der Kunden mehr oder weniger intensiv sein, wobei Unterschiede beispielsweise auf die Art des Leistungsangebotes oder die Mitwirkungsfähigkeit und -bereitschaft der Kunden zurückzuführen sind.[64]

Der Leistungserstellungsprozess bei integrativen Leistungen

Sowohl bei klassischen Dienstleistungen als auch bei der Erstellung hochspezifischer Leistungen ergibt sich die Notwendigkeit, externe Faktoren – insbesondere Informationen – in den Leistungserstellungsprozess des Anbieters zu integrieren. Daraus resultiert ein mehrstufiger Produktionsprozess, der sich in Vor- und Endkombination unterteilen lässt. Zunächst kombiniert der

---

[57] Chase/Garvin (1989), S. 62.

[58] Vgl. Kersten/Zink/Kern (2006), S. 191; Reichwald/Möslein (1997), S. 89; Shostack (1982), S. 53; Spath/Demuß (2003), S. 475. Die zunehmende Bedeutung in der Praxis hat dazu geführt, dass das Thema der *Leistungsbündel* auch in der Literatur vor allem seit Mitte der 1990er Jahre diskutiert wird. Vgl. beispielsweise Crosby/DeVito/Pearson (2003); Engelhardt/Kleinaltenkamp/Reckenfelderbäumer (1993); Homburg/Kühlborn/Stock (2005); Homburg/Stock/Kühlborn (2005); Kersten/Zink/Kern (2006); Korell/Ganz (2000); Meyer (1991); Nemeth/Ohlhausen (2000); Reichwald/Möslein (1997); Shostack (1982), S. 49ff.; Schenk/Ryll/Schady (2003); Spath/Demuß (2003); Stremersch/Tellis (2002). Es wird auch davon gesprochen, dass Produkte zunehmend durch Leistungen ersetzt werden. Vgl. Belz (1999), S. 809.

[59] Vgl. Kleinaltenkamp (2005), S. 365. Die Individualisierung kann auch an produktbegleitenden sowie reinen Dienstleistungen ansetzen. Vgl. Kleinaltenkamp (2005), S. 366f. In Fällen, in denen ein Produkt angeboten wird, kann ein guter Service vor oder nach dem Kauf zusätzlichen Kundennutzen stiften und die nicht-monetären Kosten der Kunden reduzieren, z.B. Zeit, Aufwand und physischen Stress. Vgl. Parasuraman/Grewal (2000), S. 169.

[60] Vgl. Engelhardt/Kleinaltenkamp/Reckenfelderbäumer (1993), S. 402f.; Fließ (2001), S. 4; Hildebrand (1997), S. 32; Jacob (1995), S. 200; Jacob (2003), S. 84f.; Kleinaltenkamp (1996), S. 15; Mayer (1993), S. 38.

[61] Vgl. Burghard/Kleinaltenkamp (1996), S. 169.

[62] Vgl. Hildebrand (1997), S. 34; Kleinaltenkamp (1996), S. 15.

[63] Vgl. Atkins et al. (2002), S. 23; Kleinaltenkamp (1996), S. 15.

[64] Vgl. Kapitel 3.3.2.

Anbieter interne Faktoren und schafft ein Leistungspotenzial.[65] Aufgrund der Tatsache, dass ein Unternehmen diese Schritte ohne den Kunden vornehmen kann, spricht man von der autonomen Disposition des Anbieters. Im nächsten Schritt – der Endkombination – werden interne und externe Faktoren zusammengebracht, um die Absatzleistung zu erstellen.[66] Wesentlich hierbei ist, dass das Leistungsergebnis nur zusammen mit dem Abnehmer erreicht werden kann. Abbildung 3 zeigt das Prinzip der Zweiteilung des Leistungserstellungsprozesses bei integrativen Leistungsangeboten.

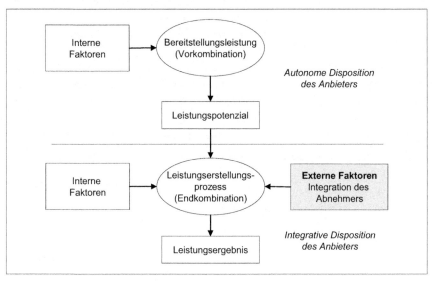

Abbildung 3: Integration externer Faktoren in den Leistungserstellungsprozess[67]

Bei der Erstellung individueller Leistungen findet Kundenintegration auf der Informationsebene statt.[68] Im Zentrum steht die systematische Sammlung und Aufbereitung von Informationen mit dem Ziel, Produkte so zu gestalten, dass sie den Wünschen der Kunden entsprechen.[69] Entsprechend geben REICHWALD/PILLER folgende Definition von Kundenintegration:

---

[65] Zudem muss der Anbieter bereit sein, die Leistung zu erbringen, d.h. die vorkombinierten, internen Produktionsfaktoren für Konsumenten zur Verfügung halten. Vgl. Oppermann (1998), S. 27.

[66] Vgl. Corsten (1990), S. 172; Corsten (2001), S. 59; Corsten/Stuhlmann (2001), S. 227; Hildebrand (1997), S. 33; Jacob (1995), S. 209; Kleinaltenkamp (2002), S. 446; Maleri (1994), S. 168; Maleri (2001), S. 139; Meffert/Bruhn (2003); Spath/Demuß (2003), S. 476.

[67] In Anlehnung an Hildebrand (1997), S. 33; Reichwald/Piller (2002), S. 37; Reichwald/Piller (2006), S. 48.

[68] Vgl. Reichwald/Müller/Piller (2005), S. 14f.; Reichwald/Piller (2002), S. 474.

[69] Vgl. Meyer/Blümelhuber/Pfeiffer (2000), S. 59; Piller (2004), S. 179; Reichwald/Müller/Piller (2005), S. 15.

„Kundenintegration bezeichnet die Kombination von Informationen und Wissen aus der Domäne des Kunden mit internen Faktoren des Anbieterunternehmens als Voraussetzung der Leistungserstellung."[70]

Damit ist die zielorientierte Gestaltung der Informationsflüsse im Unternehmen ein wesentliches Erfolgskriterium für die kundenindividuelle Leistungserstellung.[71] Es bedarf eines durchgängigen und integrierten Informationsflusses von der Aufnahme der Kundenbedürfnisse bis hin zur Auslieferung und der Nachkaufbetreuung.[72]

Interaktive Wertschöpfung

Die Integrativität des Leistungserstellungsprozesses impliziert einen interaktiven Co-Design-Prozess zwischen Anbieter und Nachfrager. Die Interaktion (vgl. zur Definition und Abgrenzung Kapitel 2.1.2) zwischen Kunde und Unternehmen ist damit ein wesentliches Kennzeichen jeder kundenspezifischen Leistungserstellung.[73] GERSCH interpretiert das Verhältnis zwischen Abnehmer und Anbieter bei der integrativen Leistungserstellung als Kooperation, die beiden Parteien Nutzen stiften kann, allerdings sind auch Beiträge aller Beteiligten erforderlich.[74] Den kooperativen Charakter des Austausches zwischen Anbieter und Nachfrager bei der Kundenintegration beschreiben REICHWALD/PILLER. Die Autoren führen den Begriff der *interaktiven Wertschöpfung* ein, den sie wie folgt definieren:

„Interaktive Wertschöpfung beschreibt einen Prozess der kooperativen (und freiwilligen) Zusammenarbeit zwischen Hersteller und Kunde (Nutzer) zwischen den Extremen einer gänzlich hersteller- bzw. gänzlich kundendominierten Wertschöpfung. Die Zusammenarbeit kann sich sowohl auf operative Aktivitäten als auch auf eine Produkt- und Prozessentwicklung beziehen. Der interaktive Wertschöpfungsprozess wird dabei entweder durch das Unternehmen oder durch den Kunden initiiert."[75]

Nach Meinung der Autoren bedeutet interaktive Wertschöpfung Kooperation und sozialen Austausch im Rahmen gemeinsamer Wertschöpfungsaktivitäten, wobei es unterschiedliche Arten der Zusammenarbeit in verschiedenen Phasen des Wertschöpfungsprozesses gibt.[76] Wesentliches

---

[70] Reichwald/Piller (2006), S. 49.

[71] Vgl. Piller/Reichwald/Möslein (2000), S. 2; Reichwald/Piller (2002), S. 474. Blattberg/Glazer (1994), S. 9 machen hierzu folgende Aussage: *„Being truly customer focused is not possible if the organization is not, first, information intensive."*

[72] Vgl. Reichwald/Piller (2002), S. 474.

[73] Vgl. Backhaus/Voeth (2004), S. 10; Corsten (1990), S. 171; Corsten/Stuhlmann (2001), S. 230; Jäger (2004), S. 31; Ramirez (1999), S. 61; Reichwald/Piller (2002), S. 474.

[74] Vgl. Gersch (1995), S. 64f.; Reichwald/Piller (2002), S. 38.

[75] Reichwald/Piller (2006), S. 44.

[76] Vgl. Reichwald/Piller (2006), S. 44f.

Kennzeichen der interaktiven Wertschöpfung ist die aktive und freiwillige Beteiligung der Kunden.[77] Erfolgreich ist die Interaktion nur dann, wenn sie für alle Beteiligten einen Nutzen schafft, der die mit der interaktiven Wertschöpfung verbundenen Kosten übersteigt.[78] Die Grundlagen von Interaktion und Kundeninteraktion werden im Folgenden erläutert.

2.1.2   Interaktion zwischen Kunde und Anbieter

Grundlagen zu Interaktion und Kundeninteraktion

Wie bereits dargelegt, ist zur Realisierung von Kundenintegration und interaktiver Wertschöpfung eine Interaktion zwischen Kunde und Anbieter im Leistungserstellungsprozess notwendig. Dies stellt auch CORSTEN vor dem Hintergrund des Dienstleistungsmarketing fest:

„Die Interaktivität zwischen Anbieter und Nachfrager ist dabei eine logische Konsequenz der Integration des externen Faktors in den Erstellungsprozess."[79]

Damit ist die Kundeninteraktion das Medium, durch das die Kundenintegration stattfindet. Die Interaktion beschreibt sozusagen, wie die Integration ausgeführt wird und muss betrachtet werden, wenn man die relevanten Facetten von Kundenintegrationskompetenz bestimmen möchte. Dabei ist die Interaktion ein Phänomen, das in verschiedenen Disziplinen diskutiert wird und mit unterschiedlichen Begriffsdefinitionen und -verständnissen verbunden ist.[80] Zwar liegt eine einheitliche Begriffsauffassung bis heute nicht vor, allerdings ist in vielen Fällen folgende Definition von HOMANS Ausgangspunkt der Beiträge:

„When we refer to the fact that some unit of activity of some man follows, or […] is stimulated by some unit of activity of another, […], then we are referring to interaction."[81]

Aus verhaltenswissenschaftlicher Sicht wird häufig die Anwesenheit von zwei oder mehreren Individuen herausgehoben. Beispielsweise definieren JONES/GERARD die dyadische Interaktion zwischen zwei Individuen wie folgt:

---

[77] Hierdurch grenzt sich die interaktive Wertschöpfung auch von Self-Service-Technologien ab, bei denen der Kunde zwangsweise aufgrund von Rationalisierungsmaßnahmen integriert wird Vgl. Reichwald/Piller (2006), S. 46. Bei Self-Service-Angeboten gestaltet der Kunde den Service autonom, oft mittels eines technologischen Interface. Vgl. beispielsweise Meuter et al. (2000).

[78] Vgl. Reichwald/Piller (2006), S. 46; Wikström (1996b), S. 363.

[79] Corsten (1990), S. 171.

[80] Vgl. Möller (2004), S. 11.

[81] Homans (1950), S. 36.

„Dyadic interaction commences when two persons begin to behave in each others presence."[82]

Einen Schritt weiter geht PIONTKOWSKI, der in seiner Definition neben der Anwesenheit mehrerer Individuen auch die Verhaltensbeeinflussung berücksichtigt:

„Eine soziale Interaktion liegt dann vor, wenn zwei Personen in der Gegenwart des jeweils anderen auf der Grundlage von Verhaltensplänen Verhaltensweisen aussenden und wenn dabei die Möglichkeit besteht, dass die Aktionen der einen Person auf die der anderen einwirken."[83]

Eine Überführung des Begriffs *Interaktion* aus dem Bereich der Verhaltenswissenschaften in die Marketing-Literatur geschieht durch EVANS sowie SCHOCH, die den Kaufvorgang als Interaktion zwischen Nachfrager und Anbieter spezifizieren.[84] Hierbei wird die Interaktion von den ökonomischen, sozialen und personalen Charakteristika der beteiligten Parteien beeinflusst.[85] Die Verkäufer-Käuferbeziehung ist somit ein Spezialfall gesellschaftlicher Interaktionsprozesse.[86] Generell stehen in der wirtschaftswissenschaftlichen Literatur die wechselseitige Abhängigkeit sowie die gegenseitige Verhaltensbeeinflussung der Beteiligten stärker im Vordergrund.[87] Die zentrale Bedeutung der Interdependenz wird beispielsweise aus der Definition von JOHANSEN ersichtlich:

„Interaction occurs when there are two or more actors in a system involving interdependencies in the sense that the result achieved by one actor in some way or the other depends upon actions taken by other actors beside the action taken by the same actor."[88]

Auch STAEHLE/CONRAD/SYDOW betonen in ihrer Definition die gegenseitige Verhaltensbeeinflussung, wobei sie diese als zweckgerichtet charakterisieren:

---

[82] Jones/Gerard (1967), S. 505; vgl. auch Thibaut/Kelley (1986), S. 10. Vgl. zur Unterscheidung der Interaktion nach der Anzahl der beteiligten Personen auch Kern (1990), S. 18. Der Autor differenziert dyadisch-personale und multi-personale Interaktionsansätze. In dieser Arbeit stehen dyadische Interaktionen im Vordergrund, da es um die Interaktion von Kunde und Anbieter bei der Gestaltung einer individuellen Leistung geht.

[83] Piontkowski (1982), S. 10.

[84] Vgl. Evans (1963); Schoch (1969).

[85] Vgl. Evans (1963), S. 76.

[86] Vgl. Kratz (1975), S. 158.

[87] Vgl. Backhaus/Voeth (2004), S. 10; Kleinaltenkamp (1993), S. 81; Macharzina (1970), S. 50f.; Merten (1993), S. 195ff.; Möller (2004), S. 12; Neuhaus (1996), S. 76; Schreiner (2005), S. 37; Solomon et al. (1985), S. 101; Staehle/Conrad/Sydow (1999), S. 308; Wilson (1976), S. 395.

[88] Johansen (1981), S. 229.

„Unter Interaktion als dem grundlegenden Phänomen des Verhaltens zwischen Menschen versteht man zweckgerichtete wechselseitige soziale Beziehungen zwischen mindestens zwei Interaktionspartnern."[89]

Trotz Fehlen einer einheitlichen Begriffsbestimmung lassen sich zusammenfassend die folgenden drei Kriterien einer Interaktion darstellen:[90]

- es treten mindestens zwei Individuen miteinander in Kontakt,

- es besteht eine zeitlichen Abfolge von Aktionen und Reaktionen und

- die Handlungen der Beteiligten orientieren sich aneinander.

Anzumerken ist, dass eine Interaktion nicht unbedingt die physische Gegenwart der Interaktionspartner erfordert, sondern auch über Medien, z.B. das Internet, erfolgen kann.[91] Zudem kann eine Interaktion auch zwischen Mensch und Maschine bzw. einem Medium wie dem Internet-Interface stattfinden, wie dies bei Self-Service-Angeboten gegeben ist.[92]

Interaktion versus Transaktion und Kommunikation

In den Wirtschaftswissenschaften werden Interaktionen vorwiegend im Rahmen von Transaktionen betrachtet, weshalb beide Begriffe voneinander abzugrenzen sind. Viele Autoren sehen einen engen Zusammenhang zwischen Interaktion und Transaktion. Diese Sichtweise erklärt die Bedeutung der zielgerichteten Verhaltensbeeinflussung sowie der wechselseitigen Abhängigkeit als Merkmale von Interaktionen.[93] Allerdings werden die Begriffe nicht einheitlich verwendet bzw. die Autoren haben unterschiedliche Ausgangspunkte.

So wird der Zweck von Transaktionen in der Übertragung von Verfügungsrechten (Property Rights)[94] oder Leistungen gesehen. Beispielsweise definiert PLINKE eine Transaktion wie folgt:

„Eine Transaktion ist eine Übereinkunft zwischen zwei Parteien über das jeweils zu Gebende und das zu Erhaltende."[95]

---

[89] Staehle/Conrad/Sydow (1999), S. 308.

[90] Vgl. Corsten/Stuhlmann (2001), S. 230; Jäger (2004), S. 32; Kern (1990), S. 9; Schoch (1969), S. 92f.

[91] Vgl. Jäger (2004), S. 32; Kratz (1975), S. 158; Macharzina (1970), S. 27.

[92] Vgl. hierzu beispielsweise Bateson (1985); Meyer/Pfeiffer (1998), S. 300; Meuter et al. (2000); vgl. zu Self-Service-Angeboten Kapitel 4.3.4. Zudem erfolgt in dieser Arbeit eine Konzentration auf personale Interaktionsansätze. Vgl. für einen Überblick über organisationale Ansätze beispielsweise Stotko (2005), S. 62ff.

[93] Vgl. Möller (2004), S. 14.

[94] Property Rights sind die mit einem Gut verbundenen Handlungs- und Verfügungsrechte, die den Akteuren aufgrund von Rechtsordnungen und Verträgen zustehen. Vgl. Picot/Reichwald/Wigand (2003), S. 46. Die Property-Rights-Theorie befasst sich mit diesen Verfügungsrechten. Vgl. Picot/Reichwald/Wigand (2003), S. 45.

[95] Plinke (2000), S. 44.

Für den Autor ist eine Transaktion damit eine Vereinbarung hinsichtlich der Übertragung von Verfügungsrechten, wobei festgelegt werden muss, welche Property Rights wie zu transferieren sind. Dieses Verständnis der Transaktion als Einigung über Verfügungsrechte legt auch COMMONS zugrunde, der den Transaktionsbegriff als erster Forscher grundlegend spezifiziert.[96] Andere Autoren schränken den Transaktionsbegriff stärker auf die Übertragung physischer Leistungen ein.[97] Unabhängig davon, ob der Transaktionsbegriff mit der Übertragung von Verfügungsrechten verbunden oder eher objektbezogen gesehen wird, wesentlich ist, dass jede Transaktion *„wechselseitig, ineinander passende Austauschbeziehungen"*,[98] also Interaktionen, impliziert. GEMÜNDEN sieht folgende Beziehung: *„Der Ausgang eines Transaktionsprozesses ist das Ergebnis einer Interaktion zwischen bestimmten Interaktionspartnern."* [99] In diesem Zusammenhang ist auch die Sichtweise von KIRSCH/KUTSCHKER zu sehen, die feststellen, dass es verschiedene Arten von Nachfrager-Anbieter-Interaktionen gibt, wobei sie die Interaktionen als Transaktionen bezeichnen, die den Tausch von Gütern zum Anlass haben.[100] Ebenso betont JACOB, dass die soziale Interaktion in einem ökonomischen Zusammenhang primär mit dem Tausch von Gütern verbunden ist.[101]

Auch in dieser Arbeit werden unter dem Begriff *Transaktion* die Interaktionen verstanden, die den Austausch von Verfügungsrechten oder Gütern zum Zweck haben. Mit Transaktionen sind in jedem Fall Interaktionen verbunden und es bestehen bei jeder Transaktion wechselseitige, soziale Beziehungen zwischen Nachfrager und Anbieter.[102] Eine Transaktion kann mehrere Interaktionen beinhalten, je nachdem welche Schritte für einen erfolgreichen Leistungsaustausch notwendig sind.[103]

Neben der Differenzierung von der Transaktion ist Interaktion von der Kommunikation abzugrenzen. Kommunikation meint die Übermittlung von Informationen und Bedeutungsinhalten mit dem Ziel der Beeinflussung bestimmter Adressaten entsprechend festgelegter Ziele.[104] Forscher sind sich grundsätzlich darüber einig, dass Interaktion einerseits eine spezielle Form der Kommunikation ist, nämlich eine erfolgreich zustandegekommene verbale und nichtverbale Kommunikation. Andererseits ist Interaktion eine Form sozialen Handelns, die über den reinen

---

[96] Vgl. Commons (1934), S. 58. Vgl. beispielsweise auch Picot/Dietl/Franck (2005), S. 46f. Transaktionen bilden den zentralen Betrachtungsgegenstand der Transaktionskostentheorie, die auf Coase (1937) zurückgeht.

[97] Vgl. Williamson (1985).

[98] Plinke (2000), S. 44.

[99] Gemünden (1981), S. 17.

[100] Vgl. Kirsch/Kutschker (1978) sowie die dort zitierte Literatur.

[101] Vgl. Jacob (2002), S. 51; vgl. auch Jäger (2004), S. 34.

[102] Vgl. auch Jäger (2004), S. 34; Plinke (2000), S. 44; Tunder (2000), S. 67.

[103] Vgl. Möller (2004), S. 15; Plinke (2000), S. 44.

[104] Vgl. Bruhn (2005), S. 3.

Informationstransfer hinausgeht und ganze Kommunikationssequenzen als zwischenmenschliches Verhalten thematisiert.[105] Dies zeigt auch die Definition von ENGELS/TIMAEUS:

> „Während Interaktion u.E. jede wechselseitige Beeinflussung von A durch Verhalten von B und umgekehrt meint, soll „Kommunikation" die Übermittlung von Informationen für Zeichen z.B. im Rahmen solcher Beeinflussungsprozesse bedeuten."[106]

Kommunikation ist damit ein wesentliches Kennzeichen jeder Interaktion.[107] Kommunikation wiederum ist mit dem wechselseitigen Austausch von Informationen zwischen mindestens zwei Partnern verbunden.[108] In der Betriebswirtschaft wird Kommunikation vorwiegend als Prozess verstanden, bei dem der Informationsaustausch der aufgabenbezogenen Verständigung dient.[109] Bei sozialen Interaktionen ist die Kommunikation stets zweiseitig und auch wenn ein Beteiligter sich nicht verbal äußert, sendet er durch sein Verhalten Signale aus.[110]

Interaktionen bei Dienstleistungen

Die Interaktion von Anbieter und Nachfrager wird insbesondere auch im Dienstleistungsbereich diskutiert, was sich aus der Integrativität von Dienstleistungen ergibt (vgl. Kapitel 2.1.1). Zwischen Dienstleistungsanbieter und Kunde finden vor, während und nach der Leistungserstellung vielfältige, mehr oder weniger zielorientierte sowie strukturierte Interaktionen statt.[111] Wie bereits erläutert, impliziert die Integrativität der Leistungserstellung eine Interaktion zwischen den beteiligten Akteuren.[112] Eine soziale Interaktion liegt dann vor, wenn eine personenbezogene Dienstleistung angeboten wird oder wenn der Kunde an objektbezogenen Dienstleistungen mitwirkt.[113] In der englischsprachigen Literatur stößt man in diesem Zusammenhang auf den Begriff *Service Encounter*,[114] der das Zusammenkommen von Nachfrager und Anbieter und den Moment der

---

[105] Vgl. Staehle/Conrad/Sydow (1999), S. 309.

[106] Engels/Timaeus (1983), S. 345f.

[107] Vgl. Nerdinger (1998), S. 1183; Williams/Spiro/Fine (1990), S. 29.

[108] Vgl. Reichwald (1993), S. 2174; Reichwald (2005), S. 257.

[109] Vgl. Reichwald (2005), S. 257.

[110] Vgl. Reichwald (2005), S. 260.

[111] Vgl. Nerdinger (1994), S. 64; vgl. zur Interaktion bei Dienstleistungen beispielsweise auch Bienzeisler (2004); Bruhn/Stauss (2001); Helm (2001); Roth (2001); Skaggs/Huffman (2003).

[112] Vgl. Corsten (1990), S. 171.

[113] Vgl. ähnlich Meyer/Mattmüller (1987), S. 189.

[114] Vgl. beispielsweise Bettencourt/Gwinner (1996); Bitner (1990); Bitner/Booms/Tetreault (1990); Lovelock/Wirtz (2004); Solomon et al. (1985); Surprenant/Solomon (1987); Zeithaml/Bitner (2000).

Interaktion beschreibt. Auch der Begriff *Moment of Truth (Augenblick der Wahrheit)* wird in diesem Zusammenhang häufig verwendet.[115] SHOSTACK gibt folgende Definition von *Service Encounter*:

„[…] a period of time during which a consumer directly interacts with a service."[116]

Die Definition spiegelt ein sehr weites Verständnis der Interaktion bei Dienstleistungen wider und umfasst sowohl die Mitarbeiter als auch das physische Umfeld und weitere tangible Elemente.[117] Andere Autoren integrieren zudem Interaktionen mit unpersönlichen *Service Delivery Systems* oder mit anderen Kunden in ihre Definition von *Service Encounter*.[118] Dem sozialen Interaktionsverständnis ähnlicher ist dagegen die Konzentration auf den Austausch und die persönliche Interaktion mit den Kundenkontaktmitarbeitern.[119] Dies wird beispielsweise aus der Definition von SOLOMON et al. ersichtlich. Sie sehen *Service Encounter* als

„[…] face to face interactions between a buyer and a seller in a service setting."[120]

Andere Autoren bezeichnen die persönliche Interaktion als *Spoken Interaction* und grenzen sie hierdurch von anderen Formen der Interaktion ab.[121] LOVELOCK/WIRTZ unterscheiden *High-contact Services*, die von der persönlichen Interaktion zwischen Mitarbeiter und Kunde gekennzeichnet sind, sowie *Low-contact Services*, bei denen wenig oder überhaupt kein physischer Kontakt zwischen Kunde und Anbieter zustande kommt, sondern beispielsweise Technologien genutzt werden.[122]

Zusammenfassend kann festgestellt werden, dass (persönliche) *Service Encounter* zielgerichtete Transaktionen sind, deren Ergebnis von den koordinierten Aktionen der beteiligten Akteure abhängt.[123] Dabei beinhalten manche Dienstleistungen mehr, manche weniger Interaktionen.[124]

---

[115] Vgl. Zeithaml/Bitner (2000), S. 86.

[116] Shostack (1985), S. 243; vgl. auch Bitner (1990), S. 69.

[117] Vgl. Shostack (1985), S. 243.

[118] Vgl. Lovelock/Wirtz (2004), S. 32. Baron/Harris/Davies (1996), S. 75 bezeichnen den sichtbaren Teil des Systems bei der Dienstleistungserbringung als *Service Delivery System*. Innerhalb dieses Systems erlebt ein Kunde vielfältige Interaktionen: mit dem Personal, der physischen Umgebung und der Ausstattung sowie mit anderen Kunden.

[119] Vgl. Bettencourt/Gwinner (1996), S. 3; Bitner/Booms/Tetreault (1990), S. 72.

[120] Solomon et al. (1985), S. 100; vgl. auch Surprenant/Solomon (1987), S. 87.

[121] Vgl. Baron/Harris/Davies (1996), S. 75.

[122] Vgl. Lovelock/Wirtz (2004), S. 33.

[123] Vgl. Solomon et al. (1985), S. 101.

[124] Vgl. Zeithaml/Bitner (2000), S. 86. Eine Differenzierung von Dienstleistungen nach dem Grad der Interaktion nehmen beispielsweise Bienzeisler (2004), S. 4 oder Meffert (1994), S. 524f. vor.

STAUSS/SEIDEL bezeichnen die Summe aller Interaktionen im Zusammenhang mit der Dienst-leistungserstellung als Kundenprozess bzw. -pfad.[125]

Das Verstehen der Interaktion ist wesentlich, um Kundenintegrationskompetenz konzeptualisie-ren zu können. Aufgrund des Dienstleistungscharakters von Mass-Customization-Angeboten können vielfältige Hinweise zur Mitarbeiter-Kunde-Interaktion aus der Dienstleistungsliteratur gewonnen werden (vgl. hierzu auch Kapitel 3.3). Vertiefende Hinweise zu den Interaktionen bei Mass Customization liefern die explorativen Studien, die in Kapitel 4.2 geschildert werden. Zu-nächst wird nachfolgend das Konzept *Mass Customization* eingeführt.

2.2   Mass Customization als Strategie der Individualisierung

Wie in Kapitel 1 dargestellt, betrachtet diese Arbeit Kundenintegrationsprozesse im Rahmen von Mass Customization, einer durch Kundenintegration und -interaktion gekennzeichneten Wert-schöpfungsstrategie. Dabei stellt Mass Customization spezifische Anforderungen an die Kunden und deren Fähigkeiten sowie Kompetenzen. Im folgenden Abschnitt soll deshalb das Konzept *Mass Customization* vorgestellt und charakterisiert werden. Jedoch sind die grundlegenden Er-kenntnisse dieser Arbeit, die für Mass-Customization-Angebote erarbeitet werden, auch auf ande-re Formen der Kundenintegration übertragbar.[126]

2.2.1   Definition und Abgrenzung von Mass Customization

Mass Customization (auch: *kundenindividuelle Massenfertigung*) ist eine Wettbewerbsstrategie, die mit der Individualisierung eines Angebotes verbunden ist. Dies bedeutet, dass eine Leistung offeriert wird, die auf die individuellen Bedürfnisse und Präferenzen jedes einzelnen Abnehmers abge-stimmt ist.[127] Individualisierung impliziert, dass der Abnehmer in die Leistungserstellung integ-riert ist.[128] Gleichzeitig wird jedoch eine Effizienz angestrebt, die sich an der Massenfertigung orientiert, was dazu führt, dass sich eine Mass-Customization-Strategie zur klassischen Individua-lisierung bzw. klassischen Einzelfertigung klar abgrenzt.[129] Ein weiteres wesentliches Kennzei-chen ist die Integration der Kunden in die Leistungserstellung im Rahmen eines interaktiven Co-

---

[125] Vgl. Stauss/Seidel (2001), S. 128.

[126] Um diese Vermutung zu belegen, ist weitere Forschungsarbeit notwendig. Vgl. hierzu Kapitel 7.2.

[127] Vgl. Reichwald/Piller (2006), S. 195.

[128] Vgl. Hildebrand (1997), S. 35; Mayer (1993), S. 38 und Kapitel 2.1.1.

[129] Es handelt sich sozusagen um eine Strategie zwischen Individualisierung und Standardisierung, genauer gesagt werden Elemente beider Strategien vereinigt. Vgl. Blaho (2001), S. 17f.; Lampel/Mintzberg (1996), S. 24; Reichwald/Piller (2006), S. 197. Aus wettbewerbsstrategischer Sicht stellt eine Mass-Customization-Konzeption eine hybride Wettbewerbsstrategie dar, d.h. eine simultane Kombination der Strategien *Differenzierung* und *Kosten-führerschaft*. Vgl. Blaho (2001), S. 60; Piller (2003), S. 211. Vgl. zu den generischen Wettbewerbsstrategien Porter (1999).

Design-Prozesses. Die Bedeutung dieses Prozesses wird auch aus der Definition für Mass Customization von REICHWALD/PILLER ersichtlich, welche die Grundlage dieser Arbeit bildet:

„Mass Customization bezeichnet die Produktion von Gütern und Leistungen, welche die unterschiedlichen Bedürfnisse jedes einzelnen Nachfragers dieser Produkte treffen, mit der Effizienz einer vergleichbaren Massen- bzw. Serienproduktion. Grundlage des Wertschöpfungsprozesses ist dabei ein Co-Design-Prozess zur Definition der individuellen Leistung in Interaktion zwischen Anbieter und Nutzer."[130]

Aus der Definition wird deutlich, dass vier Prinzipien Kennzeichen jeder Mass-Customization-Strategie sind (vgl. auch Abbildung 4):[131]

- *Differenzierungsvorteil (Angebot individueller Leistungen)*: Der Differenzierungsvorteil wird dadurch erreicht, dass bestimmte Produkteigenschaften an die individuellen Präferenzen jedes einzelnen Kunden angepasst werden. In Hinblick auf die Individualisierung der Leistung stehen verschiedene Optionen zur Verfügung. Beispielsweise ist es möglich, ein Produkt, z.B. ein Kleidungsstück oder einen Bürostuhl, an die individuellen Körpermaße anzupassen (Fit). Denkbar ist auch eine Anpassung von gustativen und visuellen Aspekten (ästhetisches Design), z.B. der Rahmenfarbe eines Fahrrades. Zudem können die Eigenschaften eines Produktes in Hinblick auf den Verwendungszweck individuell ausgestaltet werden (Funktionalität). Beispielhaft ist die Anpassung der Dämpfung eines Laufschuhs an den vorwiegend genutzten Untergrund zu nennen.

- *Kostenposition (Massenproduktionseffizienz)*: Anbieter von Mass-Customization-Leistungen orientieren sich bei Herstellung und Vertrieb der individuellen Leistungen an der Effizienz der Massenproduktion. Zusätzliche Kosten, z.B. in der Produktionsplanung und -kontrolle oder im Vertrieb, können durch verschiedene Potenziale ausgeglichen werden, die eine Mass-Customization-Strategie mit sich bringt. Hierfür existieren zwei wesentliche Ansatzpunkte: Ein Bereich von Kostensenkungspotenzialen, die so genannten Economies of Integration, resuliert aus der Nutzung von Kundenwissen zur Vermeidung von Verschwendung sowie zur Erhöhung der Abhängigkeit der Abnehmer.[132] Weitere Kosteneinsparungspotenziale ergeben sich aus der Tatsache, dass alle Aktionen innerhalb ei-

---

[130] Reichwald/Piller (2006), S. 199. Der Begriff *Mass Customization* geht auf Davis (1987) zurück. Vgl. Davis (1987), S. 169. Dieser wiederum bezieht sich auf Toffler (1970), 210ff., der die These der zunehmenden Individualisierung der Gesellschaft als Ausgangspunkt dafür sieht, dass die Massenmärkte verschwinden und sich die Produkte zunehmend an den Wünschen der Nachfrager orientieren müssen. Vgl. beispielsweise auch Blecker/Abdelkafi (2006), S. 2; Duray/Milligan (1999), S. 3ff.; Piller (2003), S. 190; Pine II (1993), S. 48; Reichwald/Piller (2000), S. 601f.; Tseng/Piller (2003), S. 6; Wehrli/Wirtz (1997), S. 123. Die Autoren stimmen überein, dass Mass Customization das Angebot kundenindividueller Leistungen mit der Effizienz der Massenproduktion zu verbinden versucht.

[131] Vgl. Piller (2005), S. 315ff.; Reichwald/Piller (2006), S. 199ff.; Tseng/Piller (2003), S. 6.

[132] Vgl. auch Piller/Möslein/Stotko (2004), S. 439ff.

nes begrenzten Lösungsraumes geschehen (vgl. die nachfolgenden Erläuterungen).[133] Eng verbunden mit der Kosteneffizienz ist das Bestreben, das individuelle Produkt zu einem Preis anzubieten, der sich eher am Preis eines vergleichbaren Standardgutes als dem Preis der klassischen Einzelfertigung orientiert. Es wird somit dasselbe Marktsegment fokussiert, welches vorab ein vergleichbares Standardgut gekauft hat.[134]

- *Stabiler Lösungsraum (stabile Prozesse und Produktarchitekturen)*: Mass Customization bedeutet – im Gegensatz zur klassischen Individualisierung – nicht Individualität (nahezu) ohne Grenzen, sondern Individualität innerhalb eines stabilen Lösungsraumes. Letztendlich können nur dann die Kosten der Leistungserstellung trotz individueller Prozesse, z.b. in der Produktion, der Logistik oder dem Vertrieb, niedrig gehalten werden. Der Umfang des Lösungsraumes wird im Rahmen der autonomen Vorproduktion vom Anbieter festgelegt. Die Prozesse sind zwar stabil, jedoch ausreichend flexibel. Ein festgelegter *Solution Space* ist damit ein weiteres Merkmal jeder Mass-Customization-Strategie und der wesentliche Unterschied zur klassischen Einzelfertigung, bei der nicht nur die Leistung, sondern auch der Prozess der Leistungserstellung für jeden Kunden individualisiert wird.[135]

- *Kundenintegration (Kunden Co-Design)*: Die Integration der Kunden in die Wertschöpfung in Form eines Co-Design-Prozesses ist das zentrale Element der Definition von Mass Customization und auf die Tatsache zurückzuführen, dass es für das Angebot einer individuellen Leistung nötig ist, die Wünsche und Anforderungen des Leistungsabnehmers zum Anbieter zu transferieren; andernfalls ist die Erstellung der individuellen Leistung nicht möglich. Kunden werden in diesem Zusammenhang als Co-Designer bezeichnet, da sie an der Gestaltung der individuellen Leistung mitwirken.[136] Mass Customization beruht damit auf den geschilderten Prinzipien der Kundenintegration bzw. der interaktiven Wertschöpfung sowie der Kundeninteraktion (vgl. Kapitel 2.1.1).

---

[133] In Zusammenhang zu den Kosteneinsparungspotenzialen sind zudem die Nutzung modularer Produktarchitekturen (vgl. beispielsweise Du/Jiao/Tseng (2003), S. 157; Sahin (2000), S. 60) sowie der Einsatz spezialisierter Informationssysteme für Konfiguration, Produktionsplanung, Order-Tracking und Beziehungsmanagement (vgl. beispielsweise Lee/Barua/Whinston (2000), S. 103) zu nennen.

[134] Vgl. Piller (2005), S. 317.

[135] Vgl. Piller (2005), S. 316.

[136] Vgl. zu Co-Design und Interaktion von Anbieter und Kunde im Rahmen der Erstellung einer individuellen Leistung beispielsweise auch Franke/Piller (2003), S. 578; Franke/Piller (2004), S. 403; Franke/Schreier (2002), S. 7; Khalid/Helander (2003); Piller (2004), S. 147; Piller/Stotko (2003), S. 173f.; Ulrich/Anderson-Connell/Wu (2003), S. 401f.; Wikström (1996a); Wikström (1996b). Auch in anderen Disziplinen wird der Begriff *Co-Design* verwendet, beispielsweise wird er in der Dienstleistungsliteratur genutzt, um die Rolle des Kunden als Informationsquelle für eine Verbesserung des grundlegenden Dienstleistungsdesigns zu beschreiben. Vgl. Meyer/Blümelhuber/Pfeiffer (2000), S. 56 und Kapitel 3.3.2. Im Bereich der Produktentwicklung dient der Begriff der Charakterisierung eines Produktentwicklungsprozesses, in dem der Kunde aktiv involviert ist und Produkte mitgestaltet. Vgl. Piller (2004), S. 179f. Der Unterschied zu Co-Design bei Mass Customization besteht darin, dass der Kunde bei Mass Customization das Design der individuellen Lösung bestimmt und nicht unmittelbar das Aussehen (zukünftiger) Leistungen, die möglicherweise für viele Abnehmer angeboten werden.

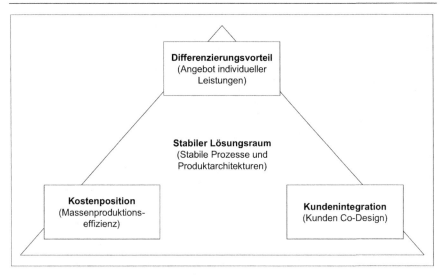

Abbildung 4: Prinzipien von Mass Customization[137]

Die Beteiligung der Kunden an der Gestaltung des individuellen Produktes im Rahmen des Co-Design-Prozesses steht im Mittelpunkt dieser Arbeit. Erst wenn die gewünschte Leistung durch die Kunden spezifiziert wurde, kann die Erstellung angestoßen werden. Wie bei spezifischen, komplexen Problemlösungen in B2B-Märkten werden damit Informationen vom Nachfrager zum Anbieter übertragen und gehen als externe Faktoren in den Produktionsprozess ein. Damit besitzen auch Mass-Customization-Prozesse große Ähnlichkeit mit Kundenintegrationsprozessen im klassischen Dienstleistungsbereich.[138] Der Kunde kann an der Leistungserstellung mehr oder weniger aktiv mitarbeiten, wobei Mass-Customization-Angebote tendenziell eine höhere Aktivität auf Kundenseite erfordern, als dies bei vielen herkömmlichen integrativen Angeboten in B2B-Märkten notwendig ist. Während der Kunde dort seine Anforderungen an die Leistung oft nur nennt, wirkt er bei Mass-Customization-Angeboten – meist unterstützt durch ein Interaktions- oder Konfigurationstool – sehr häufig direkt an der Spezifizierung der Lösung mit. Es werden damit in der Regel nicht nur Bedürfnisinformationen der Kunden zum Anbieter übertragen, sondern gleichzeitig in vielen Fällen auch Problemlösungsinformationen, beispielsweise in Form von konkreten Leistungseigenschaften, wenn der Kunde die verschiedenen Produktkomponenten – gegebenenfalls mit Anbieterunterstützung – selbst auswählt und kombiniert.[139]

---

[137] Vgl. Reichwald/Piller (2006), S. 200.

[138] Vgl. Hildebrand (1997), S. 34; Schnäbele (1997), S. 25.

[139] Vgl. für weitergehende Erläuterungen von Hippel (2001), S. 248ff.

Damit ist Mass Customization im Grunde kein vollkommen neues Wertschöpfungsprinzip. Das Neue ist die Erstellung kundenindividueller Lösungen in Business-to-Consumer (B2C)-Märkten sowie auch in B2B-Märkten mit einer Kosteneffizienz, die diese Güter auch für große Marktsegmente erschwinglich macht.[140] Ein wesentlicher Enabler hierfür sind neue Informations- und Kommunikationstechnologien (IuK-Technologien) wie das Internet. Diese ermöglichen kostengünstige gemeinsame Wertschöpfungsaktivitäten häufig erst.[141] Sie unterstützen die effiziente Erhebung und Verarbeitung der individuellen Kundeninformationen.[142] Diese Informationen sowie die Gestaltung der Informationsflüsse nehmen eine zentrale Stellung bei jedem Mass-Customization-Angebot ein.[143] Werden individuelle Leistungen im Sinn von Mass Customization angeboten, sind insbesondere Interaktionswerkzeuge – so genannte Konfiguratoren oder Toolkits – wichtig für den Erfolg, da sie eine wirtschaftliche Kombination von Angebot und kundenspezifischen Bedürfnissen sehr oft erst möglich machen.[144]

Jedes Mass-Customization-Angebot erfordert eine Kunde-Anbieter-Interaktion.[145] Die Interaktion ist, wie in Kapitel 2.1.2 erläutert, auf die Integration des Kunden im Rahmen der Leistungserstellung zurückzuführen und zumindest im Rahmen des Co-Design-Prozesses erforderlich, wenn Nachfrager und Anbieter die individuelle Leistung spezifizieren. BROEKHUIZEN/ALSEM merken in diesem Zusammenhang an: *„With mass customization, customers must first interact with the producer, the retailer or the product (i.e. adaptive products) to configure their product."*[146] Beide Parteien müssen also miteinander persönlich oder medial in Kontakt treten. Der Kunde kommuniziert dem Anbieter seine Anforderungen in Hinblick auf das individuelle Produkt; der Anbieter unterstützt den Kunden bei der Gestaltung der kundenspezifischen Lösung. Bei der Zusammenführung von Nachfragerwünschen und Unternehmensmöglichkeiten soll das Produkt entstehen, welches die individuellen

---

[140] Vgl. Wikström (1996b), S. 360.

[141] Vgl. Normann/Ramirez (1993), S. 68f.; Prahalad/Ramaswamy (2000), S. 80; Reichwald/Piller (2001), S. 2ff.; Reichwald/Piller (2006), S. 4; Sahin (2000), S. 59; Wikström (1996a); Wikström (1996b); Wikström (1996c). Vgl. zur zunehmenden Bedeutung integrativer Prozesse auch Mattmüller (2006), S. 54ff., der die Bedeutung der Integration in seinem integrativ-prozessualen Marketingansatz besonders betont.

[142] Vgl. Albers/Clement/Peters (1998), S. 12. Vgl. zu den Potenzialen der IuK-Technologien auch Picot/Reichwald/ Wigand (2003), S. 5. Es bedarf eines Informationsmanagements, d.h. einer effektiven und effizienten Gestaltung der Informationsströme und Kommunikationsprozesse. Vgl. Reichwald (2005), S. 250. Vgl. Reichwald (2005), S. 249ff. zu Begriff und Bedeutung der Information sowie zum Informationsmanagement.

[143] Vgl. Piller/Reichwald/Möslein (2000), S. 2; Piller/Stotko (2003), S. 267; Reichwald/Piller (2002), S. 475 und Kapitel 2.1.1.

[144] Vgl. Piller/Stotko (2003), S. 276; Piller (2005), S. 318; Weil (2000), S. 62.

[145] Vgl. Broekhuizen/Alsem (2002), S. 310; Dellaert/Syam (2001); Franke/Piller (2003), S. 578; Franke/Piller (2004), S. 403; Franke/Schreier (2002), S. 7; Frutos/Borenstein (2003), S. 302; Gilmore/Pine II (2000), S. 116; Hildebrand (1997), S. 28; Jäger (2004), S. 28; Khalid/Helander (2003), S. 248; Oon/Khalid (2003), S. 283f.; Piller (2003), S. 173; Piller/Reichwald/Möslein (2000), S. 2; Schnäbele (1997), S. 30; Ulrich/Anderson-Connell/Wu (2003), S. 401f.; Wikström (1996a), S. 6; Wikström (1996b), S. 12.

[146] Broekhuizen/Alsem (2002), S. 310.

Anforderungen des Kunden am besten erfüllt. Dabei sind beide Seiten in eine Reihe von Aktionen und Reaktionen eingebunden, die wechselseitig voneinander abhängen, d.h. also in eine Interaktion. Beispielsweise wählt der Kunde die Bestandteile seines Produktes aus einem Lösungsraum, den der Anbieter vorab festgelegt hat. Der Anbieter wiederum macht in der Regel Vorschläge, wie eine passendere Lösung gefunden werden kann.

Operativ kann die Spezifikation der individuellen Lösung auf unterschiedliche Art und Weise erfolgen, z.B. online oder in einem Ladengeschäft, mit Hilfe eines Konfigurators oder ohne Einsatz von Technologien. In der Praxis kann die Interaktion damit sehr unterschiedlich aussehen. Insbesondere ist zu unterscheiden, ob die Interaktion mit dem Kunden im virtuellen Raum erfolgt oder ob sie bei einem Händler oder Hersteller an einem physischen Ort vollzogen wird. Im ersten Fall findet eine mittelbare Interaktion zwischen Käufer und Internet-Konfigurator statt, im zweiten Fall steht meist die persönliche Interaktion zwischen Käufer und Verkäufer im Vordergrund, wobei in vielen Fällen unterstützende Interaktionswerkzeuge oder Konfiguratoren verwendet werden. Persönliche Interaktionsprozesse stehen bei der Betrachtung des Konstruktes *Kundenintegrationskompetenz* in dieser Arbeit im Vordergrund; allerdings lassen sich grundlegende Erkenntnisse auf Online-Interaktionen von Kunde und Konfigurator übertragen.[147] Während die Forschung im Bereich von Co-Design-Prozessen, die online stattfinden, bereits relativ weit vorangeschritten ist, wurden Co-Design-Prozesse in Ladengeschäften bisher kaum untersucht.[148]

Im Rahmen einer Mass-Customization-Transaktion können mehrere Interaktionen stattfinden. Die Gestaltung der individuellen Leistung im Rahmen des Co-Design-Prozesses erfordert, wie erläutert, in jedem Fall eine Interaktion. Aber auch vorab kann bereits eine Interaktion erfolgen, beispielsweise wenn sich ein potenzieller Kunde auf der Internetseite des Unternehmens über das Angebot informiert. Bestimmt werden Anzahl und Art der Interaktionen von dem Mass-Customization-Konzept des Anbieters und von den Anforderungen sowie dem Verhalten des Kunden. Beispielsweise kann eine Interaktion von Verkäufer und Käufer auch bei der Übergabe des Produktes erfolgen, wenn der Anbieter das individuelle Produkt persönlich an den Kunden übergibt. Im Fall der Lieferung des individuellen Produktes mittels eines Logistikunternehmens entfällt eine erneute Interaktion mit dem Anbieter. Der Kundenprozess bei Mass Customization umfasst damit eine variable Zahl von Interaktionen.

Abschließend ist anzumerken, dass Co-Design-Aktivitäten zunächst mit höheren Kosten verbunden sind, da Kunden bestimmte Qualifikationen und Bereitschaften mitbringen und spezifische Anforderungen erfüllen müssen, damit die Leistungserstellung zu dem gewünschten Ergebnis führt.[149] Mit steigender Integrationskompetenz von Kunden sinken diese Kosten und der wahr-

---

[147] Hierzu besteht allerdings weiterer Forschungsbedarf. Vgl. die Anmerkungen in Kapitel 7.2.3.

[148] Vgl. Kapitel 3.2.1.

[149] Vgl. auch Reichwald/Piller (2006), S. 220ff.

genommene Nutzen des Leistungsangebotes steigt. Dies ist darauf zurückzuführen, dass es Kunden, die bestimmte Kompetenzen mitbringen, wie z.b. Wissen in Bezug auf das Angebot, leichter fällt, sich einzubringen. Dann ist die Zusammenarbeit im Rahmen des Co-Designs auch für den Anbieter einfacher und kann effizienter erfolgen. Das Verstehen der vorliegenden Qualifikationen von Kunden sowie die Steuerung der Kundenkompetenzen sind deshalb wichtige Bausteine für die erfolgreiche Umsetzung einer Mass-Customization-Strategie.

2.2.2 Einordnung des Leistungstyps *Mass Customization* und Konsequenzen aus Nachfragersicht

Nach der grundlegenden Beschreibung von Mass Customization werden Mass-Customization-Angebote im Folgenden leistungstypologisch eingeordnet. Dabei werden – ausgehend von der Charakterisierung derartiger Angebote als Leistungsbündel – Immaterialität und Integrativität als wesentliche Kriterien zur Einordnung derartiger Angebote herangezogen, da sie auf Kundenseite zu besonderen Herausforderungen führen, die für die nachfolgende Modellierung von Kundenintegrationskompetenz relevant sind. Nach der Erläuterung der Konsequenzen auf Kundenseite, die aus den beiden Aspekten resultieren, wird der Beitrag der Informationsökonomik zum Verständnis der Informationsprobleme bei derartigen Angeboten dargestellt.

Charakterisierung von Mass-Customization-Angeboten anhand von Immaterialität und Integrativität

Der Produkt- oder Leistungsbegriff umfasst grundsätzlich Sach- und Dienstleistungen sowie Leistungsbündel, die unter anderem Elemente von Sach- und Dienstleistungen enthalten.[150] In vielen Branchen werden zunehmend keine einzelnen Leistungen, sondern Leistungsbündel angeboten, die sich aus mehreren Einzelleistungen zusammensetzen.[151] Auch Mass-Customization-Angebote können in die Gruppe der Leistungsbündel eingeordnet werden, da der interaktive Co-Design-Prozess, der eine Dienstleistung darstellt, neben dem individuellen Produkt die Leistung bestimmt. Dabei gilt, dass Dienst- und Sachleistung sehr stark integriert sind: Das individuelle Produkt kann ohne den Co-Design-Prozess, in dem der Kunde dieses zusammen mit dem Anbieter gestaltet, nicht erstellt werden. Auf der anderen Seite macht es in der Regel keinen Sinn, den Prozess ohne das individuelle Produkt am Markt anzubieten.

Die Betrachtung und Gestaltung des Co-Design-Prozesses bei Mass Customization, d.h. des Dienstleistungsaspektes, wurde bisher vernachlässigt, obwohl dieser den von Kunden wahrge-

---

[150] Vgl. Böcker (1994), S. 189f.

[151] Vgl. beispielsweise Crosby/DeVito/Pearson (2003), S. 19; Engelhardt/Kleinaltenkamp/Reckenfelderbäumer (1993), S. 407; Kersten/Zink/Kern (2006), S. 191; Meffert (1995), S. 681; Normann/Ramirez (1993), S. 68. Vgl. zu Leistungsbündeln auch Kapitel 2.1.1.

nommenen Nutzen erheblich beeinflussen kann.[152] Mass-Customization-Angebote werden im Folgenden anhand ihrer Immaterialität und Integrativität eingeordnet, da diese Aspekte die Kundenwahrnehmung prägen. Hierbei wird auf die Leistungstypologie von ENGELHARDT/ KLEINALTENKAMP/RECKENFELDERBÄUMER zurückgegriffen, die die Diskussion zur Abgrenzung von Sach- und Dienstleistungen aufgrund vielfältiger Abgrenzungsprobleme als nicht zielführend kritisieren.[153] Die Autoren differenzieren Leistungen deshalb anhand ihrer Immaterialität und Integrativität:[154]

- Der *Grad der Immaterialität des Leistungsergebnisses*,[155] d.h. der Umfang materieller und immaterieller Leistungskomponenten, wird als erstes Differenzierungskriterium herangezogen.[156] Während ein Mindestmaß immaterieller Bestandteile immer vorhanden ist, da zumindest Informationen bei jedem Leistungsaustausch übertragen werden, muss ein Leistungsangebot nicht unbedingt materielle Bestandteile haben, sondern kann auch ausschließlich immaterieller Natur sein. Die Materialität kann durch interne Produktionsfaktoren, z.b. den Stoff eines Maßanzuges, bedingt sein. Aber auch der bearbeitete externe Faktor bestimmt das Ausmaß an Materialität, z.b. weist eine reparierte Maschine ausgeprägte Materialität auf, während bei einer Massage immaterielle Bestandteile dominieren.

- Der *Grad der Integrativität*, d.h. das Ausmaß der Integration externer Faktoren, bildet das zweite Kriterium. Die Integrativität bezieht sich dabei nicht ausschließlich auf Prozesse der eigentlichen Leistungserstellung, sondern auch auf die Prozesse in Zusammenhang mit der Vorbereitung der Bereitstellungsleistung und auf andere betriebliche Abläufe. Es

---

[152] Vgl. hierzu Kapitel 3.2.

[153] Vgl. Engelhardt/Kleinaltenkamp/Reckenfelderbäumer (1993), S. 398ff. Vgl. hierzu auch Engelhardt (1989), S. 278ff.; Kleinaltenkamp (2001), S. 33ff. Vgl. zur Kritik an den Abgrenzungsversuchen auch Corsten (1997), S. 30; Meffert/Bruhn (2003), S. 3ff.; Stauss (1996), S. 319. Vgl. zur Diskussion bezüglich der Definition von Dienstleistungen und insbesondere möglicher Kriterien, die die Abgrenzung von Sach- und Dienstleistungen unterstützen, beispielsweise Berekoven (1974), S. 21ff.; Corsten (1985), S. 85ff.; Corsten (1990), S. 17ff.; Corsten (1997), S. 27ff.; Fließ (2001), S. 13ff.; Hilke (1989), S. 10ff.; Kleinaltenkamp (2001), S. 29ff.; Meffert/Bruhn (2003), S. 27; Meyer (1991), S. 197; Meyer (1998), S. 6; Reichwald/Schaller (2003), S. 174; Rosada (1990), S. 10ff.

[154] Diese beiden Kriterien sind die am weitesten verbreiteten Unterscheidungsmerkmale. Vgl. Berekoven (1974), S. 28f.; Bowen (1986), S. 373; Corsten (1997), S. 27ff.; Corsten/Stuhlmann (2001), S. 78f.; Engelhardt/Kleinaltenkamp/Reckenfelderbäumer (1993), S. 398ff.; Gouthier (2003), S. 16ff.; Meffert (1994), S. 521; Meffert/Bruhn (2003), S. 60ff.; Meyer (1996), S. 17ff.; Meyer/Mattmüller (1987), S. 188f.; Stauss (1998), S. 1260f.; Zeithaml/ Bitner (2000), S. 11ff. Zudem wird die Vermarktung der Leistungsfähigkeit und -bereitschaft zu den wesentlichen Charakteristika gezählt, jedoch ist diese auf die Immaterialität und Integrativität zurückzuführen. Vgl. beispielsweise Meffert (1994), S. 522.

[155] Häufig wird der Begriff *Intangibilität* synonym verwendet. Die Intangibilität beinhaltet neben der physischen auch eine intellektuelle Dimension und umfasst damit Sachverhalte, die man nicht sehen, fühlen oder schmecken kann, sowie Dinge, die schwierig definiert, beschrieben oder geistig erfasst werden können. Vgl. beispielsweise Corsten/ Stuhlmann (2001), S. 78.

[156] Vgl. zur Unterscheidung von Leistungen nach dem Umfang materieller und immaterieller Ergebniselemente auch McDougall/Snetsinger (1990), S. 27ff.; Rushton/Carson (1989), S. 24ff.; Shostack (1982), S. 51f.

ist zwischen Eingriffstiefe und Eingriffsintensität zu unterscheiden.[157] Erstgenannte Größe beschreibt, an welcher Stelle der Wertschöpfung externe Faktoren einbezogen werden (Wo); letztgenannte Größe, in welchem Ausmaß und mit welcher Intensität eine Integration erfolgt (Wie). Zwar beeinflusst die Eingriffstiefe die Intensität, allerdings ist auch zu beachten, welcher externe Faktor einbezogen wird, z.b. ein Mensch oder sein Objekt, und ob der externe Faktor die Leistungserstellung nur auslöst oder aber aktiv mitgestaltet. Wesentlich ist, dass ein gewisses Mindestmaß an Integrativität bei jeder Leistung besteht, denn zumindest beim Absatz ist eine Interaktion von Anbieter und Nachfrager und damit die Integration des externen Faktors *Information* nötig.

ENGELHARDT/KLEINALTENKAMP/RECKENFELDERBÄUMER verknüpfen beide Aspekte und erhalten eine Matrix mit vier Feldern bzw. vier Grundtypen von Leistungen (vgl. Abbildung 5), wobei tatsächlich ein Kontinuum von Leistungen auf beiden Achsen besteht. Die vier Grundtypen lassen sich wie folgt charakterisieren:[158]

- *Typ I*: Leistungen, bei denen das Ergebnis ausschließlich oder in hohem Maß immaterieller Natur ist und die eine weitgehende Mitwirkung des externen Faktors erfordern, z.b. Unternehmensberatungsleistungen.

- *Typ II*: Leistungen mit einem hohen Maß an materiellen Leistungsbestandteilen, die eine weitgehende Mitwirkung des externen Faktors benötigen, z.b. Sondermaschinen.

- *Typ III*: Leistungen mit einem hohen Maß an materiellen Leistungsbestandteilen, die vom Anbieter weitgehend autonom erstellt werden, z.b. vorproduzierte Teile.

- *Typ IV*: Leistungen mit ausschließlich oder in hohem Maß immateriellen Leistungsbestandteilen, die weitgehend autonom erstellt werden, z.b. Datenbankdienste.

---

[157] Vgl. hierzu auch Fließ (2001), S. 78.

[158] Vgl. Engelhardt/Kleinaltenkamp/Reckenfelderbäumer (1993), S. 416f. Meyer nimmt eine ähnliche Systematisierung vor und differenziert Sach- und Dienstleistungen anhand der Integrationsintensivität des externen Faktors und der Materialität. Vgl. Meyer (1991), S. 207. Meffert (1994) sowie Meffert/Bruhn (2003) greifen die Typologie von Engelhardt/Kleinaltenkamp/Reckenfelderbäumer (1993) auf, unterteilen die Integrativitätsachse in zwei Dimensionen – Interaktions- und Individualisierungsgrad – und erhalten eine dreidimensionale Leistungstypologie. Der Individualisierungsgrad bezeichnet den Grad der Ausrichtung der Bereitstellungsleistung und des sich anschließenden Leistungserstellungsprozesses auf die individuellen Kundenbedürfnisse, der Interaktionsgrad bezieht sich auf jede Form einer Einbindung des externen Faktors in den Leistungserstellungsprozess. Vgl. Meffert (1994), S. 524; Meffert/Bruhn (2003), S. 36. Vgl. hierzu auch die Einwände von Engelhardt/Kleinaltenkamp/Reckenfelderbäumer (1995) sowie die Entgegnungen von Meffert (1995), S. 681. Mass-Customization-Angebote können demnach als Leistungen mit einem mittleren bis hohen Individualisierungs- sowie einem hohen Interaktionsgrad (insbesondere beim ersten Kauf) charakterisiert werden.

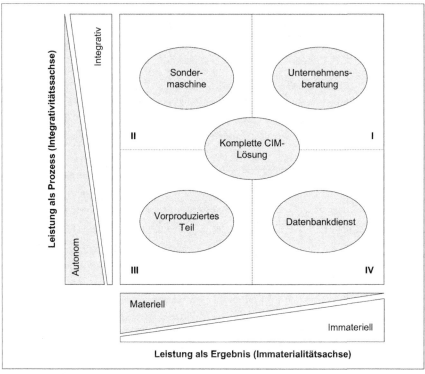

Abbildung 5: Leistungstypologie

Nach der Typologie von ENGELHARDT/KLEINALTENKAMP/RECKENFELDERBÄUMER sind Mass-Customization-Angebote dem Leistungstyp II zuzuordnen, wenn sie von hoher Integrativität geprägt sind und ein hohes Maß an materiellen Leistungsbestandteilen besitzen. Es gibt aber auch Angebote, bei denen die Integrativität sehr gering ist, was eine Einordnung in den Bereich III bedeutet. In diesem Zusammenhang sei auf die Mass-Customization-Typologie von GILMORE/PINE II hingewiesen, die vier Arten von Mass Customization unterscheiden:[159]

- *Adaptive Customization*: In diesem Fall erfolgt das Angebot von Standardprodukten, welche über eine eingebaute Flexibilität verfügen, so dass die Konsumenten diese selbst entsprechend den eigenen Bedürfnissen anpassen können.

- *Cosmetic Customization*: Ein Standardprodukt wird verschiedenen Abnehmergruppen auf unterschiedliche Art und Weise präsentiert, so dass die jeweiligen Präferenzen und Charakteristika der Gruppen bestmöglich angesprochen werden.

---

[159] Vgl. Gilmore/Pine II (1997), S. 92ff.

- *Transparent Customization*: Ein Produkt wird an die Wünsche jedes einzelnen Konsumenten angepasst, jedoch wird den Kunden die Anpassung nicht mitgeteilt. Dies ist sinnvoll, wenn die Kundenanforderungen transparent sind bzw. einfach abgeleitet werden können oder die Konsumenten sich mit der Individualisierung nicht befassen möchten.

- *Collaborative Customization*: Hierbei handelt es sich um Leistungsangebote, bei denen Kunden ihre spezifischen Anforderungen im Rahmen einer Interaktion mit dem Anbieter spezifizieren. Diese Art von Customization führt zur Erstellung einer individuellen Leistung und wird in der Literatur am meisten mit dem Begriff *Mass Customization* verbunden.

Während die ersten drei Mass-Customization-Typen tendenziell eher dem Leistungstyp III zuzurechnen sind, ist mit der Collaborative Customization eine Integration der Kunden in die Wertschöpfung verbunden, was auf den Leistungstyp II hinweist. Tendenziell kann man von einem Kontinuum an Integrativität ausgehen.[160] Die in dieser Arbeit betrachteten Mass-Customization-Leistungen gehören zum Typ *Collaborative Customization* und damit zum Leistungstyp II.

Ausgehend von dieser Einordnung von Mass-Customization-Angeboten werden im Folgenden die Konsequenzen von Immaterialität und Integrativität aus Nachfragersicht dargestellt. Beide Aspekte beeinflussen den Umgang der Kunden mit dem Co-Design-Prozess sowie ihr Verhalten und besitzen deshalb unmittelbare Relevanz für die Kundenintegrationskompetenz. Da Mass-Customization-Angebote aufgrund des Co-Design-Prozesses einen starken Dienstleistungscharakter aufweisen, wird bei der Betrachtung der Konsequenzen auf Literatur aus dem Dienstleistungsmarketing zurückgegriffen, wo beide Aspekte bereits intensiv diskutiert werden.[161]

Konsequenzen aus der Immaterialität des Leistungsangebotes

Bezüglich der Immaterialität unterscheidet man, wie erläutert, verschiedene Ausprägungsgrade, d.h. Leistungen können in unterschiedlichem Umfang materielle und immaterielle Leistungskomponenten besitzen. Während Mass Customization zu einem individuellen Produkt und damit einem vorwiegend materiellen Ergebnis führt, sind Dienstleistungsergebnisse im Kern immateriell, wobei angemerkt werden muss, dass auch materielle Ergebnisbestandteile vorhanden sein können.[162] Immaterialität bedeutet grundsätzlich, *„[...] dass eine Dienstleistung im Gegensatz zu einem Sachgut nicht physisch präsent ist."*[163] Dienstleistungen können deshalb nicht materiell besessen wer-

---

[160] Vgl. Piller/Stotko (2003), S. 80ff., die Mass-Customization-Angebote anhand des Integrationsgrades unterscheiden.

[161] Vgl. hierzu auch Engelhardt/Kleinaltenkamp/Reckenfelderbäumer (1993), S. 418ff.; Gouthier (2003), S. 20ff. Vgl. für einen Überblick der Konsequenzen aus Immaterialität und Integrativität für den Anbieter beispielsweise Engelhardt/Kleinaltenkamp/Reckenfelderbäumer (1993), S. 419ff.

[162] Vgl. Engelhardt/Kleinaltenkamp/Reckenfelderbäumer (1993), S. 400.

[163] Stauss (1998), S. 1260.

den, sondern werden im Rahmen einer Aktivität erstellt und verbraucht.[164] Das individuelle Produkt als Ergebnis des Co-Design-Prozesses dagegen ist von Materialität geprägt.

Allerdings sind Mass-Customization-Angebote zunächst von einem *vorwiegend immateriellen Leistungsangebot* gekennzeichnet. Zum Zeitpunkt der Kaufentscheidung kann lediglich die Fähigkeit und Bereitschaft angeboten werden, eine bestimmte, nutzenstiftende Leistung zu erbringen.[165] Damit liegt zu diesem Zeitpunkt ein Leistungsversprechen vor, welches seinem Wesen nach immateriell ist.[166] Man spricht deshalb bei Mass Customization von einer temporären Immaterialität.[167] Insgesamt besteht somit ein mittleres Niveau an Immaterialität. SHOSTACK beispielsweise ordnet einen maßgeschneiderten Anzug als hybride Leistungsform ein, d.h. als eine Leistung mit ungefähr gleich vielen materiellen wie immateriellen Bestandteilen.[168] Aufgrund der (temporären) Immaterialität ergeben sich für Nachfrager die folgenden Herausforderungen:

- Durch die Immaterialität ist es für die Nachfrager grundsätzlich schwieriger, die Leistung wahrzunehmen und zu bewerten.[169] Bei Mass Customization besteht das Problem der Beurteilung zum Zeitpunkt der Kaufentscheidung. Mass-Customization-Angebote sind damit Leistungsbündel mit wenigen Sucheigenschaften, d.h. viele Leistungseigenschaften können Kunden erst nach dem Kauf oder während des Konsums der Leistung beurteilen, unter Umständen jedoch auch überhaupt nicht.[170] Mass-Customization-Angebote sind damit tendenziell informationsärmer als herkömmliche Sachleistungen, d.h. sie geben sehr wenige Informationen über sich selbst preis.[171]

- Aufgrund der Informationsarmut herrscht zum Zeitpunkt der Kaufentscheidung eine ungleiche Informationsverteilung zwischen Anbieter und Nachfrager und damit eine typische Principal-Agent-Konstellation vor.[172] Diese existiert grundsätzlich bei allen Arten

---

[164] Vgl. Stauss (1996), S. 319.

[165] Vgl. Hilke (1989), S. 11. Der Autor betont, dass neben der Fähigkeit auch die Bereitschaft zur Leistungserbringung auf Anbieterseite vorhanden sein muss. Beide Aspekte bezeichnet er als Leistungspotenzial. Vgl. zum Leistungserstellungsprozess bei integrativen Leistungen Kapitel 2.1.1.

[166] Vgl. Corsten (1990), S. 18.

[167] Vgl. Schnäbele (1997), S. 83.

[168] Vgl. Shostack (1982), S. 52.

[169] Vgl. Burton (1990), S. 59; Engelhardt/Kleinaltenkamp/Reckenfelderbäumer (1993), S. 418; Haller (1995), S. 59; Hilke (1989), S. 16.

[170] Vgl. Hildebrand (1997), S. 84f. Vgl. zur Unterscheidung von Such-, Erfahrungs- und Vertrauenseigenschaften Zeithaml (1981), S. 186f. sowie Kapitel 2.2.3.

[171] Vgl. Oppermann (1998), S. 53.

[172] Die Principal-Agent-Theorie analysiert Beziehungen zwischen Auftraggeber (Principal) und Auftragnehmer (Agent) und hilft, Kontrollmechanismen für den Principal abzuleiten, der grundsätzlich schlechter informiert und vom Verhalten des Agent abhängig ist. Vgl. Picot/Reichwald/Wigand (2003), S. 55.

von Käufen, allerdings ist die Informationsasymmetrie im Fall eines immateriellen Leistungsangebotes besonders groß. Der Abnehmer kann das Leistungspotenzial des Anbieters sowie seine Problemlösungsfähigkeiten zunächst nur unzureichend einschätzen.[173]

- Die fehlende Beurteilungsmöglichkeit von Leistung und Leistungsbeziehung hat zur Folge, dass Konsumenten eine höhere Unsicherheit wahrnehmen.[174] Das wahrgenommene Risiko auf Kundenseite wächst tendenziell mit steigender Immaterialität; zudem lässt die fehlende Vergleichbarkeit der Leistungen, die auf den hohen Immaterialitätsgrad zurückzuführen ist, die Unsicherheit der Konsumenten steigen.[175]

- Um das empfundene Risiko zu reduzieren und beurteilbare Aspekte zu erhalten, greifen Konsumenten verstärkt auf externe Informationsquellen zurück, z.b. Freunde und Bekannte.[176] Bei Mass Customization werden häufig die individuellen Leistungen anderer Kunden zur Beurteilung herangezogen. Um neutrale Informationen zu erhalten, werden zudem auch Internetportale und virtuelle Communities genutzt.[177] Auch der Ruf oder das Image eines Unternehmens dienen als Entscheidungshilfe.[178] Insgesamt zeigen Konsumenten ein intensives Informationssuchverhalten.[179]

- Die wahrgenommene Unsicherheit führt dazu, dass zur Leistungsbeurteilung auch auf Surrogate zurückgegriffen wird, speziell auf die Bereitstellungsleistung, d.h. die internen Produktionsfaktoren des Anbieters, z.B. Mitarbeiter und Geschäftsräume,[180] aber auch auf Webseite und Konfigurator.[181] Insbesondere den Mitarbeitern kommt eine nicht zu unterschätzende Rolle zu, da persönliche Kontakte besonders geeignet sind, Vertrauen in den Anbieter zu schaffen.[182] Bei Mass Customization können ausgestellte Mustermodelle, Farbtabellen, Kataloge, Mustermaterialien weitere tangible Elemente sein, die den Kun-

---

[173] Vgl. McDougall/Snetsinger (1990), S. 28; Oppermann (1998), S. 53. Auch auf der Seite des Anbieters besteht ein Informationsdefizit hinsichtlich der Integrationsfähigkeit und -bereitschaft sowie der Wünsche des Abnehmers. Vgl. hierzu Kapitel 2.2.3.

[174] Vgl. Hildebrand (1997), S. 84; McDougall/Snetsinger (1990), S. 28; Meyer (1991), S. 200; Zeithaml/Bitner (2000), S. 34 sowie Kapitel 2.2.3.

[175] Vgl. Engelhardt/Kleinaltenkamp/Reckenfelderbäumer (1993), S. 418f.

[176] Vgl. Engelhardt/Kleinaltenkamp/Reckenfelderbäumer (1993), S. 419; McDougall/Snetsinger (1990), S. 28; Schnäbele (1997), S. 107; Zeithaml/Bitner (2000), S. 32.

[177] Vgl. Tasch/Mraczny/Reichwald (2005), S. 33ff. zur zunehmenden Bedeutung von Communities.

[178] Vgl. Kuhlmann (1998), S. 172; Meyer (1998), S. 11.

[179] Vgl. Schnäbele (1997), S. 107.

[180] Vgl. Bitner (1992), S. 57; Bowen (1986), S. 377; Engelhardt/Kleinaltenkamp/Reckenfelderbäumer (1993), S. 419; Hilke (1989), S. 17.

[181] Vgl. Totz/Riemer (2001), S. 8.

[182] Vgl. Engelhardt/Kleinaltenkamp/Reckenfelderbäumer (1993), S. 419; Hilke (1989), S. 17.

den Sicherheit geben. Auch die Referenzen zufriedener Kunden können als vertrauens-schaffende Maßnahme eingesetzt werden.[183] Zudem kann eine Marke die Unsicherheit auf Konsumentenseite reduzieren.[184] Auch der Preis wird oft als Orientierungsgröße und Qualitätsindikator herangezogen, da andere Leistungseigenschaften vorab nicht abschätz-bar sind.[185] Tendenziell sollten den Nachfragern ausreichend tangible Elemente zur Leis-tungsbeurteilung zur Verfügung gestellt werden.[186]

Konsequenzen aus der Integrativität

Aus dem Grad der Integrativität, d.h. dem Ausmaß der Integration externer Faktoren, ergeben sich weitere Herausforderungen für Konsumenten. Kunden sind bei Mass Customization am Co-Design-Prozess beteiligt; externe Faktoren sind in den Leistungserstellungsprozess integriert. Es besteht eine hohe Eingriffsintensität, da die Kunden an der Leistungserstellung aktiv mitwirken und ihr individuelles Produkt zusammen mit dem Verkäufer im Rahmen des Co-Design-Prozesses gestalten.[187] Die Integrativität hat verschiedene Konsequenzen für den Nachfrager:

- Sie führt wie die Immaterialität dazu, dass Leistungsergebnis und Nutzen aus Kunden-sicht vorab schwer zu beurteilen sind.[188] Dies ist darauf zurückzuführen, dass Kunden den Ablauf und das Ergebnis des Co-Design-Prozesses und damit die individuelle Leis-tung durch ihre Beteiligung stark beeinflussen.[189] Dabei besitzen Mass-Customization-Angebote, die offline verkauft werden, große Ähnlichkeiten mit persönlich erbrachten Dienstleistungen, bei denen die *Service Performance* von den Aktionen und Interaktionen von Kunden und Mitarbeitern geprägt wird.[190]

---

[183] Vgl. Hilke (1989), S. 17.

[184] Vgl. Blaho (2001), S. 214; Majer (2005), S. 438; Schnäbele (1997), S. 106.

[185] Vgl. Engelhardt/Kleinaltenkamp/Reckenfelderbäumer (1993), S. 419; Hilke (1989), S. 21ff.; McDougall/ Snetsinger (1990), S. 28; Zeithaml (1981), S. 187.

[186] Vgl. Hilke (1989), S. 17; Rushton/Carson (1989), S. 35.

[187] Bitner et al. (1997), S. 194 und Corsten (1990), S. 92f. differenzieren Dienstleistungen nach dem Aktivitätsgrad des Abnehmers. Bitner et al. (1997), S. 194 unterscheiden Dienstleistungen, bei denen der Kunde nur anwesend sein muss, Leistungen, bei denen er Input liefern muss, sowie Dienstleistungen, bei denen er die Leistung aktiv mitgestaltet.

[188] Vgl. Haller (1995), S. 60.

[189] Vgl. Engelhardt/Kleinaltenkamp/Reckenfelderbäumer (1993), S. 421; Zeithaml (1981), S. 187.

[190] Vgl. Zeithaml/Bitner (2000), S. 319. Dienstleistungen können anhand der eingebrachten Leistungsfähigkeiten des Anbieters in persönlich erbrachte Dienstleistungen mit vorwiegend menschlichen Leistungsfähigkeiten, vollau-tomatisierte Dienstleistungen sowie teilautomatisierte, persönlich erbrachte Dienstleistungen als Zwischenform differenziert werden. Vgl. Meyer/Mattmüller (1987), S. 188. Zudem können personengerichtete bzw. -bezogene Dienstleistungen, bei denen überwiegend Personen einbezogen werden, sowie objektgerichtete Dienstleistungen mit starkem Objektbezug unterschieden werden. Vgl. Oppermann (1998), S. 31f.; Meyer/Mattmüller (1987), S. 189; Meyer/Blümelhuber/Pfeiffer (2000), S. 53; Zeithaml/Bitner (2000), S. 324. Mass-Customization-Angebote sind objektgerichtete Leistungen, bei denen der Konsument i.d.R. aktiv am Co-Design mitwirkt.

- Aufgrund der aktiven Rolle von Kunden im Rahmen des Co-Design-Prozesses und des Einflusses auf Prozess und Endprodukt kann es zu Qualitätsschwankungen kommen.[191] Dies ist zum einen auf inter- und intraindividuelle Leistungsunterschiede auf Kundenseite, zum anderen auf unterschiedliche, subjektive Qualitätswahrnehmungen zurückzuführen.[192] Die Qualität wird hierbei aus Nachfragersicht definiert, d.h. daran bemessen, inwieweit die Leistung die Kundenbedürfnisse erfüllt.[193]

- Zudem erhöht auch die Integrativität das wahrgenommene Risiko auf Konsumentenseite, da der Nachfrager nicht in der Lage ist, das Integrationsvermögen des Anbieters und damit die Qualität des Leistungsangebotes vorab abzuschätzen.[194] Hinzu kommt, dass er häufig zunächst nur unzureichend über seine Aufgaben im Rahmen des Co-Designs informiert ist und die Konsequenzen seiner Handlungen nur schwer beurteilen kann.

- Auch die geringe Markttransparenz und die fehlende Vergleichbarkeit der Leistung werden durch die Integrativität geprägt. Dies ist darauf zurückzuführen, dass hoch-integrative Leistungen in der Regel sehr individuell und kundenspezifisch sind.[195] Es fehlt die nötige Evidenz hinsichtlich des vorhandenen Angebotes. Zum einen kann die Problemevidenz fehlen. Dies zeigt sich darin, dass der Nachfrager entweder erst gar nicht erkennt, dass er die Leistung benötigt (Problembewusstsein) oder dass er seine Anforderungen in Bezug auf ein bestimmtes Problem nicht genau präzisieren kann (Problemtransparenz). Zum anderen kann es an Integrationsevidenz auf Kundenseite mangeln, d.h. es fehlt das Bewusstsein und das Wissen über Art und Zeitpunkt der zu leistenden Beiträge sowie die Konsequenzen (Integrationsbewusstsein) oder Anbieter und Nachfrager haben unterschiedliche Vorstellungen in Bezug auf die Kundenaufgaben (Integrationstransparenz).[196]

- Die Integrativität führt wie die Immaterialität dazu, dass Konsumenten bei ihren Kaufentscheidungen vermehrt auf die Berücksichtigung von Erfahrungs- und Vertrauenseigenschaften angewiesen sind, d.h. es existieren nur wenige Leistungseigenschaften, die vorab beurteilbar sind.[197] Neben den geschilderten Hilfestellungen von Freunden, Bekannten und durch neutrale Informationsstellen sowie die Beurteilung von Reputation

---

[191] Vgl. Corsten (1998), S. 16; Meyer (1996), S. 24.

[192] Vgl. Corsten (1998), S. 15f. Corsten (1998), S. 16 führt zudem noch wechselwirkungsbedingte Schwankungen auf, die auf die Interaktion zwischen Anbieter und Nachfrager, zwischen verschiedenen Nachfragern sowie zwischen den Mitarbeitern des Anbieters zurückzuführen sind.

[193] Vgl. Garvin (1984), S. 27; Parasuraman/Zeithaml/Berry (1988), S. 15.

[194] Vgl. Engelhardt/Kleinaltenkamp/Reckenfelderbäumer (1993), S. 421; Meffert (1994), S. 525.

[195] Vgl. Engelhardt/Kleinaltenkamp/Reckenfelderbäumer (1993), S. 421.

[196] Vgl. Fließ (2001), S. 68ff.; vgl. auch Blaho (2001), S. 159ff.

[197] Vgl. Engelhardt/Kleinaltenkamp/Reckenfelderbäumer (1993), S. 421; Meffert (1994), S. 525.

und Preis, nutzen Konsumenten insbesondere die tangiblen Leistungssurrogate, z.B. die Geschäftsräume oder die Internetseite des Unternehmens, um Anhaltspunkte zu erhalten.

- Es existiert eine partielle Simultanität von Leistungserstellung und -inanspruchnahme im Rahmen der Endkombination, das so genannte Uno-Actu-Prinzip.[198] Dies bedeutet für den Abnehmer, dass sich eine raum-zeitliche Bindung der externen Faktoren an den Prozess der Leistungserstellung ergibt.[199] Besondere Herausforderungen ergeben sich bei personenbezogenen Dienstleistungen – insbesondere, wenn der Prozess der primäre nutzenstiftende Faktor ist. Dies ist darauf zurückzuführen, dass der Abnehmer sich selbst als externen Faktor einzubringen hat und damit seine Integrationsbereitschaft mit der Leistungsbereitschaft des Anbieters räumlich und zeitlich übereinstimmen muss.[200] Vergleichbar hierzu sind Mass-Customization-Angebote, die in Ladengeschäften angeboten werden, da sich Kunden in der Regel aktiv am Co-Design-Prozess beteiligen.

- Vorteilhaft ist für den Nachfrager, dass er aufgrund der Integration in den Prozess der Leistungserstellung auf den Co-Design-Prozess und das Leistungsergebnis Einfluss nehmen kann.[201] Dies führt auf Seite des Unternehmens jedoch zu einem Verlust der Autonomie und zur Notwendigkeit, mit positiven, neutralen oder negativen Einflüssen der Kunden auf die Qualität umgehen zu müssen.[202]

- Zudem ergibt sich aus der Integration von externen Faktoren die Notwendigkeit der Interaktion zwischen Anbieter und Nachfrager.[203] Bei Mass Customization ist der Integrationsprozess wie bei personenbezogenen Dienstleistungen oder bei Mitwirkung des Kunden an objektbezogenen Dienstleistungen ein zweiseitiger Interaktionsprozess.[204]

Zusammenfassend kann festgehalten werden, dass Immaterialität und Integrativität zu einer Reihe von Herausforderungen auf Kundenseite führen. Insgesamt ist die von Kunden empfundene Unsicherheit in Bezug auf das Leistungsangebot sehr hoch, da Kunden einerseits das Leistungsangebot vor Inanspruchnahme nur unvollständig beurteilen können und dieses andererseits durch ihre aktive Beteiligung im Rahmen des Leistungserstellungsprozesses beeinflussen. Beide

---

[198] Der Begriff wurde von Herder-Dorneich/Kötz (1972), S. 18 in die Literatur eingeführt; vgl. auch Hilke (1989), S. 13; Maleri (1994), S. 52; Maleri (2001), S. 138; Meffert/Bruhn (2003), S. 62.

[199] Vgl. Oppermann (1998), S. 66.

[200] Vgl. Corsten (1997), S. 22; Oppermann (1998), S. 66f.

[201] Vgl. Engelhardt/Kleinaltenkamp/Reckenfelderbäumer (1993), S. 421; Zeithaml/Bitner (2000), S. 324 und Kapitel 3.3.

[202] Vgl. Engelhardt/Kleinaltenkamp/Reckenfelderbäumer (1993), S. 422; Hilke (1989), S. 26f.; Meyer/Mattmüller (1987), S. 193.

[203] Vgl. hierzu Kapitel 2.1.1 sowie 2.2.1.

[204] Vgl. Meyer/Mattmüller (1987), S. 189.

Aspekte können jedoch von Anbietern gezielt gesteuert werden. Dabei kann besonders eine Qualifizierung der Kunden in Hinblick auf die Steigerung ihrer Integrationskompetenz einen wichtigen Beitrag leisten, um mit den Herausforderungen erfolgreich umzugehen.

2.2.3   Die Informationsökonomik als theoretischer Ansatz zur Erklärung der Informationsprobleme bei Mass Customization

Die im vorhergehenden Kapitel beschriebenen Merkmale von Mass-Customization-Angeboten – Immaterialität des Leistungsangebotes und damit Bereitstellung eines Leistungspotenzials sowie Integration von externen Faktoren – führen, wie bereits dargestellt, zu Informationsproblemen.[205] Diese werden im Folgenden mit Hilfe der Informationsökonomik vertiefend erläutert. Es werden zudem Hinweise gegeben, wie derartige Probleme beseitigt bzw. reduziert werden können.

Zentraler Betrachtungsgegenstand der *Informationsökonomie*, die auf MARSCHAK zurückgeht,[206] sind die Unsicherheiten beim Leistungsaustausch auf Anbieter- und Nachfragerseite. Die Theorie hilft, die Informationsunterschiede zu verstehen, Hinweise zur Reduktion von Informationsasymmetrien und damit von Unsicherheit abzuleiten und dadurch das Verhalten zu beeinflussen.[207] Aufgrund der Fokussierung auf das Verhalten der beteiligten Akteure scheint die Informationsökonomik besonders geeignet zu sein, Hinweise für diese Arbeit zu liefern. Dabei analysiert die Informationsökonomik die Ursachen umfassender als verhaltenswissenschaftliche Ansätze, weshalb gezieltere Hinweise deduziert werden können.[208]

Grundsätzlich existieren in Verbindung mit einem individuellen Angebot zwei Arten von Informationsproblemen (vgl. Abbildung 6). Einerseits besteht ein *leistungsbezogenes Informationsproblem*, das aus der (temporären) Immaterialität der Leistung resultiert, andererseits liegt auch ein *transaktionspartnerbezogenes Informationsproblem* vor, welches auf ungleiche Wissensverteilung auf Anbieter- und Nachfragerseite zurückzuführen ist.[209] Der Nachfrager hat Informationen bezüglich der externen Faktoren, seiner Bedürfnisse sowie seiner Mitwirkungsfähigkeit und -bereitschaft, der Anbieter kennt das Leistungspotenzial, d.h. die eigene Bereitschaft und Fähigkeit.

---

[205] Vgl. Meffert/Bruhn (2003), S. 77, die vor dem Hintergrund des Dienstleistungsmarketing argumentieren.

[206] Vgl. Marschak (1954), S. 187ff.

[207] Vgl. Adler (1994), S. 34; Kaas (1995), S. 4; Roth (2001), S. 37.

[208] Vgl. Meffert/Bruhn (2003), S. 82.

[209] Vgl. Meffert/Bruhn (2003), S. 77f.

Die Informationsökonomik geht davon aus, dass die Merkmale einer Leistung Einfluss auf die Beurteilungsmöglichkeiten der beteiligten Akteure und damit auf deren Verhalten haben.[210] In diesem Zusammenhang werden Such-, Erfahrungs- und Vertrauenseigenschaften differenziert:[211]

- *Sucheigenschaften (Search Qualities)* sind Leistungseigenschaften, die Abnehmer vor der Inanspruchnahme der Leistung beurteilen können.

- Leistungseigenschaften, die Kunden erst nach dem Kauf oder während des Konsums der Leistung bewerten können, werden *Erfahrungseigenschaften (Experience Qualities)* genannt.

- Aspekte der Leistung, die Kunden sogar nach dem Kauf oder der Inanspruchnahme nicht beurteilen können, nennt man *Vertrauenseigenschaften (Credence Qualities)*.

Besitzen Angebote viele Sucheigenschaften können sie von den Nachfragern relativ problemlos bewertet werden. Je mehr Erfahrungs- und Vertrauenseigenschaften vorliegen, desto größer sind die Informationsdefizite und die Unsicherheit bei den Beteiligten.[212] Mass-Customization-Angebote sind Leistungen, die über ein hohes Ausmaß an Erfahrungseigenschaften verfügen, da das spezifische Produkt nicht zum Zeitpunkt der Kaufentscheidung existiert, sondern erst nach der individuellen Produktion. Zudem gibt es auch Leistungseigenschaften, die Kunden eventuell überhaupt nicht beurteilen können, z.B. die zuverlässige und sichere Speicherung ihrer individuellen Daten. Insbesondere beim ersten Kauf ist die Unsicherheit auf Kundenseite damit sehr groß, wobei sich die Wahrnehmung im Verlauf einer Geschäftsbeziehung verändern kann.

Bei den leistungsbezogenen Informationsproblemen ist auf eine weitere Besonderheit individueller Angebote hinzuweisen, die zu einer steigenden Unsicherheit auf Konsumentenseite führen kann: die vielfältigen Wahlmöglichkeiten, die ein Mass-Customization-Angebot bietet. Konsumenten beurteilen die umfassende Auswahl nicht unbedingt immer positiv, sondern können die Auswahl auch als frustrierend empfinden.[213] In diesem Zusammenhang wird der Begriff *Mass Confusion* verwendet. Dieser Aspekt trägt dazu bei, dass sich Kunden vor dem Kauf kein klares Bild von der Gesamtlösung und dem Ergebnis machen können, was wiederum das empfundene Risiko steigen lässt (vgl. hierzu Kapitel 3.2.2).

---

[210] Vgl. Meffert/Bruhn (2003), S. 80.

[211] Vgl. Belz (2005), S. 18; Belz/Ditze (2004), S. 77; Homburg/Stock/Kühlborn (2005), S. 543; Meffert/Bruhn (2003), S. 80; Wehrli/Wirtz (1997), S. 119f.; Zeithaml (1981), S. 186f.; Zeithaml/Bitner (2000), S. 30f.

[212] Vgl. Meffert/Bruhn (2003), S. 80.

[213] Vgl. beispielsweise Huffman/Kahn (1998), S. 492.

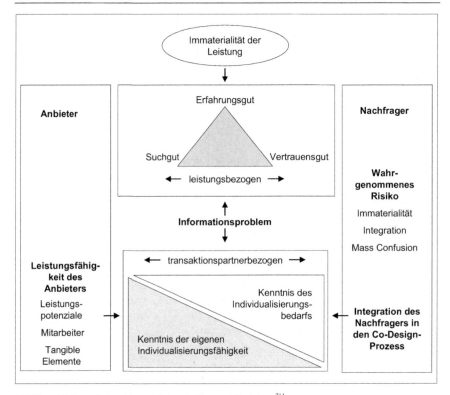

Abbildung 6: Informationsprobleme zwischen Anbieter und Nachfrager[214]

Neben den Informationsproblemen, die mit einer Leistung verbunden sein können, gibt es Informationsunterschiede zwischen den am Leistungsaustausch beteiligten Parteien.[215] JACOB spricht generell davon, dass soziale Interaktionen immer mit einer Unsicherheit bezüglich des Verhaltens der Beteiligten verbunden sind.[216] Im Fall einer Mass-Customization-Leistung können Kunden das Leistungspotenzial des Anbieters sowie das individuelle Produkt als Ergebnis des Austausches nur schwer vorab beurteilen. Der Anbieter kennt wiederum die individuellen Bedürfnisse der Nachfrager sowie ihre Integrationsbereitschaft und -fähigkeit im Rahmen des gemeinsamen Co-Design-Prozesses nicht. Somit besteht auf beiden Seiten bei der Erst- bzw. einer

---

[214] In Anlehnung an Meffert/Bruhn (2003), S. 77.

[215] Vgl. Meffert/Bruhn (2003), S. 82.

[216] Vgl. Jacob (2002), S. 59; vgl. auch Roth (2001), S. 37.

Einzeltransaktion zunächst ein Informationsdefizit.[217] Es liegt eine Principal-Agent-Konstellation vor, bei der die Informationsasymmetrie besonders ausgeprägt ist.[218]

Die geschilderten Informationsprobleme beeinflussen, wie erläutert, das Verhalten der am Leistungsaustausch beteiligten Parteien und führen insbesondere zu einer hohen Unsicherheit. Zum Verstehen der Unsicherheit auf Konsumentenseite trägt auch die *Theorie des wahrgenommenen Risikos* bei. Diese geht davon aus, dass das wahrgenommene Risiko durch Abweichungen zwischen dem aktuell verfügbaren und dem erwarteten Informationsniveau eines Nachfragers steigt.[219] BAUER, der das Konsumentenverhalten als erster in Abhängigkeit von dem Risiko betrachtet, geht davon aus, das jedes Verhalten zu Konsequenzen führt, die für das Individuum vorab nicht vollständig beurteilbar sind und die nachteilig sein können.[220] Das empfundene Risiko, d.h. die Wahrnehmung eines Unterschieds zwischen Erfolgserwartungen und voraussehbaren Folgen eines Kaufs, ist ein kognitiver Konflikt.[221] Als Konsequenz wird versucht, das innere Gleichgewicht wiederherzustellen, z.b. durch die Suche nach Informationen und die Nutzung von Informationsquellen, z.b. von Verkäufern oder Freunden und Bekannten.[222]

BLAHO betrachtet das wahrgenommene Risiko sowie die Unsicherheit bei Mass Customization, wobei er verschiedene Phasen des Kaufentscheidungsprozesses differenziert: Vorkauf-, Kauf- und Nachkaufphase (vgl. Abbildung 7).[223] In der Vorkaufphase nehmen (potenzielle) Käufer ihren Bedarf wahr, verschaffen sich einen Überblick über alternative Angebote und beurteilen diese in Hinblick auf ihren Nutzen. In der Kaufphase wird die Kaufentscheidung getroffen. Die Nachkaufphase ist von der Inanspruchnahme der Leistung, der Überprüfung der Entscheidung und dem Aufbau von Wissen geprägt. Alle drei Phasen – insbesondere die Vorkaufphase – sind durch eine größere Unsicherheit auf Konsumentenseite gekennzeichnet. Wie erläutert, existieren wenige Leistungseigenschaften, die vor dem Kauf beurteilt werden können. Dies ist auf die Tatsache zurückzuführen, dass nur ein Leistungspotenzial und kein fertiges Produkt angeboten wird. Zudem trägt auch die Beteiligung der Konsumenten an Co-Design-Aktivitäten dazu bei, dass Kunden das Ergebnis der Leistungserstellung in der Vorkaufphase nur unzureichend abschätzen können. In der Kaufphase sind die Kunden an der Gestaltung ihres individuellen Produktes beteiligt. Auch hier entsteht Unsicherheit, wenn sie durch die Vielzahl an Optionen und Informati-

[217] Vgl. Grund (1998), S. 87; Spremann (1990), S. 578ff.

[218] Vgl. auch Kapitel 2.2.2.

[219] Vgl. Schnäbele (1997), S. 106.

[220] Vgl. Bauer (1960). Hierbei werden Funktionserfüllungsrisiko, sozial-psychologisches Risiko und Investitionsrisiko (finanzielle, zeitliche, physische und psychische Aufwendungen) differenziert. Vgl. Nolte (1976), S. 232f.

[221] Vgl. Kroeber-Riel/Weinberg (2003), S. 251.

[222] Vgl. Kroeber-Riel/Weinberg (2003), S. 251ff.

[223] Vgl. Blaho (2001), S. 117ff.; vgl. auch Kapitel 7.3.3.

onen überfordert werden. Ferner können die Kunden die Konsequenzen ihrer Beiträge sowie das Ergebnis des Leistungserstellungsprozesses noch immer nur unzureichend abschätzen. Kennzeichnend für die Nachkaufphase ist die Tatsache, dass Kunden die Kaufentscheidung zwar getroffen haben, auf ihr Produkt jedoch zunächst noch warten müssen, da es erst fertiggestellt wird. Aufgrund der Tatsache, dass die individuelle Leistung noch immer nicht bewertet werden kann, ist auch diese Phase von hoher Unsicherheit geprägt.

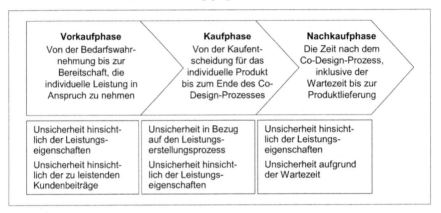

Abbildung 7: Unsicherheiten im Kaufentscheidungsprozess bei Mass Customization[224]

Zur Reduktion der Informationsdefizite und des wahrgenommenen Risikos unterscheidet man grundsätzlich zwei Arten von Maßnahmen, je nachdem von welcher Seite die Initiative ausgeht:[225]

• *Signaling* bedeutet, dass die besser informierte Seite Informationen zur schlechter informierten Seite überträgt. Das Unternehmen ist gefordert, glaubwürdige Informationen hinsichtlich seines Leistungsvermögens zu übertragen. Bloße Aussagen zu Qualität und Vertrauenswürdigkeit reichen deshalb nicht aus.[226] Stattdessen sollten die Leistungspotenziale, d.h. insbesondere Mitarbeiter, Konfiguratoren und das gesamte physische Erscheinungsbild, aber auch Referenzkunden, die über die Leistung berichten, entsprechend verwendet werden. Unternehmensreputation, Garantien und Informationen sind weitere wichtige Informationssignale.[227] In Kapitel 2.2.2 wurde bereits geschildert, dass Kunden auf derartige Qualitätssurrogate zurückgreifen. Weitere wichtige Orientierungsgrößen sind Marke und Preis. Letztendlich sind aufgrund der Interaktivität des Co-Design-Prozesses alle Phasen der Kundeninteraktion im Sinn einer Signaling-Maßnahme zu

---

[224] In Anlehnung an Blaho (2001), S. 137f.

[225] Vgl. Meffert/Bruhn (2003), S. 82ff.; Roth (2001), S. 49ff.

[226] Vgl. Kaas (1995), S. 29.

[227] Vgl. Wehrli/Wirtz (1997), S. 120.

gestalten (vgl. Kapitel 7.3.3). Auch Kunden können Signaling-Maßnahmen vornehmen, die über die reine Mitteilung der individuellen Bedürfnisse hinausgehen; allerdings kommen diese seltener zum Einsatz. Bei Mass Customization bietet beispielsweise ein Konfigurator das Potenzial, dass Kunden ihre Wünsche direkt in Leistungseigenschaften übertragen und diese damit besser und eindeutiger signalisieren. Dieses Vorgehen unterstützt das Finden der individuellen Lösung, die die Kundenbedürfnisse am besten erfüllt.

- *Screening* bedeutet, dass die schlechter informierte Seite Informationen einfordert bzw. beschafft.[228] Da auf beiden Seiten Informationsdefizite existieren, kann auch hier die Initiative von beiden Parteien ausgehen. Eine Herausforderung für den Nachfrager ist das Screening von Mass-Customization-Angeboten aufgrund der wenigen Sucheigenschaften der Leistung sowie der mangelhaften Beurteilungsmöglichkeit der Leistungspotenziale des Anbieters. Wie in Kapitel 2.2.2 erläutert, nutzen Kunden deshalb häufig externe Informationsquellen oder das Leistungspotenzial sowie den Preis, um sich eine Meinung über den Anbieter zu bilden. Kunden greifen zudem auf externe Informationsquellen zurück, beispielsweise auf Freunde und Bekannte, aber auch auf andere Kunden sowie Internetportale und virtuelle Nutzer-Gemeinschaften, um sich möglichst neutrale Informationen zu beschaffen. Auch für den Anbieter ist es schwierig, Leistungsfähigkeit und -bereitschaft des Nachfragers abzuschätzen, was für eine erfolgreiche Leistungserstellung im Rahmen des Co-Design-Prozesses jedoch erforderlich ist. Unterstützt wird das Screening durch den Konfigurator, da der Kunde hierdurch direkt an der Bestimmung der gewünschten individuellen Leistungseigenschaften mitwirkt. Auch die Hinweise zur Steuerung von Kundenintegrationskompetenz in Kapitel 7.3.4 können das Screening unterstützen.

Die Informationsökonomik unterstützt die Entwicklung eines grundlegenden Verständnisses für die Informationsprobleme bei Mass-Customization-Angeboten. Kennzeichnend für derartige Angebote ist die hohe Unsicherheit, die auf die Eigenschaften individueller Leistungen sowie auf die Transaktionspartner zurückzuführen ist, deren Verhalten von der jeweils anderen Partei vorab schwer abgeschätzt werden kann. Die Informationsökonomik hilft, negative Auswirkungen auf das Verhalten der am Leistungsaustausch beteiligten Parteien zu erkennen und diesen entgegenzuwirken. Sie liefert Ansatzpunkte für die Reduktion der Unsicherheit und die Ableitung von Handlungsempfehlungen, d.h. für Screening und Signaling. Auch die Theorie des wahrgenommenen Risikos fördert das Verständnis für die empfundene Unsicherheit auf Konsumentenseite und weist darauf hin, dass Kunden versuchen, das Risiko durch verstärkte Informationssuchaktivitäten zu reduzieren. Diese Erkenntnisse bilden die Grundlage für die Ableitung von Handlungsempfehlungen zur Verbesserung des Leistungsangebotes (vgl. Kapitel 7.3).

---

[228] Vgl. Meffert/Bruhn (2003), S. 84.

Die Informationsökonomik hat zudem einen direkten Bezug zu dem in dieser Arbeit untersuchten Konstrukt *Kundenintegrationskompetenz*. Es wird vermutet, dass Kunden mit hoher Integrationskompetenz besser mit den durch Immaterialität und Integrativität bedingten Herausforderungen umgehen können und damit eine geringere Unsicherheit empfinden. Dies ist darauf zurückzuführen, dass kompetente Kunden über vergleichsweise viele Informationen in Bezug auf das Angebot sowie die Leistungsfähigkeit des Anbieters verfügen. Das leistungsbezogene Informationsproblem ist weniger ausgeprägt, da Konsumenten über die Kombinationsmöglichkeiten sowie mögliche Endprodukte besser informiert sind und besser mit der angebotenen Auswahl umgehen können. Zudem existiert ein reduziertes transaktionspartnerbezogenes Informationsproblem, da die Anbieterseite generell sowie die geforderten eigenen Beiträge im Speziellen besser eingeschätzt werden können. Damit sind das Informationsproblem sowie die wahrgenommene Unsicherheit auf Nachfragerseite tendenziell schwächer ausgeprägt. Es ist anzunehmen, dass Kunden mit hoher Integrationskompetenz für Co-Design-Aktivitäten besser qualifiziert sind und sich deshalb erfolgreicher in den gemeinsamen Leistungserstellungsprozess einbringen. Dies bedeutet, dass sowohl der Prozess effizienter ablaufen kann als auch, dass sie eher zu dem Produkt gelangen, welches ihre spezifischen Bedürfnisse am besten erfüllt.

Es ist damit zu vermuten, dass eine hohe Integrationskompetenz der Kunden die gemeinsame Wertschöpfung positiv beeinflusst. Dabei ist zu beachten, dass es grundsätzlich schwieriger ist, Integrationskompetenz aufzubauen, wenn es sich um eine Leistung mit vielen Erfahrungs- und Vertrauenseigenschaften handelt, wie im Fall eines Mass-Customization-Angebotes.

2.3   Fazit: Mass-Customization-Angebote als integrative Leistungsbündel

Wesentlich für die nachfolgende Herleitung der *Kundenintegrationskompetenz* ist ein Verständnis der zugrunde liegenden Prinzipien des Leistungsaustauschs sowie der Merkmale der Leistung. Beide Aspekte wurden in diesem Kapitel erläutert.

Die Integrationskompetenz von Kunden bezieht sich auf den Co-Design-Prozess, in dem Kunde und Anbieter gemeinsam eine individuelle Leistung spezifizieren. Dieser Prozess beruht auf den Prinzipien der Kundenintegration. Co-Design impliziert eine direkte Einbindung der Kunden in die Wertschöpfung und erfordert, dass wertschöpfende Aktivitäten zusammen mit den Kunden vorgenommen werden. Dies wiederum führt zu Kunde-Anbieter-Interaktion(en) und zu interaktiver Wertschöpfung, d.h. zu einem kooperativen Austausch zwischen Nachfrager und Anbieter.

Mass-Customization-Angebote werden in dieser Arbeit als Leistungsbündel eingeordnet, die auf die Erfüllung individueller Kundenbedürfnisse ausgerichtet sind. Gleichzeitig wird die Effizienz einer Massenproduktion angestrebt, wodurch sich Mass Customization von einer klassischen Auftragsproduktion unterscheidet. Mass Customization bedeutet demnach nicht Individualität ohne Grenzen, sondern Individualität innerhalb eines festen, vorab festgelegten Lösungsraumes.

Neben dem individuellen Produkt ist der Co-Design-Prozess, in dem Anbieter und Nachfrager die individuelle Lösung gestalten, ein wesentliches Element jedes Mass-Customization-

Angebotes. Kunden sind bei Mass Customization tendenziell stärker in Kaufaktivitäten eingebunden als dies bei der klassischen Auftragsproduktion oder beim Angebot von komplexen, individuellen Leistungen in B2B-Märkten gegeben ist. Dort äußern Kunden ihre Anforderungen und Wünsche zumeist lediglich, der Verkäufer zeigt einen Prototyp oder Blueprint der Leistung und beide Parteien nehmen anschließend gemeinsam Anpassungen vor, bis die am besten passende Leistung gefunden ist. Dieser Ablauf wird bei Mass Customization (on- und zumeist auch offline) durch ein Konfigurationssystem ersetzt, mit dem Kunden ihr Produkt aktiv mitgestalten. Damit wird es möglich, dass Kunden ihre Anforderungen direkt in Leistungsspezifika übertragen und nicht lediglich verbal Informationen transferieren. Der Hersteller kann das Konfigurationsergebnis im nächsten Schritt direkt in ein Produkt umsetzen. Kundenintegrationskompetenz bei Mass Customization ist damit wichtiger und weiter zu sehen als bei einer klassischen Einzelfertigung. Auch bei vielen Dienstleistungen ist der Kunde häufig nicht an der Konkretisierung der Leistung beteiligt, sondern äußert seine Anforderungen zumeist lediglich.

Während viele Forscher sich bisher ausschließlich mit dem Online-Vertrieb von Mass-Customization-Angeboten befassen,[229] stehen Co-Design-Prozesse in Ladengeschäften im Mittelpunkt dieser Arbeit. Im Rahmen derartiger Prozesse gestalten Anbieter und Nachfrager zusammen in einem interaktiven Co-Design-Prozess an einem physischen Verkaufsort die spezifische Kundenlösung. Es ist zu vermuten, dass grundlegende Erkenntnisse dieser Arbeit auch auf Co-Design-Prozesse übertragen werden können, die online stattfinden.[230]

Mass-Customization-Angebote sind Leistungsbündel, die einen starken Dienstleistungscharakter besitzen. Sie sind von temporärer Immaterialität geprägt und erfordern die Integration des Kunden in den Co-Design-Prozess. Konsequenzen aus beiden Aspekten ergeben sich aus Nachfragersicht vor allem dahingehend, dass eine größere Unsicherheit hinsichtlich der Leistung existiert, da diese aus Kundensicht zum Zeitpunkt der Kaufentscheidung nur schwer zu beurteilen ist. Hinzu kommt, dass Kunden das Ergebnis der Leistungserstellung aufgrund der Integrativität beeinflussen, ihre Aufgaben im Rahmen der Leistungserstellung jedoch im Vorfeld oft nur schwer einschätzen können. Die Informationsökonomik hilft, diese Unsicherheit sowie die existierenden Informationsprobleme auf Nachfrager- und Anbieterseite zu verstehen und unterstützt die Entwicklung von Hinweisen zu deren Reduktion. Es wird vermutet, dass die wahrgenommene Unsicherheit auf Nachfragerseite weniger ausgeprägt ist, wenn Kunden eine hohe Integrationskompetenz besitzen: Kompetente Kunden verfügen über vergleichsweise viele Informationen in Bezug auf das Angebot sowie die Leistungsfähigkeit des Anbieters und können sich erfolgreicher in den gemeinsamen Leistungserstellungsprozess einbringen. Diese Kundenintegrationskompetenz wird im Folgenden konzeptualisiert und operationalisiert.

---

[229] Vgl. Kapitel 3.2.1.

[230] Hierzu besteht allerdings weiterer Forschungsbedarf. Vgl. die Anmerkungen in Kapitel 7.2.3.

3 Stand der Forschung im Themenfeld Kundenkompetenz

In diesem Kapitel erfolgt eine Bestandsaufnahme der Literatur, um die Rollen und Beiträge von Kunden beim Kauf eines individuellen Produktes zu spezifizieren und um ein Verständnis für die Facetten zu entwickeln, die einen Kunden mit hoher Integrationskompetenz charakterisieren. Da Kundenintegrationskompetenz die Kompetenz von Kunden für gemeinsame Wertschöpfungsaktivitäten und Co-Design-Prozesse beschreibt, orientiert sich die Herleitung der Kundenaufgaben und der hierzu nötigen Qualifikationen unmittelbar an den Prinzipien der Kundenintegration und -interaktion (Kapitel 2.1) sowie an den Charakteristika von Mass Customization (Kapitel 2.2).

Betrachtet man die Literatur zu Mass Customization, fällt auf, dass kundenbezogene Aspekte bisher weit weniger untersucht wurden als die produktionstechnischen und logistischen Besonderheiten des Konzeptes, weshalb sich viele interessante Ansatzpunkte in Hinblick auf die Kundenperspektive bieten.[231] Deshalb wird insbesondere auf die Dienstleistungsliteratur zurückgegriffen, in der Aufgaben und Beiträge von Kunden bereits sehr intensiv diskutiert werden. Die verschiedenen Ansätze werden umfassend dargestellt und relevante Ansatzpunkte aufgegriffen. Vor der Bestandsaufnahme der Mass-Customization- und Dienstleistungsliteratur wird zunächst der Kompetenzbegriff erläutert, da dies für das Verständnis des nachfolgend eingeführten Konstruktes *Kundenintegrationskompetenz* wesentlich ist. Es ist anzumerken, dass es nicht darum geht, Hinweise für die Anbieterkompetenz zur Kundenintegration zu gewinnen. Dass auch Unternehmen bestimmte Kompetenzen benötigen, um Kunden erfolgreich in gemeinsame Co-Design-Prozesse zu integrieren, wird von verschiedenen Autoren angemerkt (vgl. Kapitel 7.1).

3.1 Kompetenzbegriff

Wie in Kapitel 2.2.1 bereits grundlegend erläutert, haben Kunden bei Kundenintegration im Zusammenhang mit ihrer Mitwirkung im Co-Design-Prozess verschiedene Rollen und Aufgaben zu erfüllen. Es bedarf einer bestimmten Kompetenz, um sich erfolgreich einzubringen: der Kundenintegrationskompetenz. Um das interessierende Konstrukt *Kundenintegrationskompetenz* spezifizieren zu können, ist es notwendig, den Kompetenzbegriff zu verstehen. Kompetenz wird definiert und zur Qualifikation abgegrenzt sowie verschiedene Kompetenzklassen aufgezeigt. Dabei liefert insbesondere die Literatur zu Mitarbeiterkompetenzen wichtige Erkenntnisse für die Modellierung von Kundenintegrationskompetenz. In Anlehnung an die Dienstleistungsliteratur werden diese Erkenntnisse auf Kunden übertragen.[232]

---

[231] Vgl. beispielsweise Franke/Piller (2003), S. 579; Kahn (1998), S. 52.

[232] Insbesondere in der Dienstleistungsliteratur werden vielfältige Ansätze aus dem Bereich der arbeitspsychologischen Forschung aufgegriffen. Vgl. Kapitel 3.3.

3.1.1 Grundlagen

Bis heute gibt es kein einheitliches Verständnis hinsichtlich des Kompetenzbegriffs,[233] was darauf zurückzuführen ist, dass der Begriff in verschiedenen Disziplinen diskutiert und in ganz unterschiedlichen Zusammenhängen verwendet wird.[234] In dieser Arbeit wird die Sichtweise von VON ROSENSTIEL zugrunde gelegt, der folgende Definition von Kompetenz gibt:

> „Kompetenzen werden […] als Dispositionen handelnder Subjekte – seien dies nun Individuen, Teams oder Organisationen – verstanden, in Situationen von Ungewissheit und Unbestimmtheit selbstorganisiert schöpferisch zu handeln."[235]

Will man Kompetenz näher fassen, kann zunächst zwischen der Perspektive des methodologischen Individualismus und dem holistischen Standpunkt unterschieden werden.[236] Ansätze, die dem methodologischen Individualismus folgen, betrachten das Individuum als Träger von Kompetenz und führen Kompetenz auf das Handeln einzelner Personen zurück.[237] STÄUDEL beispielsweise stellt das Individuum als den Kompetenzträger in den Mittelpunkt:

> „Die aktuelle Kompetenz stellt eine subjektive Einschätzung der eigenen Fähigkeiten, die man für die Bewältigung eines vorliegenden Problems zu haben glaubt, dar. In diese Einschätzung geht also zum einen die subjektive Einschätzung des vorhanden Fachwissens, die epistemische Kompetenz, ein, zum anderen die subjektive Einschätzung der verfügbaren Heuristiken, die heuristische Kompetenz."[238]

Aus der Definition wird deutlich, dass Kompetenz eine personenbezogene Fähigkeit ist, die den Bezug zu einem bestimmten Ziel bzw. zur Bewältigung eines Problems aufweist.[239] Dabei wird zwischen den Dimensionen *epistemische Kompetenz*, d.h. formale Ausbildung und Qualifikation, und *heuristische Kompetenz*, d.h. Erfahrung und Handlungsfähigkeit, unterschieden.[240]

---

[233] Vgl. Erpenbeck/von Rosenstiel (2003), S. IX; Hoffmann (1999), S. 275; Jacob (2003), S. 85; von Rosenstiel (2004), S. 109.

[234] Vgl. Erpenbeck/von Rosenstiel (2003), S. IX; vgl. auch Hoffmann (1999), S. 275.

[235] Vgl. von Rosenstiel (2004), S. 109f. Der Autor sieht den Unterschied zu Schlüsselqualifikationen, die ähnlich den Kompetenzen relativ universell sind, darin, dass bei diesen der Gedanke der Selbstorganisation keine Rolle spielt. Vgl. von Rosenstiel (2004), S. 110.

[236] Vgl. zu einem Überblick über verschiedene Sichtweisen von Kompetenz auch Hoffmann (1999).

[237] Vgl. Jacob (2003), S. 85. Diekmann (1999), S. 102ff. spricht von einem individuellen Merkmal.

[238] Stäudel (1987), S. 54. Während die epistemische Kompetenz das Sach- bzw. Fachwissen umfasst, befähigt die heuristische Kompetenz zur Bewältigung neuartiger Situationen, für die das existierende Wissen nicht ausreicht. Vgl. Stäudel (2004), S. 23.

[239] Vgl. Jacob (2003), S. 86; Kaiser (1982), S. I.

[240] Vgl. Jacob (2003), S. 86; Stäudel (1987), S. 54.

Neben dieser verhaltenswissenschaftlichen Betrachtung von Kompetenz gibt es speziell im Bereich der Organisationslehre und Arbeitspsychologie Autoren, die Kompetenz im Zusammenhang mit den Zuständigkeiten, Rechten und Befugnissen von Aufgabenträgern in der Organisation betrachten.[241] Hier ist beispielsweise die Definition von SALVADOR/FORZA einzuordnen, die Kompetenz im unmittelbaren Bezug zu den Arbeitsaufgaben sehen:

„[…] a set of individual characteristics determining the individual's capability to successfully perform a given job within a specific work environment."[242]

SONNTAG/SCHARPER beschreiben Kompetenz noch genauer und geben folgende Definition:

„Kompetenzen charakterisieren danach die Fähigkeit von Menschen, in offenen, komplexen und dynamischen Situationen selbstorganisiert zu denken und zu handeln. Das bedeutet, beabsichtigte Handlungen zielgerichtet umzusetzen, gestützt auf fachliches und methodisches Wissen, auf Erfahrungen und Expertise sowie unter Nutzung kommunikativer und kooperativer Möglichkeiten."[243]

Insbesondere in den letzten Jahren rücken auch Kunden als Quelle von Kompetenz in den Mittelpunkt,[244] wie dies beispielsweise PRAHALAD/RAMASWAMY zum Ausdruck bringen:

„The competence that customers bring is a function of the knowledge and skills they possess, their willingness to learn and experiment, and their ability to engage in an active dialogue."[245]

Die Autoren erachten es als erfolgsentscheidend, dass Unternehmen über die eigenen Grenzen hinweg auch externe Kompetenzquellen berücksichtigen, insbesondere die Kunden.[246] Auch in dieser Arbeit wird die Kompetenz von Kunden im Sinn des methodologischen Individualismus betrachtet. Insgesamt werden bei Fokussierung von Individuen als Kompetenzträger ganz verschiedene Arten von Kompetenzen und Teilkompetenzen beschrieben.[247]

Während die bisherigen Definitionen das Individuum – generell und in der Organisation – fokussieren, gestehen Autoren, die Kompetenz aus der holistischen Perspektive sehen, auch einer Or-

---

[241] Vgl. Jacob (2003), S. 86; vgl. beispielsweise Reichwald et al. (2000), S. 62, die davon sprechen, dass Mitarbeiter Sozial- und Medienkompetenz benötigen.

[242] Salvador/Forza (2005), S. 2; vgl. auch Hahn (1975), S. 1112; Sonntag/Scharper (2006), S. 271; Spencer/Spencer (1993), S. 9.

[243] Sonntag/Scharper (2006), S. 271.

[244] Vgl. Canziani (1997), S. 8; Gouthier (2003), S. 91; Hennig-Thurau (1998), S. 61ff.; Hennig-Thurau (1999), S. 23; Prahalad/Ramaswamy (2000), S. 80; Schneider/Bowen (1995), S. 3.

[245] Prahalad/Ramaswamy (2000), S. 80.

[246] Vgl. Prahalad/Ramaswamy (2000), S. 81.

[247] Vgl. die Erläuterungen im nachfolgenden Kapitel 3.1.2.

ganisation als solches die Eigenschaft zu, Trägerin von Kompetenz zu sein.[248] Insbesondere in der wirtschaftswissenschaftlichen Literatur wird der zunächst personenbezogene Kompetenzbegriff auf Organisationen transferiert. Beispielsweise befasst sich RITTER mit der für das Management von Netzwerkorganisationen notwendigen Kompetenz. Er greift die Sichtweise von Kompetenz als personenbezogene Fähigkeit auf und überträgt sie auf Organisationen:

„Kompetenz wird definiert als die Fähigkeit eines Unternehmens zur Erreichung spezifischer Ziele. [...] Kompetenz erfasst somit nicht nur die Qualifikation, etwas zu tun, sondern auch die Anwendung dieser Qualifikation in Form der Erfüllung von Aufgaben."[249]

Die Definition spiegelt den Ziel- bzw. Aufgabenbezug von Kompetenz wider; in diesem Fall ist Kompetenz mit den Aufgaben eines Unternehmens verbunden. DAY, der sich mit den Kompetenzen befasst, die marktorientierte Unternehmen benötigen, definiert diese als

„[...] complex bundles of skills and accumulated knowledge, exercised through organizational processes, that enable firms to coordinate activities and make use of their assets."[250]

Die Definition von Unternehmenskompetenz von DAY umfasst sowohl Fähigkeiten als auch Wissen. Betrachtet man weitere Definitionen von Unternehmenskompetenz fällt auf, dass häufig eine Konzentration auf Wissensaspekte erfolgt.[251] Beispielsweise sehen VON KROGH/ROOS Unternehmenskompetenz dann vorliegen, wenn ein Fit zwischen Unternehmensaufgaben und dem Wissen existiert.[252] In engem Zusammenhang zu der Betrachtung von organisatorischen Kompetenzen steht das Thema der Kernkompetenzen, welches in der Literatur intensiv diskutiert wird. Prahalad/Hamel, die das Thema in die Literatur eingeführt haben, betrachten das Können von Unternehmen, Technologien und Fähigkeiten organisationsweit zu verbinden, als die Quelle von Wettbewerbsvorteilen und bezeichnen dies als Kernkompetenz.[253] Das Thema der Kernkompetenzen ist im ressourcen-basierten Ansatz verankert, der die Ressourcen von Unternehmen als den Ausgangspunkt von Wettbewerbsvorteilen sieht.[254]

In der wirtschaftswissenschaftlichen Literatur werden unterschiedliche Arten von organisatorischen Kompetenzen diskutiert. Beispielsweise *Market Knowledge Competence*, d.h. Prozesse, die auf

---

[248] Vgl. Jacob (2003), S. 85.

[249] Ritter (1998), S. 536.

[250] Day (1994), S. 38; vgl. auch Campbell (2003), S. 376.

[251] Vgl. Probst et al. (2000), S. 13; Schnurer/Mandl (2004); von Krogh/Roos (1995), S. 62.

[252] Vgl. von Krogh/Roos (1995), S. 62.

[253] Vgl. Prahalad/Hamel (1990), S. 81.

[254] Vgl. beispielsweise Reichwald/Piller (2006), S. 77; von Krogh/Roos (1995), S. 59.

die Generierung und Integration von Marktinformationen gerichtet sind.[255] JACOB beispielsweise befasst sich mit der Kompetenz, die Unternehmen benötigen, um Kunden erfolgreich in den Leistungserstellungsprozess bei individuellen Angeboten zu integrieren. Diese Kompetenz umfasst seiner Meinung nach die Gestaltung des Faktorkombinationsprozesses, die Kommunikation zur Beschaffung von Kundeninformationen und die Steuerung des Kundenintegrationsprozesses.[256] Ähnlich betrachten REICHWALD/PILLER Kundeninteraktionskompetenz, wenn es um interaktive Wertschöpfung geht, und unterscheiden drei Teilkompetenzen: interaktionsförderliche Kommunikations-, Organisations- und Anreizstrukturen.[257] Andere Autoren beispielsweise untersuchen die Kompetenzen, die Unternehmen für Innovationsprozesse benötigen.[258]

Neben der Ebene des Individuums und der Organisation differenzieren PROBST et al. eine weitere Ebene, auf der Kompetenz existiert: den Unternehmensverbund oder die interorganisationale Ebene. Hierbei geht es um die Fähigkeiten, verschiedene Unternehmensbereiche erfolgreich zu integrieren und im Unternehmensverbund zu kooperieren. Dagegen sind die Personen in der Organisation Träger der individuellen Kompetenz; organisatorische Kompetenz beschreibt die Verbindung individueller zu organisatorischen Fähigkeiten.[259] Insgesamt zeigt die bisherige Diskussion, dass es keine einheitliche Sichtweise von Kompetenz gibt und dass je nach fokussiertem Kompetenzträger und Bezugsobjekt ganz verschiedene Themen im Vordergrund stehen.

Abschließend sei noch auf einen wesentlichen Aspekt der Definition von Kompetenz hingewiesen. Aus der dargestellten Definition von RITTER wird bereits deutlich, dass der Autor den Unterschied zur Qualifikation im *Zielbezug von Kompetenz* sieht. Ähnlich geben NORTH/REINHARDT folgende Definition:

> „Kompetenz ist die Fähigkeit, situationsadäquat zu handeln. Kompetenz beschreibt die Relation zwischen den an eine Person oder Gruppe herangetragenen oder selbst gestalteten Anforderungen und ihren Fähigkeiten bzw. Potenzialen, diesen Anforderungen gerecht zu werden."[260]

Während Qualifikation dadurch aufgebaut werden kann, dass eine Person die für eine Aufgabe nötigen Wissensbestände, Motive oder sozialen Verhaltensweisen erlernt, befähigt Kompetenz

---

[255] Vgl. Campbell (2003), S. 376; Li/Calantone (1998), S. 13. Campbell (2003), S. 376 differenziert hiervon die *Customer Knowledge Competence*, d.h. Prozesse, die der Generierung und Integration von Informationen über spezifische Kunden dienen.

[256] Vgl. Jacob (2003), S. 88 sowie Kapitel 7.3.2.

[257] Vgl. Reichwald/Piller (2006), S. 84ff. und Kapitel 7.3.2.

[258] Vgl. Reichwald/Ihl/Schaller (2003); Sivadas/Dwyer (2000).

[259] Vgl. Probst et al. (2000), S. 13.

[260] Vgl. North/Reinhardt (2005), S. 29.

komplexe, unbestimmte und unvorhergesehene Situationen zu bewältigen.[261] Auch ERPENBECK/ VON ROSENSTIEL betrachten Qualifikationen als aktuelles Wissen und vorhandene Fertigkeiten, die im Gegensatz zu Kompetenzen nicht im Handeln sichtbar werden.[262] Dieser Sichtweise folgen verschiedene weitere Autoren.[263] Allerdings werden Kompetenz und Qualifikation von einigen Autoren auch nicht unterschieden.[264]

In dieser Arbeit werden Qualifikation und Kompetenz differenziert betrachtet: während Qualifikation weniger spezifisch ist, sei Kompetenz als *Fähigkeit mit Zielbezug* verstanden. Es wird dem methodologischen Individualismus gefolgt und das Individuum fokussiert. Damit werden Kunden von Mass-Customization-Anbietern als Träger von Kompetenz gesehen. Kompetenz wird in dieser Arbeit somit als personenbezogene Fähigkeit definiert, die einen Bezug zu einer bestimmten Aufgabe bzw. der Lösung eines bestimmten Problems besitzt. Das Ziel ist die erfolgreiche Bewältigung des Co-Design-Prozesses und ergibt sich aus der Integration der Kunden in die Wertschöpfung. Aufgrund der Tatsache, dass Co-Design-Prozesse eine Interaktion zwischen Anbieter und Nachfrager erfordern, werden Kompetenzen auf Unternehmensseite – insbesondere Kompetenzen, die unmittelbar in Zusammenhang mit der Interaktion oder Integration stehen – als genauso wichtig erachtet wie die Kompetenzen auf Kundenseite. Die Anbieterkompetenz zur Kundenintegration wird deshalb im Rahmen der Handlungsempfehlungen in Kapitel 7.3.2 vertieft.

3.1.2 Kompetenzklassen

Nach der Definition von Kompetenz und der Schilderung des dieser Arbeit zugrunde gelegten Kompetenzverständnisses ist es nun wesentlich, Arten von Kompetenzen zu systematisieren, um im nächsten Schritt die Aspekte zu bestimmen, die die Kundenintegrationskompetenz ausmachen. Dabei wird auf das Individuum als Träger von Kompetenz fokussiert, d.h. Kompetenz wird als personenbezogene Disposition gesehen. HEYSE/ERPENBECK differenzieren nachfolgende Teilkompetenzen und sehen Kompetenzen als

---

[261] Vgl. von Rosenstiel (2004), S. 109.

[262] Vgl. Erpenbeck/von Rosenstiel (2003), S. XI.

[263] Vgl. beispielsweise Canziani (1997), S. 8; Gouthier (2003), S. 91; Jacob (2003), S. 87; Ritter (1998), S. 53; von Krogh/Roos (1995), S. 62.

[264] Vgl. Day (1994), S. 38; Penley et al. (1991), S. 58; Prahalad/Ramaswamy (2000), S. 80.

„[…] Fähigkeiten, selbstorganisiert zu denken und zu handeln: In Bezug auf sich selbst (P: personale Kompetenzen), mit mehr oder weniger Antrieb, Gewolltes in Handlungen umzusetzen (A: aktivitätsbezogene Kompetenzen), gestützt auf fachliches und methodisches Wissen, auf Erfahrungen und Expertise (F: fachlich-methodische Kompetenzen) und unter Einsatz der eigenen kommunikativen und kooperativen Möglichkeiten (S: sozial-kommunikative Kompetenzen)."[265]

Die Definition der Autoren ist sehr umfassend und berücksichtigt vier verschiedene Kompetenzbereiche. Allerdings ist die Zuordnung von Einzel- oder Teilkompetenzen zu Klassen nicht immer einheitlich, was erneut auf die unterschiedlichen Disziplinen und Sichtweisen der Forscher zurückzuführen ist. Gebräuchlich ist die Unterscheidung von Kennen, Können und Wollen, insbesondere in Zusammenhang mit der Mitarbeiterqualifikation (vgl. Abbildung 8):[266]

- Dabei meint das *Kennen* das (fach-)spezifische Wissen. *Fachkompetenz* oder *fachlich Kompetenz* entsteht, wenn das Wissen zu den Anforderungen der spezifischen Aufgabe passt und umfasst Breiten-, Tiefen- sowie Anwendungswissen.[267] *Fachkompetenz* ist somit zu verstehen als „*[…] Disposition, fachliches Wissen selbstorganisiert zu erwerben und damit ausgerüstet zuvor unbekannte komplexe Probleme schöpferisch zu bewältigen.*"[268] Dies beinhaltet beispielsweise alle für die Erfüllung einer konkreten beruflichen Aufgabe notwendigen, spezifischen Kenntnisse. Beispielsweise gehören die Sprachkenntnisse, die ein Übersetzer für die Ausübung seiner Aufgaben benötigt, zur *Fachkompetenz*.[269]

- Das *Können* umfasst Fähigkeiten und Fertigkeiten. Fähigkeiten sind grundlegende Eigenschaften und Persönlichkeitsmerkmale, die für viele Aufgaben wichtig sind, z.B. die Intelligenz.[270] Fertigkeiten haben demgegenüber einen stärkeren Aufgabenbezug, d.h. sie befähigen zur Lösung bestimmter Aufgaben, z.B. dem Maschinenschreiben, und sind eher Verhaltensweisen.[271] *Methoden- und Sozialkompetenz* entsteht aus dem Können, wenn Fähig-

---

[265] Heyse/Erpenbeck (2004), S. XIV.

[266] Vgl. Becker/Günther (2001), S. 755; Erpenbeck/von Rosenstiel (2003), S. XVI; Flohr/Niederfeichtner (1982), S. 13; Frank (2004), S. 311f.; Gouthier (2003), S. 92ff.; Holling/Liepmann (1993), S. 286; North/Reinhardt (2005), S. 42ff.; Schanz (2000), S. 9; Schnurer/Mandl (2004), S. 128; Sonntag/Scharper (2006), S. 271; von Rosenstiel (2004), S. 110f. Weitere Autoren, die zwischen Fach-, Methoden- und Sozialkompetenz differenzieren und die personale Kompetenz nicht berücksichtigen, sind beispielsweise Hennig-Thurau (1998), S. 67; Hennig-Thurau (1999), S. 23; Schnurer/Mandl (2004), S. 128.

[267] Vgl. Berthel (2000), S. 223; Gouthier (2003), S. 91.

[268] Von Rosenstiel (2004), S. 110.

[269] Vgl. North/Reinhardt (2005), S. 43.

[270] Vgl. Nerdinger (1995), S. 16; Sonntag/Scharper (2006), S. 271.

[271] Vgl. Nerdinger (1995), S. 16.

keiten und Fertigkeiten mit den Anforderungen der Aufgabe übereinstimmen.[272] Bei den *Sozialkompetenzen* geht es um alle sozial-kommunikativen Aspekte;[273] diese zeigen sich in Interaktionen von Individuen.[274] Dieser Aspekt beschreibt damit die „[...] *Disposition, sich aus eigenem Antrieb selbstorganisiert mit anderen zusammen- und auseinander zu setzen, dabei kreativ zu kooperieren und zu kommunizieren.*"[275] *Methodenkompetenz* meint die „[...] *Disposition, angemessene Wege zur Bewältigung komplexer Probleme selbstorganisiert zu entwickeln und sie sodann im Zuge der Problembewältigung in innovativer Weise einzusetzen.*"[276] Hierzu gehören beispielsweise Fähigkeiten, erworbenes Fachwissen in komplexen Arbeitsprozessen zielorientiert einzusetzen oder die Lernfähigkeit. *Methodenkompetenz* wird deshalb auch als tätigkeitsunabhängige Schlüsselkompetenz definiert, die auf unterschiedliche Situationen anwendbar ist.[277]

- Der letzte Bereich kann als *personale Kompetenz* bezeichnet werden und umfasst die motivationalen und emotionalen, persönlichkeitsbezogenen Dispositionen, also das *Wollen*.[278] Diese Klasse beschreibt die Eigenschaften einer Person, „[...] *mit sich selbst reflexiv und kritisch umzugehen um sodann selbstorganisiert Emotion, Motive, Einstellungen und Werthaltungen zu entwickeln oder zu modifizieren.*"[279] Sie beinhaltet Motive, Motivationen, Einstellungen sowie Anstrengungs- und Konsequenzerwartungen.[280] Die Zuordnung motivationaler und emotionaler Aspekte zu den Kompetenzen ist dabei teilweise strittig, allerdings wird das Wollen für diese Arbeit als wesentliche Komponente von Kompetenz erachtet, welche zu den

---

[272] Vgl. Berthel (2000), S. 223; Gouthier (2003), S. 93. Anzumerken ist, dass einige Autoren Methoden- und Fachkompetenz in einer Gruppe zusammenfassen. Vgl. Erpenbeck/von Rosenstiel (2003), S. XVI; Frank (2004), S. 311; Heyse/Erpenbeck (2004), S. XIV; Sonntag/Scharper (2006), S. 271.

[273] Vgl. North/Reinhardt (2005), S. 47.

[274] Vgl. Sonntag/Scharper (2006), S. 271; Wegge (2006), S. 591.

[275] Von Rosenstiel (2004), S. 110; vgl. auch Erpenbeck/von Rosenstiel (2003), S. XVI.

[276] Von Rosenstiel (2004), S. 110; vgl. auch Erpenbeck/von Rosenstiel (2003), S. XVI.

[277] Vgl. North/Reinhardt (2005), S. 44.

[278] Vgl. Sonntag/Scharper (2006), S. 271f.

[279] Von Rosenstiel (2004), S. 111; vgl. auch Erpenbeck/von Rosenstiel (2003), S. XVI.

[280] Motive beziehen sich auf überdauernde, latente Dispositionen, etwas zu tun, auch wenn diese gerade nicht verhaltenswirksam und aktiviert sind. Vgl. Kroeber-Riel/Weinberg (2003), S. 57f. Die Motivation ist ein komplexer, zielorientierter Antriebsprozess, der grundlegende Antriebskräfte, d.h. Emotionen und Triebe, mit einer Zielorientierung verbindet. Vgl. Kroeber-Riel/Weinberg (2003), S. 142. Im Gegensatz zu den Motiven sind Motivationen damit verhaltenswirksam. Die Einstellung beinhaltet die Motivation sowie eine kognitive Gegenstandsbeurteilung und kann als subjektiv wahrgenommene Eignung eines Gegenstandes zur Befriedigung einer Motivation beschrieben werden. Vgl. Kroeber-Riel/Weinberg (2003), S. 169. Mit der Anstrengungserwartung kann die von einer Person empfundene Wahrscheinlichkeit bezeichnet werden, dass mittels der vorhandenen Fähigkeiten, Kenntnisse und Verhaltensweisen unter bestimmten Gegebenheiten eine festgelegte Leistung erbracht werden kann. Vgl. Becker/Günther (2001), S. 754; Berthel (2000), S. 41; Schanz (2000), S. 147. Die Konsequenzerwartung ist die empfundene Wahrscheinlichkeit, unter Berücksichtigung der eigenen Gegebenheiten zu einem angestrebten Ziel und bestimmten Belohnungen zu gelangen. Vgl. Berthel (2000), S. 41; Schanz (2000), S. 148.

beiden Facetten *Kennen* und *Können* in Wechselwirkung steht, denn z.b. bleiben Kennen und Können ungenutzt, wenn das Wollen fehlt.[281]

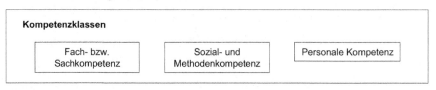

Abbildung 8: Kompetenzklassen

Verschiedene Autoren unterscheiden neben den genannten Bereichen noch die Gruppe der aktivitäts- und umsetzungsorientierten Kompetenzen. Diese beschreiben Dispositionen, aktiv und selbstorganisiert zu handeln, um Absichten, Vorhaben und Pläne umzusetzen.[282] Allerdings ist es strittig, ob diese Aspekte eine eigene Gruppe bilden oder den drei erstgenannten Bereichen zuzuordnen sind.[283] Neuere Ansätze betonen, wie erläutert, das Prinzip der Selbstorganisation.[284] Kompetenz wird demnach zunehmend in Verbindung mit der Handhabung von neuen Situationen gesehen. Dies zeigen auch die aufgeführten Definitionen zu den Teilkompetenzen.

Anzumerken ist, dass die meisten Arbeiten des methodologischen Individualismus sich mit Kompetenzen von Mitarbeitern befassen; dagegen stehen Kunden als Quelle von Kompetenz bisher kaum im Mittelpunkt. Eine Ausnahme stellt die Dienstleistungsliteratur dar, was darauf zurückzuführen ist, dass externe Faktoren für die Dienstleistungserstellung notwendig sind, wodurch Kunden sehr weitgehend in Wertschöpfungsaktivitäten von Unternehmen einbezogen werden. Vielfältige Hinweise aus dem Bereich der Organisationslehre können auf derartige Prozesse und damit auch auf Mass-Customization-Interaktionen übertragen werden (vgl. hierzu Kapitel 3.3). Nachdem die grundlegenden Aspekte von Kompetenz erläutert wurden, soll mittels der Bestandsaufnahme der Mass-Customization- und Dienstleistungsliteratur ein Überblick über Kundenaufgaben und notwendige Kompetenzen bei integrativen Leistungen gegeben werden.

3.2   Forschung zur Kundenperspektive bei Mass Customization

In der Literatur zu Mass Customization standen lange Zeit technologische Aspekte im Vordergrund, insbesondere die Entwicklung und der Einsatz passender Fertigungs- sowie IuK-Technologien. Dabei konzentrierten sich die meisten Autoren auf die Ableitung von Gestaltungsempfehlungen für Anbieterunternehmen. Die Auseinandersetzung mit der Kundenseite,

---

[281] Vgl. Becker/Günther (2001), S. 754.

[282] Vgl. Erpenbeck/von Rosenstiel (2003), S. XVI; Frank (2004), S. 312; Heyse/Erpenbeck (2004), S. XIV.

[283] Vgl. Erpenbeck/von Rosenstiel (2003), S. XVI.

[284] Vgl. Sonntag/Scharper (2006), S. 271.

z.b. der Wahrnehmung derartiger Angebote durch Kunden, fand dagegen sehr selten statt, obwohl gerade auf diese Art und Weise – durch ein besseres Verständnis der Bedürfnisse sowie des Verhaltens von Konsumenten – Handlungsempfehlungen für die erfolgreiche Gestaltung von Mass-Customization-Leistungen gewonnen werden können. Im Folgenden sollen die wesentlichen Ansätze dargestellt werden, die sich mit dem Konsumentenverhalten bei Mass Customization befassen und zum Verständnis von Kundenintegrationskompetenz beitragen.[285] Dabei dominieren drei Themen: Konfigurationsprozesse, die Komplexität aus Kundensicht (*Mass Confusion*) sowie die Motivation, individuelle Angebote zu kaufen. Anzumerken ist, dass im Folgenden nur Arbeiten berücksichtigt werden, welche explizit die besondere Rolle von Kunden in Wertschöpfungsprozessen bei Mass Customization untersuchen.

3.2.1 Konfigurationsprozesse und Konsequenzen

Konfigurationsprozesse und damit Konfiguratoren sind die Aspekte, die in der Literatur zur Kundenperspektive bei Mass Customization dominieren. Dies überrascht nicht, da die Konfiguration im Mittelpunkt des Kundeninteraktionsprozesses bei Mass Customization steht und als das charakteristische Merkmal des Konzeptes gilt.[286] Wesentliches Hilfsmittel ist ein Konfigurator, der die Designaktivität in der Regel computerbasiert unterstützt.[287] Er gilt als das wesentliche Instrument zur Reduktion der Unsicherheit auf Konsumentenseite.[288] Existierende Studien und Arbeiten konzentrieren sich nahezu ausschließlich auf Online-Konfigurationsprozesse.[289] Dabei hat sich die Forschung bislang vorrangig mit den technischen Anforderungen an einen optimalen Konfigurator auseinandergesetzt.[290] Diese Aspekte sollen im Folgenden nicht vertieft werden, sondern es erfolgt eine Konzentration auf Untersuchungen, welche die Kundenseite ausdrücklich einbeziehen. Zunächst werden Studien zu generellen Gestaltungsmöglichkeiten skizziert, um ein grundlegendes Verständnis für das Thema zu schaffen.

---

[285] Bei Betrachtung der Literatur zur Kundenperspektive findet man neben den erläuterten Themen weitere Hinweise zur Vermarktung derartiger Angebote (vgl. beispielsweise Schnäbele (1997) sowie zu den Potenzialen in Hinblick auf das Kundenbeziehungsmanagement (vgl. beispielsweise Wehrli/Wirtz (1997), S. 126ff.). Für diese Arbeit relevante Aspekte werden im Rahmen der Implikationen für die Praxis in Kapitel 7.3 vertieft.

[286] Vgl. Blecker et al. (2005), S. 79; Bourke (2000), S. 1; Franke/Piller (2003), S. 579; Reichwald/Müller/Piller (2005), S. 19.

[287] Vgl. Dockenfuß (2003), S. 218f.; Reichwald/Müller/Piller (2005), S. 29; Rogoll/Piller (2003), S. 24. Konfiguratoren werden zu den *Toolkits for User Innovation and Design* gezählt; hierzu gehören insbesondere auch Toolkits, die echte Nutzerinnovationen ermöglichen. Vgl. Franke/Piller (2004); Thomke/von Hippel (2002); von Hippel (2001).

[288] Vgl. Franke/Piller (2003), S. 581.

[289] Vgl. beispielsweise Bauer/Grether/Leach (2002); Blecker et al. (2005), S. 80; Dellaert/Syam (2001); Dellaert/Stremersch (2005); Franke/Piller (2003); Franke/Piller (2004); Kamali/Loker (2002); Khalid/Helander (2003); Kreutler/Jannach (2006); Liechty/Ramaswamy/Cohen (2001); Oon/Khalid (2003); Schneider/Totz (2003); Schreier (2005); Wolny (2005).

[290] Vgl. Blecker et al. (2005), S. 79; Franke/Piller (2003), S. 581.

Grundlegende Gestaltungshinweise

Der Konfigurationsprozess ist neben dem individuellen Produkt ein wesentlicher Zufriedenheitstreiber[291] und trägt maßgeblich zu einer steigenden Zahlungsbereitschaft von Konsumenten bei.[292] Deshalb sollten Konfiguratoren den Nutzern einen Co-Design-Prozess ermöglichen, der mit wenig Komplexität verbunden ist und Spaß bereitet, dadurch maßgeblich zur Zufriedenheit beiträgt und das Entscheidungsverhalten positiv beeinflusst. Anbietern eröffnen Konfigurationsprozesse die Möglichkeit, Kundenbedürfnisse sowie Preisbereitschaften zu verstehen.[293] Ausgehend von einer Analyse der Kundenanforderungen geben verschiedene Autoren Hinweise zur grundlegenden Gestaltung von Konfigurationsprozessen.

OON/KHALID führen eine experimentelle Studie durch, um die Kundenanforderungen an Internetseiten mit eingebetteten Konfiguratoren zu ermitteln. Sie finden heraus, dass aus Kundensicht drei generische Faktoren entscheidend sind: holistisches Design (z.b. graphische Aufbereitung), Navigation sowie Schnelligkeit (z.b. Ladezeit). Hinsichtlich des Konfigurationssystems selbst sind Designprozess (z.b. Anweisungen, Einfachheit), ästhetische Präferenzen (z.b. Auswahl), Informationsbereitstellung und Spaß am Design wesentlich. Die Autoren zeigen zudem, dass die einzelnen Komponenten, aus denen sich Kunden ihr Produkt individuell zusammenstellen, in hierarchischer Reihenfolge präsentiert werden sollten, also vom Allgemeinen zum Speziellen.[294]

Ähnlich finden auch KHALID/HELANDER auf Basis einer experimentellen Studie heraus, dass die Internetseiten so gestaltet sein müssen, dass die Navigation und die Auswahl von Designelementen so einfach wie möglich sind.[295] ROGOLL/PILLER halten auf Grundlage einer umfassenden Recherche zu Konfigurationssystemen folgende Anforderungen aus Nutzersicht für wesentlich: die Reduktion von Risiko sowie den Aufbau von Vertrauen auf Kundenseite, die Usability (Bedienbarkeit, Ladezeiten, Hilfestellung), die Visualisierung sowie motivationsfördernde Aspekte (z.B. Gutscheine, Nutzerprofile).[296] FRANKE/MERTENS weisen darauf hin, dass Privacy-Aspekte u.a. die größten Herausforderungen darstellen.[297] Insgesamt werden eine benutzerfreundliche Bedienung sowie eine ansprechende Visualisierung zu den zentralen Aspekten gezählt.[298]

---

[291] Vgl. Ihl et al. (2006), S. 174ff.; Reichwald et al. (2005), S. 3f.; Totz/Riemer (2001), S. 1.

[292] Vgl. Schreier (2005), S. 100.

[293] Vgl. Liechty/Ramaswamy/Cohen (2001), S. 194.

[294] Vgl. Oon/Khalid (2003), S. 297f.

[295] Vgl. Khalid/Helander (2003), S. 261.

[296] Vgl. Rogoll/Piller (2003), S. 52ff.

[297] Vgl. Franke/Mertens (2003), S. 93ff.

[298] Vgl. beispielsweise Gurzki/Hinderer/Rotter (2003), S. 478; Khalid/Helander (2003), S. 261; Oon/Khalid (2003), S. 297f.; Rogoll/Piller (2003), S. 52ff.; Wiedemann (2002), S. 45ff.

Aufbauend auf den ermittelten Anforderungen geben verschiedene Autoren Hinweise zu Evaluationsinstrumenten für Konfiguratoren. Beispielsweise schlagen TOTZ/RIEMER eine ereignisbezogene Analyse zur Bewertung von Konfiguratoren vor und präsentieren hierfür ein Vorgehensmodell.[299] FRÜHWIRT/PRÜGL entwickeln basierend auf empirischen Untersuchungen ein umfassendes Tool zur Beurteilung von Konfiguratoren. Verwendung finden hierbei die Kategorien *Produktinformation*, *Nutzerfreundlichkeit*, *Vertrauen und Sicherheit* sowie *vorhandene Auswahl*.

WIEDEMANN untersucht den Online-Konfigurationsprozess bei Uhren. Er findet heraus, dass die Konsumenten in der Regel zu Beginn keine genaue Vorstellung vom Endergebnis haben und schrittweise über *Learning by Doing* zu ihrem individuellen Produkt gelangen. Mittels Analyse von Logfiles identifiziert der Autor verschiedene Schritte des Konfigurationsprozesses: Zunächst versuchen die Nutzer einen Überblick über Aufbau und Funktionalität der Website sowie die Individualisierungsmöglichkeiten zu gewinnen, bevor sie in der nächsten Stufe verstärkt in die Tiefe gehen und die verschiedenen Individualisierungsmöglichkeiten genauer erfassen. Wenn sich die Nutzer einmal für ein Produkt entschieden haben, konzentrieren sie sich im letzten Schritt auf die Konfiguration der individuellen Lösung.[300] Die Erkenntnisse des Autors helfen, Co-Design-Prozesse und Interaktionsphasen aus Nutzersicht besser zu verstehen.

Auch TOTZ/RIEMER geben Hinweise zur phasenbezogenen Gestaltung des Internet-Interface und der Online-Konfiguration aus Nutzersicht. Sie erachten neben der Konfiguration zwei weitere Phasen als erfolgskritisch für die Interaktion: Information und After-Sales. Da die Webseite häufig den ersten Kontaktpunkt der Kunden mit einem Unternehmen darstellt, ist es zunächst entscheidend, Vertrauen zu schaffen und über das Angebot zu informieren. Schließlich müssen Kunden von dem Leistungsangebot erst überzeugt werden. Damit ist der Konfigurationsphase eine Phase der Kommunikation vorgelagert. Nach Abschluss der Konfiguration ist die Internetseite der Ausgangspunkt für Nachkaufaktionen. Die After-Sales-Phase bietet damit das Potenzial für die Gestaltung von Kundenbeziehungen und die Sammlung von Kundeninformationen.[301] Wesentlich ist die Erkenntnis, dass eine Webseite neben der Konfiguration weitere Aspekte oder Phasen der Kundeninteraktion berücksichtigen muss (vgl. hierzu Kapitel 7.3.3).

---

[299] Vgl. Totz/Riemer (2001), S. 3f.; vgl. auch Schneider/Totz (2003), S. 21ff., die verschiedene Konfiguratoren beurteilen.

[300] Vgl. Wiedemann (2002), S. 45ff. Der Autor untersucht wahrgenommene Komplexität, empfundenen Spaß, Flow-Erlebnis sowie Zufriedenheit mit dem Konfigurator und leitet hieraus Hinweise ab. *Flow* bezeichnet einen Zustand, bei dem eine Person so in eine Tätigkeit vertieft ist, dass nichts anderes mehr eine Rolle spielt. Vgl. beispielsweise Novak/Hoffman/Duhachek (2003), S. 4.

[301] Vgl. Totz/Riemer (2001), S. 1ff.

Erfolgswirkung von Konfigurationsprozessen und abgeleitete Anforderungen

Neben der Auseinandersetzung mit grundlegenden Gestaltungsaspekten befasst sich eine Reihe von Autoren mit Konsequenzen von Konfigurationsprozessen, insbesondere Kundenzufriedenheit und Zahlungsbereitschaft. Aufbauend auf den Erkenntnissen geben sie Gestaltungshinweise.

KAMALI/LOKER untersuchen Unterschiede im Involvement zwischen Kunden, die an Co-Design-Prozessen beteiligt werden, und Kunden, die ein Standardprodukt kaufen. Sie vergleichen drei Konsumentengruppen: eine Gruppe kann sich aus einer reduzierten Auswahl an Modulen ein Produkt zusammenstellen, eine zweite Gruppe erhält eine umfassendere Auswahl, die dritte Gruppe kauft ein Standardprodukt (= Kontrollgruppe). Hinsichtlich der Kaufabsicht können die Autoren keine signifikanten Unterschiede in Abhängigkeit von der Auswahl feststellen. Allerdings finden sie heraus, dass die Zufriedenheit hinsichtlich des Prozesses und des Produktes bei den beiden Gruppen, denen die Konfiguration angeboten wird, höher ist als bei der Kontrollgruppe. Dabei gibt es jedoch keine signifikanten Unterschiede hinsichtlich der Zufriedenheit in Abhängigkeit von der angebotenen Mass-Customization-Auswahl. Zudem können die Autoren belegen, dass die Zufriedenheit mit der Navigation und der Usability der Internetseite im Fall von Mass Customization höher ist als bei klassischen Online-Käufen.[302]

Auch BENDAPUDI/LEONE untersuchen den Einfluss von Co-Design-Aktivitäten im Vergleich zu klassischen Käufen auf die Zufriedenheit. Sie finden heraus, dass – falls das Ergebnis besser ist als erwartet – die Kundenzufriedenheit höher ist, wenn Kunden nicht aktiv mitarbeiten. Ist das Ergebnis wie erwartet oder schlechter, gibt es keine signifikanten Unterschiede in der Zufriedenheit zwischen Kunden, die an Co-Design-Prozessen beteiligt sind, und Kunden, die nicht aktiv mitarbeiten. Die Autoren können zudem zeigen, dass – ist das Ergebnis schlechter als erwartet – die Zufriedenheit höher ist, wenn Konsumenten zwischen aktiver Partizipation und Nicht-Beteiligung wählen können. Die Zufriedenheit mit dem Prozess beeinflusst die Gesamtzufriedenheit der Kunden, wobei der Einfluss größer ist, wenn Kunden die Wahl zwischen Teilnahme und Nicht-Teilnahme haben. Ist das Ergebnis schlechter als erwartet, ist der Einfluss der Prozess- auf die Gesamtzufriedenheit geringer, wenn Kunden am Co-Design partizipieren.[303]

Die Autoren LEVIN et al. sowie PARK/JUN/MACINNIS führen vergleichende Studien zu verschiedenen Konfigurationsmethoden in unterschiedlichen Preiskategorien durch. Sie stellen fest, dass die Präsentation der Auswahl den Ablauf der Co-Design-Prozesse beeinflusst. So wählen Kunden eine größere Anzahl an Produktkomponenten aus, wenn sie gebeten werden, unerwünschte Elemente von einem umfangreich ausgestatteten Endprodukt zu entfernen, bis es ihren Vorstellungen entspricht. Dagegen greifen sie auf weniger Komponenten zurück, wenn sie ihr

---

[302] Vgl. Kamali/Loker (2002), S. 11f.

[303] Vgl. Bendapudi/Leone (2003), S. 20ff.

Wunschprodukt von Anfang an aufbauen müssen. Erstgenanntes Konfigurationsverfahren führt auch zu einer höheren Zahlungsbereitschaft bzw. der Auswahl eines teureren Produktes.[304]

FRANKE/PILLER untersuchen anhand von vier Experimenten in der Uhrenindustrie die Fragestellung, ob Kunden die zur Verfügung stehende Auswahl eines Mass-Customization-Angebotes tatsächlich ausschöpfen und ob der Prozess des Co-Designs Nutzen stiftet. Die Autoren finden heraus, dass die Anwender die angebotene Auswahl nutzen und zu sehr unterschiedlichen Konfigurationsergebnissen gelangen, was auf heterogene Bedürfnisse schließen lässt. Zudem sind die Nutzer im Schnitt bereit, für ihre individuelle Uhr doppelt so viel wie für eine Standarduhr zu bezahlen. Die Autoren vermuten, dass die erhöhte Zahlungsbereitschaft auch auf den Prozess zurückzuführen ist, da der Designvorgang aus Konsumentensicht Wert schafft.[305]

SCHREIER/MAIR AM TINKHOF/FRANKE betrachten den Wertzuwachs, den Konsumenten aus selbstgestalteten Produkten wahrnehmen, mittels Vickrey-Auktion sowie fokussierten Interviews. Sie können nachweisen, dass ein Wertzuwachs existiert, der bei ca. 85 % liegt; jedoch sind 23 % der Befragten nicht bereit, für ein individuelles Produkt einen Preisaufschlag in Kauf zu nehmen. Die Autoren können zudem belegen, dass am häufigsten der *Pride of Autorship*, die Einzigartigkeit des gestalteten Produktes und die bessere Übereinstimmung mit den individuellen Bedürfnissen zu einem Zuwachs des Wertes auf Kundenseite führen. Zudem kann auch der Co-Design-Prozess den wahrgenommenen Wert sowohl positiv als auch negativ beeinflussen.[306] Ähnlich kann SCHREIER zeigen, dass ein negativer Prozessnutzen einen nachteiligen Einfluss auf die Zahlungsbereitschaft der befragten Nutzer eines Co-Design-Tools hat.[307]

Die dargestellten Untersuchungen zeigen, dass sich Co-Design-Prozesse auf erfolgskritische Größen wie Kundenzufriedenheit und Zahlungsbereitschaft auswirken.[308] Damit ist das Design von Konfigurationsprozessen ebenso relevant wie das Aussehen produktbezogener Aspekte.

Online- versus Offline-Konfiguration

Die bisher vorgestellten Studien zu Konfiguratoren und Konfigurationsprozessen befassen sich ausschließlich mit Online-Prozessen bzw. sind die Untersuchungen so angelegt, dass Elemente von Offline-Interaktionen, z.B. die Face-to-Face-Kommunikation zwischen Kunde und Unternehmensmitarbeiter, keine Berücksichtigung finden. Es wird vermutet, dass dies darauf zurückzuführen ist, dass Mass Customization in engem Zusammenhang zu den Potenzialen der IuK-

---

[304] Vgl. Levin et al. (2002), S. 340ff.; Park/Jun/MacInnis (2000), S. 187.

[305] Vgl. Franke/Piller (2004), S. 412f.

[306] Vgl. Schreier/Mair am Tinkhof/Franke (2006), S. 194ff.

[307] Vgl. Schreier (2005), S. 100.

[308] Es gibt auch Studien, die zeigen, dass individuelle Angebote nicht automatisch zu höherer Zufriedenheit führen. Vgl. Bauer/Grether/Leach (2002), S. 160.

Technologien und insbesondere dem Internet gesehen wird. Viele Forscher konzentrieren sich deshalb auf Angebote, die im Internet individualisiert werden können. Dies erscheint als die zunächst innovativere Form des Angebotes individueller Produkte, da Konsumenten im Zusammenhang mit den Co-Design-Prozessen neue Aktivitäten ausführen, die es zu untersuchen gilt. Viele Anbieter wählen diesen Vertriebsweg, da er ihnen aus Sicht der Transaktionskosten als der effizienteste Kanal erscheint, um eine große Kundengruppe kostengünstig zu erreichen.

Jedoch gibt es eine nicht unerhebliche Anzahl von Unternehmen, die das Konzept Mass Customization verfolgen und ihr Angebot offline anbieten. Dies kann auf die Art des zu individualisierenden Produktes zurückgeführt werden, z.b. ist der reine Online-Vertrieb für einen Anbieter individueller Schuhe wie *Adidas* oder *Selve* aufgrund der Notwendigkeit der Erfassung von Kundenmaßen schwierig. Auch die Gewohnheiten der Käufer sowie existierende Marktstrukturen müssen berücksichtigt werden. Beispielsweise scheuen Konsumenten davor zurück, hochpreisige Produkte im Internet zu kaufen, weshalb z.b. das Unternehmen *Steppenwolf* individuelle Räder über ein deutschlandweites Händlernetz vertreibt. Aber auch Anbieter relativ preiswerter Produkte, wie z.b. das Unternehmen *Georgefrank*, welches individuelle Shirts vertreibt, setzen auf den persönlichen Verkauf, da sie es für die Präsentation des Angebotes für wesentlich erachten. Immer wieder gibt es zudem Unternehmen, die nachträglich auf den persönlichen Vertrieb umsteigen bzw. diesen mit einem Online-Angebot kombinieren, da sie sich hiervon zusätzliche Impulse erwarten. Im Fall des Offline-Vertriebs kommen in der Regel ebenfalls Konfiguratoren zum Einsatz, allerdings werden diese nicht durch den Kunden allein bedient, sondern ein Mitarbeiter führt den Kunden durch den Konfigurationsvorgang.[309] Es ist zu vermuten, dass Co-Design-Prozesse in Ladengeschäften damit von anderen Charakteristika geprägt sind und andere Anforderungen an Kunden und die zu leistenden Kundenbeiträge stellen, als dies bei Online-Interaktionen der Fall ist. Beispielsweise stehen soziale Aspekte stärker im Vordergrund, da der Prozess von der persönlichen Interaktion zwischen Kunde und Unternehmensmitarbeiter geprägt ist, technologische Aspekte dagegen treten eher in den Hintergrund.[310]

Der Autorin ist nur eine Studie bekannt, die sich explizit mit derartigen Offline-Konfigurationsprozessen aus Nutzersicht auseinandersetzt:[311] IHL et al. können im Rahmen einer empirischen Untersuchung von Konfigurationsprozessen in Ladengeschäften nachweisen, dass diese entscheidenden Einfluss auf die Zufriedenheit der Kunden haben. Die Autoren untersu-

---

[309] Vgl. www.adidas.de, www.selve.net, www.e-steppenwolf.de, www.georgefrank.de [Stand: 13.06.2006].

[310] Vgl. hierzu die Diskussion in Kapitel 7.1. Es wird angenommen, dass die grundlegenden Ergebnisse dieser Arbeit – trotz unterschiedlicher Charakteristika – auch auf Online-Prozesse übertragen werden können. Es besteht allerdings weiterer Forschungsbedarf in Hinblick auf die Kompetenzen bei Online-Interaktionen. Vgl. Kapitel 7.2.

[311] Salvador/Forza (2005) befassen sich mit den für Mass Customization notwendigen Kompetenzen von Mitarbeitern. Auch wenn sie in der Untersuchung nicht zwischen Online- und Offline-Angeboten differenzieren, stehen eher übergreifende Kompetenzen im Vordergrund und damit auch Aspekte, die besonders relevant für persönliche Interaktionen sind, z.B. die *Negotiation and Relationship Orientation*.

chen in einem ersten Schritt Einflussgrößen auf die Zufriedenheit unmittelbar nach Abschluss des Co-Design-Prozesses, d.h. vor der Lieferung des individuellen Produktes. Zu diesem Zeitpunkt berücksichtigen sie drei Zufriedenheitstreiber – Co-Design-Prozess, Zuverlässigkeit der Mitarbeiter sowie das physische Umfeld – und finden heraus, dass der Co-Design-Prozess nach den Mitarbeitern den stärksten Einfluss auf das Zufriedenheitsurteil hat. Im nächsten Schritt wird die Zufriedenheit nach Erhalt des individuellen Produktes bei denselben Kunden abgefragt. Zu diesem Zeitpunkt ist das Produkt der zentrale Zufriedenheitstreiber, allerdings wirkt auch der Co-Design-Prozess weiterhin indirekt über das Produkt auf die Zufriedenheit.[312] Auch diese Untersuchung belegt somit die Bedeutung der Gestaltung von Co-Design-Prozessen in Hinblick auf die Zufriedenheit der Kunden. Es konnte gezeigt werden, dass der Prozess neben dem Produkt wesentlich für den Erfolg des Angebotes ist. Die Befragung von IHL et al. ist auch deshalb relevant für die vorliegende Untersuchung, da sie belegt, dass Co-Design-Prozesse sich von herkömmlichen Dienstleistungsprozessen unterscheiden und entsprechend eigene Gestaltungskriterien erfordern. Zudem ist zu vermuten, dass, wie bereits erläutert, Unterschiede zwischen Online- und Offline-Interaktionen existieren, so dass Co-Design-Prozesse, die in Ladengeschäften stattfinden, als neues Untersuchungsfeld zu betrachten sind.[313]

Zusammenfassend kann festgestellt werden, dass Co-Design-Aktivitäten so gestaltet werden müssen, dass sie für die Kunden Nutzen schaffen und als spannende Aktivität empfunden werden, der man sich gerne widmet. Das impliziert, dass die Komplexität des Angebotes und damit die Kosten aus Kundensicht soweit wie möglich zu reduzieren sind. Die von Kunden wahrgenommene Komplexität – eine der kritischen Erfolgsgrößen von Mass Customization – soll im Folgenden vertiefend erläutert werden.

3.2.2 Komplexität aus Kundensicht

Obwohl Mass Customization als Wertschöpfungssystem gilt, das dem Bedürfnis nach Individualität der heutigen Konsumenten entspricht, wird auch die Gefahr von *Mass Confusion* thematisiert.[314] HUFFMAN/KAHN weisen darauf hin, dass „[...] *the huge number of potential options [...] may be confusing and overwhelming rather than beneficial.*"[315] Die von Kunden wahrgenommene Komplexität ist ein zentrales Thema in der Literatur zu Mass Customization und unmittelbar mit dem Thema *Konfiguration* verbunden. Bereits in Kapitel 3.2.1 wurde erläutert, dass die Gestaltung von Konfigurationsprozessen erfolgskritische Größen beeinflusst; viele der dargestellten Aspekte haben indirekt mit Komplexität zu tun. Wie in Kapitel 2.2.3 erläutert, führt die Fülle an Auswahlmög-

---

[312] Vgl. Ihl et al. (2006), S. 174.

[313] Es wird allerdings davon ausgegangen, dass grundlegende Gemeinsamkeiten existieren. Vgl. Kapitel 7.1.

[314] Vgl. Huffman/Kahn (1998); Kahn (1998); Kurniawan et al. (2002), S. 3; Porcar et al. (2003), S. 302; Teresko (1994), S. 48; Zipkin (2001), S. 82.

[315] Huffman/Kahn (1998), S. 492.

lichkeiten – neben Immaterialität und Integrativität kundenindividueller Angebote – zu Unsicherheit, da Kunden sich vor dem Kauf kein klares Bild von der Leistung machen können.

Unter Umständen verzichten die Kunden sogar auf die Inanspruchnahme der Co-Design-Möglichkeit, wie dies beispielsweise CROW/SHANTEAU/CASEY zeigen können. Die Autoren befassen sich mit Online-Customization-Möglichkeiten in verschiedenen Produktkategorien und ermöglichen den Teilnehmern ihrer Untersuchung, das jeweilige Produkt entweder selbst vollständig zu gestalten oder den Empfehlungen des Anbieters zu folgen. Viele Teilnehmer orientieren sich an den Vorschlägen und entscheiden sich gegen die eigene Gestaltung des Produktes. Die Autoren folgern, dass Konsumenten zwar Auswahl wollen, letztendlich aber den Aufwand und den zusätzlichen Nutzen aus einem individuellen Angebot ganz genau abwägen.[316]

Auch andere Autoren weisen auf negative Konsequenzen komplexer Co-Design-Prozesse hin. So kann SCHREIER empirisch belegen, dass ein als aufwändig empfundener Co-Design-Prozess den empfundenen Wertzuwachs des Leistungsangebotes und die Zahlungsbereitschaft von Konsumenten negativ beeinflusst. Letztendlich beurteilen Kunden das gesamte Leistungsbündel und berücksichtigen dabei auch, welche Kosten ihnen bei Co-Design-Aktivitäten entstehen.[317] ULRICH/ANDERSON-CONNELL/WU können zudem nachweisen, dass die wahrgenommene Einfachheit von Co-Design-Aktivitäten sich positiv auf die Zufriedenheit auswirkt.[318]

Auswahl und Komplexität werden nicht nur in der Literatur zu Mass Customization diskutiert, sondern generell in Verbindung mit Konsumentenverhalten und Kaufprozessen. Demnach ist Auswahl grundsätzlich bis zu einem gewissen Ausmaß positiv, da sie den Konsumenten Autonomie, Kontrolle und Freiheit gibt, jedoch kann zuviel Auswahl negative Konsequenzen mit sich bringen und die Konsumenten überfordern.[319] Damit kann es bei zu viel Auswahl dazu kommen, dass sich das von Konsumenten wahrgenommene Risiko erhöht, was wiederum die Unsicherheit steigen lässt (vgl. Kapitel 2.2.3). Einerseits bietet eine größere Auswahl somit grundsätzlich die Möglichkeit, heterogene Kundenbedürfnisse zu erfüllen,[320] andererseits steigt der Aufwand der Konsumenten für die Suche, Aufnahme und Verarbeitung von Informationen.[321] In diesem Zusammenhang merkt SCHWARTZ Folgendes an: *„Having too many choices produces psychological distress, especially when combined with regret, concern about status, adaptation, social comparison, and perhaps most impor-*

---

[316] Vgl. Crow/Shanteau/Casey (2003), S. 259ff.

[317] Vgl. Schreier (2005), S. 100; vgl. ähnlich auch Schreier/Mair am Tinkhof/Franke (2006), S. 197.

[318] Vgl. Ulrich/Anderson-Connell/Wu (2003), S. 408.

[319] Vgl. Schwartz (2004), S. 221.

[320] Vgl. Herrmann/Schaffner/Heitmann (2006), S. 310.

[321] Vgl. Herrmann/Schaffner/Heitmann (2006), S. 311. Vgl. zu einer Analyse der Unsicherheit von Konsumenten bei Kaufentscheidungen Gerhard (1995).

tant, the desire to have the best of everything – to maximize. "[322] Das entscheidende Kriterium ist hierbei, wie Konsumenten Komplexität und Auswahl wahrnehmen.[323]

Ähnlich argumentieren HUFFMAN/KAHN im Kontext von Mass Customization, dass nicht die tatsächliche Komplexität erfolgsentscheidend ist, sondern die von Konsumenten empfundene.[324] Sie halten es für wesentlich, Kunden zu befähigen, mit der Vielfalt umgehen zu können. Nach Meinung der Autoren muss der Anbieter sowohl die Art der Informationsdarbietung als auch den Kundenbeitrag im Rahmen des Konfigurationsprozesses steuern, wenn er eine möglichst hohe Kundenzufriedenheit erreichen möchte. Die Autoren untersuchen zwei Möglichkeiten der Informationsdarbietung: attributbasiert und alternativenbasiert. Bei erstgenannter Methode stellen Kunden das Produkt aus Komponenten zusammen, bei letztgenannter wählen sie zwischen verschiedenen Produktalternativen. Sie finden heraus, dass die Konfiguration anhand von Attributen die wahrgenommene Komplexität reduziert, die Zufriedenheit mit dem Prozess erhöht und die Bereitschaft der Konsumenten fördert, eine Entscheidung zu treffen.[325]

KURNIAWAN befasst sich mit dem Entscheidungsverhalten von Konsumenten bei Online-Konfigurationsprozessen, ebenfalls im Vergleich zur traditionellen Produktselektion, die auf der Auswahl von Varianten beruht. Die Autorin kann empirisch eine höhere Zufriedenheit von Konsumenten mit der Produktkonfiguration feststellen. Zudem verbessert sich die Wahrnehmung von Aufgabe und Auswahlmöglichkeiten. Hinzu kommt eine Reduktion der Entscheidungszeit, da die Zeit gezielt für die Konfiguration und nicht für die Gewinnung eines Überblicks über die angebotene Auswahl genutzt werden kann.[326] Die Erkenntnisse der Autorin weisen damit ebenfalls darauf hin, dass mit einer Kombination von Attributen weniger Komplexität verbunden ist als mit der Auswahl zwischen Alternativen.

HERRMANN/SCHAFFNER/HEITMANN analysieren die Komplexität und Entscheidungszufriedenheit von Konsumenten bei Mass-Customization-Angeboten in der Automobilindustrie in Hinblick auf die Vergleichbarkeit der angebotenen Alternativen. Sie können belegen, dass entscheidend ist, ob die Produktattribute entlang einer Dimension aus Kundensicht vergleichbar sind oder nicht. Kann eine Gegenüberstellung der Eigenschaften vorgenommen werden, steigen Kundenzufriedenheit sowie Zahlungsbereitschaft und die Entscheidungszeit verkürzt sich. Zudem belegen die Autoren, dass eine Erhöhung der Variantenzahl bei vergleichbaren Attributen zu einer höheren Zufriedenheit führt; dagegen sinkt die Zufriedenheit mit einer Zunahme der Vari-

---

[322] Schwartz (2004), S. 221.

[323] Vgl. Kahn/Wansink (2004), S. 3.

[324] Vgl. Huffman/Kahn (1998), S. 493; vgl. auch Kahn (1998), S. 49.

[325] Vgl. Huffman/Kahn (1998), S. 492f.

[326] Vgl. Kurniawan (2004), S. 150f.

anten, wenn die Attribute sehr unähnlich sind. Außerdem finden sie heraus, dass Konsumenten bei sehr unterschiedlichen Attributen eher dazu neigen, den Anbieterempfehlungen zu folgen.[327]

RANDALL/TERWIESCH/ULRICH betrachten unterschiedliche Konfigurationsarten: parameterbasierte Konfigurationssysteme, bei denen Kunden die einzelnen Komponenten des Produktes zusammenstellen, und bedürfnisbasierte Systeme, bei denen Nutzer nach ihren Präferenzen gefragt werden und darauf aufbauend eine Produktempfehlung erhalten. Sie vergleichen beide Arten von Konfigurationssystemen in Abhängigkeit von Wissen und Fähigkeiten der Konsumenten. Die Autoren können zeigen, dass Anfänger mit bedürfnisbasierten Systemen zu besseren Ergebnissen gelangen und auch zufriedener sind. Experten dagegen bevorzugen parameterbasierte Systeme und sind damit erfolgreicher.[328] Somit weisen die Autoren einen Zusammenhang zwischen der Erfahrung der Konsumenten und dem Umgang mit der Auswahl nach.

Auch DELLAERT/STREMERSCH befassen sich mit der Komplexität von Konfigurationsprozessen und berücksichtigen dabei das Wissen der Konsumenten. Die Autoren untersuchen Konfigurationsprozesse für Personal Computer und finden heraus, dass die Komplexität des Co-Design-Prozesses einen negativen Einfluss auf die Beurteilung der Nützlichkeit des Mass-Customization-Angebotes aus Konsumentensicht hat. Dagegen beeinflusst die empfundene Produktnützlichkeit den wahrgenommenen Nutzen des Angebotes positiv. Ist die wahrgenommene Prozesskomplexität hoch, sinkt zudem der empfundene Produktnutzen auf Konsumentenseite. Außerdem stellen die Autoren fest, dass der Umgang mit Konfigurationsprozessen für Experten einfacher ist, d.h. Kunden empfinden Co-Design-Prozesse als weniger komplex, wenn sie mehr Erfahrung mit derartigen Angeboten haben. Hinzu kommt, dass der negative Einfluss der empfundenen Komplexität des Co-Design-Prozesses auf den Produktnutzen geringer ist, wenn ein Konsument erfahrener ist.[329]

Die geschilderten Untersuchungen zeigen, dass der Umfang an Wahlmöglichkeiten sowie insbesondere deren Präsentation Einfluss auf den Umgang von Kunden mit individuellen Angeboten und Co-Design-Prozessen haben und damit zentrale Erfolgsgrößen darstellen.[330] Entscheidend ist, einerseits genug Auswahl in Hinblick auf die heterogenen Kundenbedürfnisse anzubieten, andererseits aber die Konsumenten nicht zu überfordern.[331] Kunden muss zudem ermöglicht werden, mit der Auswahl auf angemessene Art und Weise umzugehen.[332] Ingesamt beschränken

---

[327] Vgl. Herrmann/Schaffner/Heitmann (2006), S. 330ff.

[328] Vgl. Randall/Terwiesch/Ulrich (2005), S. 74f.

[329] Vgl. Dellaert/Stremersch (2003), S. 5; Dellaert/Stremersch (2005), S. 2ff.

[330] Es gibt jedoch auch Untersuchungen, in denen keine Unterschiede in der Zufriedenheit in Abhängigkeit vom Umfang der angebotenen Auswahlmöglichkeiten festgestellt werden konnten. Vgl. Kamali/Loker (2002), S. 14.

[331] Vgl. Franke/Piller (2004), S. 412; Piller/Möslein (2002), S. 18.

[332] Vgl. Huffman/Kahn (1998), S. 492.

sich die Hinweise zur Reduktion der Komplexität und Unsicherheit auf Kundenseite und damit zur Befähigung von Kunden jedoch zumeist auf Hinweise für eine Verbesserung der Interaktions- und Konfigurationsprozesse.[333]

Nur wenige Autoren geben explizit Hinweise zur Steuerung der Fähigkeiten von Kunden bzw. zeigen, dass Kunden mit bestimmten Eigenschaften, z.B. Erfahrung, besser mit Mass Customization umgehen können.[334] Im Mittelpunkt dieser Arbeit stehen diese Qualifikationen bzw. Kompetenzen von Mass-Customization-Kunden. Es wird vermutet, dass Kunden mit einer größeren Integrationskompetenz besser mit der Komplexität umgehen können und zu besseren Ergebnissen gelangen. Eine gezielte Einflussnahme auf die Kompetenz von Kunden verspricht eine Möglichkeit zu sein, die mit Mass Customization verbundene Komplexität zu reduzieren.

Kundenwissen und -erfahrung werden als zentrale Facetten eines kompetenten Kunden berücksichtigt, da der Einfluss dieser Größen auf den Umgang mit Co-Design-Prozessen in vorhergehenden Untersuchungen bereits gezeigt werden konnte. Da zudem auch die Motivation als wesentlicher Aspekt eines kompetenten Kunden erachtet wird, schließt die Bestandsaufnahme zu diesem Thema die Betrachtung der Mass-Customization-spezifischen Literatur ab.

3.2.3 Motivation für die Nutzung von Mass-Customization-Angeboten

Bisher haben sich nur wenige Autoren mit der Motivation von Konsumenten auseinandergesetzt, sich auf Mass-Customization-Angebote einzulassen. Diese Untersuchungen werden im Folgenden dargestellt und Aspekte erläutert, die für die Kundenintegrationskompetenz relevant sind.

SIMONSON befasst sich in einer konzeptionellen Arbeit mit den Präferenzen von Konsumenten sowie der Beurteilung und Akzeptanz individueller Angebote. Der Autor nimmt an, dass Mass-Customization-Angebote für Kunden den meisten Nutzen stiften, wenn ihre Präferenzen eindeutig definiert sowie stabil sind und wenn Kunden sich ihrer Präferenzen bewusst sind. Dann ist die Motivation am höchsten, sich auf individuelle Angebote einzulassen. Der Autor vermutet außerdem, dass sich Wissen und Erfahrung positiv auf die Präferenzbildung auswirken. Kunden, die unklare und unstabile Vorstellungen haben, dabei aber glauben, dass sie Präferenzen haben, verlassen sich eher auf Hinweise von außen, wenn sie ein Angebot beurteilen und mit ihren Präferenzen abgleichen. Der Autor modelliert den Einfluss verschiedener Größen auf die Bereitschaft, individuelle Angebote in Anspruch zu nehmen, und weist darauf hin, dass die Entscheidung für oder gegen ein individuelles Angebot von vielfältigen Größen abhängig und äußerst komplex ist.[335]

---

[333] Vgl. beispielsweise Kahn (1998), S. 49ff.; Randall/Terwiesch/Ulrich (2005), S. 75ff.

[334] Vgl. Dellaert/Stremersch (2003), S. 5; Dellaert/Stremersch (2005); Randall/Terwiesch/Ulrich (2005), S. 74f.

[335] Vgl. Simonson (2005), S. 35ff.

GUILABERT/DONTHU geben den Hinweis, dass Unterschiede bei Konsumenten hinsichtlich der Offenheit für Mass-Customization-Angebote existieren. Die Forscher entwickeln eine Itemskala zur Messung von *Customer Customization Sensitivity*, die die Sensitivität gegenüber individuellen Angeboten misst, und definieren diese Offenheit als

> „[...] customer's susceptibility to preferring customized products/services."[336]

Ähnlich weist auch HART in einem konzeptionellen Artikel zu Mass Customization darauf hin, dass die *Customer Customization Sensitivity* ein Aspekt ist, den Unternehmen berücksichtigen sollten, wenn sie die Erfolgschancen einer Mass-Customization-Strategie beurteilen. Er hält es für wichtig zu wissen, „*[...] whether your customers care whether you offer more customization.*"[337] Ist dies nicht der Fall, schätzt er das Potenzial einer derartigen Strategie als begrenzt ein. Wichtige Einflussfaktoren auf die Sensitivität bzw. Offenheit hinsichtlich individueller Angebote sind die Heterogenität der Kundenbedürfnisse in der entsprechenden Branche sowie der Grad der Bedürfnisbefriedigung durch aktuell am Markt verfügbare Angebote.[338]

FIORE/LEE/KUNZ untersuchen den Zusammenhang zwischen individuellen Persönlichkeits-merkmalen, der Motivation für Co-Design-Aktivitäten und der Bereitschaft, sich auf ein indivi-duelles Produkt einzulassen. Sie können belegen, dass das Bedürfnis nach einem einzigartigen Aussehen Einfluss auf den Wunsch hat, sich ein individuelles Produkt zu gestalten.[339] Damit wei-sen die Forscher ebenfalls darauf hin, dass Konsumenten sich in ihrem Wunsch unterscheiden, einzigartige Leistungen zu besitzen. In der Literatur wird dieser Aspekt insbesondere in Zusam-menhang mit dem *Bedürfnis nach individuellen Leistungen* diskutiert. Diese Größe spiegelt das Aus-maß wider, in dem man sich mit individuellen Produkten von anderen abgrenzen möchte.[340] Die Größe wird im Rahmen der nachfolgenden Untersuchung als Determinante von Kundenintegra-tionskompetenz berücksichtigt, da vermutet wird, dass diese Persönlichkeitseigenschaft nicht nur die Offenheit für individuelle Angebote beeinflusst, sondern auch den Aufbau von Kompetenz für Co-Design-Aktivitäten (vgl. Kapitel 6.2.1). Neben dem Einfluss des Wunsches, ein individuel-les Produkt zu erhalten, befassen sich FIORE/LEE/KUNZ mit weiteren Motivatoren. Sie können zeigen, dass auch die Motivation, den Co-Design-Prozess zu erleben (im Sinn eines interessanten Erlebnisses), die Bereitschaft beeinflusst, ein individuelles Produkt zu gestalten. Allerdings hat der Wunsch nach einem einzigartigen Produkt einen stärkeren Einfluss auf die Nutzungsabsicht. Die Autoren belegen mit ihrer Untersuchung die Bedeutung von prozess- und produktbezogenen

---

[336] Guilabert/Donthu (2003), S. 2.

[337] Hart (1995), S. 40.

[338] Vgl. Hart (1995), S. 40.

[339] Vgl. Fiore/Lee/Kunz (2004), S. 842ff.; vgl. auch Kreuzer (2005), S. 350.

[340] Vgl. Belk (1988), S. 144; Lynn/Harris (1997), S. 602f.; Tian/Bearden/Hunter (2001), S. 52.

Aspekten als Motivationsfaktoren für Mass Customization und weisen auch darauf hin, dass beide Aspekte zu gestalten sind.[341]

Als weiterer Motivationsfaktor wird häufig der Stolz der Konsumenten auf ihre Beteiligung an der Produktgestaltung genannt.[342] Kunden sind stolz, sich eine Leistung selbst geschaffen zu haben, wodurch sich ihre Identifikation mit dieser Leistung erhöht. SCHREIER kann dies auch empirisch zeigen und findet heraus, dass nicht nur der funktionale Nutzen aus der besseren Anpassung einer Leistung an individuelle Anforderungen zu einem Wertzuwachs auf Kundenseite und damit zu einer höheren Zahlungsbereitschaft führt, sondern auch der Stolz, sich ein Produkt selbst geschaffen zu haben (*Pride of Authorship*). Dieser Aspekt bewirkt den größten Nutzenzuwachs auf Kundenseite und ist damit der wichtigste Motivationsfaktor.[343]

In Zusammenhang mit der Motivation werden weitere Größen diskutiert. SCHREIER berücksichtigt neben *Pride of Authorship* und funktionalem Nutzen auch die von Kunden wahrgenommene Einzigartigkeit der Leistung sowie den negativen Prozessnutzen. Während die wahrgenommene Einzigartigkeit die Zahlungsbereitschaft steigen lässt, beeinflusst der negative Prozessnutzen, d.h. die Kosten, die aus Nutzersicht mit dem Co-Design der individuellen Leistung verbunden sind, die Zahlungsbereitschaft negativ.[344] Erstgenannte Größe steht in Zusammenhang zu dem bereits geschilderten Bedürfnis nach individuellen Leistungen, letztgenannter Aspekt zeigt, dass die Komplexität des Prozesses sich negativ auf die Motivation von Konsumenten auswirkt. Ähnlich kann WOLNY empirisch belegen, dass der wahrgenommene Vorteil eines individuellen Angebotes, die empfundene Komplexität des Angebotes und auch das Risiko in Bezug auf das Produkt Einfluss auf die Annahme von individuellen Angeboten im Bereich *Fashion* haben.[345]

DELLAERT/GOEBEL/DABHOLKAR untersuchen den Einfluss von Einstellungen auf die Entscheidung von Konsumenten an Online-Mass-Customization-Prozessen teilzunehmen. Sie finden heraus, dass die Einfachheit der Nutzung die Einstellung gegenüber dem Mass-Customization-Angebot nicht beeinflusst, jedoch der empfundene Spaß, die wahrgenommene Kontrolle sowie das Ergebnis. Die Einstellung gegenüber dem Angebot wiederum hat Einfluss auf dessen wahrgenommene Nützlichkeit. Der empfundene Nutzen wird zudem durch Produktflexibilität (Anzahl der Module, freie Wahlmöglichkeit), prozessbezogene Aspekte (Visualisierung, Online-Interaktion mit einem Unternehmensmitarbeiter) und eine kürzere Lieferzeit positiv beein-

---

[341] Vgl. Fiore/Lee/Kunz (2004), S. 842ff.

[342] Vgl. beispielsweise Franke/Piller (2004), S. 412; Rogoll/Piller (2003), S. 31; Schreier/Mair am Tinkhof/Franke (2006), S. 194; Wiedemann (2002), S. 11.

[343] Vgl. Schreier (2005), S. 100. Zum Nutzen zählt man neben dem Grundnutzen eines Produktes auch den Zusatznutzen, z.B. die Anerkennung, die man mit einer Leistung bei anderen erzielt, oder den Erbauungsnutzen aus Schaffensfreude, der hier angesprochen wird. Vgl. Belz (2004), S. 21.

[344] Vgl. Schreier (2005), S. 100.

[345] Vgl. Wolny (2005), S. 5ff.

flusst.[346] Aus den Untersuchungen der Autoren geht hervor, dass die Einstellung gegenüber technologiegeprägten Mass-Customization-Angeboten Einfluss auf das Konsumentenverhalten hat.

Da bei vielen Mass-Customization-Leistungen Technologien zum Einsatz kommen, insbesondere Konfiguratoren, wird dieser Aspekt als Facette *Technologieaffinität* von Kundenintegrationskompetenz berücksichtigt (vgl. Kapitel 4.3.4).

Insgesamt zeigt die Bestandsaufnahme zu möglichen Motivatoren für individuelle Angebote, dass noch keine umfassende Auseinandersetzung mit diesem Thema stattfand. Relevante Anknüpfungspunkte sind zum einen das Bedürfnis nach individuellen Leistungen, welches als Determinante von Kundenintegrationskompetenz gesehen wird, zum anderen die Technologieaffinität, die als eine Facette des Konstruktes modelliert wird. Im Folgenden werden die Ergebnisse zur Kundenperspektive bei Mass Customization zusammengefasst.

3.2.4 Fazit zur Mass-Customization-Forschung

Abschließend kann festgestellt werden, dass die Forschung zu kundenbezogenen Themen bei Mass Customization bisher erst am Anfang steht. Dabei erfolgt bisher eine Konzentration auf Co-Design-Prozesse, die online stattfinden, während Offline-Interaktionen kaum betrachtet werden. So sehen FRANKE/PILLER in Zusammenhang mit der Kundenperspektive bei Mass Customization in vier Bereichen weiteren Forschungsbedarf: dem Ablauf von Konfigurationsprozessen aus Kundensicht, der Wahrnehmung von Komplexität, den Zufriedenheitstreibern bei Konfiguratoren sowie der Zahlungsbereitschaft von Kunden für individuelle Lösungen.[347] Aus den dargestellten Themenbereichen zur Kundenperspektive können deshalb nur sehr grundlegende Hinweise für Relevanz und Facetten des Konstruktes *Kundenintegrationskompetenz* gewonnen werden, weshalb vertiefende explorative Arbeiten erforderlich sind (vgl. Kapitel 4.2).

Die Tatsache, dass sich die meisten Autoren mit dem Design von Konfigurationsprozessen sowie der Komplexität von Mass Customization auseinander setzen, zeigt, dass die kundenorientierten Prozesse einer besonderen Gestaltung bedürfen, da sie die die Zahlungsbereitschaft und Zufriedenheit von Kunden beeinflussen und wesentlich zur Motivation beitragen können. Dies ist insbesondere deshalb relevant, da Interaktions- und Konfigurationsprozesse für viele Kunden neuartige Formen von Kaufprozessen bzw. innovative Dienstleistungen darstellen, die mit einer hohen wahrgenommenen Komplexität und mit Unsicherheit verbunden sind.

Es ist zu erwarten, dass Kunden mit mehr Kompetenz für diese integrativen Co-Design-Prozesse zu einem besseren Ergebnis gelangen. Die bisherigen Arbeiten deuten bereits darauf hin, dass *Erfahrung* und *Wissen* in Bezug auf die Co-Design-Prozesse den Umgang mit diesen und damit das Ergebnis beeinflussen. Diese Aspekte werden deshalb als Facetten von Kundenintegrationskom-

---

[346] Vgl. Dellaert/Goebel/Dabholkar (2004), S. 2ff.

[347] Vgl. Franke/Piller (2003), S. 589.

petenz berücksichtigt. Daneben werden motivationale Größen als wichtig für die Integrations-kompetenz erachtet. Fehlt die Motivation für das Angebot, entwickeln Kunden vermutlich keine Integrationskompetenz. In dieser Untersuchung werden deshalb verschiedene Aspekte von *Involvement* sowie *Konsum-Hedonismus* als Motivatoren einbezogen (vgl. Kapitel 4). Da Mass Customiza-tion in den meisten Fällen mit dem Einsatz von Konfiguratoren oder weiteren Technologien verbunden ist, wird zudem die *Technologieaffinität* als relevant für die Kundenintegrationskompe-tenz erachtet. Generell zeigen die bisherigen Arbeiten, dass Persönlichkeitseigenschaften von Konsumenten Einfluss auf den Erfolg von Co-Design-Aktivitäten haben. Damit ist Kundenin-tegrationskompetenz im Sinn einer umfassenden Kompetenz, die auf den erfolgreichen Ab-schluss derartiger Prozesse ausgerichtet ist, ein relevantes Untersuchungsobjekt.

Aufgrund der Tatsache, dass die Mass-Customization-spezifische Literatur selbst nur grundle-gende Hinweise liefert, wird das Konstrukt *Kundenintegrationskompetenz* im Folgenden basierend auf vornehmlich explorativen Vorarbeiten konzeptualisiert, um ein möglichst umfassendes Verständ-nis für die Facetten der Kompetenz zu erhalten, die Kunden mitbringen sollten. Zuvor wird ein ausführlicher Überblick über Erkenntnisse aus der Dienstleistungsliteratur gegeben, da, wie in Kapitel 2.2 erläutert, Parallelen zu Mass Customization hinsichtlich der Wahrnehmung des Ange-botes durch die Kunden sowie hinsichtlich der Aufgaben und hierfür notwendigen Kompetenzen bestehen. Damit unterstützen Erkenntnisse aus diesem Bereich das Verständnis der Kundenauf-gaben und -kompetenzen bei Mass Customization.

3.3 Forschung zur Kundenintegration bei Dienstleistungen

Die Mass-Customization-Literatur leistet nur einen grundlegenden Beitrag zum Verstehen des betrachteten Konstruktes, da Kundenaufgaben und hierzu notwendige Fähigkeiten bisher kaum betrachtet wurden. Im Folgenden werden deshalb relevante Erkenntnisse aus der Dienstleis-tungsforschung dargestellt, in der Kundenbeiträge und -qualifikationen bereits intensiv diskutiert wurden. Dabei liegt der Fokus auf persönlich erbrachten Dienstleistungen, bei denen Aktionen und Interaktionen von Kunden und Mitarbeitern die Leistungserstellung beeinflussen.[348]

3.3.1 Kundenpartizipation in der Dienstleistungsproduktion

Wie in Kapitel 2.1.1 erläutert, gilt die Integrativität als das wesentliche Kennzeichen von Dienst-leistungen. BENDAPUDI/LEONE folgern auf Basis eines umfassenden Literaturrückblicks, dass die Auseinandersetzung mit der Kundenintegration in der Dienstleistungsforschung von zwei The-men geprägt ist: Frühe Arbeiten fokussieren auf das Unternehmen und argumentieren, warum und wann Kunden in die Leistungserstellung einbezogen werden sollen. Als wesentliches Argu-ment für die Kundenintegration werden Produktivitätsgewinne angeführt. Das zweite bestim-

---

[348] Vgl. Zeithaml/Bitner (2000), S. 319.

mende Thema ist die Diskussion, wie Kunden motiviert und ihre Integration gesteuert werden kann.[349] Wesentliche Untersuchungen und Erkenntnisse werden im Folgenden geschildert.

Bereits 1966 weisen KATZ/KAHN in Zusammenhang mit personenbezogenen Dienstleistungen darauf hin, dass die Kunden die Grenzen der Organisation – im Sinn eines offenen Systems – überschreiten und damit temporär in den Verfügungsbereich des Anbieterunternehmens gelangen: *„The educational institution or the hospital is concerned with changing people who come within its boundaries and who become temporary members of the organization.“* [350] FUCHS bezeichnet den Kunden 1968 als *Cooperative Agent*, der zur Produktivität des Dienstleistungsunternehmens beiträgt.[351] Die Beiträge der Autoren sind der Ausgangspunkt einer Vielzahl weiterer Forscher, die sich mit der Integration von Kunden befassen. Kunden werden in diesem Zusammenhang als Mitglied des Servicesystems[352] und häufig als temporäres Mitglied der Organisation[353] oder sogar als *Partial Employee*[354] bezeichnet. BOWEN macht die Aussage, dass *„[...] both customers and employees constitute the human resources of the service organization.“* [355]

Dabei wird der kooperative und soziale Charakter der Austauschprozesse immer wieder betont. BARNARD spricht davon, dass Dienstleistungen vom kooperativen Verhalten von zwei oder mehr Personen geprägt sind,[356] d.h. durch die Mitarbeiter im Kundenkontakt sowie die Kunden.[357] Einstellungen und Verhaltensweisen aller Beteiligten prägen Leistungserstellung und Ergebnis,[358] beispielsweise von Kunden eingebrachte Informationen sowie ihre Mitarbeit,[359] aber auch ihre Bereitschaft, neue Prozesse zu lernen oder kooperativ mit anderen Kunden zu interagieren.[360] Kunden sind somit zumindest zum Teil verantwortlich für die Qualität der Dienstleistung.[361] Sie

---

[349] Vgl. Bendapudi/Leone (2003), S. 15.

[350] Katz/Kahn (1966), S. 115.

[351] Vgl. Fuchs (1968), S. 194f.

[352] Vgl. Gouthier (2003), S. 34; Mills/Chase/Margulies (1983), S. 302; Parsons (1970), S. 2.

[353] Vgl. Mills/Morris (1986), S. 726; vgl. auch Mills/Chase/Margulies (1983), S. 305; Swartz/Bowen/Brown (1992), S. 6.

[354] Bowen (1986), S. 378; Kelley/Donelly/Skinner (1990), S. 316; Klaus (1984), S. 470; Mills/Chase/Margulies (1983), S. 308; Mills/Morris (1986), S. 726; Zeithaml/Bitner (2000), S. 322.

[355] Bowen (1986), S. 371; vgl. ähnlich auch Schneider/Bowen (1995), S. 3f.

[356] Vgl. Barnard (1969), S. 131ff.

[357] Vgl. Bowen/Schneider (1985), S. 128; Bowers/Martin/Luker (1990), S. 56; Kelley/Donelly/Skinner (1990), S. 317.

[358] Vgl. Bowen (1986), S. 375; Katz/Kahn (1966), S. 116; Mills/Morris (1986), S. 727.

[359] Vgl. Kelley/Donelly/Skinner (1990), S. 315.

[360] Vgl. Goodwin (1988), S. 72.

[361] Vgl. Goodwin (1988), S. 72; Hilke (1989), S. 13; Kelley/Donelly/Skinner (1990), S. 315; Klaus (1984), S. 472; Mills/Chase/Margulies (1983), S. 307f.; Mills/Morris (1986), S. 727; Zeithaml/Bitner (2000), S. 324.

tragen jedoch nicht nur zur Servicequalität, sondern auch zu ihrer eigenen Zufriedenheit bei, da eine effektive Partizipation, z.b. im Gesundheitswesen oder bei Bildungsmaßnahmen, die Wahrscheinlichkeit erhöht, dass ihre individuellen Bedürfnisse erfüllt werden.[362] Neben Qualität und Ergebnis kann auch die Serviceproduktivität durch die Kundenpartizipation verbessert werden, z.b. indem Kunden technische Geräte nutzen oder Instruktionen befolgen.[363]

Für eine erfolgreiche Kundenintegration müssen Servicekunden zu nützlichen Teilnehmern des Produktionsprozesses gemacht werden.[364] BARNARD spricht davon, die Kunden als Mitarbeiter zu behandeln.[365] LOVELOCK/WIRTZ machen hierzu folgende Aussage: *„Managing customers as partial employees requires using the same human resource strategy as managing a firm's paid employees [...]."*[366] Da Kunden zur Entwicklung und Lieferung der Dienstleistung wie herkömmliche Mitarbeiter beitragen, können Modelle aus dem Bereich des Personalmanagements und der Mitarbeitermotivation auf Dienstleistungskunden übertragen werden.[367] Verschiedene Autoren transferieren Prozesse aus dem Bereich der organisationalen Sozialisation auf Servicebeziehungen.[368] Bringen Kunden bessere Fähigkeiten mit, z.b. ein umfassenderes Wissen hinsichtlich der Dienstleistung, verbessern sich Leistungserstellung und -ergebnis, beispielsweise steigen Qualität, Kundenzufriedenheit sowie Wiederkäufe und die Kosten sinken.[369] Es gibt jedoch auch Autoren, die die Kundenintegration negativ beurteilen, da mit Produktivitätseinbußen zu rechnen ist.[370] Einen chronologischen Überblick von Arbeiten, die sich mit der Kundenpartizipation bei Dienstleistungsprozessen sowie deren Konsequenzen befassen, zeigt Tabelle 1.

---

[362] Vgl. Bitner et al. (1997), S. 197f.; Zeithaml/Bitner (2000), S. 324.

[363] Vgl. Bowen (1986), S. 375; Goodwin (1988), S. 72; Kelley (1989), S. 45; Lovelock/Young (1979), S. 169.

[364] Vgl. Goodwin (1988), S. 72.

[365] Vgl. Barnard (1969), S. 137; vgl. auch Bowers/Martin/Luker (1990), S. 55ff. Manche Autoren sprechen im Gegenzug auch davon, den Mitarbeiter als Kunden zu behandeln. Vgl. Bowen (1986), S. 376; Bowers/Martin/Luker (1990); Klaus (1984), S. 470.

[366] Lovelock/Wirtz (2004), S. 250.

[367] Vgl. Bettencourt (1997), S. 384; Bowen (1986), S. 378; Goodwin (1988), S. 72; Kelley/Donelly/Skinner (1990), S. 316; Kelley/Skinner/Donelly (1992); Mills/Chase/Margulies (1983), S. 301; vgl. ähnlich auch Mills/Morris (1986), S. 729.

[368] Vgl. beispielsweise Goodwin (1988), S. 72; Kelley/Donelly/Skinner (1990), S. 316. Goodwin (1988), S. 72 definiert Sozialisation als das Lernen eines neuen Selbstverständnisses, neuer Fähigkeiten und das Verstehen des kulturellen Kontextes der Dienstleistungsinteraktion.

[369] Vgl. Bowers/Martin/Luker (1990), S. 55f.

[370] Vgl. Chase (1981), S. 700 sowie Chase/Tansik (1983), S. 1039f. Die Autoren beschreiben negative Effekte auf die Effizienz von Dienstleistungen, wenn Kunden an der Leistungserstellung mitwirken und die Dienstleistung kontaktintensiv ist. Levitt (1976), S. 66f. rät, Dienstleistungen zu industrialisieren, um zu Produktivitätssteigerungen zu gelangen. Fodness/Pitegoff/Sautter (1993), S. 18 beschreiben, dass Kunden zu Konkurrenten werden können.

Autor/en	Fokus des Beitrags	Ergebnisse und Schlussfolgerungen
LOVELOCK/ YOUNG 1979	Produktivitätssteigerung durch Kundenintegration	Bei dem Streben nach Produktivitätssteigerungen dürfen die Kundenbedürfnisse nicht außer Acht gelassen werden. Dienstleistungsunternehmen können die Produktivität auch dadurch erhöhen, dass sie die Art und Weise der Kundeninteraktion verändern.
CHASE 1981, CHASE/TANSIK 1983	Negative Konsequenzen der Dienstleistungserstellung	Die Effizienz der Dienstleistungserstellung ist vom Ausmaß des Kundenkontaktes abhängig, der für die Leistungserstellung notwendig ist. Kontaktintensive Dienstleistungen sind aufgrund der Unsicherheit, die der Kunde in den Prozess einbringt, weniger effizient.
LANGEARD et al. 1981	Konsequenzen der Kundenpartizipation für die Dienstleistungserstellung	Beschreibung des *Servuction System*, d.h. der Dienstleistungsproduktion. Analyse der Bereitschaft von Kunden, an der Dienstleistungserstellung mitzuwirken. Eine Kundensegmentierung anhand der Mitwirkungsbereitschaft wirkt sich positiv auf die Leistungserstellung aus.
MILLS/CHASE/ MARGULIES 1983	Produktivitätssteigerungen aus dem Umgang mit Kunden im Sinn eines *Partial Employee*	Kunden werden als *Partial Employees* betrachtet, die die Produktivität der Dienstleistungserbringung beeinflussen. Produktivitätssteigerungen können erzielt werden, wenn Kunden wie herkömmliche Mitarbeiter motiviert werden und ihr Beitrag gesteuert wird.
KLAUS 1984	Differenzierung verschiedener Arten von Kundeninteraktion	Beim Management persönlich-interaktiver und problemorientiert-interaktiver Dienstleistungen existieren Herausforderungen. An die Stelle quantitativer Wirtschaftlichkeitsbetrachtungen sollte die Interaktions-Qualität als Effizienzkriterium treten.
BATESON 1985	Motivation von Kunden, Self-Service-Angebote zu nutzen	In verschiedenen Branchen zeigt sich, dass es Kunden gibt, die intrinsisch motiviert sind, Self-Service-Angebote in Anspruch zu nehmen, während andere Kunden klassische Dienstleistungen bevorzugen. Wichtige Aspekte bei der Nutzung von Self-Service-Angeboten sind die gefühlte Kontrolle sowie der zeitliche Aufwand.
FITZSIMMONS 1985	Konsequenzen der Kundenpartizipation auf die Produktivität des Dienstleistungssektors	Produktivitätssteigerungen können durch die Übertragung von Aufgaben der Anbieter auf die Kunden, den Ausgleich von Nachfrageschwankungen und die Substitution persönlicher Interaktionen durch Technologien erzielt werden.
BOWEN/ SCHNEIDER 1985	Nutzung organisationaler Sozialisierungsmaßnahmen	Der Einsatz organisationaler Sozialisationsmaßnahmen wird empfohlen, um den Kunden eine realistische Vorschau auf den Service zu geben.
SOLOMON et al. 1985	Rollentheoretische Betrachtung der dyadischen Interaktion	Die dyadische Interaktion zwischen Kunde und Anbieter beeinflusst das Ergebnis, z.B. die Kundenzufriedenheit mit einem Service. Die Rollentheorie hilft, *Service Encounter* zu verstehen und zu gestalten.
BOWEN 1986	Management von Kunden als menschliche Ressource	Kunden und Mitarbeiter stellen die menschlichen Ressourcen in Dienstleistungsunternehmen dar. Erkenntnisse aus dem Bereich der Mitarbeitermotivation werden auf den Umgang mit Kunden übertragen.
MILLS/MORRIS 1986	Darstellung von Kunden als *Partial Employee*	Kunden werden als partielle Mitarbeiter betrachtet, die verschiedene Aufgaben innehaben. Anhand eines Modells, das verschiedene Phasen der Kundenpartizipation beinhaltet, werden Kundenrollen und Herausforderungen für Unternehmen dargestellt.

GOODWIN 1988	Training und Sozialisierung von Kunden zur Steigerung der Servicequalität	Sozialisierung im Kontext von Dienstleistungen umfasst die Entwicklung neuer Fähigkeiten, eines neuen Selbstbildes, neuer Beziehungen zum Serviceanbieter sowie neuer Werte. Sozialisierung ist abhängig vom Commitment mit dem Anbieter sowie der Präsenz anderer Kunden. In Abhängigkeit von beiden Aspekten können Maßnahmen zur Verbesserung der Servicequalität ergriffen werden.
LARSSON/BOWEN 1989	Steuerung von Kundenbeiträgen	Entwicklung eines Analyserahmens für Dienstleistungsunternehmen. Dienstleister sind erfolgreicher, wenn sie ihr Angebot an den Kundenbedürfnissen sowie der Mitwirkungsbereitschaft von Kunden ausrichten.
MARTIN/ PRANTER 1989	Einfluss von Kunden auf die Zufriedenheit anderer Kunden	Kunden beeinflussen die Zufriedenheit anderer Kunden häufig direkt oder indirekt. Das Verhalten der Kunden sollte im Sinn des Unternehmens gesteuert werden, z.B. indem Kunden für positives Verhalten belohnt werden.
BOWERS/MARTIN /LUKER 1990	Steigerung der Servicequalität, indem Kunden als Mitarbeiter und Mitarbeiter als Kunden betrachtet werden	Beide Parteien beeinflussen die Dienstleistung. Methoden aus dem Marketing helfen, den Mitarbeiterbeitrag zu verbessern. Die Festlegung der Aufgabe sowie Training und Belohnung verbessern den Kundenbeitrag.
CZEPIEL 1990	Beschreibung des Service Encounter	Kundenpartizipation und die Zufriedenheit mit der Kundenrolle haben Auswirkungen auf die Zufriedenheit von Kunden mit der Dienstleistung.
KELLEY/ DONELLY/ SKINNER 1990	Management der Partizipation von Kunden an der Dienstleistungserstellung	Kundenbeiträge, z.B. Mitarbeit oder Information, beeinflussen die Qualität der Dienstleistung. Ausgehend von einer Differenzierung von technischen und funktionalen Beiträgen von Kunden werden Sozialisierungsmaßnahmen zur Steuerung der Kundenbeiträge diskutiert.
DABHOLKAR 1990	Auswirkung der Kundenpartizipation auf die Qualitätswahrnehmung	Kundenpartizipation hat Auswirkung auf die Wahrnehmung der Wartezeit und auf diese Art und Weise die wahrgenommene Servicequalität.
KELLEY/SKINNER /DONELLY 1992	Einfluss der organisationalen Sozialisation von Kunden	Es kann empirisch nachgewiesen werden, dass Kunden- und Mitarbeiterzufriedenheit durch die organisationale Sozialisation der Kunden positiv beeinflusst werden.
LUSCH/BROWN/ BRUNSWICK 1992	Externalisierung versus Internalisierung der Dienstleistungserstellung	Entwicklung eines Modells, um zu erklären, warum manche Kunden eine Dienstleistung selbst erstellen, während andere den Service an Unternehmen auslagern.
FODNESS/ PITEGOFF/ SAUTTER 1993	Negative Konsequenzen der Kundenpartizipation	Kunden, die trainiert werden, einen größeren Beitrag im Rahmen der Dienstleistungserstellung zu leisten, entwickeln sich u.U. zu Wettbewerbern, da sie Dienstleistungen selbst erstellen, die sie vorher gekauft haben.
FIRAT/ DHOLAKIA/ VENKATESH 1993	Betrachtung der neuen Kundenrollen in Konsum und Produktion	Der Postmodernismus leistet einen Beitrag zur Erklärung der Kundenpartizipation. Da Kunden Leistungen zunehmend an die eigenen Bedürfnisse anpassen, verkaufen Unternehmen vermehrt Prozesse anstelle von fertigen Produkten. Kunden, die an der Leistungserstellung mitwirken, sollten als Produzenten betrachtet werden.
SONG/ADAMS 1993	Möglichkeiten der Differenzierung durch die Kundenpartizipation	Die Kundenpartizipation sollte nicht nur unter dem Aspekt der Kostensenkung betrachtet, sondern zur gezielten Differenzierung von den Wettbewerbern verwendet werden.
BARON/HARRIS/ DAVIES 1996	Untersuchung persönlicher Interaktionen zwischen Kunden und Mitarbeitern sowie der Kunden untereinander	Empirischer Nachweis, dass Kunden Aufgaben von Mitarbeitern übernehmen und andere Kunden am Verkaufsort beraten. Dieses Expertenwissen kann von Anbietern gezielt genutzt werden.

DABHOLKAR 1996	Motivation von Kunden, Self-Service-Angebote in Anspruch zu nehmen	Der Autor untersucht den Einfluss von zwei Modellen zur Messung der erwarteten Qualität von Self-Service-Angeboten. Er bestätigt die Ergebnisse von BATESON,[371] dass manche Kunden intrinsisch motiviert sind, Self-Service-Angebote zu verwenden.
LENGNICK-HALL 1996	Betrachtung von Kundenbeiträgen und deren Einfluss auf die Qualität	Kunden beeinflussen die Qualität durch ihre Rollen bei Dienstleistungen: als Ressource, Co-Produzent sowie als Käufer, Nutzer und Produkt. Eine gezielte Steuerung der Kundenbeiträge kann zu Wettbewerbsvorteilen führen.
BETTENCOURT 1997	Untersuchung der *Customer Voluntary Performance*, d.h. freiwilliger Beiträge von Kunden	Die *Customer Voluntary Performance* umfasst Kundenvorschläge zur Verbesserung der Dienstleistung, Kooperation und Gewissenhaftigkeit während der Dienstleistungserstellung sowie Loyalität. Es wird empirisch gezeigt, dass diese von der Einstellung gegenüber dem Unternehmen (Commitment), der Zufriedenheit und der wahrgenommenen Unterstützung beeinflusst wird.
BITNER et al. 1997	Differenzierung verschiedener Grade von Kundenpartizipation sowie verschiedener Kundenrollen	Unterscheidung von Dienstleistungen mit niedriger, mittlerer und hoher Kundenpartizipation. Innerhalb der verschiedenen Partizipationsgrade nehmen Kunden eine Vielzahl verschiedener Rollen wahr. Unternehmen sollten Partizipationsgrad und Kundenrollen genau festlegen, Kunden trainieren und belohnen sowie die Kundenbeiträge kontrollieren.
BRODERICK 1998	Rollentheoretische Betrachtung von persönlich erbrachten Dienstleistungen	Die Rollentheorie fördert ein grundlegendes Verständnis für die Interaktion, unterstützt die Ermittlung des optimalen Interaktionsgrades und hilft, Verbesserungsmaßnahmen abzuleiten, z.b. durch eine genaue Analyse der Rollen sowie deren Planung.
VAN RAAIJ/ PRUNYN 1998	Auswirkung der wahrgenommenen Kontrolle von Kunden auf die Wahrnehmung einer Dienstleistung	Kunden empfinden mehr oder weniger Kontrolle in drei Phasen der Dienstleistungsbeziehung: Input, Leistungserstellung und Ergebnisphase. Je höher die wahrgenommene Kontrolle ist, desto mehr fühlen sich Kunden verantwortlich für das Leistungsergebnis und desto zufriedener sind sie mit der Dienstleistung.
MEYER/ BLÜMELHUBER/ PFEIFFER 2000	Beschreibung der Co-Produzenten- und Co-Designer-Rolle sowie der Auswirkungen dieser Rollen auf die Qualität	Kunden können nicht nur als Co-Produzenten, sondern auch als Co-Designer in die generelle Gestaltung von Dienstleistungen einbezogen werden. Handlungsempfehlungen zum Qualitätsmanagement unter Berücksichtigung der möglichen Kundenbeiträge werden gegeben.
WEBB 2000	Einfluss des Rollenverständnisses von Kunden auf die Erwartungen hinsichtlich der Dienstleistung	Der Einfluss des Rollenverständnisses auf erwünschte und prädiktive Erwartungen wird empirisch belegt. Das Rollenverständnis wiederum wird von Erfahrung und Vertrautheit mit der Dienstleistung sowie dem wahrgenommenen Nutzen aus der Kundenrolle beeinflusst.
BENDAPUDI/ LEONE 2003	Konsequenzen der Teilnahme von Kunden an der Leistungserstellung	Die Kundenzufriedenheit wird von der Kundenpartizipation sowie der Existenz einer Wahlmöglichkeit zwischen aktiver Partizipation und Nicht-Beteiligung beeinflusst. Die Zufriedenheit mit dem Prozess beeinflusst die Gesamtzufriedenheit der Kunden, wobei der Einfluss je nach Ergebnis sowie Partizipation unterschiedlich stark ist.

Tabelle 1: Überblick von Studien zur Kundenpartizipation bei Dienstleistungen[372]

---

[371] Vgl. Bateson (1985).

[372] Vgl. auch Bendapudi/Leone (2003), S. 16f.; Bitner et al. (1997), S. 196; Piller (2004), S. 127ff.

Wie aus Tabelle 1 deutlich wird, stimmen die Forscher grundsätzlich darin überein, dass Kunden neben Mitarbeitern wesentlichen Einfluss auf den Ablauf sowie das Ergebnis der gemeinsamen Leistungserstellungsprozesse nehmen.

Neben einigen wenigen Autoren, die negative Konsequenzen der Kundenpartizipation beschreiben und eher raten, den Kundenbeitrag möglichst gering zu halten, weisen die meisten Autoren darauf hin, dass sich aus der Kundenbeteiligung positive Auswirkungen ergeben können. Beispielsweise zeigen sich eine höhere Servicequalität, eine gestiegene Kunden- und Mitarbeiterzufriedenheit sowie Produktivitätsgewinne.

Um das Potenzial der Kundenbeiträge möglichst erfolgreich auszuschöpfen, müssen – dahingehend herrscht Einverständnis – Kunden jedoch gesteuert und befähigt werden, einen möglichst guten Beitrag zu leisten. Insbesondere Erkenntnisse aus dem Bereich der Mitarbeiterführung, beispielsweise die Rollentheorie sowie Sozialisierungsmaßnahmen, werden auf Dienstleistungsbeziehungen übertragen und Hinweise abgeleitet. Es ist zudem wesentlich, dass die zu leistenden Kundenbeiträge sowohl dem Unternehmen als auch den Kunden bekannt sind. Für Unternehmen bieten sich bei Kenntnis von Art und Ausmaß der Kundenbeteiligung erhebliche Potenziale in Hinblick auf das Qualitätsmanagement. Kunden können eher den Beitrag leisten, der von ihnen erwartet wird, wodurch nicht nur die Qualität, sondern auch ihre Zufriedenheit steigt.

Die Erkenntnisse aus dem Dienstleistungsbereich sind auf integrative Co-Design-Prozesse bei Mass Customization übertragbar, bei denen Kunden die individuelle Leistung zusammen mit dem Anbieter gestalten. Wie bei Dienstleistungen beeinflussen Kunden somit die Qualität des Co-Design-Prozesses sowie das Ergebnis, also das individuelle Produkt. Die Steuerung und Qualifizierung von Kunden für Co-Design-Aktivitäten ist damit für ein erfolgreiches Leistungsangebot wesentlich.[373] Die Maßnahmen sollten jedoch an den vorhanden Kompetenzen von Kunden ansetzen. Im Folgenden werden mögliche Rollen von Kunden diskutiert, da dies das Verständnis der Kundenbeiträge bei integrativen Leistungsprozessen weitergehend unterstützt. Aus der Spezifizierung der Kundenrollen lassen sich erste Hinweise für notwendige Kompetenzen ableiten.

3.3.2 Kundenaufgaben und Service Customer Performance

Rollen von Dienstleistungskunden

Die konstitutive Integration externer Faktoren impliziert, dass Dienstleistungskunden bestimmte Aufgaben und Rollen erfüllen müssen.[374] Während die Anforderungen an Dienstleister bereits sehr intensiv diskutiert werden, stehen die Aufgaben von Kunden bisher eher im Hintergrund.[375]

---

[373] Ähnlich dienen Qualifizierungsmaßnahmen im Bereich der Personalentwicklung dazu, die notwendige Leistungsfähigkeit von Mitarbeitern zu entwickeln. Vgl. Schanz (2000), S. 143.

[374] Dabei leistet besonders die Rollentheorie einen Beitrag zum Verständnis der Rollen im Rahmen der Kundeninteraktion. Vgl. Broderick (1998), S. 348; Nerdinger (1994), S. 100. Vgl. für weitergehende Erläuterungen zur Rollentheorie im Kontext von Dienstleistungen beispielsweise Broderick (1998), S. 348ff.; Gouthier (2003), S. 44ff.; Solomon et al. (1985), S. 101ff.

[375] Vgl. Baron/Harris/Davies (1996), S. 78; Gouthier (2003), S. 50; Webb (2000), S. 2.

In den meisten Forschungsbeiträgen werden die Kundenrollen bisher lediglich aufgezählt, ohne dass weitere Hinweise, z.B. in Hinblick auf den Umgang mit den Kundenbeiträgen, gegeben werden.[376] Im Wesentlichen werden die folgenden Kundenrollen differenziert:[377]

- Die erste Rolle von Dienstleistungskunden ist klassischer Art und bei allen Kaufprozessen gegeben: Kunden sind die *Käufer bzw. Nachfrager* einer Leistung.[378]

- Kunden werden als *Co-Produzenten*[379] bezeichnet, da sie den externen Faktor in die Leistungserstellung einbringen, d.h. sich selbst oder eines ihrer Objekte.[380] GOUTHIER bezeichnet Kunden in diesem Zusammenhang auch als *Co-Interaktoren*, die eine erfolgreiche Interaktion mit den anderen internen und externen Faktoren sicherstellen müssen.[381] Der Begriff *Co-Produktion* wird über die Dienstleistungsliteratur hinaus generell verwendet, um gemeinsame Wertschöpfung von Anbietern und Kunden zu beschreiben, wobei beide Parteien eine aktive Rolle einnehmen und partnerschaftlich handeln.[382]

- Der Begriff des *Co-Designers* wird bei Mass Customization genutzt, um die Beteiligung von Abnehmern am Design einer individuellen Leistung zu beschreiben.[383] In der Dienstleistungsliteratur werden Kunden in diesem Zusammenhang als Informations- und Ideenquelle zur Verbesserung des Leistungsangebotes gesehen und es wird darauf hingewiesen,

---

[376] Vgl. Bitner et al. (1997); Gersuny/Rosengren (1973); Lehmann (1998); Meyer/Blümelhuber/Pfeiffer (2000). Viele Autoren greifen dabei auf die frühen Arbeiten von Gersuny/Rosengren (1973), S. 139ff. zurück, die vier Kundenrollen unterscheiden: Ressource, Arbeiter oder Co-Produzent, Käufer und Begünstigter oder Nutzer. Anders als viele andere Autoren differenziert Lengnick-Hall (1996), S. 796ff. input- und outputorientierte Rollen: die Rolle der Kunden als Ressource sowie Co-Produzent gehen als Input in das Leistungserstellungssystem ein, während die Rolle der Kunden als Käufer, Nutzer und Produkt Ergebnisse des Systems sind.

[377] Vgl. für einen Überblick auch Gouthier (2003), S. 51ff.; Lehmann (1998), S. 831ff.; Lengnick-Hall (1996), S. 796ff. Daneben werden noch weitere Rollen von Kunden diskutiert. Vgl. beispielsweise Bitner et al. (1997), S. 198f.; Lengnick-Hall (1996), S. 813; Zeithaml/Bitner (2000), S. 326.

[378] Vgl. Gersuny/Rosengren (1973), S. 139; Lehmann (1998), S. 831f.; Lengnick-Hall (1996), S. 807.

[379] Vgl. Bowen (1986), S. 378; Engelhardt (1989), S. 280; Lengnick-Hall (1996), S. 801ff.; Normann (1987), S. 73; Meyer/Blümelhuber/Pfeiffer (2000), S. 54f. Die Doppelrolle als Produzent und Konsument führt zur Verwendung des Begriffs *Prosumer*. Vgl. Engelhardt (1989), S. 280; Meyer (1991), S. 199; Toffler (1970); Toffler (1980), S. 272. Hauptsächlich verbunden ist der Begriff mit personenbezogenen Dienstleistungen, bei denen der Kunde in die Leistungserstellung als externer Faktor eingebunden und damit gleichzeitig Produzent der Leistung ist. Vgl. Meyer/Blümelhuber/Pfeiffer (2000), S. 53. In der Literatur wird der Kunde zudem als Ressource bezeichnet. Vgl. Bettencourt (1997), S. 386; Bitner et al. (1997), S. 197; Canziani (1997), S. 5; Gersuny/Rosengren (1973), S. 141; Lengnick-Hall (1996), S. 797f.; Reckenfelderbäumer (1995), S. 222; Zeithaml/Bitner (2000), S. 322. Lengnick-Hall (1996), S. 801 betrachtet Ressourcen als den Input, Co-Produktion dagegen als die Aktivität. Anders bezeichnen Bettencourt (1997), S. 386 den Kunden als *Human Resource*, die einen mehr oder weniger aktiven Beitrag leistet sowie bestimmte Verhaltensweisen zeigt.

[380] Vgl. hierzu Kapitel 2.1.1.

[381] Vgl. Gouthier (2003), S. 57.

[382] Vgl. Friesen (2001), S. 28; Grün/Brunner (2002), S. 31; Grün/Brunner (2003), S. 87; Normann/Ramirez (1993), S. 69; Piller (2004), S. 166; Ramirez (1999), S. 50; Wikström (1996b), S. 362; Wikström (1996c), S. 250.

[383] Vgl. Piller/Stotko (2003), S. 51ff.; Reichwald/Piller (2006), S. 199f. sowie die Erläuterungen in Kapitel 2.2.1.

dass Kunden sehr frühzeitig in das Leistungsdesign einzubinden sind.[384] LEHMANN spricht in diesem Zusammenhang von der Rolle des Kunden als Qualitätssicherungsressource, womit er den Beitrag zur Dienstleistungsqualität betont.[385]

- Kunden übernehmen zudem einen Teil der innerbetrieblichen Führungsfunktion, sind damit *Substitute for Leadership*.[386] Dies ist darauf zurückzuführen, dass sie durch ihre Beteiligung Motivation, Einstellungen und Verhalten der Mitarbeiter beeinflussen, mit denen sie in Kontakt kommen.[387] Darüber hinaus nehmen sie Einfluss auf die Aufgaben, Kompetenzen und Verantwortlichkeiten der Mitarbeiter, die im Kundenkontakt stehen.[388]

- Kunden können zudem *Co-Marketer* sein, d.h. zur Vermarktung des Angebotes beitragen.[389] Diese Rolle ist bei Dienstleistungen besonders relevant, da externe Informationsquellen und Referenzen aufgrund von Immaterialität sowie Integrativität und dem daraus resultierenden wahrgenommenen Risiko von großer Bedeutung sind.[390] Kunden können hierbei mehr oder weniger aktiv sein und das Unternehmen beispielsweise lediglich an Freunde weiterempfehlen oder aktiv eine Unternehmensbewertung verfassen.[391]

Von den geschilderten Kundenrollen stehen in dieser Arbeit Aufgaben von Kunden in ihrer Rolle als Co-Produzent bzw. Co-Designer der individuellen Leistung im Vordergrund. Diese setzten unmittelbar am Co-Design-Prozess an und beschreiben die Kompetenz für den integrativen Leistungserstellungsprozess. Kundenintegrationskompetenz zeigt sich in Zusammenhang mit diesen Rollen. Wesentlich ist, dass Anbieter die Kundenrollen definieren, Kunden in Hinblick auf ihre Aufgaben trainieren und sie belohnen, wenn sie diese gut erfüllen (vgl. hierzu Kapitel 7.3.4).[392]

---

[384] Vgl. Meyer/Blümelhuber/Pfeiffer (2000), S. 55f.; Schneider/Bowen (1995), S. 106; vgl. auch Bettencourt (1997), S. 386f.; Normann (1987), S. 73; Prahalad/Ramaswamy (2000), S. 81.

[385] Vgl. Lehmann (1998), S. 836ff.; vgl. auch Bowen (1986), S. 382; Normann (1987), S. 73.

[386] Vgl. Lehmann (1998), S. 835f.; Lengnick-Hall (1996), S. 817f.; Schneider/Bowen (1995), S. 86.

[387] Vgl. Gouthier (2003), S. 58.

[388] Vgl. Schneider/Bowen (1995), S. 86.

[389] Vgl. Bettencourt (1997), S. 385; Bowers/Martin/Luker (1990), S. 63; Lehmann (1998), S. 837; Normann (1987), S. 74; Prahalad/Ramaswamy (2000), S. 86; Zeithaml/Berry/Parasuraman (1996), S. 34. Das Weiterempfehlungsverhalten wird als Aspekt der Kundenloyalität angesehen. Vgl. Kapitel 6.2.3.

[390] Vgl. Stauss (1998), S. 1262; vgl. zur Unsicherheit Kapitel 2.2.2 sowie 2.2.3.

[391] Beispielsweise nehmen Kunden eine sehr aktive Co-Marketer-Rolle beim Internetportal www.holidaycheck.de ein, auf dem sie ein besuchtes Hotel umfassend bewerten und zudem eigene Urlaubsbilder einfügen können.

[392] Vgl. Bitner et al. (1997), S. 203; Bowers/Martin/Luker (1990), S. 62.

Service Customer Performance

Kunden können mit ihrer Performance im Rahmen der ihnen zugewiesenen Rollen zur Verbesserung oder Verschlechterung des Dienstleistungsergebnisses und der Unternehmensperformance beitragen.[393] In der Dienstleistungsliteratur findet sich in Zusammenhang mit den Beiträgen von Kunden der Begriff *Service Customer Performance*.[394] Dabei handelt es sich um alle Leistungen eines Kunden für ein Unternehmen, welche das Ergebnis beeinflussen.[395] BITNER et al. betonen in diesem Zusammenhang: „*[...] in many services customers themselves have vital roles to play in creating service outcomes and ultimately enhancing or detracting from their own satisfaction and the value received.*"[396] Service Customer Performance ist somit jedes Verhalten der Kunden, das sich im Rahmen der Integrationsaufgaben zeigt und zu einem bestimmten Ergebnis führt.[397] Der Kundenbeitrag hängt – ebenso wie die Leistungen des Anbieters – sowohl von der Bereitschaft, sich zu integrieren, als auch der Leistungsfähigkeit ab.[398] Kunden müssen deshalb die Integrationsbereitschaft sowie bestimmte Integrationsfähigkeiten mitbringen, um die vom Unternehmen gewünschte Service Customer Performance zu erbringen.[399] Leistungsfähigkeit und -bereitschaft sind zum einen wichtig für die Kunden und ihre Zufriedenheit, zum anderen aber auch für den Erfolg des Anbieters.[400]

Die Kundenleistung, die im Zusammenhang mit der Integration erbracht wird, kann ergebnisbezogen oder prozessual aufgefasst werden.[401] Steht das Ergebnis im Vordergrund, spricht man von einer Transaktionsleistung, liegt der Fokus auf der Leistungserstellung und der Beteiligung der Kunden, wird die Leistung als kundenseitige Interaktionsleistung bezeichnet.[402] Diese Interaktionsleistung wird in dieser Arbeit fokussiert und schließt rein technische Handlungen zur Lösung des Kundenproblems (*Service Customer Instrumental Performance*) sowie soziale Handlungen (*Service Customer Social Performance*) mit ein, z.B. den Austausch von Höflichkeiten.[403] Ähnlich der Unter-

---

[393] Vgl. Mills/Chase/Margulies (1983), S. 307f. sowie die Erläuterungen in Kapitel 3.3.1.

[394] Vgl. Gouthier (2003), S. 37ff.; in Anlehnung an Honebein (1997), S. 25; Honebein/Cammarano (2005), S. 16ff.; Mills/Morris (1986), S. 726.

[395] Vgl. Gouthier (2003), S. 37.

[396] Bitner et al. (1997), S. 193.

[397] Vgl. Gouthier (2003), S. 38.

[398] Vgl. Gouthier (2003), S. 41; Meyer/Mattmüller (1987), S. 191; Anzumerken ist, dass auch die Objekte, die ein Kunde einbringt, einen Einfluss auf Prozess und Ergebnis haben können. Vgl. Hilke (1989), S. 27. Darauf wird im Rahmen dieser Arbeit nicht fokussiert.

[399] Vgl. Gouthier (2003), S. 68. Der Autor orientiert sich dabei an der Arbeitsleistung von Mitarbeitern, die von der Bereitschaft und den Fähigkeiten des jeweiligen Mitarbeiters determiniert wird. Vgl. Schanz (2000), S. 9.

[400] Vgl. Honebein (1997), S. 25.

[401] Vgl. Berekoven (1974), S. 13.

[402] Vgl. Gouthier (2003), S. 39.

[403] Vgl. Gouthier (2003), S. 39; Nerdinger (1994), S. 60ff.

scheidung von technischen und sozialen Handlungen differenzieren KELLEY/DONELLY/ SKINNER zwischen *Customer Technical Quality* und *Customer Functional Quality*: Erstere beinhaltet alle Kundenbeiträge für die Leistungserstellung, z.B. die aktive Mitarbeit oder die Übertragung von Informationen, und steht in engem Zusammenhang zu Wissen und Fähigkeiten der Kunden. *Customer Functional Quality* umfasst das Verhalten während der Leistungserstellung, insbesondere auch zwischenmenschliche Aspekte, z.B. die Freundlichkeit oder den Respekt, den Kunden den Mitarbeitern im Kundenkontakt entgegenbringen.[404] Andere Autoren wiederum differenzieren physische Mitwirkung (z.B. Selbstbedienung), intellektuelle Beteiligung (z.B. die Einbringung von Ideen), sowie emotionale Beiträge.[405] Instrumentelle bzw. technische und soziale bzw. funktionelle Beiträge können unterschiedlich stark ausgeprägt sein, wobei ein gewisses Mindestmaß an instrumentellen Kundenleistungen aufgrund der bei Kundenintegration konstitutiven Informationsübermittlung immer existiert.[406] Abbildung 9 zeigt Dienstleistungen, die sich im Ausmaß der instrumentellen und sozialen Beiträge unterscheiden. Während eine Internet-Suchmaschine in der Regel nur geringe instrumentelle Handlungen der Kunden und keine sozialen Beiträge erfordert, da keine Interaktion mit Mitarbeitern des Unternehmens stattfindet, sind die Leistungen der Kunden im Fall einer Behandlung im Krankenhaus sehr umfassend. Möchten Kunden erfolgreich behandelt werden, müssen sie ihre Beschwerden artikulieren und in der Regel körperlichen Einsatz zeigen, z.B. bei Belastungstests. Zudem finden in der Regel intensive Interaktionen mit den Mitarbeitern statt.

Die Dienstleistungsliteratur zeigt somit, dass neben instrumentellen Beiträgen von Kunden im Sinn ihrer Mitarbeit bei persönlichen Interaktionen insbesondere auch soziale Beiträge, also das Verhalten, wesentlich für eine erfolgreiche Leistungserstellung sind. Diese Erkenntnisse können auch auf Mass-Customization-Angebote übertragen werden. Gestalten Kunden ihre individuelle Leistung zusammen mit einem Mitarbeiter des Anbieters, sind sowohl technische Beiträge als auch soziale Handlungen notwendig, letztere aufgrund der persönlichen Interaktion. Da Kunden bei Mass Customization in der Regel sehr aktiv an Co-Design-Prozessen mitwirken, können derartige Angebote im Rahmen der Leistungstypologie als Leistungen mit einem mittleren bis hohen Ausmaß an instrumentellen und sozialen Beiträgen charakterisiert werden. Die Kundenbeiträge

---

[404] Vgl. Kelley/Donelly/Skinner (1990), S. 317. Die Autoren orientieren sich am Dienstleistungsmodell von Grönroos (1983), der zwei Qualitätsdimensionen differenziert: die technische Qualität (*Technical Quality*), die den Mitarbeiterbeitrag bei der Dienstleistungserstellung beschreibt (*Was*), z.B. eingebrachtes Wissen oder genutzte technische Ausstattung. Funktionale Qualität (*Functional Quality*) fokussiert interpersonale Aspekte, also das *Wie* der Leistungserstellung. Vgl. Grönroos (1983), S. 9f.; vgl. auch Baron/Harris/Davies (1996), S. 88; Swartz/ Bowen/Brown (1992), S. 4.

[405] Vgl. Meyer/Blümelhuber/Pfeiffer (2000), S. 54; Normann (1987), S. 74.

[406] In Kapitel 2.2.2 wurde bereits angemerkt, dass Dienstleistungen nach dem Grad der Kundenpartizipation unterschieden werden können, wobei aufgrund der notwendigen Integration von Informationen in jedem Fall ein gewisses Mindestmaß an instrumentellen Handlungen erforderlich ist.

werden von der Leistungsfähigkeit und -bereitschaft der Konsumenten beeinflusst und können mehr oder weniger aktiv gesteuert werden (vgl. Kapitel 7.3.4).

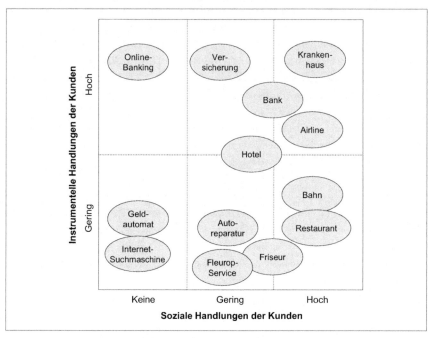

Abbildung 9: Kundenleistungstypologie[407]

3.3.3 Kundenintegrationskompetenz in der Dienstleistungsforschung

Nachdem Kundenpartizipation und -rollen im Dienstleistungsbereich in den vorhergehenden Kapiteln dargestellt wurden, sollen – aufbauend auf den Grundlagen zum Kompetenzbegriff in Kapitel 3.1 – abschließend Arbeiten geschildert werden, die sich gezielt mit den Kompetenzen auseinander setzten, die Kunden für ihre Rolle bei Dienstleistungen benötigen. Es ist anzumerken, dass es vergleichsweise wenige Autoren gibt, die sich vertiefend mit den Kundenrollen und -beiträgen in dem Sinn befassen, dass sie gezielte Hinweise zur Kundenkompetenz geben.

Kompetenz wird, wie in Kapitel 3.1.1 erläutert, von Qualifikation unterschieden. Während die Qualifikation allgemeinerer Natur ist, ist die Kompetenz spezifischer und bezieht sich unmittelbar auf eine Aufgabe. Diesem Verständnis entspricht die Definition von CANZIANI, die Kundenkompetenz im Dienstleistungsbereich wie folgt definiert:

---

[407] Vgl. Gouthier (2003), S. 41.

„Competency [...] is based on the relationship between customer knowledge, skills, and motivation and specific tasks – in this case, the tasks are embedded in the design of service processes in an industry or a firm."[408] sowie „One can thus define customer competency as the goodness of fit between customer inputs (skills, knowledge and motivation) and customers' corresponding task roles in the service delivery system of the firm."[409]

Kundenkompetenz umfasst damit sowohl Kenntnisse und Fähigkeiten, die für die Dienstleistungserstellung wesentlich sind, als auch die Motivation, an Co-Design-Prozessen mitzuwirken.[410] Aufbauend auf dieser Definition differenziert CANZIANI drei Arten von Kundenaufgaben:[411] Eine *generische Aufgabe* ist branchenübergreifend und von jedem Dienstleistungskunden zu erbringen, z.b. muss jeder Kunde dem Unternehmen seine Anforderungen an die Leistungserbringung mitteilen. *Produktspezifische Aufgaben* beziehen sich auf eine bestimmte Branche, z.b. wird beim Besuch eines Fast-Food-Restaurants vom Kunden erwartet, dass er sein Tablett zurückstellt. *Unternehmensspezifisch* kann die Aufgabe sein, sich in einem Fast-Food-Restaurant anzustellen oder ein bestimmtes Gewürz zu finden, z.b. aufgrund unterschiedlicher örtlicher Gegebenheiten. Die Verbindung der drei Kategorien von Kundenaufgaben mit den Kompetenzklassen führt zu drei Arten von Kundenkompetenz:[412]

- *Generic Customer Competency* liegt vor, wenn Wissen, Fähigkeiten und Motivation von Kunden erfolgreich für generische Kundenaufgaben herangezogen werden können.

- *Product Core Competency* entsteht bei einem Fit von Wissen, Fähigkeiten sowie Motivation und branchenspezifischen Kundenrollen.

- *Firm Specific Competency* beschreibt das erfolgreiche Zusammenspiel von Wissen, Fähigkeiten sowie Motivation und unternehmensspezifischen Anforderungen.

GOUTHIER differenziert Fach- bzw. Sach-, Methoden- und Sozial- sowie personale Kompetenz als Aspekte der Integrationsfähigkeit und -bereitschaft von Kunden.[413] Er grenzt Kompetenz von Qualifikation ab, wie es der Sichtweise dieser Arbeit entspricht: Aufgrund der Integrationsaufgaben benötigen Kunden zunächst bestimmte allgemeine Qualifikationen (Kennen, Können und Wollen des Kunden), eine so genannte Integrationsqualifikation. Kompetenz entsteht, wenn die Qualifikation der Kunden zu den Anforderungen der spezifischen Kundenrolle bzw. Integrati-

---

[408] Canziani (1997), S. 7.

[409] Canziani (1997), S. 8.

[410] Vgl. zu den Kompetenzklassen Kapitel 3.1.2.

[411] Vgl. Canziani (1997), S. 10.

[412] Vgl. Canziani (1997), S. 8.

[413] Vgl. zu den Kompetenzklassen Kapitel 3.1.2.

onsaufgabe passt.[414] BOWEN spricht davon, dass sich Kunden ihrer Rolle bewusst sein müssen (*Role Clarity*) und die entsprechenden Fähigkeiten (*Abilities*) sowie Motivation (*Motivation*) besitzen müssen.[415] Die drei Bereiche von Integrationsqualifikation und -kompetenz (vgl. Abbildung 10) werden im Folgenden dargestellt:[416]

- Das *integrationsbezogene Kennen* umfasst das unternehmens- bzw. primär dienstleistungsspezifische Wissen der Kunden.[417] Kunden benötigen insbesondere Wissen in Bezug auf die Integration.[418] Dies bedeutet, dass die Kunden ihre Aufgaben und Rollen im Rahmen der Leistungserstellung kennen sollten.[419] BOWEN differenziert zwei Arten von Orientierung, die Kunden im Rahmen der Leistungserstellung benötigen: *Place Orientation*, d.h. Kunden müssen Kenntnis über den Ort der Leistungserbringung haben, sowie *Function Orientation*, d.h. sie müssen die Prozesse kennen.[420] *Fachliche bzw. sachliche Integrationskompetenz* liegt dann vor, wenn die integrationsrelevanten Kenntnisse der Kunden mit den Integrationsanforderungen des Anbieters übereinstimmen.[421]

- Das *integrationsbezogene Können* beinhaltet die Fähigkeiten und Fertigkeiten der Kunden, die sie zur Erfüllung ihrer Kundenrolle benötigen.[422] *Methodische und soziale Integrationskompetenz* entsteht, wenn diese Aspekte zu den Anforderungen der Integrationsaufgabe passen. Sozialkompetenzen spielen eine wichtige Rolle, da im Rahmen der Leistungserstellung häufig Interaktionsprozesse zwischen Kunden und Mitarbeitern des Anbieters stattfinden.[423] Methodenkompetenz umfasst Fähigkeiten und Fertigkeiten von Kunden, die Mitwirkungsschritte zu antizipieren, die von ihnen erwartet werden. Aufgrund der verbreiteten Nutzung von Technologien sind in diesem Zusammenhang insbesondere auch technische Fähigkeiten und Fertigkeiten relevant.

- Zum *integrationsbezogenen Wollen* werden Motive, Motivationen, Einstellungen, Anstrengungs- und Konsequenzerwartungen der Kunden gezählt.[424] *Personale Kompetenz* entsteht

---

[414] Vgl. Gouthier (2003), S. 91.

[415] Vgl. Bowen (1986), S. 377.

[416] Vgl. Gouthier (2003), S. 92ff; vgl. ähnlich Bowen (1986), S. 377f.; Honebein (1997), S. 14ff.; Piller (2004), S. 374.

[417] Vgl. zur Bedeutung von Kundenwissen insbesondere Kapitel 4.3.2.1.

[418] Vgl. Canziani (1997), S. 8.

[419] Vgl. Bowen (1986), S. 379; Kelley/Donelly/Skinner (1990), S. 317; Nerdinger (1994), S. 244.

[420] Vgl. Bowen (1986), S. 379; Gouthier (2003), S. 94.

[421] Vgl. Gouthier (2003), S. 94.

[422] Ostrom/Roundtree (1998), S. 14 sprechen von *Customer Abilities*. Canziani (1997), S. 8 spricht von *Customer Skills*.

[423] Vgl. hierzu Kapitel 2.1.2.

[424] Vgl. auch Canziani (1997), S. 8; Ostrom/Roundtree (1998), S. 16.

wenn dieses Wollen mit den Anforderungen übereinstimmt, die sich aus der Kundenintegration ergeben, d.h. wenn die Kunden motiviert sind, ihre Aufgaben zu erfüllen. Die Schaffung einer Motivation zur Kooperation gilt als wesentlich für den Erfolg des Leistungsangebotes.[425] Grundsätzlich kann hierbei zwischen intrinsischer Motivation, z.b. dem Spaß am Mitwirken, und extrinsischer Motivation, z.b. einem Kostenvorteil, unterschieden werden.[426]

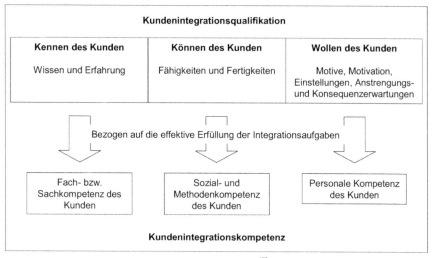

Abbildung 10: Integrationsqualifikation und -kompetenz von Kunden[427]

Alle Teilkompetenzen sind wichtig für eine erfolgreiche Leistungserstellung und die Service Customer Performance (vgl. Abbildung 11):[428] Dabei beeinflussen die *Fachkompetenz* und die *Methodenkompetenz* primär die instrumentellen Kundenbeiträge, während die *Sozialkompetenz* insbesondere Auswirkungen auf die sozialen Kundenbeiträge besitzt. *Personale Kompetenz* wird vom Können und Wissen beeinflusst und wirkt ebenfalls auf die Service Customer Performance.[429]

---

[425] Vgl. Honebein (1997), S. 28; Katz/Kahn (1966), S. 116; Meyer/Blümelhuber/Pfeiffer (2000), S. 65; Normann (1987), S. 74.

[426] Vgl. Honebein (1997), S. 28; Piller (2004), S. 339. Piller (2004), S. 339f. beschreibt zudem noch soziale Motive, die aus der Interaktion mit anderen Personen resultieren. Vgl. auch Kapitel 7.3.4.

[427] Vgl. Gouthier (2003), S. 93.

[428] Vgl. Gouthier (2003), S. 101f.

[429] Vgl. hierzu auch Honebein (1997), S. 16.

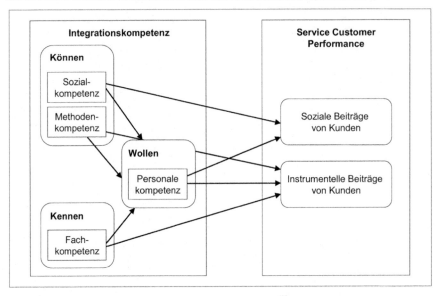

Abbildung 11: Integrationskompetenz und Service Customer Performance[430]

Damit ist die Service Customer Performance ein Resultat der Integrationsqualifikation von Kunden, also ihrer Integrationsfähigkeit und -bereitschaft, wobei sich die Integrationskompetenz nicht automatisch im Kundenverhalten und damit der Service Customer Performance zeigen muss.[431] Können und Wollen beeinflussen lediglich die personellen Realisierungsmöglichkeiten;[432] das Verhalten wird dagegen auch von der integrationsbezogenen Situation bestimmt.[433] BITNER vermutet in diesem Zusammenhang einen Einfluss der physischen Umgebung (Servicescapes) auf das Verhalten sowie die soziale Interaktion der Beteiligten.[434] Neben der Einflussnahme auf das Können, Wollen und Wissen der Kunden ist dieser Aspekt ebenfalls – zumindest in Teilbereichen – gestaltbar (vgl. Kapitel 7.3.3).[435]

---

[430] Vgl. Gouthier (2003), S. 102.

[431] Vgl. Gouthier (2003), S. 101ff.

[432] Vgl. Hentze/Lindert (1998), S. 1019.

[433] Vgl. Bitner (1992), S. 64; Hentze/Lindert (1998), S. 1015. Siehe grundsätzlich auch Nerdinger (1995), S. 9.

[434] Vgl. Bitner (1992), S. 61. Ähnlich wird im Bereich der Personalführung davon gesprochen, dass die Arbeitsleistung – neben personengebundenen Eigenschaften – von der Arbeitssituation abhängt. Vgl. Schanz (2000), S. 132.

[435] Vgl. Kapitel 7.3.

3.4 Zwischenfazit zum Verständnis von Kundenintegrationskompetenz

Kompetenz wird in dieser Arbeit als eine Fähigkeit gesehen, die einen direkten Bezug zu einer Problemstellung oder einer bestimmten Aufgabe besitzt. Hierdurch unterscheidet sich Kompetenz von der Qualifikation, die weniger spezifisch ist. Aus der Perspektive des methodologischen Individualismus beschreibt Kompetenz die zielbezogenen Fähigkeiten eines Individuums. Kundenintegrationskompetenz bezieht sich damit konkret auf den Prozess der Integration und stellt die Fähigkeit der Kunden dar, den Co-Design-Prozess erfolgreich zu absolvieren. Entsprechend der Literatur, in der Kompetenz als mehrdimensional angesehen wird, wird vermutet, dass sich auch die Integrationskompetenz von Kunden aus verschiedenen Facetten zusammensetzt. Um Erkenntnisse hinsichtlich notwendiger Teilkompetenzen zu gewinnen, wurde eine Bestandsaufnahme der Literatur zu kundenbezogenen Aspekten bei Mass Customization sowie zur Kundenintegration bei Dienstleistungen vorgenommen.

Dabei zeigt sich, dass die Betrachtung der Kundenperspektive in der Mass-Customization-Literatur nur in Ansätzen Hinweise für mögliche Facetten von Kundenintegrationskompetenz liefert. Zwar besteht Einigkeit dahingehend, dass es sich bei Mass Customization um neuartige Leistungen handelt, die besondere Herausforderungen für Kunden mit sich bringen, allerdings konzentrieren sich die Autoren auf Hinweise zur Gestaltung der Co-Design-Prozesse und weniger auf die Steuerung der Fähigkeiten, die Kunden mitbringen sollten. Erste Erkenntnisse existieren dahingehend, dass sich Kunden mit einem größeren Wissen oder einer höheren Motivation erfolgreicher in Co-Design-Prozesse einbringen können und zu besseren Ergebnissen gelangen.

Aufgrund der Tatsache, dass die Mass-Customization-Literatur nur grundlegende Schlussfolgerungen zu Kundenintegrationskompetenz erlaubt, wurde auf die Dienstleistungsliteratur zurückgegriffen. Dort werden Rollen und Beiträge von Kunden intensiv diskutiert, was auf die Notwendigkeit der Integration der Kunden oder eines ihrer Objekte in die Leistungserstellung zurückzuführen ist. Hierzu existieren insbesondere viele konzeptionelle Arbeiten, die sich mit dem Einfluss der Kunden auf die gemeinsame Leistungserstellung und möglichen Kundenrollen befassen. Grundsätzliches Einverständnis existiert dahingehend, dass Kunden besonders bei persönlich erbrachten Dienstleistungen den Prozess und das Ergebnis der Leistungserstellung neben den Mitarbeitern maßgeblich beeinflussen. In der Literatur werden weitere Rollen thematisiert, die Dienstleistungskunden einnehmen können. Insgesamt gibt es eine Vielzahl an Einflussmöglichkeiten und Rollen von Kunden.

Einigkeit besteht in der Dienstleistungsforschung auch dahingehend, dass die Kunden aufgrund ihres Einflusses entsprechend der Interessen des Anbieterunternehmens zu steuern sind. Ein Ansatzpunkt zur Verbesserung der Leistungserstellung ist die Einflussnahme auf die Qualifikationen der Kunden. Auf diese Art und Weise sollen Kunden Kompetenz für die integrativen Leistungserstellungsprozesse entwickeln. Dass auch Kunden Träger von Kompetenz sein können, wird zwar bereits von verschiedenen Autoren angemerkt, allerdings haben sich nur wenige Autoren vertiefend mit diesem Thema auseinandergesetzt. Hinzuweisen ist in diesem Zusammenhang jedoch auf die Arbeit von GOUTHIER. Der Autor konzeptualisiert Kundenintegrationskompetenz orientiert an Erkenntnissen aus der arbeitspsychologischen Forschung als dreidimensionales Konstrukt mit den Facetten *Fach- bzw. Sachkompetenz, Methoden- und Sozialkompetenz* sowie *personale Kompetenz*.

Die Erkenntnisse aus dem Dienstleistungsbereich sind auf Mass-Customization-Angebote übertragbar, denn auch bei Mass Customization sind Kunden aktiv am Co-Design der individuellen Leistung beteiligt und beeinflussen dadurch die Qualität sowie ihre Zufriedenheit. Im Rahmen dieser Untersuchung ist insbesondere relevant, ein tiefergreifendes Verständnis der Beiträge zu erhalten, die Kunden in ihrer Rolle als Co-Produzent und Co-Designer des individuellen Produktes ausüben. Im Rahmen der Co-Produzenten-Rolle übermitteln Kunden Informationen in Hinblick auf die Spezifika der individuellen Leistung. Zudem wirken sie als Co-Designer mehr oder weniger aktiv an der Gestaltung ihrer individuellen Leistung mit. Insbesondere durch Ausübung dieser beiden Rollen beeinflussen Kunden den Prozess der Leistungserstellung sowie dessen Ergebnis. Das betrachtete Konstrukt *Kundenintegrationskompetenz* steht in engem Zusammenhang zu diesen Rollen: Kunden mit hoher Kundenintegrationskompetenz können ihre Aufgaben als Co-Produzent und Co-Designer besser erfüllen und gelangen zu einem besseren Ergebnis.

Im Sinn der Service Customer Performance leisten Kunden bei Mass Customization bestimmte Beiträge, die Einfluss auf den Erfolg des Anbieters haben. Hierbei können instrumentelle und soziale Beiträge differenziert werden: Zum einen ist die Mitarbeit der Kunden bei der Spezifizierung der individuellen Leistung erforderlich (instrumentelle Beiträge). Zum anderen wird vermutet, dass auch das Verhalten des Kunden im Rahmen des interaktiven Co-Design-Prozesses das Ergebnis der gemeinsamen Leistungserstellung beeinflusst (soziale Beiträge). Die Beiträge und damit die Service Customer Performance sind von der Leistungsfähigkeit und -bereitschaft der Kunden abhängig, also von den mitgebrachten Qualifikationen. Eine höhere Kundenintegrationskompetenz beeinflusst die Service Customer Performance positiv.

Die Gliederung in drei Kompetenzklassen von GOUTHIER bildet die Ausgangsbasis der nachfolgenden Arbeiten zur Konzeptualisierung und Operationalisierung des Konstruktes *Kundenintegrationskompetenz*. Im Kontext von Mass Customization beschreibt Kundenintegrationskompetenz, wie erläutert, die Fähigkeiten des Kunden, sich erfolgreich in den Co-Design-Prozess einzubringen und zu einem guten Ergebnis zu gelangen. Es wird vermutet, dass ein kompetenter Kunde sowohl Fachkompetenz mitbringt, z.B. Wissen in Bezug auf den Prozess, als auch Sozialkompetenz, z.B. die Offenheit in Hinblick auf den Umgang mit dem Verkaufspersonal. Zudem kennzeichnen einen kompetenten Kunden verschiedene motivationale Aspekte. Wesentlich für das Entstehen von Kundenintegrationskompetenz ist, dass die individuellen Qualifikationen der Kunden mit den Integrationsanforderungen des Leistungsangebotes übereinstimmen.

4 Konzeptualisierung und Operationalisierung von Kundenintegrationskompetenz

Basierend auf den Ergebnissen der Bestandsaufnahme der Literatur aus dem vorhergehenden Kapitel werden in diesem Kapitel das Konstrukt *Kundenintegrationskompetenz* sowie seine Dimensionen und Faktoren konzeptualisiert und operationalisiert. Dabei dient die Konzeptualisierung der Ermittlung der (Teil-)Dimensionen des Konstruktes, während die darauf aufbauende Operationalisierung die Entwicklung des eigentlichen Messmodells umfasst.[436] Wie in Kapitel 3 dargestellt, wird die Integrationskompetenz von Kunden bisher nur in einer konzeptionellen Arbeit in der Dienstleistungsliteratur behandelt,[437] jedoch nicht im Kontext von Mass Customization. Explorative Studien sind deshalb wichtig, um ein grundlegendes Verständnis für das Konstrukt zu erhalten. Bei der Konzeptualisierung werden im Rahmen von explorativen Vorstudien sowohl qualitative als auch quantitative Methoden kombiniert. Dabei bilden die Erkenntnisse aus den vorwiegend qualitativen explorativen Studien die Grundlage für die nachfolgenden quantitativen Untersuchungen. Dies entspricht der dieser Arbeit zugrunde liegenden Forderung nach einer Kombination qualitativer und quantitativer Methoden.[438]

Aufbauend auf den explorativen Arbeiten wird eine vertiefende Analyse der relevanten Literatur zu den möglichen Facetten von Kundenintegrationskompetenz durchgeführt, die die bisherigen Arbeiten vermuten lassen. Zwar wird das Konstrukt als solches bisher nicht operationalisiert, allerdings gibt es zu den vermuteten Teilaspekten bereits umfangreiche Literatur. Basierend auf dieser Recherche werden die wesentlichen Ansätze und Erkenntnisse zu den Facetten dargestellt und vorhandene Messitems übernommen. Die entwickelten Indikatoren werden abschließend im Rahmen weiterer Vorstudien überprüft. Zudem wird das Konstrukt *Kundenintegrationskompetenz* mit verwandten Konstrukten verglichen und Gemeinsamkeiten sowie Unterschiede herausgearbeitet. Zunächst werden im ersten Schritt Grundlagen der Konstruktentwicklung erläutert.

4.1 Phasen der Konstruktentwicklung

Wie bereits in Kapitel 1.2 dargestellt, handelt es sich bei der Größe *Kundenintegrationskompetenz* um ein theoretisches Konstrukt. Ein Konstrukt ist eine abstrakte, nicht direkt messbare Größe, die

---

[436] Vgl. Homburg/Giering (1996), S. 5.

[437] Vgl. Gouthier (2003), S. 92ff.

[438] Vgl. Homburg (2000), S. 76. Vgl. zur Kombination qualitativer und quantitativer Methoden auch Bortz/Döring (2003), S. 239; Schiffman/Kanuk (2004), S. 27f. Vgl. für eine Gegenüberstellung qualitativer und quantitativer Methoden beispielsweise Bortz/Döring (2003), S. 295ff.; Easterby-Smith/Thorpe/Lowe (2004), S. 85ff.

den wahren, nicht direkt beobachtbaren Zustand eines Phänomens beschreibt.[439] Damit kann ein Konstrukt auch als latente Variable bezeichnet werden. Mittels der Konzeptualisierung und Operationalisierung des Konstruktes versucht man, dieses messbar zu machen bzw. zu schätzen. Dies geschieht, indem man auf beobachtbare Variablen (auch Indikatorvariablen oder Indikatoren genannt) zurückgreift: *„Indikatoren sind unmittelbar messbare Sachverhalte, welche das Vorliegen der gemeinten, aber nicht direkt erfassbaren Phänomene [...] anzeigen."*[440] Mit Hilfe der Beziehungen zwischen den beobachtbaren und damit messbaren Indikatoren und dem interessierenden Konstrukt erfolgt die Messbarmachung der nicht direkt erfassbaren Größe.[441] Hierbei wird eine Multi-Item-Struktur angenommen, d.h. es werden mehrere Indikatoren pro Konstrukt bzw. Faktor berücksichtigt. Derartige Messungen erweisen sich der direkten Messung bzw. der Messung über einen einzelnen Indikator als überlegen.[442]

Grundsätzlich werden ein- und mehrfaktorielle Konstrukte unterschieden. Während ein einfaktorielles Konstrukt aus genau einem Faktor besteht (Konstrukt = Faktor), gliedert sich ein mehrfaktorielles Konstrukt in mindestens zwei Faktoren.[443] Bei mehrfaktoriellen Konstrukten kann man wiederum unterscheiden, ob alle Faktoren des Konstruktes zur selben Dimension gehören (eindimensionales Konstrukt) oder ob sie sich in verschiedene theoretische Dimensionen einordnen lassen (mehrdimensionales Konstrukt).[444] In dieser Arbeit wird die auf den Vorarbeiten basierende Vermutung analysiert, dass das im Mittelpunkt der Arbeit stehende Konstrukt *Kundenintegrationskompetenz* eine mehrdimensionale Struktur aufweist.

Die sorgfältige Konzeptualisierung und Operationalisierung der relevanten Konstrukte ist bei sämtlichen empirischen Arbeiten von zentraler Bedeutung für alle nachfolgenden Untersuchungsschritte, wie z.B. die Analyse von Zusammenhängen mit anderen Konstrukten.[445] Damit ist die Messbarmachung der Kundenintegrationskompetenz der Ausgangspunkt für die in Kapitel 6 ermittelten und erläuterten Beziehungen zu der Determinante und den Konsequenzen, z.B. Kundenzufriedenheit. Der Gesamtprozess der Konzeptualisierung und Operationalisierung lässt sich in *vier* wesentliche Schritte unterteilen:[446]

---

[439] Vgl. Bagozzi/Phillips (1982), S. 465.

[440] Kroeber-Riel/Weinberg (2003), S. 31.

[441] Vgl. Homburg/Giering (1996), S. 6.

[442] Vgl. Bagozzi/Baumgartner (1994), S. 388; Churchill (1979), S. 66; Giering (2000), S. 72; Jacoby (1978), S. 93; Peter (1979), S. 7.

[443] Vgl. Homburg/Giering (1996), S. 6.

[444] Vgl. Anderson/Gerbing/Hunter (1987), S. 435; Homburg/Giering (1996), S. 6.

[445] Vgl. Giering (2000), S. 62.

[446] In Anlehnung an Homburg/Giering (1996), S. 11f. Zu beachten ist, dass in allen drei Schritten Reliabilitäts- und Validitätsgesichtspunkte zu berücksichtigen sind, d.h. es ist zu gewährleisten, dass das zu entwickelnde Messinstrument sowohl zuverlässig als auch das Richtige misst. Vgl. hierzu die Erläuterungen in Kapitel 5.1.2.

- Der erste Schritt – die *(Grob-)Konzeptualisierung* – dient der Entwicklung eines grundlegenden und umfassenden Verständnisses für die verschiedenen Facetten des Konstruktes, also seine Faktoren und möglicherweise Dimensionen.[447] Hierzu können verschiedene Methoden wie beispielsweise Experteninterviews, Fokusgruppen oder Literaturauswertung herangezogen werden. In dieser Untersuchung kommen zunächst zwei qualitative Methoden im Sinn explorativer Vorstudien zur Anwendung, die die Konzeptualisierung des Konstruktes unterstützen: Interviews mit Experten im Bereich *Mass Customization* sowie Befragungen (potenzieller) Kunden (vgl. Kapitel 4.2).[448] Diese explorativen Methoden werden herangezogen, um durch die Beleuchtung verschiedener Perspektiven und die Berücksichtigung verschiedener Anspruchsgruppen ein möglichst umfassendes Verständnis für die verschiedenen Facetten des Konstruktes zu erhalten.[449] Im Anschluss an die Durchführung der explorativen Untersuchungen wird eine Literaturrecherche bezüglich der für das Konstrukt relevanten Facetten vorgenommen, die sich aus den explorativen Vorstudien ergeben (vgl. Kapitel 4.3). Das Ergebnis dieser Untersuchungsstufe ist ein Fragebogen mit Indikatoren, die das Konstrukt abbilden.

- Im nächsten Schritt wird ein *Pre-Test* des Fragebogens durchgeführt, bei dem die erarbeiteten Indikatoren in Hinblick auf ihre Verständlichkeit und Eindeutigkeit sowie die inhaltliche Relevanz für das interessierende Konstrukt überprüft werden. Zudem wird der Fragebogen von *Experten* abschließend bewertet (vgl. Kapitel 4.4).

- Darauf folgen die *eigentliche Datenerhebung* sowie die anschließende *quantitative Analyse*, deren Ziel die Beurteilung und Optimierung des Messmodells ist. Die Datenbasis sowie die Vorgehensweise wird in Kapitel 5 ausführlich dargelegt.

- Im letzten Schritt findet eine *erneute Datenerhebung* statt, um das entwickelte Messmodell auf Grundlage der neuen Stichprobe zu untersuchen (vgl. 5.2.5). Dieser Schritt dient der Validierung des Modells zur Messung von Kundenintegrationskompetenz.

Das Ziel der Durchführung der vier dargestellten Schritte ist es, ein finales – reliables und valides – Messmodell für Kundenintegrationskompetenz zu erhalten. Abbildung 12 zeigt die verschiedenen Schritte sowie die jeweilige empirische Grundlage im Überblick.

---

[447] Die Erkenntnisse der theoretischen Bestandsaufnahme (vgl. Kapitel 3) bilden die Basis aller dargestellten Schritte.

[448] Insgesamt fanden drei Kundenbefragungen statt (vgl. Kapitel 4.2.2). Kundenbefragung 3 wurde in Form einer standardisierten, damit also quantitativen Befragung durchgeführt, besitzt jedoch explorativen Charakter.

[449] Vgl. Homburg (2000), S. 78.

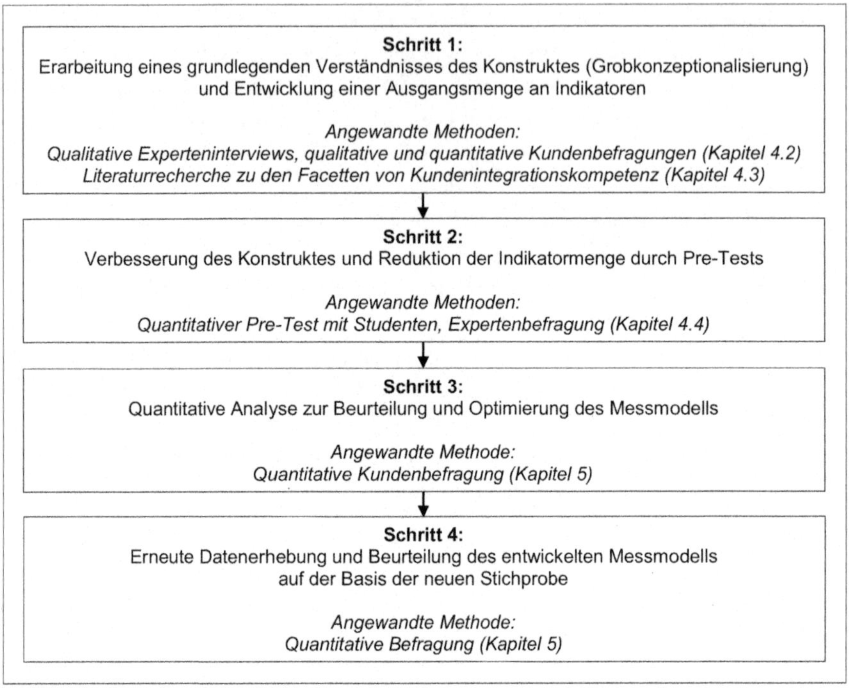

Schritt 1:
Erarbeitung eines grundlegenden Verständnisses des Konstruktes (Grobkonzeptionalisierung)
und Entwicklung einer Ausgangsmenge an Indikatoren

Angewandte Methoden:
Qualitative Experteninterviews, qualitative und quantitative Kundenbefragungen (Kapitel 4.2)
Literaturrecherche zu den Facetten von Kundenintegrationskompetenz (Kapitel 4.3)

↓

Schritt 2:
Verbesserung des Konstruktes und Reduktion der Indikatormenge durch Pre-Tests

Angewandte Methoden:
Quantitativer Pre-Test mit Studenten, Expertenbefragung (Kapitel 4.4)

↓

Schritt 3:
Quantitative Analyse zur Beurteilung und Optimierung des Messmodells

Angewandte Methode:
Quantitative Kundenbefragung (Kapitel 5)

↓

Schritt 4:
Erneute Datenerhebung und Beurteilung des entwickelten Messmodells
auf der Basis der neuen Stichprobe

Angewandte Methode:
Quantitative Befragung (Kapitel 5)

Abbildung 12: Vorgehensweise bei der Konzeptualisierung und Operationalisierung von Kundenintegrationskompetenz

4.2 Explorative Vorstudien

4.2.1 Identifikation potenzieller Indikatoren durch eine Expertenbefragung

Methodische Vorgehensweise

Um zu einem Verständnis von Kundenintegrationskompetenz zu gelangen, wurden in einem ersten Schritt Experten interviewt. Als Experten galten Personen, die spezifisches Wissen in Hinblick auf den interessierenden Forschungsbereich besitzen.[450]

Dieser Definition folgend wurden die folgenden Personengruppen aus Theorie und Praxis identifiziert und berücksichtigt:

---

[450] Vgl. Liebold/Trinczek (2002), S. 33ff., auch für eine umfassende Darstellung der Methode des Experteninterviews.

- Eigentümer und Mitarbeiter von Mass-Customization-Unternehmen, die umfassende Erfahrung mit kundenbezogenen Prozessen und den entsprechenden Themen haben, bzw. Berater mit entsprechenden Kenntnissen.

- Forscher, die sich mit dem Forschungsbereich *Mass Customization* und dabei insbesondere mit der Kundenperspektive befassen.

Wie die Bestandsaufnahme der Literatur gezeigt hat (vgl. Kapitel 3), gibt es derzeit in der Literatur kaum Ausführungen zu dem Thema *Kundenintegrationskompetenz*. Die wenigen Hinweise stammen aus der Dienstleistungsforschung; im Bereich *Mass Customization* steht die Forschung zur Kundenperspektive erst am Anfang. Aufgrund dieser Tatsache wurden in der Expertenbefragung vor allem Praktiker berücksichtigt. Diese haben aufgrund ihrer praktischen Erfahrung mit Kunden und Co-Design-Prozessen die meisten Kenntnisse darüber, wie Kunden Mass-Customization-Prozesse wahrnehmen und mit diesen umgehen. Da individuelle Angebote, die in Ladengeschäften angeboten werden, im Mittelpunkt der Arbeit stehen, wurden v.a. Experten berücksichtigt, die Erfahrung mit persönlichen Kundeninteraktionen besitzen. Insgesamt wurden 17 Experten aus Wissenschaft und Praxis interviewt; eine Übersicht zeigt Tabelle 2.

Institution	Position
Praxisexperten	
1. Karstadt	Mitarbeiter Abteilung Herrenkonfektion
2. Lands' End	Senior Vice President für E-commerce
3. Leftfoot Company	Ehemaliger Manager Licensing
4. Lego System	Manager Global Supply
5. Lodenfrey	Geschäftsführer
6. Maile	Geschäftsführer
7. Marcie Brand & Consulting	CEO
8. My Virtual Model	CEO
9. Paris Miki	Manager
10. Possen.com	Ehemaliger CEO
11. Possen.com	Ehemaliger Manager für Logistik und Qualität
12. Shirtsdotnet.com	CEO
13. Windsor	Mitarbeiter Public Relations
Wissenschaftsexperten	
14. Institute of Industrial Technologies and Automation of the National Research Council, Italien	Research Direktor
15. Institute of Industrial Technologies and Automation of the National Research Council, Italien	Ehemaliger Research Direktor
16. Fakultät für Wirtschaftswissenschaften, Technische Universität München	Habilitand
17. School of Business, Stockholm University	Assistant Professor

Tabelle 2: Übersicht der befragten Experten

Aufgrund der Neuartigkeit des Untersuchungsfeldes wurde eine teil- oder halbstrukturierte Befragung gewählt.[451] Diese erlaubt, einen Überblick über die Dimensionen und Aspekte des interessierenden Gegenstandes zu erhalten; der Interviewer steuert den Ablauf dabei nur soweit es notwendig ist.[452] Bei der Entwicklung des Gesprächsleitfadens wurde der Zielsetzung Rechnung getragen, ein grundlegendes Verständnis für die Besonderheiten von Mass-Customization-Leistungen aus Kundensicht und für mögliche Aspekte von Kundenintegrationskompetenz zu entwickeln. Die Interviews dauerten zwischen 45 Minuten und zwei Stunden und orientierten sich an fünf Leitfragen:

- Wie wichtig ist der Mass-Customization-Prozess im Verhältnis zum individuellen Produkt aus Kundensicht? Was sind die Gründe hierfür?

- Was sind die kritischen Punkte in der Interaktion mit den Kunden?

- Wo liegen die Herausforderungen in der Gestaltung und Kommunikation von Mass-Customization-Angeboten?

- Wie sieht die/sehen die Interaktion/en mit den Kunden im jeweiligen Unternehmen aus? (betrifft nur die Praxisexperten)

- Welche kritischen Punkte sind generell mit der Einführung sowie dem Angebot individueller Leistungen im Sinn einer Mass-Customization-Strategie verbunden?

Die Aggregation der Ergebnisse fand in mehreren Schritten statt. Die aufgezeichneten Interviews wurden zunächst transkribiert und anschließend einzeln zusammengefasst. Im nächsten Schritt wurden sie themenspezifisch zusammengeführt und verdichtet sowie die zentralen Ergebnisse abgeleitet. Die Resultate wurden anschließend innerhalb der Forschergruppe des Lehrstuhls diskutiert.[453] Die aggregierten Ergebnisse sind im Folgenden dargestellt; aus Platzgründen sind nur einige ausgewählte Zitate angegeben.

Erkenntnisbeitrag der Expertenbefragung

Wie bereits erläutert, soll mit Hilfe der Experteninterviews ein grundlegendes Verständnis für den Co-Design-Prozess bei Mass Customization gewonnen werden. Die Integrationskompetenz von Kunden bezieht sich auf ihre Fähigkeiten, sich erfolgreich an diesem Prozess zu beteiligen. Um

---

[451] Vgl. Berekoven/Eckert/Ellenrieder (2001), S. 95f.; Bortz/Döring (2003), S. 308f.

[452] Vgl. Berekoven/Eckert/Ellenrieder (2001), S. 95f., wo die Methode auch als Exploration oder auch freies oder qualitatives Interview bezeichnet wird, sowie Bortz/Döring (2003), S. 315; Easterby-Smith/Thorpe/Lowe (2004), S. 85ff. In den meisten Fällen wird – wie in dieser Arbeit – ein Interviewer-Leitfaden genutzt, um ein gewisses Maß an Strukturierung vorzunehmen und die Vergleichbarkeit der Ergebnisse sicher zu stellen. Vgl. Berekoven/ Eckert/Ellenrieder (2001), S. 98f.; Bortz/Döring (2003), S. 315.

[453] Vgl. zu den Arbeitsschritten bei der Durchführung von Experteninterviews Bortz/Döring (2003), S. 309ff.

zu verstehen, welche Aspekte kompetente Kunden ausmachen, muss deshalb zunächst bekannt sein, welche Charakteristika ein Co-Design-Prozess aus Kundensicht aufweist.

Nach Meinung der Experten besitzt der Prozess neben dem Produkt zentrale Bedeutung für den Erfolg eines Mass-Customization-Angebotes. Er gilt als mindestens ebenso wichtig wie das Produkt, besonders beim Erstkauf. Einigkeit besteht zwar dahingehend, dass am Ende das Produkt die Kundenbedürfnisse erfüllen muss, allerdings werden sich Kunden nach Meinung der Experten nicht auf das Produkt einlassen, wenn der Prozess sie nicht anspricht *(Hierzu Experte 2: „The customer won't get merry by having the product unless you make the process easy for him.").* Viele Kunden empfinden den Co-Design-Prozess als besonderes Erlebnis *(„Sie machen sich einen Spaß daraus und bringen oft die ganze Familie mit.", so Experte 1),* wodurch sich umfassende Differenzierungsmöglichkeiten gegenüber der Konkurrenz bieten *(Hierzu Experte 11: „Compare buying an individual suit for example with going to a restaurant: one goes for the food AND the atmosphere, price and service.").*

Die Experten schildern eine Vielzahl von Herausforderungen, die aus Kundensicht mit dem Prozess verbunden sind. Insbesondere handelt es sich für viele Kunden um eine neuartige Form des Einkaufens, da sie in der Regel keine Erfahrung damit haben, sich ein individuelles Produkt zu gestalten. Demzufolge sind wahrgenommenes Risiko sowie Unsicherheit auf Kundenseite sehr hoch (vgl. Kapitel 2.2.3 sowie 3.2.2). Als besonders kritischen Aspekt sehen die Experten deshalb die Aufgabe an, Konsumenten die Vorteile von Mass Customization sowie die Kundenaufgaben verständlich zu machen *(Hierzu Experte 3: „The critical point is when the sales person discusses with the client what the concept is all about, so that the customer feels confident.").* Als besonders herausfordernd gilt die erste Kommunikation, also das Gewinnen der Aufmerksamkeit potenzieller Kunden. Die Ansprache sollte hierbei ebenso kundenindividuell sein wie das angebotene Produkt. Zudem sollten die ersten Kontaktpunkte – insbesondere Internetseite und Shop – auf einen Blick vermitteln, dass ein individuelles Produkt angeboten wird. Im nächsten Schritt müssen die Möglichkeiten des Angebotes einfach und zugleich umfassend vermittelt werden, was als weitere Herausforderung gilt. Qualifiziertes Personal ist hierzu ebenso wichtig wie technische Geräte. Die Experten betonen, dass Kunden häufig Unterstützung benötigen *(Hierzu Experte 15: „The customer wants to have someone who can help him to make the right choice.").* Jede Interaktion soll aus Kundensicht so einfach wie möglich sein *(Experte 14 spricht in diesem Zusammenhang von „[...] simple interaction, so that the customer understands easily what he is supposed to tell you and what you want him to try.").*

Neben dem Co-Design-Prozess, werden die Produktgestaltung und in diesem Zusammenhang besonders auch das Erwartungsmanagement bei jeder Kommunikation mit den Kunden als weitere wesentliche Erfolgsfaktoren angesehen, d.h. es dürfen keine Erwartungen an das individuelle Produkt geweckt werden, die später nicht erfüllt werden können. Zudem wird das Lieferzeitmanagement als wichtig betrachtet, beispielsweise sind den Kunden unerwartete Verzögerungen umgehend mitzuteilen. Als weitere Erfolgsfaktoren gelten die Nachkaufbetreuung sowie die Abwicklung von Folgekäufen, die aus Kundensicht so weit wie möglich zu vereinfachen sind, z.B. indem auf bereits gespeicherte Kundendaten zurückgegriffen wird. Neben diesen kundenbezogenen Aspekten werden vor allem Logistik- und Produktionsthemen als weitere erfolgsrelevante Aspekte genannt, wobei diese jedoch im Vergleich zu Kundenaspekten als sekundär gelten.

Zusammenfassend sind mit dem Management des Co-Design-Prozesses nach Einschätzung der Experten eine Reihe von Herausforderungen verbunden. Insbesondere wird betont, dass der Prozess aus Kundensicht so einfach wie möglich sein muss und dass es bisher an Lösungen fehlt, den Kunden die Besonderheiten von Mass-Customization-Angeboten und ihrer Aufgaben im Rahmen des Prozesses zu verdeutlichen. Zudem fehlt eine Auseinandersetzung mit den Fähigkeiten, die Kunden für Co-Design-Prozesse benötigen.

Besonders wird von den Experten immer wieder herausgestellt, dass kompetentes Personal, das die Kunden bei der Zusammenstellung des individuellen Produktes unterstützt, ein wesentlicher Erfolgsfaktor ist („[...] z.B. *können Desinteresse seitens des Verkäufers, Unkenntnis oder fachliche Inkompetenz, fehlender Respekt und die Bereitschaft, sich auf den jeweiligen Kunden einzulassen, die Interaktion behindern.*", so Experte 7). Qualifizierte Mitarbeiter gelten als wichtiger als die unterstützenden Technologien, wie z.B. Konfiguratoren *(Hierzu Experte 3: „Personal interaction from person to person (customer service) is even more important than the scanning, the technical devices and the customization.").* Aufgrund der wichtigen Rolle der Mitarbeiter benötigen diese umfassende Kompetenzen. *Experte 11* beispielsweise formuliert folgende Anforderungen an ideale Mitarbeiter:[454]

- *„Personality: highly educated, being able to interact with all levels of society, good communication skills, service minded, trustworthy, integrity, attention to detail and skills.*

- *Technical skills: knows ins and outs of fitting in combination with fabric, fiber-, yarn-, fabric-, production- and product-knowledge, and knowledge of tailoring, ability to sort out and communicate quality issues internally.*

- *Administrative skills: good administrative skills, attention to detail, ability to be precise in a hectic environment, insight in the logistics of the production process. "*

Aus den Hinweisen der Experten zu den Eigenschaften und Fähigkeiten von Mitarbeitern lassen sich Rückschlüsse auf Anforderungen an Kunden ziehen. Wie Mitarbeiter brauchen auch Kunden aufgrund der Interaktion mit Mitarbeitern soziale und kommunikative Fähigkeiten, ebenso fördern ihr Wissen und ihre Fähigkeiten den Erfolg des Leistungsangebotes. Auch wenn die meisten Experten mit ihren Handlungsempfehlungen zur Verbesserung von Co-Design-Prozessen auf Unternehmensseite ansetzen, stimmen sie darin überein, dass auch die Steuerung der Fähigkeiten der Kunden wichtig für den Erfolg ist. Basierend auf den Erkenntnissen der Literaturrecherche (vgl. Kapitel 3) lassen die Expertenaussagen folgende Aspekte auf Kundenseite relevant für einen erfolgreichen Co-Design-Prozess erscheinen:

---

[454] Die Anforderungen sind vor dem Hintergrund zu sehen, dass Maßkonfektion verkauft wird.

- *Produktwissen und -erfahrung.* Es wird vermutet, dass Wissen und Erfahrung mit der Produktart und -kategorie den Co-Design-Prozess erleichtern. Kunden können beispielsweise ihre Designaufgaben besser antizipieren, da sie Produktart und -bestandteile kennen.

- *Prozesswissen und -erfahrung.* Kunden profitieren vom Wissen über den Co-Design-Prozess und der Kenntnis ihrer Aufgaben. Auch Erfahrung mit dieser Art von Kaufprozessen und mit Co-Design-Aufgaben trägt zu einem erfolgreichen Ergebnis bei.

- *Soziale Fähigkeiten der Kunden.* Aufgrund der Kunde-Mitarbeiter-Interaktion bei vielen Mass-Customization-Angeboten sind unter Umständen soziale Fähigkeiten auf Kundenseite – ebenso wie auf Mitarbeiterseite – erfolgsrelevant.

- *Fähigkeit, mit Technologien umzugehen.* Charakteristisch für Mass Customization ist die Nutzung von Konfiguratoren oder weiterer Technologien. Kunden gelangen vermutlich zu besseren Ergebnissen, wenn sie gegenüber Technologien aufgeschlossen sind.

Die Ergebnisse der Experteninterviews bestätigen damit die aus dem Dienstleistungsbereich abgeleiteten Erkenntnisse zu den Facetten von Kundenintegrationskompetenz grundsätzlich (vgl. Kapitel 3.3.3). Charakteristisch für Mass-Customization-Angebote ist die vermutete Bedeutung der Themen *Produktwissen* und *-erfahrung* neben den Aspekten *Prozesswissen* und *-erfahrung*. Auch soziale Fähigkeiten und technische Aspekte sind bei Mass Customization – wie die Experteninterviews annehmen lassen – relevant. Lediglich in Bezug auf die Motivation, ein individuelles Angebot in Anspruch zu nehmen, lassen die Experteninterviews keine Rückschlüsse zu. Weitergehende Hinweise liefern die nachfolgend erläuterten Kundenbefragungen. Die Experteninterviews unterstützen zudem – wie die Kundenbefragungen – die Entwicklung eines grundlegenden Verständnisses für die Phasen der Kundeninteraktion bei Mass Customization.[455]

4.2.2 Identifikation potenzieller Indikatoren durch Kundenbefragungen

Methodische Vorgehensweise

Neben den Experten wurden (potenzielle) Kunden von Mass-Customization-Unternehmen in den Vorstudien berücksichtigt, um die Validität der Ergebnisse sicherzustellen.[456] Dabei dienen die in den Experteninterviews gewonnenen Erkenntnisse als Ausgangspunkt. Erneut geht es darum, zunächst ein grundlegendes Verständnis für die Wahrnehmung des Co-Design-Prozesses und des Mass-Customization-Angebotes zu gewinnen – in diesem Fall aus Kundensicht. Darauf

---

[455] Vgl. hierzu Kapitel 4.2.2 sowie 7.3.3.

[456] Vgl. Homburg (2000), S. 81 zur Notwendigkeit der Berücksichtigung von Kunden, um zu validen Ergebnissen zu gelangen.

aufbauend werden im nächsten Schritt die Facetten von Kundenintegrationskompetenz erarbeitet. Hierzu wurden die folgenden drei Gruppen befragt:[457]

- *Kundenbefragung 1*: Befragung von Interessenten, die sich für das Angebot eines Mass-Customization-Unternehmens interessieren, jedoch (noch) nicht gekauft haben. Die Befragung dient der Ermittlung der Wahrnehmung des Mass-Customization-Angebotes und Co-Design-Prozesses durch Käufer und Nicht-Käufer, insbesondere auch durch Personen, die mit Mass Customization vorab noch nicht in Berührung gekommen sind.

- *Kundenbefragung 2*: Befragung von Kunden eines Mass-Customization-Unternehmens. Die Befragungsteilnehmer haben zu unterschiedlichen Zeitpunkten, in verschiedenen Kaufumgebungen und bei wechselndem Angebot gekauft. Durch den Vergleich der Befragungsergebnisse können die Wahrnehmung verschiedener Aspekte des Leistungsangebotes sowie Hinweise für notwendige Kundenqualifikationen ermittelt werden.

- *Kundenbefragung 3*: Befragung von Kunden eines Mass-Customization-Unternehmens, die in Shop-Konzepten des Anbieters gekauft haben. Die Kunden wurden einmal nach der Konfiguration sowie einmal nach dem Erhalt des Produktes hinsichtlich der wahrgenommenen Servicequalität und ihrer Zufriedenheit befragt. Auf diese Art und Weise werden Rückschlüsse auf die Wahrnehmung des Co-Design-Prozesses gezogen.

Die Berücksichtigung verschiedener Konsumentengruppen sowie die unterschiedliche Ausgestaltung der einzelnen Befragungen wurden gewählt, um das Themengebiet aus möglichst verschiedenen Perspektiven zu beleuchten und um auf diese Art und Weise keine relevante Facette von Kundenintegrationskompetenz unberücksichtigt zu lassen. Die Befragung der Interessenten (*Kundenbefragung 1*) fand in Form eines teilstandardisierten,[458] persönlichen Interviews direkt im Ladengeschäft des untersuchten Mass-Customization-Unternehmens statt, welches in Form eines Shop-in-Shop-Konzeptes in einem Kaufhaus vertreten war. Als Interessenten wurden alle Kunden des Kaufhauses eingestuft, die die ausgestellten Produkte betrachtet, Informationsschilder gelesen oder sich bei dem Verkaufspersonal nach den Produkten erkundigt haben. Insgesamt wurden bei dieser Befragung 213 Personen interviewt. Die Teilnehmerbefragung bei *Kundenbefragung 2* fand schriftlich mittels teilstandardisiertem Fragebogen statt, der eine Kombination offener und geschlossener Fragen beinhaltete. Die Teilnehmerzahl dieser Befragung liegt bei 155 Perso-

---

[457] Die Kundenbefragungen fanden im Rahmen des vom Bundesministerium für Bildung und Forschung (BMBF) geförderten Projektes *EuoMacs – Entwicklung und Optimierung der Logistikstrukturen für Mass Customization in der Schuhindustrie* statt (Förderkennzeichen 02PD1121, Projektträger für Produktion und Fertigungstechnologien (PFT), Laufzeit: Mai 2002 bis Dezember 2004). Die Fragebögen sind aufgrund ihres Umfangs in der vorliegenden Arbeit nicht enthalten.

[458] Vgl. zur Methode des teilstandardisierten Interviews Berekoven/Eckert/Ellenrieder (2001), S. 98f.; Bortz/Döring (2003), S. 315. Es ist anzumerken, dass der Grad der Standardisierung je nach Untersuchungszweck zu wählen ist. Im vorliegenden Fall sollte eine möglichst große Zahl potenzieller Kunden berücksichtigt werden, weshalb ein relativ hoher Standardisierungsgrad gewählt wurde.

nen. Die Teilnehmer der *Kundenbefragung 3* wurden online mittels standardisiertem[459] Fragebogen befragt. Im Rahmen dieser Befragung wurden insgesamt 137 Kunden zum 1. Zeitpunkt sowie 89 Kunden zum 2. Zeitpunkt befragt. Die drei Befragungen wurden im Zeitraum Juni 2003 bis Dezember 2004 durchgeführt. Tabelle 3 zeigt die Befragungen im Überblick.

Kundenbefragung	Teilnehmerzahl	Untersuchungsfrage
Befragung 1	213	Wie wird der Co-Design-Prozess in Ladengeschäften von Käufern und Nicht-Käufern wahrgenommen?
Befragung 2	155	Wie sollte der Co-Design-Prozess aus Kundensicht gestaltet werden? Welche Qualifikationen werden für Co-Design-Aufgaben benötigt?
Befragung 3	137 + 89[460]	Wie wird der Co-Design-Prozess von Kunden wahrgenommen? Welche Verhaltensweisen zeigen Kunden in verschiedenen Phasen?

Tabelle 3: Übersicht der explorativen Kundenbefragungen

Erkenntnisbeitrag der Kundenbefragungen

Die Befragungen (potenzieller) Kunden unterstützen – basierend auf den Erkenntnissen der Expertenbefragung – die Modellierung des Co-Design-Prozesses bei Mass Customization und damit möglicher Kundeninteraktionen. Kunden nehmen bei Mass-Customization-Anbietern nicht ausschließlich die Konfiguration wahr, sondern auch vor- und nachgelagerte Phasen beeinflussen das Gesamterleben des Angebotes. Beispielsweise informieren sich Kunden gezielt über Unternehmen und Produkte, bevor sie sich auf die Konfiguration des individuellen Produktes einlassen. Auch die Wartezeit sowie die After-Sales- und die Re-Buy-Phase werden von Kunden differenziert wahrgenommen. Das differenzierte Erleben der einzelnen Phasen des Interaktionsprozesses wurde zudem durch die Beobachtung von Kunden am Verkaufsort verschiedener Anbieter belegt.[461] Damit können im nächsten Schritt die Aufgaben der Kunden und dabei notwendige Fähigkeiten während des Co-Designs genauer spezifiziert werden. Es werden sechs Phasen ermittelt, die jeweils charakteristische Merkmale aufweisen. Es zeigt sich, dass neben der Phase der Konfiguration weitere Phasen existieren, in denen Kunden häufig mit einem Mass-Customization-Unternehmen in Interaktion treten und damit gegebenenfalls der Kundenintegrationskompetenz bedürfen. Das Phasenmodell ist in Abbildung 13 dargestellt.

---

[459] Bei der standardisierten oder vollständig strukturierten Befragung handelt es sich im Gegensatz zu den bisher beschriebenen teil-standardisierten Befragungen um eine quantitative Methode. Wortlaut und Fragenreihenfolge sind fixiert, die Fragebogeninhalte damit für alle Befragten gleich. Vgl. Berekoven/Eckert/Ellenrieder (2001), S. 98ff.; Bortz/Döring (2003), S. 238ff. Im vorliegenden Fall handelt es sich um eine schriftliche Befragung. Vgl. hierzu beispielsweise Berekoven/Eckert/Ellenrieder (2001), S. 112. Diese quantitative Befragung diente der Annäherung an das Thema *Kundenintegrationskompetenz* und wird deshalb zu den explorativen Vorstudien gezählt.

[460] Die Teilnehmer wurden zu zwei Zeitpunkten befragt: nach dem Co-Design-Prozess sowie nach dem Erhalt des individuellen Produktes (ca. drei Wochen später). Von den 137 Teilnehmern der ersten Befragung nahmen 89 Personen auch an der zweiten Befragung teil.

[461] Es wurde die Methode des Service-Blueprinting angewendet, um die Co-Design-Prozesse und die Kundenkontaktpunkte zu modellieren. Vgl. Lovelock/Wirtz (2004), S. 232ff.; Shostack (1982), S. 54ff.

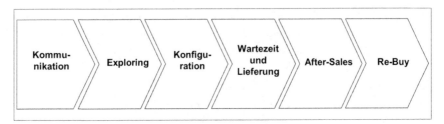

Abbildung 13: Phasen der Kundeninteraktion bei Mass Customization

Das entwickelte Modell kann sowohl auf Online- als auch Offline-Interaktionsprozesse angewendet werden und trägt damit der Tatsache Rechnung, dass der Kaufprozess bei Mass Customization in einem physischen Geschäft, im Internet oder im Rahmen einer Kombination beider Kanäle erfolgen kann. Die Phasen der Kundeninteraktion werden nachfolgend kurz geschildert sowie in Kapitel 7.3.3 erneut aufgegriffen und mit Handlungsempfehlungen verbunden.

- Die erste Phase, in der eine Interaktion von Kunden und Anbieter stattfinden kann, ist die *Phase der Kommunikation*. Primäres Ziel ist die Gewinnung der Aufmerksamkeit neuer, potenzieller Kunden. Zudem sollten grundlegende Informationen vermittelt werden, die die Konsumenten an das Mass-Customization-Angebot und ihre Rolle heranführen.

- Es folgt die *Phase des Exploring*, in der sich die (potenziellen) Kunden mit den Möglichkeiten auseinander setzen, die der Anbieter offeriert. Vertiefende Informationen zum Angebot sollten in dieser Phase vermittelt sowie Vertrauen aufgebaut werden.

- Die Exploring-Phase geht häufig fließend in die *Konfigurationsphase* über. Diese steht im Mittelpunkt jedes Mass-Customization-Angebotes und dient der Spezifizierung der individuellen Leistung. Im Gegensatz zum Exploring gehen Kunden bei der Konfiguration mehr in die Tiefe und konzentrieren sich auf eine Lösung.

- Es folgt eine *Wartephase*, da mit der finalen Produktion oder Zusammenstellung des individuellen Produktes erst nach dem Kundenauftrag begonnen werden kann. Für die Kunden ergibt sich damit eine Wartezeit bis zur Lieferung oder Abholung des Produktes.

- Die Kunde-Unternehmens-Interaktion muss damit nicht enden, sondern sollte auch für die folgenden Phasen des After-Sales und Re-Buy kennzeichnend sein. In der *After-Sales-Phase* geht es darum, die gesammelten Kundeninformationen für zusätzliche Angebote und eine weiterführende Kundenbetreuung zu verwenden.

- Der erneute *Kauf (Re-Buy)* schließlich soll für die Kunden so einfach wie möglich sein, wobei wiederum der Rückgriff auf gespeicherte Kundendaten Potenziale bietet. Mit dieser Phase beginnen auch die weiteren Phasen der Interaktion erneut.

Um ein tiefergehendes Verständnis für das Konstrukt *Kundenintegrationskompetenz* zu entwickeln, ist es wesentlich, herauszufinden, in welchen Phasen der Interaktion diese besonders wichtig ist.[462] Grundsätzlich gibt es mehr oder weniger interaktionsreiche Phasen, die sich je nach Unternehmen und Angebot unterscheiden. Zudem ist jeder Co-Design-Prozess kundenindividuell. Als zentral und kritisch für den Erfolg des Angebotes werden jedoch die Phasen *Kommunikation*, *Exploring* sowie *Konfiguration* angesehen. Diese stellen besondere Anforderungen an Unternehmen sowie Kunden und damit auch an die Integrationskompetenz von Konsumenten.

Eine wesentliche Erkenntnis, die bei der Konzeptualisierung von Kundenintegrationskompetenz berücksichtigt werden muss, ist die Tatsache, dass viele Kunden sehr umfassendes Wissen und Erfahrung in der jeweiligen Produktkategorie besitzen. Die Kunden befassen sich zumeist intensiv mit der Art des Produktes, kennen sich nach eigenen Angaben sehr gut aus und kaufen das Produkt vergleichsweise häufig. Sie informieren sich zudem oft vor dem Kauf ausführlich über das betreffende Mass-Customization-Angebot und den Co-Design-Prozess, oft im Internet, d.h. sie bauen Prozesswissen auf. Hinzu kommt, dass die Produktart für sie häufig sehr wichtig ist. Dies deutet ebenfalls auf eine intensive Auseinandersetzung mit dem Thema hin.

Sowohl bei der ersten Information als auch während des Exploring und der Konfiguration finden vielfältige Interaktionen zwischen Kunden und Mitarbeitern statt. Beispielsweise zählt das Verkaufspersonal neben Freunden bzw. Bekannten zu den wichtigsten Informationsquellen der Kunden. Daher müssen Kunden bestimmte soziale Fähigkeiten haben. Aufgrund der Bedeutung des Internets als primäre Informationsquelle sind zudem technische Fähigkeiten notwendig, wenn ein Internet-Konfigurator zur Informationsbeschaffung verwendet wird. Entscheidend ist zudem eine generelle Offenheit gegenüber Technologien, da beispielsweise auch in Ladengeschäften häufig Konfiguratoren zur Produktdarstellung und -gestaltung genutzt werden. Insgesamt zeigt sich, dass die Mitarbeiter im Vordergrund stehen, während Technologien eher eine unterstützende Funktion haben.[463] Viele Kunden geben zudem an, dass sie generell Spaß am Einkaufen sowie am Co-Design-Prozess haben. Darüber hinaus beurteilen sich viele Kunden als informierte Verbraucher, die sich intensiv mit Kaufprozessen befassen.

Zusammenfassend werden – aufbauend auf den vorab erläuterten Erkenntnissen der Expertenbefragung – folgende Facetten von Kundenintegrationskompetenz vermutet:

- *Produktwissen und -erfahrung:* Viele Kunden besitzen umfangreiches Wissen und Erfahrung in der jeweiligen Produktkategorie (vgl. Kapitel 4.3.2.1 sowie 4.3.2.2). Es wird vermutet, dass beide Aspekte den Ablauf sowie das Ergebnis des Interaktionsprozesses beeinflussen. Kennen Kunden Produktart und -komponenten grundsätzlich, können sie beispielsweise bei der Konfiguration der Produktkomponenten besser mitwirken.

---

[462] Vgl. zur (Kunden-)Interaktion 2.1.2 und zur Interaktion bei Mass Customization 2.2.1.

[463] Vgl. auch Ihl et al. (2006), S. 173ff.

- *Prozesswissen und -erfahrung:* Die Kundenbefragungen zeigen, dass sich viele Kunden vorab über das Angebot und den Co-Design-Prozess informieren und damit Prozesswissen entwickeln (vgl. Kapitel 4.3.2.3). Es ist zu vermuten, dass dieses Wissen kennzeichnend für kompetente Kunden ist und zu einem besseren Resultat führt. Mit steigender Erfahrung ist zudem ein besseres Ergebnis zu erwarten, da Kunden die Schritte des Co-Design-Prozesses sowie ihren Beitrag besser antizipieren können (vgl. Kapitel 4.3.2.4).

- *Soziale Fähigkeiten:* Die Kunden interagieren in verschiedenen Phasen des Interaktionsprozesses mit Mitarbeitern des Anbieters. Damit sind zum einen ausgeprägte soziale Fähigkeiten des Personals unerlässlich, zum anderen beeinflussen aber auch die sozialen Fähigkeiten der Kunden die Interaktion (vgl. Kapitel 4.3.3.1 sowie 4.3.3.2). Sie sind damit wesentlich für den Erfolg des Angebotes und machen kompetente Kunden aus.

- *Fähigkeit, mit Technologien umzugehen:* Konfiguratoren und andere Technologien scheinen zwar aus Kundensicht weniger wichtig als mitarbeiterbezogene Aspekte zu sein, allerdings kommen Kunden bei vielen Angeboten mit Technologien in Kontakt. Es ist zu vermuten, dass deshalb eine positive Grundeinstellung gegenüber Technologien Auswirkungen auf das Ergebnis hat (vgl. Kapitel 4.3.4). Kompetente Kunden besitzen diese Eigenschaft.

- *Motivation für Mass-Customization-Angebote:* Für viele Kunden sind Produktart und -kategorie sehr wichtig, was auf ein hohes Involvement mit dem Produkt hinweist (vgl. Kapitel 4.3.5.1). Dieses stellt damit unter Umständen eine relevante Facette von Kundenintegrationskompetenz dar. Das Produktinvolvement steht in engem Zusammenhang zu den Wissens- und Erfahrungskomponenten, denn häufig informieren sich Kunden mit hohem Involvement umfassend und haben mehr Erfahrung.[464] Eng damit verbunden ist auch das Involvement, das Kunden gegenüber dem Kaufen generell zeigen. Die Kundenbefragungen zeigen, dass sich erstaunlich viele Kunden als informierte Verbraucher beschreiben und sich vorab über das individuelle Produkt informieren. Dies deutet auf ein hohes Kaufinvolvement hin (vgl. Kapitel 4.3.5.2). Neben dem eher kognitiven Aspekt beim Kaufen, der durch das Kaufinvolvement repräsentiert wird, ist das Konsumentenverhalten generell und das Einkaufen im Speziellen aber in vielen Fällen stark affektiv geprägt.[465] Die Kundenbefragungen zeigen, dass viele Kunden am Co-Design-Prozess Spaß haben. Der Spaß am Einkauf könnte damit ebenfalls kennzeichnend für Kunden mit hoher Kundenintegrationskompetenz sein (vgl. Kapitel 4.3.5.3).

---

[464] Vgl. Kroeber-Riel/Weinberg (2003), S. 344f.

[465] Vgl. Kroeber-Riel/Weinberg (2003), S. 150.

Die Befragungen (potenzieller) Kunden ergänzen somit die Ergebnisse der Experteninterviews hinsichtlich möglicherweise relevanter Facetten von Kundenintegrationskompetenz. Besonders in Hinblick auf die Motivation von Kunden können vertiefende Hinweise gewonnen werden.

4.2.3 Zwischenfazit zu den Facetten von Kundenintegrationskompetenz

Die Befragungen von Experten sowie von (potenziellen) Kunden verschiedener Mass-Customization-Anbieter führten zu einem grundlegenden Verständnis für den Interaktionsprozess bei Mass-Customization-Angeboten. Im Gegensatz zur bisherigen Forschung, bei der primär die Konfiguration im Vordergrund steht, konnte ein Prozess mit sechs Phasen – Kommunikation, Exploring, Konfiguration, Wartephase, After-Sales und Re-Buy – modelliert werden, der ein Mass-Customization-Angebot charakterisiert. Das Verstehen des Prozesses wird als grundlegend angesehen, um die Kompetenzen zu definieren, die Kunden für Co-Design-Aufgaben benötigen.

Sowohl die Experten- als auch die Kundenbefragungen weisen darauf hin, dass Kundenintegrationskompetenz mehrere Facetten umfasst. Neben Wissen und Erfahrung in Bezug auf den Co-Design-Prozess sowie das zu gestaltende Produkt sind sowohl soziale und technische Fähigkeiten als auch bestimmte motivationale Aspekte wesentlich für eine erfolgreiche Kundenintegration. Hinsichtlich der Motivation liefern insbesondere die Kundenbefragungen vertiefende Erkenntnisse. Basierend auf den Ergebnissen dieser Befragungen werden Produkt- und Kaufinvolvement sowie Konsum-Hedonismus als Facetten von Kundenintegrationskompetenz berücksichtigt. Damit werden die Erkenntnisse zu Kundenintegrationskompetenz im Dienstleistungsbereich grundsätzlich bestätigt und drei Bereiche als relevant für Kundenintegrationskompetenz angesehen: das Kennen, Können und Wollen des Kunden (vgl. Kapitel 3.3.3). Es werden folgende zehn Facetten von Kundenintegrationskompetenz vermutet:[466]

- *Produktwissen*: Kompetente Kunden besitzen Wissen in Bezug auf Produktart und -kategorie. Sie gelangen zu einem besseren Ergebnis, da sie beispielsweise bei der Produktkonfiguration erfolgreicher mitwirken (vgl. Kapitel 4.3.2.1).

- *Produkterfahrung*: Auch die Erfahrungen mit der Produktart und -kategorie wirken sich positiv auf den Co-Design-Prozess aus. Kunden können ihre Aufgaben erfolgreicher ausführen (vgl. Kapitel 4.3.2.2).

- *Prozesswissen*: Kunden mit mehr Wissen über den Co-Design-Prozess sind erfolgreicher, da sie den Ablauf des Co-Design-Prozesses sowie ihre eigenen Aufgaben besser antizipieren können (vgl. Kapitel 4.3.2.3).

---

[466] Detaillierte Hinweise zu den zehn Facetten werden in Kapitel 4.3 gegeben.

- *Prozesserfahrung:* Die Erfahrung mit dem Co-Design-Prozess ist charakteristisch für kompetente Kunden. Mit zunehmender Erfahrung können sich Kunden erfolgreicher in den Prozess einbringen (vgl. Kapitel 4.3.2.4).

- *Kommunikative Fähigkeiten:* Ausgeprägte kommunikative Fähigkeiten sind wesentlich aufgrund vielfältiger Interaktionen mit Mitarbeitern. Kompetente Kunden zeichnen sich durch ausgeprägte kommunikative Fähigkeiten aus (vgl. Kapitel 4.3.3.1).

- *Bedürfnis nach Interaktion mit dem Verkaufspersonal:* Kompetente Kunden tauschen sich zudem gerne mit den Verkaufsmitarbeitern aus und unterscheiden sich in diesem Aspekt von weniger kompetenten Kunden (vgl. Kapitel 4.3.3.2).

- *Technologieaffinität:* Eine positive Grundeinstellung gegenüber Technologien beeinflusst den Erfolg des Leistungsangebotes, da Kunden bei vielen Angeboten mit Konfiguratoren und anderen technischen Geräten in Kontakt kommen (vgl. Kapitel 4.3.4).

- *Produktinvolvement:* Kompetente Kunden besitzen ein hohes Produktinvolvement und zeichnen sich durch eine umfassende Beschäftigung mit dem Produkt aus. Dies führt zu einem besseren Ergebnis (vgl. Kapitel 4.3.5.1).

- *Kaufinvolvement:* Ein hohes Kaufinvolvement ist kennzeichnend für kompetente Kunden. Diese setzen sich intensiv mit dem Kauf auseinander, kennen sich aus und sind erfolgreicher als weniger informierte und kompetente Verbraucher (vgl. Kapitel 4.3.5.2).

- *Konsum-Hedonismus:* Kunden, die am Co-Design-Prozess und am Einkaufen generell mehr Spaß haben, gelangen zu einem besseren Ergebnis. Damit ist der Spaß am Einkaufen charakteristisch für kompetente Kunden (vgl. Kapitel 4.3.5.3).

Die verschiedenen Facetten werden im Folgenden theoriegeleitet detailliert und eine Messskala für Kundenintegrationskompetenz entwickelt.

4.3 Theoriegeleitete Konzeptualisierung und Operationalisierung

4.3.1 Überblick

Nachdem im Rahmen der explorativen Vorstudien Hinweise für die möglichen Facetten von Kundenintegrationskompetenz aus Unternehmens- und Kundensicht gewonnen sowie die relevanten Komponenten des Konstruktes grob konzeptualisiert werden konnten, wird das Konstrukt mit seinen Facetten nun theoriegeleitet verfeinert.

Eine Grundlage hierzu bildet die Bestandsaufnahme zum Thema (vgl. Kapitel 3), die bereits in die explorativen Vorstudien eingeflossen ist, besonders die konzeptionelle Arbeit von GOUTHIER aus dem Dienstleistungsbereich. Der Autor differenziert drei Bereiche von Kundenintegrationskompetenz: Fach- bzw. Sachkompetenz, Methoden- und Sozialkompetenz sowie personale Kompetenz (vgl. Kapitel 3.3.3), überprüft diese jedoch nicht empirisch. Das Schema ist eine zentrale Hilfestellung für diese Arbeit, allerdings müssen die Dimensionen[467] von Kundenintegrationskompetenz in Hinblick auf die zugehörigen Komponenten bzw. Konstrukte sowie deren Beziehungen verfeinert werden, was mit Hilfe der explorativen Vorstudien geschah (vgl. Kapitel 4.2). Die Verbindung der Ergebnisse der explorativen Vorstudien mit der Systematisierung von GOUTHIER führt zu vier Dimensionen von Kundenintegrationskompetenz:[468]

- Zur Dimension 1, der *Fachkompetenz von Kunden*, werden die Facetten *Produktwissen*, *Produkterfahrung*, *Prozesswissen* sowie *Prozesserfahrung* gezählt. Damit beinhaltet dieser Bereich das (fach-)spezifische Wissen von Kunden, welches für die Aufgabe im Rahmen des Co-Design-Prozesses wichtig ist. Es wird vermutet, dass Kunden mit Wissen und Erfahrung in Bezug auf Prozess und Produkt den Co-Design-Prozess erfolgreicher absolvieren und zufriedener sind. Dimension 1 entspricht damit grundsätzlich dem Bereich *Fach- bzw. Sachkompetenz* von GOUTHIER.

- Dimension 2, die *Sozialkompetenz von Kunden*, umfasst die kommunikativ-sozialen Aspekte von Kundenintegrationskompetenz – die *kommunikativen Fähigkeiten* und das *Bedürfnis nach Interaktion mit dem Verkaufspersonal*. Beide Aspekte sind aufgrund der üblichen Kunde-Verkäufer-Interaktion wichtig für ein erfolgreiches Ergebnis, wenn Mass-Customization-Angebote in Ladengeschäften angeboten werden, aber auch bei einer mediengestützten persönlichen Konfiguration im Internet, z.B. in einem Chat. Dies ist darauf zurückzuführen, dass ein wesentliches Element jeder Interaktion die zwischenmenschliche Kommunikation zwischen den beteiligten Akteuren ist (vgl. Kapitel 2.1.2). Beide Facetten sind dem Bereich *Sozialkompetenz* von GOUTHIER zuzuordnen.[469]

- Dimension 3 kann als die *Methodenkompetenz* von Kundenintegrationskompetenz bezeichnet werden und wird mittels des Konstruktes *Technologieaffinität* dargestellt. Man kann deshalb auch von Technologiekompetenz sprechen. Es wird vermutet, dass die technischen Fähigkeiten als wichtige methodische Befähigung der Kunden eine Facette der Integrationskompetenz darstellen, da Kunden häufig mit Konfiguratoren oder anderen technischen Geräten in Kontakt kommen. Die Technologieaffinität gehört dem Bereich *Methodenkompetenz* bei GOUTHIER an.

---

[467] Als Dimension bezeichnet man einen Bereich, der mehrere Faktoren umfasst. Vgl. Anderson/Gerbing/Hunter (1987), S. 435; Homburg/Giering (1996), S. 6. Die empirische Validierung der hier geschilderten, vermuteten Dimensionen erfolgt in Kapitel 5.2.3.

[468] Die Bezeichnung der Facetten von Kundenintegrationskompetenz erfolgt in Übereinstimmung mit der nachfolgend geschilderten Literaturrecherche. Dort werden die einzelnen Konstrukte ausführlich erläutert.

[469] In der Literatur werden Methoden- und Sozialkompetenz häufig zu einer Kompetenzklasse gerechnet, die Fähigkeiten und Fertigkeiten beinhaltet, aber auch die Zusammenfassung von Methoden- und Fachkompetenz ist gebräuchlich (vgl. Kapitel 3.1.2 sowie Kapitel 3.3.3). In dieser Arbeit wird Methodenkompetenz als separate Dimensionen konzeptualisiert.

- Dimension 4, die *Motivation*, beinhaltet die Facetten *Produktinvolvement, Kaufinvolvement* und *Konsum-Hedonismus*. Damit umfasst dieser Bereich die motivationalen und emotionalen, persönlichkeitsbezogenen Facetten von Kundenintegrationskompetenz. Das Kaufinvolvement drückt den Grad aus, in dem sich Konsumenten bei Konsumentscheidungen informieren und mit der Entscheidung auseinander setzen und stellt damit einen kognitiven Aspekt des Kaufverhaltens dar. Konsum-Hedonismus kann als affektive Komponente des Kaufverhaltens bezeichnet werden und drückt den Spaß aus, der mit dem Einkaufen verbunden ist. Es ist zu vermuten, dass sich kompetente Kunden intensiver informieren sowie mehr Spaß am Einkaufen und damit u.U. auch an Co-Design-Prozessen haben. Diese Aspekte sind dem Bereich *personale Kompetenz* von GOUTHIER zuzuordnen.

Die einzelnen Komponenten von Kundenintegrationskompetenz werden im Folgenden detailliert erläutert sowie operationalisiert. Grundlage der Darstellung ist eine vertiefende Literaturrecherche zu den berücksichtigten Konstrukten, d.h. den Themen *Produktwissen, Produkterfahrung, Prozesswissen, Prozesserfahrung, Produktinvolvement, Kaufinvolvement, Konsum-Hedonismus, kommunikative Fähigkeiten, Bedürfnis nach Interaktion mit dem Verkaufspersonal* sowie *Technologieaffinität*, die die bisher gewonnenen Erkenntnisse ergänzt. Damit werden die verschiedenen Facetten theoriegeleitet, deduktiv generiert. Die zehn Komponenten werden den vermuteten vier Dimensionen des Konstruktes zugeordnet. Dabei werden die Grundlagen zu dem jeweiligen Aspekt dargestellt, relevante Ansätze diskutiert sowie jeweils eine passende Fragenskala für diese Arbeit ausgewählt. Die Indikatoren werden mittels abschließender Pre-Tests überprüft (vgl. Kapitel 4.4) und fließen in die nachfolgende quantitative Analyse ein (vgl. Kapitel 5).

Bevor die einzelnen Facetten von Kundenintegrationskompetenz ausführlich geschildert werden, fasst abschließend die folgende Arbeitsdefinition von Kundenintegrationskompetenz die bisherigen Erkenntnisse zusammen (vgl. Abbildung 14):

Kundenintegrationskompetenz umfasst vier Teilkompetenzen: *Fachkompetenz, Sozialkompetenz, Methodenkompetenz* sowie *Motivation*. Kunden mit hoher Kundenintegrationskompetenz verfügen über *Produkt- sowie Prozesswissen* und haben *Erfahrung mit dem Produkt und dem Co-Design-Prozess*. Sie besitzen ausgeprägte *kommunikative Fähigkeiten*, haben das *Bedürfnis nach Interaktion mit dem Verkaufspersonal* und sind gleichzeitig *technologieaffin*. Außerdem verfügen sie über ein hohes *Produktinvolvement* sowie ein ausgeprägtes *Kaufinvolvement* und ein hoher *Konsum-Hedonismus* ist charakteristisch für sie.

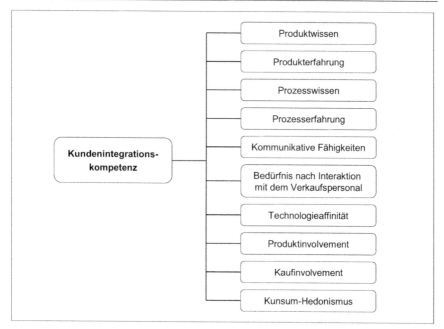

Abbildung 14: Konzeptualisierung von Kundenintegrationskompetenz vor der empirischen Validierung

Die einzelnen Facetten von Kundenintegrationskompetenz werden im Folgenden beschrieben.

4.3.2 Die Dimension *Fachkompetenz*

Die Dimension *Fachkompetenz* spiegelt das (fach-)spezifische Wissen von Kunden wider, welches diese im Rahmen ihrer Beteiligung am Co-Design-Prozess benötigen und umfasst sowohl Produktwissen und -erfahrung als auch Prozesswissen und -erfahrung. Fachkompetenz entsteht, wenn das Wissen der Kunden zu den Integrationsanforderungen passt.

4.3.2.1 Produktwissen

Der Begriff *Produktwissen* (*Product Knowledge*), seine Abgrenzung zu verwandten Konstrukten, z.B. Konsumexpertentum,[470] sowie der Zusammenhang zu anderen Größen, z.B. aus dem Bereich des Entscheidungsverhaltens von Konsumenten, werden in der Literatur intensiv diskutiert. Der Begriff *Produktwissen* kann unterschiedlich weit gefasst werden und sich auf eine Produktkategorie, eine Produktart, Marken und Produktmodelle beziehen.[471] Meist wird das Produktwissen auf

---

[470] Vgl. Kapitel 4.5 zu Konsumexpertentum und der Abgrenzung zu Kundenintegrationskompetenz.

[471] Vgl. Peter/Olson (2005), S. 72ff.

eine Produktkategorie bezogen und umfasst damit alle produktbezogenen Informationen, die Konsumenten hinsichtlich dieser Kategorie in ihrem Gedächtnis speichern.[472] SELNES/ GRONHAUG geben folgende Definition:

> „Product knowledge can be defined as product related information stored in memory, such as information about brands, products, attributes, evaluations, decision heuristics and usage situations."[473]

Produktwissen umfasst damit beispielsweise Informationen über Produkte und deren Eigenschaften oder über Marken in der jeweiligen Produktkategorie. Es kann als Teil des Wissens betrachtet werden, das in Zusammenhang mit Konsum und Kaufentscheidungen steht, also als Aspekt von Konsumentenwissen.[474] Dieses wiederum stellt eine Teilmenge des Wissens generell dar, d.h. der Summe von Informationen, die aus dem Kurzzeitspeicher in das Langzeitgedächtnis übergehen und dort langfristig gespeichert werden.[475] Sind Informationen einmal im Langzeitgedächtnis angelangt, werden sie nach herrschender Meinung nie wieder gelöscht; wird etwas vergessen, fehlt lediglich die Zugriffsmöglichkeit auf die Informationen.[476] Ein großer Teil des Wissens setzt sich dabei aus Schemata zusammen, d.h. aus standardisierten Vorstellungen darüber, wie eine Sache typischerweise ist.[477]

Wesentlich ist die Differenzierung von subjektivem und objektivem Wissen, die vor allem in der angloamerikanischen Literatur intensiv diskutiert wird.[478] Beim subjektiven Wissen geht es darum, was Konsumenten aus ihrer Sicht wissen, während objektives Wissen das tatsächlich im Gedächtnis gespeicherte Wissen darstellt.[479] Das subjektive Wissen steht damit in engem Zusammenhang zum Selbstvertrauen der Konsumenten hinsichtlich ihres Wissens.[480] Verschiedene

---

[472] Vgl. Brucks (1985), S. 1; Park/Mothersbaugh/Feick (1994), S. 71; Raju/Lonial/Mangold (1995), S. 154.

[473] Selnes/Gronhaug (1986), S. 67; vgl. auch Lürssen (1989), S. 91; Marks/Olson (1981), S. 146. Die Definition zeigt den engen Zusammenhang zu dem in Kapitel 4.3.2.2 beschriebenen Bereich *Produkterfahrung*. Wissen entsteht auch aus den Erfahrungen mit dem Produkt. Vgl. Kroeber-Riel/Weinberg (2003), S. 295.

[474] Vgl. Sauer (2003), S. 35.

[475] Vgl. Kroeber-Riel/Weinberg (2003), S. 235. Vgl. zu den kognitiven Vorgängen der Informationsaufnahme, -verarbeitung und -speicherung sowie den Zusammenhängen Kroeber-Riel/Weinberg (2003), S. 225ff. Vgl. zur Unterscheidung von Daten/Fakten, Informationen und Wissen beispielsweise Trommsdorff (2004), S. 88f.

[476] Vgl. Kroeber-Riel/Weinberg (2003), S. 228.

[477] Vgl. Kroeber-Riel/Weinberg (2003), S. 233ff. Vgl. zur Struktur und Speicherung von Wissens beispielsweise Kroeber-Riel/Weinberg (2003), S. 231ff.

[478] Vgl. beispielsweise Alba/Hutchinson (1987); Brucks (1985); Flynn/Goldsmith (1999); Park/Mothersbaugh/ Feick (1994); Raju/Lonial/Mangold (1995); Selnes/Gronhaug (1986); vgl. aber beispielsweise auch Lürssen (1989) in der deutschen Literatur.

[479] Vgl. Brucks (1985), S. 1, S. 4; Park/Lessig (1981), S. 223. Park/Mothersbaugh/Feick (1994), S. 71 bezeichnen das subjektive Wissen auch als *Self-assessed Knowledge*.

[480] Vgl. Brucks (1985), S. 1.

Autoren können belegen, dass subjektives und objektives Wissen zusammenhängen, wobei die Korrelation mittel bis hoch ist.[481] Zudem betrachten einige Autoren – neben dem subjektiven und objektiven Wissen – Erfahrung mit dem Kauf oder der Nutzung des Produktes als Teil von Produktwissen bzw. messen Produktwissen über die Produkterfahrung.[482] Einige Autoren belegen auch eine Korrelation dieser Größe mit subjektivem und objektivem Wissen.[483] Entsprechend der Unterscheidung der verschiedenen Arten von Wissen gibt es auch unterschiedliche Ansätze, Produktwissen zu messen.[484]

Das vorhandene Wissen beeinflusst die Aufnahme, Verarbeitung und Speicherung von Umweltreizen (Informationen).[485] Insbesondere der Einfluss des Produktwissens auf die Informationsaufnahme, -verarbeitung und -speicherung ist Gegenstand vieler Untersuchungen.[486] Beispielsweise wirkt das vorhandene Produktwissen auf die Akzeptanz neuer Produkte.[487] Auch die Beurteilung eines Produktes oder einer Marke wird von vorhandenen Produkt- und Markenschemata gelenkt.[488] Ausgewählte Arbeiten zum Produktwissen werden im Folgenden dargestellt:

PUNJ/STAELIN beispielsweise untersuchen das Informationssuchverhalten bei Autokäufen, wobei sie zwei Arten von Wissen in ihrer Untersuchung berücksichtigen: spezifisches Wissen, das in engem Zusammenhang zu dem Produkt steht, z.B. Wissen über ein bestimmtes Fahrzeugmodell, sowie weniger spezifisches, produktkategoriebezogenes Wissen, z.B. Wissen über Autos im Allgemeinen sowie über den Kaufprozess. Die Autoren können belegen, dass das spezifische Produktwissen zu geringeren Suchaktivitäten führt, und sie vermuten, dass das allgemeine Wissen über die Produktkategorie den Aufwand für die Informationssuche steigen lässt.[489]

BRUCKS findet – in Übereinstimmung mit den Ergebnissen weiterer Autoren – heraus, dass vorhandenes Wissen die Akquisition neuer Informationen erleichtert und die Sucheffizienz erhöht.[490] Die Autorin untersucht dabei sowohl den Einfluss des objektiven als auch des subjektiven Wis-

---

[481] Vgl. Park/Mothersbaugh/Feick (1994), S. 76; Raju/Lonial/Mangold (1995), S. 163; Selnes/Gronhaug (1986), S. 69. Es gibt auch Autoren, die eine negative oder keine Beziehung ermitteln. Vgl. für einen Überblick verschiedener Studien Sauer (2003), S. 102ff.

[482] Vgl. Bettman/Park (1980), S. 241; Brucks (1985), S. 1; Park/Lessig (1981), S. 223; Raju/Lonial/Mangold (1995), S. 154. Vgl. Kapitel 4.3.2.2 für weitergehende Hinweise zu Produkterfahrung und der Relation zu Produktwissen.

[483] Vgl. Park/Mothersbaugh/Feick (1994), S. 76; Raju/Lonial/Mangold (1995), S. 163.

[484] Vgl. Brucks (1985), S. 1 für einen Überblick über Autoren, die Messmethoden für die verschiedenen Wissensarten entwickelt haben.

[485] Vgl. Kroeber-Riel/Weinberg (2003), S. 229.

[486] Vgl. beispielsweise Brucks (1985); Punj/Staelin (1983); Raju/Lonial/Mangold (1995).

[487] Vgl. beispielsweise Moreau/Lehmann/Markman (2001).

[488] Vgl. Kroeber-Riel/Weinberg (2003), S. 234 und S. 295.

[489] Vgl. Punj/Staelin (1983), S. 377.

[490] Vgl. Brucks (1985), S. 8ff.; vgl. auch Bettman/Park (1980), S. 241ff.; Johnson/Russo (1984), S. 545ff.

sens und entdeckt mit Hilfe der empirischen Untersuchungen Unterschiede hinsichtlich der Informationssuche und -verarbeitung. Bezüglich des objektiven Wissens findet sie beispielsweise heraus, dass es in komplexen Nutzungssituationen dazu führt, dass Informationen über eine größere Zahl von Attributen berücksichtigt werden; bei hohem subjektivem Wissen in komplexen Nutzungssituationen erhöht sich das Vertrauen in die eigenen Fähigkeiten. Konsumenten verlassen sich dann weniger auf die Informationen von Händlern.[491]

Auch RAJU/LONIAL/MANGOLD unterscheiden subjektives und objektives Wissen. Die Autoren vergleichen – ausgehend von der Sichtweise, dass Produktwissen neben dem subjektiven und objektiven Wissen auch die Produkterfahrung umfasst – den Einfluss der drei Arten von Wissen auf das Informations- und Entscheidungsverhalten von Konsumenten. Sie finden heraus, dass mit steigender Ausprägung aller drei Wissensarten extrinsische Attribute, z.B. Preis oder Garantie, gegenüber intrinsischen Eigenschaften der Leistung an Bedeutung verlieren.[492] Allerdings können sie nur bei der Produkterfahrung einen signifikanten Einfluss nachweisen. Sie können zudem bestätigen, dass Konsumenten mit höherem subjektivem Wissen sicherer über die Qualität ihrer Entscheidung und damit zufriedener sind.[493]

PARK/MOTHERSBAUGH/FEICK untersuchen den Einfluss von Produkterfahrung und von gespeichertem Produktwissen (hinsichtlich einer Produktkategorie) auf subjektives und objektives Wissen sowie den Zusammenhang letztgenannter Größen. Sie ermitteln eine Relation der beiden Arten von Wissen und finden heraus, dass die Produkterfahrung stärker mit dem subjektiven Wissen korreliert als mit dem objektiven Wissen. Umgekehrt wirkt gespeicherte Produktinformation stärker auf das objektive Wissen. Die Autoren ermitteln außerdem, dass produktbezogene Erfahrungen im Gedächtnis eher zugänglich sind als produktkategoriebezogene Informationen, z.B. weil eine Person in eine Erfahrungssituation immer selbst eingebunden ist und sich damit an sich selbst erinnert. Dies ist für sie der wesentliche Grund, warum die Selbsteinschätzung des Wissens, also das subjektive Wissen, stärker mit der Produkterfahrung zusammenhängt.[494]

Zusammenfassend ist festzustellen, dass es eine Vielzahl von Untersuchungen gibt, in denen sich die Forscher mit dem Produktwissen und dessen Zusammenhang zu anderen interessierenden Größen befassen, wie z.B. dem Informationssuchverhalten[495] oder der Informationsverarbeitung.[496] Aber auch der Einfluss auf Größen, die den Unternehmenserfolg beeinflussen, wird un-

---

[491] Vgl. Brucks (1985), S. 11f.

[492] Vgl. auch Devlin (2002), S. 282ff.

[493] Vgl. Raju/Lonial/Mangold (1995), S. 169ff.

[494] Vgl. Park/Mothersbaugh/Feick (1994), S. 76ff.

[495] Vgl. beispielsweise Brucks (1985); Lee et al. (1999); Punj/Staelin (1983); Putrevu/Ratchford (1997); Raju/Lonial/Mangold (1995).

[496] Vgl. beispielsweise Bettman/Park (1980); Park/Mothersbaugh/Feick (1994); Johnson/Russo (1984); Sujan (1985).

tersucht, wie beispielsweise der Einfluss auf die Kundenbindung[497] oder den Erfolg neuer Produkte.[498] In neueren Untersuchungen hat sich die Unterscheidung von subjektivem und objektivem Wissen durchgesetzt. RAJU/LONIAL/MANGOLD führen die Inkonsistenz von Ergebnissen bezüglich des Einflusses des Wissens in der Vergangenheit auf das Fehlen dieser Differenzierung von Wissen zurück.[499]

FLYNN/GOLDSMITH halten das subjektive Wissen für die wesentlich einflussreichere Größe in Bezug auf das Konsumentenverhalten; außerdem ist subjektives Wissen leichter zu messen, denn es kann mit standardisierten Fragen erfasst werden, wohingegen die Fragen zur Messung von objektivem Wissen für jedes Produkt spezifisch entwickelt werden müssen.[500] Hinzu kommt die Tatsache, dass selbst die Methoden zur Messung von objektivem Wissen nie vollkommen objektiv sein können.[501] Aufgrund dieser Tatsachen wird in dieser Arbeit das subjektive Produktwissen untersucht. Da verschiedene Autoren eine mittlere bis hohe Korrelation zu objektivem Produktwissen ermitteln können, wird dieser Aspekt – auch, um einen möglichst kurzen Fragebogen zu erhalten – nicht zusätzlich abgefragt. Wie erläutert, gibt es verschiedene Möglichkeiten, das Ausmaß des Produktwissens zu definieren. In dieser Arbeit wird Produktwissen mit der Produktkategorie in Verbindung gebracht.

Bei der Messung von subjektivem Produktwissen, das sich auf eine Produktkategorie bezieht, wird auf die Skala von FLYNN/GOLDSMITH zurückgegriffen. Die Autoren weisen darauf hin, dass bisherige Befragungen oft aus einer einzigen Frage zum Produktwissen bestanden[502] oder dass die Ergebnisse der Studien niemals in einer zweiten Studie validiert wurden.[503] Damit existiert nach ihrer Meinung keine reliable und valide Messmethode für subjektives Produktwissen. Die Autoren greifen die Literatur zum Thema auf und definieren subjektives Produktwissen als

„[…] a consumer's perception of the amount of information they have stored in their memory."[504]

Damit schließen sie sich der verbreiteten Meinung an, dass subjektives Produktwissen sehr stark mit dem Selbstvertrauen und der eigenen Einschätzung des Konsumenten über das Wissen zu-

---

[497] Vgl. Capraro/Broniarczyk/Srivastava (2003), S. 168ff.

[498] Vgl. Joshi/Sharma (2004), S. 53ff.

[499] Vgl. Raju/Lonial/Mangold (1995), S. 154f.

[500] Vgl. Flynn/Goldsmith (1999), S. 58.

[501] Vgl. Brucks (1985), S. 2.

[502] Vgl. Kapitel 4.1 zur Überlegenheit von Multi-Item-Skalen gegenüber Single-Item-Skalen.

[503] Vgl. Flynn/Goldsmith (1999), S. 58.

[504] Flynn/Goldsmith (1999), S. 59.

sammenhängt.[505] Beispielsweise definiert BRUCKS subjektives Wissen als „[...] *what individuals perceive that they know.*"[506] Aufbauend auf ihrer Definition entwickeln die Autoren in einem ersten Schritt zwölf Indikatoren zur Messung des Wissens. Eine Gruppe von Doktoranden beurteilt die Items hinsichtlich ihrer Stimmigkeit und Treffsicherheit, was zu einer Elimination von drei Items führt. Anschließend befragen die Autoren 391 Studenten zu ihrem Produktwissen im Bereich *Fashion*. Es verbleiben fünf Items, die in vier nachfolgende Studien übernommen werden, wobei drei weitere Produktkategorien – *Film, Rockmusik* und *Wein* – sowie die Dienstleistung *Restaurantbesuch* untersucht werden. Neben Befragungen von Studenten wird eine Untersuchung auch mit Nicht-Studenten durchgeführt. Durch die Berücksichtigung verschiedener Produkte und einer Dienstleistung sowie unterschiedlicher Teilnehmergruppen soll eine Generalisierbarkeit der Befragungsergebnisse erzielt werden. In allen Studien können die Autoren gute Ergebnisse hinsichtlich der Reliabilität und Validität der Skala erreichen.[507]

Ein Grund für die Auswahl der beschriebenen Messmethode ist, dass diese in mehreren Studien erfolgreich eingesetzt und überprüft wurde.[508] Die Skala ähnelt zudem anderen Messmethoden, z.B. dem Ansatz von PARK/MOTHERSBAUGH/FEICK, der ebenfalls einen Indikator zur Einschätzung des eigenen Wissens generell, im Vergleich zu anderen Personen sowie im Vergleich zu einem Experten enthält.[509] Die im Pre-Test genutzten Messitems zeigt Tabelle 4.[510]

Operationalisierung von Produktwissen[511] [512]	
01	Innerhalb meines Freundeskreises bin ich einer der „Experten" für ...
02	Ich weiß ziemlich viel über ...
03	In Bezug auf ... empfinde ich mein Wissen als gering.[513]
04	Im Vergleich zu den meisten anderen Leuten weiß ich wenig über ...[514]
E	Wenn es um ... geht, weiß ich wirklich nicht viel.[515]

Tabelle 4: Operationalisierung von Produktwissen

---

[505] Vgl. auch Brucks (1985), S. 1; Park/Lessig (1981), S. 223.

[506] Brucks (1985), S. 2; vgl. ähnlich Park/Mothersbaugh/Feick (1994), S. 71; Raju/Lonial/Mangold (1995), S. 154.

[507] Vgl. Flynn/Goldsmith (1999), S. 59ff.

[508] Die Skala wurde zudem bereits ins Deutsche übersetzt und empirisch überprüft. Vgl. Walcher (2006), S. 191.

[509] Vgl. Park/Mothersbaugh/Feick (1994), S. 74.

[510] Es ist anzumerken, dass die Fragen gegebenenfalls geändert wurden, um eine Bedeutungsäquivalenz zu erreichen. Zudem wurde eine Umformulierung vorgenommen, wenn die Fragen nicht eindeutig oder unverständlich waren. Vergleiche hierzu die Erläuterungen in Kapitel 4.4.

[511] Die Nummerierung der Items entspricht bei allen Indikatoren der Nummerierung der Indikatoren im Fragebogen der Haupterhebung (vgl. Anhang 1).

[512] Der mit dem Buchstaben „E" gekennzeichnete Indikator wurde nach dem Pre-Test entfernt.

[513] Hierbei handelt es sich um ein negativ formuliertes Item.

[514] Hierbei handelt es sich um ein negativ formuliertes Item. Dieses wurde nach dem Pre-Test positiv umformuliert.

[515] Hierbei handelt es sich um ein negativ formuliertes Item.

Die Literaturrecherche zeigt, dass Produktwissen das Verhalten von Konsumenten beeinflusst. Konsumenten, die umfassendes Wissen besitzen, haben beispielsweise Vorteile bei der Informationssuche oder dem Treffen von Entscheidungen. Produktwissen wird aufgrund der Ergebnisse der explorativen Vorstudien als wesentliche Facette von Kundenintegrationskompetenz gesehen und der Fachkompetenz von Kunden zugeordnet (vgl. Kapitel 4.2). Kunden mit hoher Integrationskompetenz verfügen über mehr Produktwissen als Kunden mit geringer Kompetenz. Damit haben sie Vorteile bei der Informationssuche und -verarbeitung und treffen effizientere Entscheidungen. Kennen sich Kunden mit Produktart und -kategorie aus, ist der Co-Design-Prozess für sie somit auch tendenziell einfacher. Beispielsweise wissen sie über die wesentlichen Produktkomponenten Bescheid, was dazu führt, dass sie die verschiedenen Bestandteile ihres individuellen Produktes besser gestalten können. Gemessen wird das subjektive Produktwissen bezogen auf die jeweilige Produktkategorie anhand der Skala von FLYNN/GOLDSMITH.

4.3.2.2 Produkterfahrung

Produkterfahrung steht in engem Zusammenhang zum Produktwissen (vgl. Kapitel 4.3.2.1). Wie bereits im vorhergehenden Kapitel kurz geschildert, ist die Abgrenzung beider Bereiche nicht einfach; auch in der Literatur finden sich verschiedene Herangehensweisen. Zum einen gibt es Autoren, die Produkterfahrung als Teil von Produktwissen betrachten bzw. Produktwissen messen, indem sie nach den Erfahrungen der Konsumenten mit dem Produkt fragen.[516] Zum anderen operationalisieren Autoren die Produkterfahrung (teilweise) über das Produktwissen.[517] Eine dritte Gruppe bilden Autoren, die Produkterfahrung als Größe ansehen, die dem Wissen vorgelagert ist.[518] Hinzu kommt, dass auch der Begriff *Product Familiarity* verwendet wird, der teilweise mit Produkterfahrung, teilweise mit Produktwissen gleichgesetzt wird. Den engen Zusammenhang von Produktwissen und -erfahrung zeigt zudem die Tatsache, dass Produkterfahrung in der deutschsprachigen Literatur auch als Verwendungs- oder Erfahrungswissen bezeichnet wird.[519] Tabelle 5 zeigt einen Überblick verschiedener Autoren und Sichtweisen.[520]

---

[516] Vgl. beispielsweise Alba/Hutchinson (1987), S. 411; Marks/Olson (1981), S. 145; Raju/Lonial/Mangold (1995), S. 154.

[517] Vgl. beispielsweise Johnson/Russo (1984), S. 545; Moore/Lehmann (1980), S. 301; Park/Lessig (1981), S. 226.

[518] Vgl. beispielsweise Park/Mothersbaugh/Feick (1994), S. 72.

[519] Vgl. Lüthje (2000), S. 36; Piller (2004), S. 331, die zum Verwendungswissen alle Erfahrungen beim Ge- und Verbrauch von Leistungen zählen.

[520] Vgl. auch Sauer (2003), S. 113ff.

Autor/en	Definition von Produkt-erfahrung	Messung von Produkt-erfahrung	Verhältnis von Produkterfahrung, -vertrautheit und -wissen (sowie gegebenenfalls Konsumexpertentum)
NEWMAN/ STAELIN 1971	Keine Angabe	Messung durch die Frage nach der Anzahl bisher gekaufter Produkte	Nicht im Fokus
RAJU 1977	„[…] frequency of purchase and quantity of consumption of the product."[521]	Messung von Produktvertrautheit mittels Selbsteinschätzung der Vertrautheit basierend auf früheren Erfahrungen, Wissen und Weiterempfehlungen von Freunden und Bekannten	Produktvertrautheit und Produktexpertentum (Expertise) werden gleichgesetzt.
MOORE/ LEHMANN 1980	Keine Angabe	Abfrage von Produkterfahrung durch Fragen nach der Erfahrung und dem Wissen in der Produktkategorie	Produkterfahrung führt zu Produktwissen.
PARK/ LESSIG 1981	Nach Meinung der Autoren gibt es zwei Ansätze, um Produktvertrautheit zu messen: „[…] in terms of how much a person knows about the product; the other is […] in terms of how much a person thinks s/he knows about the product."[522] Produktvertrautheit umfasst Informationssuch- und Nutzungserfahrung sowie Erfahrung aus dem Produktbesitz.	Frage nach der Vertrautheit mit der Produktkategorie, anschließend Auswahl akzeptabler Produkte und Frage nach der Schwierigkeit der Entscheidung sowie der Zuversicht hinsichtlich der Auswahl	Produktvertrautheit und Produktwissen werden gleichgesetzt bzw. Produktvertrautheit wird durch subjektives Wissen gemessen.
JOHNSON/ RUSSO 1984	Keine Angabe	Messung von Produktvertrautheit durch Fragen nach dem subjektivem Wissen, der Erfahrung sowie der Anzahl besessener Produkte	Produktvertrautheit und Produktwissen werden gleichgesetzt.
BRUCKS 1985	Die Autorin beschreibt drei Kategorien von Methoden zur Messung von Produktwissen, eine davon bezieht sich auf die Produkterfahrung: „The third category measures the amount of purchasing or usage experience with the product […]."[523]	Keine empirische Studie	Produkterfahrung, subjektives und objektives Produktwissen sind Arten von Produktwissen. Die Autorin verwendet zudem den Begriff *Prior Knowledge*, welches bei erfahrenen Kunden in Hinblick auf die Produkteigenschaften verschiedener Alternativen existiert.[524]

[521] Raju (1977), S. 64.

[522] Park/Lessig (1981), S. 223.

[523] Brucks (1985), S. 1.

[524] Vgl. auch Coupey/Irwin/OPayne (1998), S. 460.

ALBA/ HUTCHIN-SON 1987	„Familiarity is defined as the number of product-related experiences that have been accumulated by the consumer."[525] Produkterfahrung umfasst alle Erfahrungen mit Produktwerbung und Informationssuche, Interaktionen mit Verkaufspersonal, Auswahl und Entscheidungsfindung sowie Kauf und Produktnutzung.	Keine empirische Studie	Produkterfahrung und Produktvertrautheit werden gleichgesetzt. Produkterfahrung und Expertise („[...] ability to perform product-related tasks successfully."[526]) sind Komponenten von Produktwissen.
PARK/ MOTHERS-BAUGH/ FEICK 1994	„[...] memory for relationships between the self and the product in terms of information search, product usage, and purchase experience."[527]	Messung durch Selbsteinschätzung des Ausmaßes an Informationssuche und Nutzung sowie durch Angaben zum Produktbesitz	Produkterfahrung ist eine Determinante von subjektivem und objektivem Produktwissen.
RAJU/ LONIAL/ MANGOLD 1995	„[...] a certain type of knowledge that [Anm. d. Verf.] does accrue with continued usage of the product."[528]	Messung durch Selbsteinschätzung der Produktverwendung	Produkterfahrung, subjektives und objektives Wissen sind Arten von Produktwissen.
GRIFFIN/ BABIN/ ATTAWAY 1996	„A respondent possessing a high level of experience with a product will be familiar with the dangers and potential consequences of its usage."[529]	Messung durch Selbsteinschätzung der Produktnutzung	Nicht im Fokus Produkterfahrung ist eine Komponente, die in Hinblick auf die Nachkaufbeurteilung untersucht wird.
COUPEY/ IRWIN/ OPAYNE 1998	Keine Angabe	Frage nach der Vertrautheit mit zwölf Produktkategorien, anschließend wählen die Konsumenten zwei Marken in jeder Kategorie aus und nennen ein Merkmal, welches beide Marken gleich attraktiv macht	Produktvertrautheit und Produktwissen sind unterschiedliche Aspekte: „[...] familiarity with products may lead to the use of prior product-related knowledge [...]."[530].
WEBB 2000	„Experience is defined as knowledge gained through direct involvement with a service provider [...]."[531]	Gemessen wird die Produkterfahrung mittels vier Items	Erfahrung und Vertrautheit („[...] knowledge gained through exposure to vicarious information concerning the service provider."[532]) sind Aspekte von Wissen.

---

[525] Alba/Hutchinson (1987), S. 411.

[526] Alba/Hutchinson (1987), S. 411.

[527] Park/Mothersbaugh/Feick (1994), S. 73.

[528] Raju/Lonial/Mangold (1995), S. 154.

[529] Griffin/Babin/Attaway (1996), S. 317.

[530] Coupey/Irwin/OPayne (1998), S. 461.

[531] Webb (2000), S. 6. Anzumerken ist, dass der Autor seine Untersuchungen im Dienstleistungsbereich durchführt (vgl. Kapitel 4.3.2.4).

[532] Webb (2000), S. 6.

| MASON et al. 2001 | „[…] refers to their knowledge about, and familiarity with, a product category […]."[533] | Messung durch Fragen nach der Produktvertrautheit und subjektivem Produktwissen, d.h. durch Selbsteinschätzung des Wissens | Produktvertrautheit und Produktwissen sind Komponenten von Produkterfahrung. |

Tabelle 5: Überblick ausgewählter Arbeiten zur Produkterfahrung

Wie Tabelle 5 zeigt, ist auch das Thema *Produkterfahrung bzw. -vertrautheit* ähnlich wie Produktwissen Gegenstand vieler Untersuchungen zum Konsumentenverhalten; dabei sind die Meinungen zum Verhältnis von Produkterfahrung und -wissen vielfältig. Im Folgenden werden einige der Untersuchungen, die jeweils unterschiedliche Sichtweisen verdeutlichen, knapp geschildert, bevor das Konstrukt *Produkterfahrung* operationalisiert wird.

ALBA/HUTCHINSON beschreiben in einer vielbeachteten, konzeptionellen Arbeit zum Thema *Konsumexpertentum*[534] den Zusammenhang dieser Größe zu Konsumentenwissen und Produkterfahrung. Konsumentenwissen ist nach ihrer Meinung die übergeordnete Größe und umfasst Produkterfahrung und Konsumexpertentum. Zur Produkterfahrung (bzw. Produktvertrautheit) zählen für sie alle produktbezogenen Erfahrungen, die Konsumenten bisher gemacht haben. Diese umfassen alle Erfahrungen mit dem Produkt – sowohl mit Produktwerbung, mit der Informationssuche und mit Interaktionen mit dem Verkaufspersonal, als auch mit der Auswahl und Entscheidungsfindung – sowie mit dem Kauf und der Produktnutzung. Steigende Produkterfahrung führt nach Meinung der Autoren zu einer höheren Expertise, allerdings benötigt man für verschiedene Aufgaben unterschiedliche Arten von Expertise.[535]

MASON et al. untersuchen den Einfluss verschiedener Aspekte, u.a. der Produkterfahrung, auf die Richtigkeit von Marken- bzw. Produktbeurteilungen. Sie können nachweisen, dass ein positiver Einfluss der Produkterfahrung auf die Genauigkeit von Merkmals-Beziehungs-Schemata existiert. Diese wiederum haben – neben erhaltenen Informationen – einen positiven Effekt auf die Güte der Produkt- und Merkmalsbeurteilung. Damit wirkt die Produkterfahrung indirekt auf die Beurteilung. Die Autoren vermuten, dass Konsumenten mit steigender Erfahrung feinere Schemata im Gedächtnis entwickeln. Diese enthalten Informationen über Produkteigenschaften, die relevant für die Produktkategorie sind, und führen dazu, dass Konsumenten Produkteigenschaften und deren Beziehungen besser speichern, abrufen und beurteilen können. Gemessen wird Produkterfahrung durch Produktvertrautheit und subjektives Produktwissen, die damit als Komponenten von Produkterfahrung angesehen werden.[536]

---

[533] Mason et al. (2001), S. 310. Produktvertrautheit umfasst alle bisherigen Erfahrungen aus der Nutzung oder dem Besitz des Produktes sowie die wahrgenommenen Informationen in Bezug auf die jeweilige Produktkategorie. Vgl. Mason et al. (2001), S. 311f.

[534] Vgl. hierzu Kapitel 4.5.1.

[535] Vgl. Alba/Hutchinson (1987), S. 411.

[536] Vgl. Mason et al. (2001), S. 308ff.

RAJU/LONIAL/MANGOLD vergleichen den Einfluss von drei Wissensarten – subjektivem Wissen, objektivem Wissen und Produkterfahrung – auf das Informations- und Entscheidungsverhalten von Konsumenten (vgl. Kapitel 4.3.2.1). Produkterfahrung umfasst die Nutzungserfahrungen mit dem Produkt und wird als eine Art von Produktwissen betrachtet. Die Autoren können nachweisen, dass Konsumenten Produkte mit steigender Produkterfahrung eher anhand intrinsischer Merkmale der Leistung als anhand extrinsischer Attribute, z.B. dem Preis, beurteilen.[537]

Wie bereits beim Thema *Produktwissen* erläutert, sehen PARK/MOTHERSBAUGH/FEICK Produkterfahrung und gespeichertes Produktwissen (hinsichtlich einer Produktkategorie) als Determinanten des subjektiven und objektiven Produktwissens. Sie können belegen, dass das Erinnern von Produkterfahrungen die Einschätzung des eigenen Wissens, d.h. das subjektive Wissen, beeinflusst. Zudem finden sie heraus, dass die Produkterfahrung stärker mit dem subjektiven Wissen korreliert als mit dem objektiven Wissen. Außerdem sind produktbezogene Erfahrungen im Gedächtnis eher speicher- und abrufbar als produktkategoriebezogene Informationen, z.B. weil sich eine Person beim Zurückdenken an eine Erfahrung auch immer an sich selbst erinnert.[538]

Zusammenfassend ist anzumerken, dass sehr viele Autoren den Zusammenhang zum Informations-[539] oder Entscheidungsverhalten[540] von Konsumenten untersuchen. Beispielsweise finden ANDERSON/ENGLEDOW/BECKER heraus, dass die Produkterfahrung zwar negativ auf die Informationssuche, jedoch positiv auf die Einstellung gegenüber Unternehmen und die Produktzufriedenheit wirkt.[541] MASON et al. belegen einen positiven Einfluss auf die Güte der Produktbeurteilung, was auf ein weiterentwickeltes Langzeitgedächtnis hinsichtlich der Produktkategorie zurückgeführt wird.[542] NEWMAN/STAELIN zeigen, dass die Entscheidungszeit mit steigender Erfahrung sinkt.[543] Viele Forscher befassen sich insbesondere mit der Informationssuche. Verschiedene Autoren finden heraus, dass der Umfang der externen Informationssuchaktivitäten mit steigender Produkterfahrung abnimmt.[544] Dies ist einleuchtend, wenn man davon ausgeht, dass Erfahrung zu Wissen über die Eigenschaften verschiedener Produktalternativen führt und damit weniger auf externe Informationsquellen zurückgegriffen werden muss. Außerdem können erfahrene Konsumenten effizienter und damit in kürzerer Zeit suchen, da sie die wichtigen Eigen-

---

[537] Vgl. Raju/Lonial/Mangold (1995), S. 169ff.

[538] Vgl. Park/Mothersbaugh/Feick (1994), S. 76ff.

[539] Vgl. beispielsweise Johnson/Russo (1984); Moore/Lehmann (1980); Newman/Staelin (1971).

[540] Vgl. beispielsweise Coupey/Irwin/OPayne (1998); Newman/Staelin (1971); Park/Lessig (1981); Raju (1977); Spence/Brucks (1997).

[541] Vgl. Anderson/Engledow/Becker (1979), S. 398.

[542] Vgl. Mason et al. (2001), S. 313.

[543] Vgl. Newman/Staelin (1971), S. 194ff.

[544] Vgl. beispielsweise Anderson/Engledow/Becker (1979), S. 398; Johnson/Russo (1984), S. 548; Moore/Lehmann (1980), S. 305; Newman/Staelin (1971), S. 194.

schaften kennen und damit verschiedene Produkte einfacher vergleichen können.[545] Jedoch gibt es auch Studien, die einen positiven Zusammenhang beider Größen belegen.[546] Auch dieses Ergebnis ist nachvollziehbar: Ist man erfahrener, kann man Fragen stellen, da man die Produkteigenschaften kennt. Außerdem kann man die Antworten und Hinweise, die man erhält, besser beurteilen, was die kognitiven Kosten der Informationssuche reduziert und den Nutzen erhöht.[547]

In dieser Untersuchung wird die Produkterfahrung mit der Produktvertrautheit gleichgesetzt und vom Produktwissen abgegrenzt. Der Grund hierfür ist, dass Produkterfahrung vermutlich andere Auswirkungen auf das Konsumentenverhalten hat als subjektives und objektives Produktwissen.[548] Es wird auf die Definition von ALBA/HUTCHINSON zurückgegriffen, nach deren Auffassung Produkterfahrung wie folgt zu sehen ist:

„[...] the number of product-related experiences that have been accumulated by the consumer."[549]

Hierzu werden sowohl Erfahrungen mit Produktwerbung, mit Verkaufspersonal sowie Erlebnisse bei der Suche nach Produktinformationen gezählt. Auch Erfahrungen mit der Suche, der Auswahl und der Entscheidungsfindung in Hinblick auf das Produkt sowie die Anzahl der Käufe und die Häufigkeit und Intensität der Produktnutzung beeinflussen die Erfahrung.[550] Produkterfahrung wird wie Produktwissen (vgl. Kapitel 4.3.2.1) produktkategoriebezogen definiert.[551]

Wie aus Tabelle 5 ersichtlich wird, gibt es ganz unterschiedliche Operationalisierungen von Produkterfahrung. Oft wird Produkterfahrung durch die Selbsteinschätzung von Kauf und Nutzung sowie Informationshandhabung erfasst. Dies entspricht der sehr umfassenden Definition von ALBA/HUTCHINSON, die auch für diese Untersuchung maßgeblich ist. Gemessen wird Produkterfahrung mittels der von GRIFFIN/BABIN/ATTAWAY entwickelten Skala. Die Autoren untersuchen die Auswirkungen verschiedener Größen auf die Wahrscheinlichkeit, negative Auswirkungen einer Konsumentscheidung zu antizipieren. Dabei unterscheiden sie personenbezogene Merkmale, z.B. die Produkterfahrung, sowie Marketingfaktoren, die vom Unternehmen gesteuert werden, z.B. Warnhinweise auf dem Produkt. Sie können empirisch bestätigen, dass sich Kunden mit viel Produkterfahrung der Gefahren und Konsequenzen der Nutzung eher bewusst sind, d.h.

---

[545] Vgl. Brucks (1985), S. 3.

[546] Vgl. Jacoby/Chestnut/Fischer (1978), S. 541; Punj/Staelin (1983), S. 377; vgl. ähnlich auch Putrevu/Ratchford (1997), S. 474ff.

[547] Vgl. Brucks (1985), S. 3.

[548] Vgl. Brucks (1985), S. 1f.; Raju/Lonial/Mangold (1995), S. 154.

[549] Alba/Hutchinson (1987), S. 411.

[550] Vgl. Alba/Hutchinson (1987), S. 411; Jacoby/Chestnut/Fischer (1978), S. 535.

[551] Vgl. hierzu beispielsweise Alba/Hutchinson (1987), S. 411ff.; Mason et al. (2001), S. 310.

sie können die Folgen besser einschätzen und sind weniger überrascht von negativen Ergebnissen. Zusätzlich vermuten sie, dass erfahrene Konsumenten Fehler seltener dem Anbieter zuschreiben.[552] Die Messmethode von GRIFFIN/BABIN/ATTAWAY wird aufgrund der Eindeutigkeit der Indikatoren gewählt und umfasst vier Messitems zur subjektiven Einschätzung der Produkterfahrung. Die Abfrage von Produkterfahrung durch eine Selbsteinschätzung entspricht der Herangehensweise vieler Autoren.[553] Zudem erleichtert die Verwendung dieser Indikatoren einen Vergleich sowie die gemeinsame Analyse verschiedener Branchen. Die Messitems zeigt Tabelle 6.

Operationalisierung von Produkterfahrung	
11	Mit ... bin ich sehr vertraut.
12	Ich nutze/trage regelmäßig ...
13	Ich habe viel Erfahrung mit ...
14	Ich weiß aufgrund meiner Erfahrung über ... Bescheid.

Tabelle 6: Operationalisierung von Produkterfahrung

Es wird – basierend auf den Ergebnissen der explorativen Vorstudien – vermutet, dass Kunden mit einer hohen Integrationskompetenz eine größere Produkterfahrung besitzen. Ähnlich wie das Produktwissen beeinflusst die Produkterfahrung die Fähigkeiten der Kunden, ihre Rolle im Co-Design-Prozess zu antizipieren und richtig auszuführen. Wie die Literaturstudie zeigt, weist die Produkterfahrung einen starken Einfluss auf das Konsumentenverhalten auf, was für die Berücksichtigung im Rahmen der Kundenintegrationskompetenz spricht. Kunden mit mehr Produkterfahrung, d.h. beispielsweise mit mehr Erfahrung mit der Produktnutzung oder der Informationssuche in Bezug auf das Produkt, verhalten sich effizienter und effektiver. Zur Messung von Produkterfahrung wird auf die Fragenskala von GRIFFIN/BABIN/ATTAWAY zurückgegriffen.

4.3.2.3 Prozesswissen

Es ist zu vermuten, dass das Wissen der Kunden über den Co-Design-Prozess – im Folgenden Prozesswissen genannt – neben Produktwissen und -erfahrung eine Rolle für die Integrationskompetenz spielt. Dies ist auf die Tatsache zurückzuführen, dass Kundenintegrationskompetenz einen starken Prozessbezug aufweist. Auch die explorativen Vorstudien weisen auf die Relevanz prozessbezogener Aspekte für ein erfolgreiches Mass-Customization-Ergebnis hin (vgl. Kapitel 4.2). Das Prozesswissen wird analog zu Produktwissen operationalisiert, wobei auf die vorhergehenden Erläuterungen und Grundlagen zu Wissen (vgl. Kapitel 4.3.2.1) verwiesen wird.

Bei Betrachtung der Literatur fällt auf, dass in der Forschung zum Produktwissen Untersuchungen zu verschiedenen Sachleistungen dominieren; es gibt relativ wenige Autoren, die Dienstleistungen untersuchen. Grundsätzlich sind viele der Skalen zur Messung von Produktwissen aber

---

[552] Vgl. Griffin/Babin/Attaway (1996), S. 317ff.

[553] Vgl. beispielsweise Coupey/Irwin/OPayne (1998), S. 462; Johnson/Russo (1984), S. 545; Mason et al. (2001), S. 315; Moore/Lehmann (1980), S. 301; Park/Lessig (1981), S. 226; Park/Mothersbaugh/Feick (1994), S. 74; Raju (1977), S. 65; Raju/Lonial/Mangold (1995), S. 162.

auf den Dienstleistungsbereich übertragbar. Beispielsweise wenden FLYNN/GOLDSMITH ihre Skala zur Messung von subjektivem Produktwissen auch in der Servicekategorie *Restaurantbesuch* an.[554] Ausgehend von der produktkategoriebezogenen Definition von Produktwissen, ist die Skala sehr allgemein formuliert und fragt das Wissen in Bezug auf Restaurantbesuche generell ab.

Die Autoren CHIOU/DRODGE/HANVANICH orientieren sich ebenfalls an existierenden Skalen im Produktbereich und entwickeln eine Skala zur Messung von subjektivem und objektivem Wissen bei Investmentfonds. Die Autoren untersuchen den Einfluss der wahrgenommenen Servicequalität auf Kundenzufriedenheit und Vertrauen sowie deren Wirkung auf die Kundenloyalität. Servicewissen wird als Größe berücksichtigt, die einen moderierenden Effekt[555] auf die Zusammenhänge ausübt. CHIOU/DRODGE/HANVANICH finden beispielsweise heraus, dass der Zusammenhang zwischen Vertrauen und Zufriedenheit bei Kunden mit umfangreichem Wissen stärker ist als bei Kunden mit geringem Wissen.[556] Die Fragenskala ist produktkategoriebezogen definiert, was der vorherrschenden Auffassung entspricht, Produkt- bzw. Dienstleistungswissen auf eine Produktkategorie zu beziehen. Damit ist sie ebenfalls sehr allgemein gehalten und berücksichtigt keine Dienstleistungsspezifika, z.B. bestimmte Leistungserstellungsprozesse.

WEBB betrachtet den Einfluss des Kundenwissens bei Dienstleistungen auf das Rollenverständnis der Kunden sowie auf prädiktive und erwünschte Erwartungen.[557] Kundenwissen operationalisiert er anhand der Dimension *Experience*, die das Wissen aus den Erfahrungen mit einem Dienstleister umfasst, sowie anhand der Dimension *Familiarity*, die das Wissen aus verschiedenen Informationsquellen beinhaltet. Zudem berücksichtigt er den von den Kunden wahrgenommenen Nutzen aus ihrer Rolle im Rahmen der Dienstleistung als weitere Modellgröße. Er findet u.a. heraus, dass Erfahrung und Vertrautheit das Rollenverständnis beeinflussen.[558]

Aufgrund der Tatsache, dass Mass-Customization-Angebote Leistungsbündel sind, bei denen der Nutzen auf Konsumentenseite ganz entscheidend vom wahrgenommenen Co-Design-Prozess abhängt (vgl. Kapitel 3.2), wird die Messung von Produkt- bzw. Dienstleistungswissen allein als nicht ausreichend angesehen. Mindestens genauso wichtig erscheint die Messung des Wissens der Kunden hinsichtlich des Co-Design-Prozesses selbst. Es ist, wie bereits erläutert, üblich, Produktwissen produktkategoriebezogen zu messen. Damit umfasst Produktwissen nach herrschender Meinung auch Nutzungs- und Kaufsituationen. Es ist zu vermuten, dass generelles Wissen über die Produkt- oder auch Dienstleistungskategorie jedoch nichts über das Wissen der Kunden

---

[554] Vgl. Flynn/Goldsmith (1999).

[555] Vgl. hierzu Kapitel 6.1.3.

[556] Vgl. Chiou/Drodge/Hanvanich (2002), S. 114ff.

[557] Prädiktive Erwartungen beschreiben die Einschätzung der antizipierten Leistung, erwünschte Erwartungen bezeichnen die Leistung, die ein Anbieter aus Kundensicht erbringen soll. Vgl. Webb (2000), S. 8.

[558] Vgl. Webb (2000), S. 6ff.

in Bezug auf den spezifischen Co-Design-Prozess bei Mass Customization aussagt. Dies ist darauf zurückzuführen, dass derartige Kaufprozesse in den meisten Branchen eher die Ausnahme sind und sich von klassischen Kaufprozessen deutlich unterscheiden. Zudem ist zu vermuten, dass nur ein kleiner Anteil der Konsumenten bisher (umfassende) Kenntnisse über derartige Kaufprozesse hat. Damit werden Co-Design-Prozesse vermutlich höchstens am Rande berücksichtigt, wenn Konsumenten ihr Wissen hinsichtlich einer Produktkategorie einschätzen.[559]

Aufgrund dieser Tatsache wird in dieser Untersuchung das Wissen von Konsumenten in Bezug auf Co-Design-Prozesse, also das Prozesswissen, als weitere Größe berücksichtigt. Konsumenten mit Prozesswissen kennen die Schritte, die zum gewünschten Ergebnis führen, und die von ihnen erwarteten Beiträge.[560] Hierfür wird die Skala von FLYNN/GOLDSMITH zur Messung von subjektivem Produktwissen für den Co-Design-Prozess angepasst.[561] Die Vorgehensweise der Autoren bei der Skalenentwicklung wurde bereits in Kapitel 4.3.2.1 ausführlich erläutert. Zu berücksichtigen ist, dass der Begriff *Co-Design-Prozess* vermieden wird, da nicht zu erwarten ist, dass Kunden diese Bezeichnung kennen. Tabelle 7 zeigt die Indikatoren zur Messung von Prozesswissen.

Operationalisierung von Prozesswissen[562]	
18	Innerhalb meines Freundeskreises bin ich einer der „Experten" für den Kauf von ...
19	Ich weiß ziemlich viel über den Kaufvorgang bei ...
20	In Bezug auf derartige Kaufvorgänge empfinde ich mein Wissen als gering.[563]
21	Im Vergleich zu den meisten anderen Leuten weiß ich wenig über den Ablauf derartiger Käufe.[564]
E	Wenn es um den Kauf von ... geht, weiß ich wirklich nicht viel.[565]

Tabelle 7: Operationalisierung von Prozesswissen

Zusammenfassend ist anzumerken, dass Prozesswissen als Aspekt angesehen wird, der Kunden mit hoher Integrationskompetenz von Kunden mit geringer Kompetenz unterscheidet. Erneut wirkt sich die Größe auf die Fähigkeiten von Konsumenten aus, sich erfolgreich in den Co-Design-Prozess einzubringen und die geforderten Aufgaben zu erfüllen. Kunden mit mehr Wissen in Bezug auf den Co-Design-Prozess verfügen demnach über eine höhere Kundenintegrationskompetenz. Gemessen wird Prozesswissen mit der Skala von FLYNN/GOLDSMITH/EASTMAN. Diese wurde bereits zur Messung von Produktwissen herangezogen und wird nun an den Co-Design-Prozess angepasst. Die Besonderheit von Mass-Customization-Angeboten in

---

[559] Es gibt auch Autoren, die in ihren Untersuchungen gezielt spezifisches Wissen, welches in engem Zusammenhang zu dem Produkt steht, z.B. Wissen über ein bestimmtes Modell, von weniger spezifischem Wissen unterscheiden, z.B. Wissen über die Produktkategorie oder den Kaufprozess. Vgl. Punj/Staelin (1983), S. 368.

[560] Vgl. hierzu auch die Erläuterungen in Kapitel 3.3.3.

[561] Vgl. Flynn/Goldsmith (1999), S. 59.

[562] Der mit dem Buchstaben „E" gekennzeichnete Indikator wurde nach dem Pre-Test entfernt.

[563] Hierbei handelt es sich um ein negativ formuliertes Item.

[564] Hierbei handelt es sich um ein negativ formuliertes Item. Dieses wurde nach dem Pre-Test positiv umformuliert.

[565] Hierbei handelt es sich um ein negativ formuliertes Item.

Hinblick auf den Prozess sprechen für diese separate Berücksichtigung prozessbezogener Aspekte (vgl. Kapitel 3.2.1). Auch die explorativen Vorstudien weisen darauf hin, dass Wissen über den Ablauf des Co-Design-Prozesses für eine erfolgreiche Leistungserstellung wichtig ist.

4.3.2.4 Prozesserfahrung

Neben dem Prozesswissen wird auch Prozesserfahrung als Facette von kompetenten Kunden berücksichtigt, wobei auf die Erläuterungen zu Produkterfahrung zurückgegriffen wird (vgl. Kapitel 4.3.2.2). Analog zur Vorgehensweise bei den produktbezogenen Aspekten wird auch die Prozesserfahrung (oder Prozessvertrautheit) in dieser Untersuchung vom Prozesswissen abgegrenzt. Basierend auf der Definition von ALBA/HUTCHINSON, die Produkterfahrung als die Anzahl produktbezogener Erfahrungen eines Konsumenten definieren,[566] wird Prozesserfahrung als die Summe von Erfahrungen mit dem Co-Design-Prozess gesehen. Zwar könnte man wie beim Prozesswissen argumentieren, dass zu den produktbezogenen Erfahrungen auch Kauferfahrungen zählen,[567] allerdings ist der Co-Design-Prozess eine sehr spezifische Art des Kaufens, was die explizite Abfrage der Erfahrung in Bezug auf diesen Prozess sinnvoll erscheinen lässt.

Analog zur Vorgehensweise bei der Messung von Prozesswissen, für die die Skala aus dem Bereich *Produktwissen* herangezogen und für den Co-Design-Prozess angepasst wurde, wird zur Messung von Prozesserfahrung die Skala von GRIFFIN/BABIN/ATTAWAY verwendet, die bereits in Kapitel 4.3.2.2 ausführlich dargestellt und zur Messung von Produkterfahrung herangezogen wurde. Kunden mit umfassender Produkterfahrung sind sich nach Meinung der Autoren der Konsequenzen der Nutzung einer Leistung eher bewusst und können diese von vornherein besser antizipieren. Dies gilt auch für den Co-Design-Prozess, denn Kunden mit mehr Co-Design-Prozesserfahrung kennen den Ablauf sowie ihre Rolle besser und können das zu erwartende Ergebnis realitätsnäher einschätzen.[568] Tabelle 8 zeigt die Indikatoren im Überblick. Die Konsumenten werden zusätzlich direkt nach der Anzahl gekaufter individueller Produkte in der Produktkategorie sowie dem Zeitpunkt des letzten Kaufs gefragt. Diese Fragen werden mit den Indikatoren verglichen und diese damit verifiziert.[569]

Operationalisierung von Prozesserfahrung	
22	Mit dem Kaufvorgang bei … bin ich sehr vertraut.
23	Ich kaufe regelmäßig …
24	Ich habe viel Erfahrung mit dem Kaufvorgang bei …
25	Ich weiß aufgrund meiner Erfahrung über den Kauf von … Bescheid.

Tabelle 8: Operationalisierung von Prozesserfahrung

---

[566] Alba/Hutchinson (1987), S. 411.

[567] Vgl. beispielsweise Alba/Hutchinson (1987), S. 411.

[568] Vgl. Griffin/Babin/Attaway (1996), S. 317ff.

[569] Vgl. beispielsweise Johnson/Russo (1984), S. 545; vgl. auch Sauer (2003), S. 116.

Prozesserfahrung wird damit ebenfalls als Facette von Kundenintegrationskompetenz berücksichtigt. Die Relevanz dieses Aspektes zeigt sich auch in den explorativen Untersuchungen. Kunden, die Erfahrung mit dem Co-Design-Prozess haben, kennen den Ablauf dieses Prozesses und beteiligen sich erfolgreicher an der Leistungserstellung, was wiederum zu einem besseren Ergebnis führt. Hierdurch ergeben sich positive Wirkungen auf die Zufriedenheit mit dem Anbieter, das Vertrauen in das Unternehmen sowie die Kundenbindung.[570] Ein kompetenter Kunde verfügt demzufolge über eine größere Erfahrung mit Co-Design-Prozessen. Für die Messung von Prozesserfahrung wird die Skala zur Messung von Produkterfahrung von GRIFFIN/BABIN/ ATTAWAY in Hinblick auf den Co-Design-Prozess angepasst.

4.3.3 Die Dimension *Sozialkompetenz*

Die *Sozialkompetenz von Kunden* wird in dieser Arbeit durch die kommunikativen Fähigkeiten und das Bedürfnis nach Interaktion mit dem Verkaufspersonal modelliert. Damit umfasst diese Dimension die kommunikativ-sozialen Aspekte von Kundenintegrationskompetenz. Diese sind insbesondere bei Mass-Customization-Angeboten, die in Ladengeschäften angeboten werden, aufgrund der üblichen Kunde-Verkäufer-Interaktionen wesentlich für einen erfolgreichen Co-Design-Prozess; aber auch bei Online-Käufen kann es zu sozialen Interaktionen kommen, die soziale Kompetenzen wichtig erscheinen lassen (vgl. zur Interaktion Kapitel 2.1.2).

4.3.3.1 Kommunikative Fähigkeiten

Ziel jedes Co-Design-Prozesses ist der Transfer der Kundenbedürfnisse in Hinblick auf das individuelle Produkt vom Kunden zum Anbieter. Damit ist zu vermuten, dass die kommunikativen Fähigkeiten (*Communication Skills*)[571] von Kunden bei Interaktionen in Ladengeschäften eine entscheidende Rolle für den Erfolg des Angebotes spielen und damit eine Facette von Integrationskompetenz sind. Kommunikation wird dabei als die Übermittlung von Informationen definiert.[572] Können Kunden sich nicht richtig ausdrücken und ihre Wünsche nicht verständlich machen, erhalten sie unter Umständen nicht das Produkt, das ihre individuellen Bedürfnisse am besten erfüllt. Aber nicht nur Kunden, sondern auch die Mitarbeiter im Kundenkontakt benötigen entsprechende Fähigkeiten. Kommunizieren gilt wohl auch deshalb als die wesentliche Aktivität der im Verkauf tätigen Mitarbeiter.[573] Letztendlich ist der Kern jeder Interaktion, und damit auch der

---

[570] Vgl. Kleinaltenkamp (2005), S. 371ff.

[571] Häufig wird auch der Begriff *Kommunikationskompetenz* oder *Communication Competence* genutzt und nicht von den kommunikativen Fähigkeiten differenziert. Vgl. beispielsweise Penley et al. (1991), S. 58. In dieser Arbeit werden beide Aspekte differenziert und die Kommunikationskompetenz als zielbezogene Größe definiert (vgl. Kapitel 3.1.1).

[572] Vgl. Engels/Timaeus (1983), S. 345f.; vgl. auch Kapitel 2.1.2.

[573] Vgl. Dion/Notarantonio (1992), S. 65; Notarantonio/Cohen (1990), S. 172.

Kunde-Verkäufer-Interaktion, die Kommunikation zwischen den Beteiligten.[574] Erfolgreicher Verkauf im Handel, der in der Regel von Person zu Person erfolgt, basiert damit auf guter interpersonaler Kommunikation.[575] Dabei ist die Effektivität von verschiedenen Größen abhängig, dem „[...] *behavior associated with the salesperson, the customer, and the dyad.*"[576] Auch bei Mass Customization haben kommunikative Fähigkeiten eine große Bedeutung (vgl. Kapitel 4.2).

Kommunikation beinhaltet nach herrschender Meinung vier Bereiche: Inhalt, Code, Regeln und Stil.[577] In der Forschung zu den kommunikativen Fähigkeiten einer Person steht oft die Betrachtung des Kommunikationsstils im Vordergrund.[578] Bezüglich der Aspekte, die Elemente des Kommunikationsstils darstellen, existieren verschiedene Auffassungen. So zählen WILLIAMS/ SPIRO Inhalt, Codes und Kommunikationsregeln zum Kommunikationsstil.[579] Dabei beschreibt der Code die verbale und nicht-verbale Art und Weise, wie der Inhalt weitergegeben wird; Regeln, z.B. Grammatik, verbinden Inhalt und Code und bestimmen, was (Inhalt) in einer bestimmten Situation wie gesagt werden soll (Code).[580] Andere Autoren subsumieren unter dem Kommunikationsstil nur Codes und Regeln und betrachten den Kommunikationsinhalt als separate Größe.[581] Der Inhalt fokussiert dann, was gesagt wird, der Kommunikationsstil, wie es gesagt wird.[582] Der Kommunikationsstil erfordert in jedem Fall eine Berücksichtigung des verbalen und nicht-verbalen Verhaltens.[583] Verbale Botschaften lassen sich durch Sprache und Worte sowie Ton, Lautstärke und Sprechgeschwindigkeit der Botschaften kennzeichnen, zur nonverbalen Kommunikation gehören geschriebene Nachrichten sowie Verhalten wie Gesichtsausdruck, Gesten, gezeigte Emotionen oder die Körperhaltung.[584] Nach NORTON ist auch die symbolische Kommunikation – repräsentiert beispielsweise durch Animation, Aufmerksamkeit, Freundlichkeit und Dominanz – zu berücksichtigen.[585]

---

[574] Vgl. Nerdinger (1998), S. 1183; Williams/Spiro/Fine (1990), S. 29. Vgl. zur Abgrenzung von Kommunikation und Interaktion Kapitel 2.1.2.

[575] Vgl. Williams/Spiro (1985), S. 434.

[576] Williams/Spiro (1985), S. 437.

[577] Vgl. Williams/Spiro/Fine (1990), S. 30.

[578] Vgl. beispielsweise Norton (1983), S. 19ff.; Sheth (1976), S. 382f.; Williams/Spiro (1985), S. 434.

[579] Williams/Spiro (1985), S. 434.

[580] Vgl. Williams/Spiro/Fine (1990), S. 37.

[581] Vgl. beispielsweise Sheth (1976).

[582] Vgl. Dion/Notarantonio (1992), S. 63.

[583] Vgl. De Meuse/Erffmeyer (1994), S. 11; Knapp/Cody/Reardon (1987), S. 385; Raynes (2001), S. 34.

[584] Vgl. Cappella (1987), S. 189; Knapp/Cody/Reardon (1987), S. 386.

[585] Vgl. Norton (1983), S. 64ff.

So vielfältig die Sichtweisen, so verschieden sind auch die Ansätze, kommunikative Fähigkeiten und den Kommunikationsstil zu messen. Besonders intensiv werden diese Aspekte im Bereich der Führungs- oder Organisationsforschung diskutiert, insbesondere in Verbindung mit der Leistung von Führungskräften. PENLEY et al. beispielsweise ermitteln einen positiven Zusammenhang zwischen den kommunikativen Fähigkeiten und der Performance.[586]

SHETH befasst sich mit dem Kommunikationsstil im Zusammenhang mit Verkäufer-Kunde-Interaktionen und definiert diesen als

„[…] the format, ritual or mannerism which the buyer and the seller adopt in their interaction."[587]

NORTON untersucht ebenfalls den Kommunikationsstil im Kontext von Kunde-Mitarbeiter-Interaktionen. Dieser umfasst alle verbalen und nicht-verbalen Verhaltensweisen von Personen. Unter Berücksichtigung der zentralen Reliabilitäts- und Validitätskriterien entwickelt er eine Skala zur Messung des Kommunikationsstils, welche zehn Dimensionen umfasst. Seiner Meinung nach kann der Kommunikationsstil durch die folgenden Eigenschaften beschrieben werden: dominant, dramatisch, streitsüchtig, lebendig, einen Eindruck hinterlassend, entspannt, aufmerksam, offen, freundlich sowie durch die Selbsteinschätzung des Kommunikationsstils.[588]

BLAKE/MOUTON analysieren den Kommunikationsstil von Verkäufern und unterscheiden hierbei die beiden Dimensionen *Verkaufs-* und *Kundenorientierung*. Eine Verkaufsperson mit hoher Kundenorientierung geht auf Kunden und ihre Bedürfnisse ein; eine hohe Verkaufsorientierung führt dagegen dazu, dass der Verkäufer sogar Druck aufbaut, um zu verkaufen. Analog der Differenzierung von Verkaufs- und Kundenorientierung bei Verkäufern unterscheiden sich auch Kunden im Ausmaß an Kauf- und Verkäuferorientierung. Beide Interaktionspartner zusammen bestimmen mit ihrer Orientierung somit den Erfolg eines Verkaufsprozesses.[589]

WILLIAMS/SPIRO gehen bei ihrer Untersuchung der Kunde-Mitarbeiter-Interaktion davon aus, dass die Effektivität der Interaktion vom Verhalten von Kunde und Mitarbeiter bestimmt wird. Sie orientieren sich an einem von SHETH entwickelten Schema, welches drei Kommunikationsstile (von Kunde und Mitarbeiter) unterscheidet: den aufgabenorientierten, den interaktionsorien-

---

[586] Vgl. Penley et al. (1991). Die Autoren geben einen Überblick über die beiden dominierenden Strömungen in diesem Forschungsfeld: die Fähigkeiten-Perspektive sowie die sozial-kognitive Perspektive. Forscher, die sich aus der Sichtweise der Fähigkeiten mit dem Thema befassen, beschäftigen sich mit dem Zusammenhang der kommunikativen Fähigkeiten einer Person und deren Leistung bzw. ihren Persönlichkeitseigenschaften. Bei der sozial-kognitiven Sichtweise geht es dagegen darum, wie Individuen, z.B. Führungskräfte, sich ihre Realität schaffen, d.h. die eigene Person sowie die Rolle in der Organisation verstehen.

[587] Sheth (1976), S. 382f.

[588] Vgl. Norton (1983), S. 55ff. Die Skala wird auch in weiteren Untersuchungen herangezogen. Vgl. beispielsweise Dion/Notarantonio (1992); Notarantonio/Cohen (1990).

[589] Vgl. Blake/Mouton (1970), S. 2ff.

tierten sowie den selbstbezogenen Kommunikationsstil. Personen, bei denen die Aufgabenorientierung ausgeprägt ist, handeln zielorientiert und zweckmäßig. Sie wollen effizient agieren und Zeit, Kosten sowie Aufwand reduzieren. Einer interaktionsorientierten Person sind persönliche und soziale Aspekte wichtig, was sogar soweit gehen kann, dass die Aufgabe ignoriert wird. Eine selbstbezogene Person ist in der Interaktion mit sich selbst beschäftigt, besorgt über das eigene Wohl und weniger einfühlsam gegenüber den anderen Beteiligten.[590] Die konzeptionelle Arbeit von SHETH und damit auch die Untersuchungen von WILLIAMS/SPIRO gehen wiederum auf die Arbeiten von BASS aus der Führungsforschung zurück, beispielsweise greifen WILLIAMS/SPIRO die vorhandenen Messitems in ihrer Untersuchung auf.[591] 251 Kunden von zwölf Sportgeschäften bewerten den betreuenden Verkäufer hinsichtlich des Kommunikationsstils direkt nach dem Kauf, gleichzeitig beurteilt auch der Verkäufer den jeweiligen Kunden. Sie erhalten zufrieden stellende Reliabilitäts- und Validitätswerte und können mittels Regressionsanalyse belegen, dass es signifikante Unterschiede im Verkauf abhängig vom Kommunikationsstil der beteiligten Akteure gibt. Beispielsweise führt Interaktionsorientierung auf beiden Seiten zu steigenden Verkaufszahlen. Insgesamt belegen die Ergebnisse die hohe Bedeutung der Orientierung und Einstellung von Kunden. Ein erfolgreicher Verkäufer erkennt die verschiedenen Kundentypen und passt seinen Kommunikationsstil an.[592]

Die beschriebene Skala wird aufgrund ihrer empirischen Fundierung in dieser Untersuchung berücksichtigt, wobei aufgrund des Umfangs der Indikatoren bereits im Pre-Test eine Selektion vorgenommen wird. Insbesondere erfolgt eine Konzentration auf den interaktionsbezogenen Kommunikationsstil. Von den 16 Items aus der ursprünglichen Skala werden sechs Indikatoren im Pre-Test berücksichtigt. Anzumerken ist, dass die Teilnehmer der Befragung sich selbst beurteilen. Tabelle 9 zeigt die Messitems im Überblick.

---

[590] Vgl. auch Sheth (1976), S. 385. Sheth entwickelt einen konzeptionellen Rahmen und führt die Qualität der Interaktion auf die Kompatibilität von Kommunikationsinhalt und -stil, d.h. Codes und Regeln, zurück.

[591] Vgl. Bass (1960). Der Autor unterscheidet Führungskräfte nach ihrem Kommunikationsstil und bildet die genannten drei Gruppen: selbst-, aufgaben- und interaktionsorientierter Stil. Eine aufgabenorientierte Führungskraft ist zielorientiert, besteht auf der Erfüllung der Aufgabe durch die Gruppe und überwindet Barrieren, die dem im Wege stehen. Eine interaktionsorientierte Führungskraft kümmert sich um die Gruppe, fördert interpersonale Beziehungen und Freundschaften und will, dass die Mitarbeiter sich zugehörig fühlen. Die selbstbezogene Führungskraft ist über die eigenen Bedürfnisse mehr besorgt als über die Bedürfnisse anderer, ist stärker interessiert an extrinsischer Anerkennung als an intrinsischer Zufriedenheit mit der Arbeit und macht eigene Schwierigkeiten, Erfolge und Wertschätzung öffentlich. Vgl. Bass (1960), S. 148ff.

[592] Vgl. Williams/Spiro (1985).

Operationalisierung der kommunikativen Fähigkeiten[593]	
38	Ich denke, dass ich ein umgänglicher Kunde bin.
E	Ich spreche gerne mit anderen Menschen.
39	Ich nehme gerne an sozialen Aktivitäten teil.
E	Ich denke, ich bin ein freundlicher Mensch.
40	Ich versuche, eine persönliche Beziehung zum Verkäufer aufzubauen.
41	Ich bin am Verkäufer als Person interessiert, nicht nur als Verkaufsperson.

Tabelle 9: Operationalisierung der kommunikativen Fähigkeiten

Die kommunikativen Fähigkeiten eines Kunden werden als wesentlicher Aspekt des Konstruktes *Kundenintegrationskompetenz* angesehen, da die Kommunikation im Rahmen der Interaktion von Kunde und Verkäufer eines der wesentlichen Elemente des Co-Design-Prozesses in Ladengeschäften darstellt. Gemessen werden diese Fähigkeiten anhand der Skala von WILLIAMS/SPIRO. Die Erfolgwirkung kommunikativer Fähigkeiten wurde bereits vielfach untersucht und nachgewiesen. Es wird vermutet, dass Kunden mit ausgeprägten kommunikativen Fähigkeiten erfolgreicher darin sind, sich ihr individuelles Produkt zu gestalten, da sie ihre Wünsche besser ausdrücken und besser mit den Mitarbeitern umgehen können. Anzumerken ist, dass die Fähigkeiten auf Kunden- und auf Mitarbeiterseite zusammen den Erfolg der Interaktion bestimmen.

4.3.3.2 Bedürfnis nach Interaktion mit dem Verkaufspersonal

In engem Zusammenhang zu den kommunikativen Fähigkeiten von Konsumenten steht bei Offline-Interaktionen das Bedürfnis, mit Verkaufsmitarbeitern zu interagieren.[594] Auch besteht eine Beziehung zum nachfolgend behandelten Konstrukt *Technologieaffinität*, da möglicherweise Kunden, die Technologien bevorzugen, ein geringeres Bedürfnis nach sozialem Austausch mit Mitarbeitern haben.[595] MEUTER et al. konnten beispielsweise zeigen, dass die Möglichkeit, Mitarbeiterkontakt zu vermeiden, ein Zufriedenheitstreiber bei technologiebasierten Self-Service-Angeboten (*Self-service Technologies oder SST*)[596] ist.[597] Es gibt zudem Studien, die belegen, dass Konsumenten beispielsweise den Einsatz von Self-Service-Angeboten in Abhängigkeit von der wahrgenommenen Wichtigkeit persönlicher Interaktionen bewerten.[598] In der Konsequenz sind sie auch unterschiedlich tolerant, wenn es um den Ersatz persönlicher Interaktionen durch SST geht.[599] Bei

---

[593] Die mit dem Buchstaben „E" gekennzeichneten Indikatoren wurden nach dem Pre-Test entfernt.

[594] Die Autoren bezeichnen das Konstrukt als *Need for Interaction with a Service Employee*. Vgl. Dabholkar (1996), S. 40; Dabholkar/Bagozzi (2002), S. 188.

[595] Vgl. Dabholkar (1996), S. 36.

[596] Meuter et al. (2000), S. 50 geben folgende Definition: „*Self-service technologies (SST) are technological interfaces that enable customers to produce a service independent of direct service employee involvement.*"

[597] Vgl. Meuter et al. (2000), S. 56.

[598] Vgl. Forman/Sriram (1991), S. 236ff.

[599] Vgl. Cowles/Crosby (1990), S. 535ff.

Mass-Customization-Anbietern, die ihre Produkte online und im physischen Geschäft verkaufen, werden Kunden mit einem geringen Bedürfnis nach Interaktion mit dem Verkaufspersonal wohl eher im Internet kaufen. Auch wenn es keinen Online-Verkauf gibt, beeinflusst der Aspekt den Erfolg des Mass-Customization-Angebotes, da Co-Design-Prozesse von einer sehr intensiven Interaktion von Kunde und Unternehmen bzw. Mitarbeiter geprägt sind (vgl. Kapitel 2.1.2). Ohne die Unterstützung der Mitarbeiter ist es für Kunden zumeist schwierig, zu dem gewünschten Produkt zu gelangen. Damit sind Kunden, die sich nicht gerne mit Mitarbeitern austauschen, weniger erfolgreich in Hinblick auf den Co-Design-Prozess und ihr individuelles Produkt. Die Wichtigkeit der Interaktion und der sozialen Komponenten belegen auch die explorativen Vorstudien (vgl. Kapitel 4.2).

Wie bereits in Kapitel 3.3 erläutert, beeinflussen interpersonale Aspekte der Dienstleistung die Wahrnehmung und Beurteilung des Angebotes.[600] Hierzu ist beispielsweise eine Untersuchung von BITNER/BOOMS/TETREAULT zu den zentralen zufriedenheits- und unzufriedenheitsstiftenden Aspekten bei Dienstleistungsinteraktionen anzuführen. Die Autoren wenden die Critical Incident Technique an, um gute und schlechte Dienstleistungsinteraktionen in drei Dienstleistungskategorien zu sammeln. Insgesamt werten sie 699 Ereignisse aus, die sie drei Hauptkategorien von Zufriedenheits- bzw. Unzufriedenheitstreibern zuordnen können. Der zentrale Zufriedenheitstreiber sind unerwartete, freiwillige Aktionen der Mitarbeiter, die Fähigkeiten der Mitarbeiter, auf Kundenbedürfnisse einzugehen, sowie deren Umgehen mit aufgetretenen Fehlern.[601] Die Studie belegt die hohe Bedeutung mitarbeiterbezogener Aspekte, die in Zusammenhang mit der Interaktion zwischen Kunde und Unternehmen stehen.

Aufgrund der Bedeutung interpersonaler Aspekte in vielen Dienstleistungsinteraktionen wird vermutet, dass Konsumenten, die der Interaktion grundsätzlich offen gegenüberstehen, erfolgreicher sind. Diese Offenheit wird in Form des Bedürfnisses nach Interaktion modelliert und in Anlehnung an DABHOLKAR/BAGOZZI wie folgt definiert:

„The need for interaction with a service employee is defined as the importance of human interaction to the customer in service encounters [...]."[602]

Das Konstrukt geht auf die Arbeiten von DABHOLKAR zurück, der zwei Modelle zur Messung der erwarteten Qualität von Self-Service-Angeboten analysiert und vergleicht (vgl. auch Kapitel 4.3.4). Der Autor untersucht den Einfluss beider Modelle auf die erwartete Dienstleistungsqualität und deren Einfluss auf die Absicht, eine technologiebasierte Self-Service-Option zu verwenden. Eines der Modelle beinhaltet das Bedürfnis nach Interaktion mit dem Verkaufspersonal

---

[600] Vgl. hierzu beispielsweise Bitner/Booms/Tetreault (1990); Burke (2002); Parasuraman/Zeithaml/Berry (1988); Solomon et al. (1985); Surprenant/Solomon (1987).

[601] Vgl. Bitner/Booms/Tetreault (1990), S. 74ff.

[602] Dabholkar/Bagozzi (2002), S. 188.

sowie die Einstellung hinsichtlich der Nutzung von Technologien (*Attitude toward Using Technological Products*). Der Autor testet Modelle und Forschungshypothesen, indem er ein Szenario einer SST (Nutzung eines Touchscreens zur Bestellung im Fast-Food-Restaurant) entwickelt, zu dem er insgesamt 505 Studenten befragt. Bei den Messitems greift er auf Vorarbeiten anderer Autoren zurück, beispielsweise misst er das Bedürfnis nach Interaktion aufbauend auf den Arbeiten von LANGEARD et al., die den menschlichen Kontakt und die Abhängigkeit von anderen berücksichtigen.[603] DABHOLKAR erreicht zufrieden stellende Gütekriterien für die Modelle und kann belegen, dass das Bedürfnis nach Interaktion negativ, die Einstellung hinsichtlich der Nutzung von Technologien positiv auf die erwartete Servicequalität wirkt; diese wiederum hat einen positiven Einfluss auf die Nutzungsabsicht.[604]

DABHOLKAR/BAGOZZI greifen vorhergehende Studien auf und berücksichtigen das Bedürfnis nach Interaktion mit dem Verkaufspersonal als eine von mehreren moderierenden Größen in einem Modell der Einstellung hinsichtlich der Verwendung von technologiebasierten Self-Service-Angeboten (vgl. Kapitel 4.3.4). Sie finden heraus, dass ein ausgeprägteres Bedürfnis nach Interaktion alle Zusammenhänge im Modell verstärkt, also die Relation zwischen Kontrolle, Einfachheit der Nutzung sowie Leistung und Einstellung sowie die Beziehung zwischen der Einstellung und der Absicht, die Technologie zu verwenden. Der Grund liegt nach Meinung der Autoren darin, dass bei Konsumenten mit einem stärkeren Bedürfnis nach Interaktion mit dem Verkaufspersonal alle Attribute, z.B. der bei einem Self-Service-Angebot erwartete Spaß, stärker ausgeprägt sein müssen, damit diese die SST gut beurteilen. Derartigen Kunden fehlt die intrinsische Motivation für die Nutzung dieser Angebote und sie vermeiden sie.[605]

Auch wenn es in dieser Untersuchung nicht darum geht, die Meinung hinsichtlich einer SST zu analysieren, helfen die Items, die Einstellung gegenüber technischen Geräten wie Konfiguratoren, die sehr häufig bei Mass Customization zum Einsatz kommen und den Co-Design-Prozess maßgeblich prägen, zu beurteilen. Die Indikatoren von DABHOLKAR werden herangezogen, da sie bereits mehrfach angewendet wurden (vgl. Tabelle 10).[606]

---

[603] Vgl. Langeard et al. (1981), S. 28.

[604] Vgl. Dabholkar (1996); vgl. auch Dabholkar (1994), S. 241ff.

[605] Vgl. Dabholkar/Bagozzi (2002), S. 188ff.

[606] Anzumerken ist, dass dieses Konstrukt erst nach dem Pre-Test in die Untersuchung aufgenommen wurde, da der Pre-Test sowie weitere Expertengesprächen zeigten, dass die soziale Kompetenz bei ausschließlicher Berücksichtigung der kommunikativen Fähigkeiten nicht ausreichend in der Untersuchung repräsentiert ist.

Operationalisierung des Bedürfnisses nach Interaktion mit dem Verkaufspersonal	
42	Der persönliche Kontakt mit einem Mitarbeiter während des Kaufs macht den Kaufvorgang für mich angenehm.
43	Ich mag es, mich während des Kaufs mit einem Mitarbeiter auszutauschen.
44	Die persönliche Aufmerksamkeit der Mitarbeiter ist mir sehr wichtig.[607]
45	Wenn ich die Wahl habe, ziehe ich den persönlichen Kontakt mit einem Mitarbeiter der Nutzung eines technischen Gerätes vor.

Tabelle 10: Operationalisierung des Bedürfnisses nach Interaktion mit dem Verkaufspersonal

Die explorativen Vorarbeiten belegen die Relevanz dieser Größe für die Integrationskompetenz von Kunden. Aufgrund der intensiven Interaktion von Kunde und Mitarbeiter im Rahmen des Co-Design-Prozesses profitieren Konsumenten, die ein starkes Bedürfnis nach Interaktion mit dem Verkaufspersonal haben, von einem erfolgreicheren Prozess und einem besseren Ergebnis, d.h. einem besser passenden individuellen Produkt. Die Skala von DABHOLKAR wird verwendet, um diese Komponente von Kundenintegrationskompetenz zu messen.

4.3.4 Die Dimension *Methodenkompetenz*

Die Einstellung hinsichtlich der Nutzung von technologischen Produkten (*Technologieaffinität* oder *Attitude toward Using Technological Products*) bezieht sich auf die Verwendung von Technologien und wird als einziger Faktor der Dimension *Methodenkompetenz* zugeordnet. Die Verhaltensrelevanz von Einstellungen wurde bereits vielfach untersucht, z.B. der positive Effekt auf die Verhaltensabsicht.[608] Die Einstellung hinsichtlich der Nutzung von technologischen Produkten ist im Kontext von Mass-Customization-Angeboten besonders relevant – wie auch die explorativen Vorstudien zeigen –, da in vielen Fällen Konfiguratoren oder andere technische Geräte eingesetzt werden, z.B. Scanner, um den Verkaufsprozess zu unterstützen. Damit sind Verkaufsprozesse bei Mass Customization meist recht technologiegeprägt. Die Technologieaffinität als wichtige methodische Befähigung der Kunden stellt somit eine Facette von Integrationskompetenz dar.

Die Größe ist eine Art konträrer Aspekt zu dem Bedürfnis nach Interaktion mit dem Verkaufspersonal (vgl. Kapitel 4.3.3.2). DABHOLKAR beispielsweise vermutet, dass Kunden, die ein Faible für technologische Produkte und Technologien haben, möglicherweise ein geringeres Bedürfnis haben, sich mit Mitarbeitern im Verkauf auszutauschen.[609] Der Aspekt steht in engem Zusammenhang zum Thema der Selbstbedienungstechnologien, das vor allem seit den 1990er Jahren sehr intensiv diskutiert wird. Viele Autoren sind sich einig, dass das Konsumentenverhalten durch andere Aspekte beeinflusst wird, wenn Technologien zum Einsatz kommen.[610] Dies ist

---

[607] Hierbei handelt es sich um ein negativ formuliertes Item.

[608] Vgl. Ashok/Dillon/Yuan (2002); Dabholkar (1996); Dabholkar/Bagozzi (2002); Fishbein/Ajzen (1972).

[609] Vgl. Dabholkar (1996), S. 36.

[610] Vgl. beispielsweise Meuter et al. (2000); Dabholkar (1996), S. 32; Parasuraman/Grewal (2000), S. 170ff. Gleichzeitig ist auch die Akzeptanz von Technologien durch Mitarbeiter, die im Verkauf tätig sind, relevant.

auch dann zu erwarten, wenn im Rahmen von Mass Customization technische Geräte in Verkaufsprozessen mit Mitarbeitern verwendet werden.

Beispielsweise findet BATESON in einer frühen Studie heraus, dass es Konsumenten gibt, die SST sogar dann vorziehen, wenn es keine monetären Anreize oder Bequemlichkeitsvorteile gibt. Besonders wichtige Aspekte bei der Inanspruchnahme von SST sind die gefühlte Kontrolle sowie der zeitliche Aufwand.[611] Zu ähnlichen Ergebnissen gelangen LANGEARD et al.[612] MEUTER et al. untersuchen die Interaktion von Konsumenten mit technologiebasierten Self-Service-Angeboten in verschiedenen Branchen mittels der Critical Incident Technik. Sie ermitteln basierend auf 823 Beschreibungen von Konsumenten insgesamt 13 Kategorien von zufriedenheits- und unzufriedenheitsstiftenden Größen, z.B. Zeitersparnis, Zuverlässigkeit, Einfachheit der Nutzung und auch das Bedürfnis, Kontakt mit Mitarbeitern zu vermeiden.[613]

BURKE findet dagegen heraus, dass Kunden beim Kauf in Geschäften vor allem von kompetenten, hilfsbereiten Mitarbeitern bedient werden wollen, die bei Problemen helfen können. Technologische Applikationen sind zwar erwünscht, sollen jedoch lediglich das Einkaufen angenehmer machen. Die Technologie wird lediglich als Mittel zum Zweck gesehen.[614] Ähnlich entdecken COWLES/CROSBY, dass Konsumenten unterschiedlich tolerant sind, wenn Interaktionen mit Mitarbeitern durch SST ersetzt werden und sie können zeigen, dass dies auf Eigenschaften des Mediums sowie auf Persönlichkeitscharakteristika zurückzuführen ist.[615] FORMAN/SRIRAM beispielsweise können nachweisen, dass die Wichtigkeit persönlicher Interaktionen einer der ausschlaggebenden Aspekte auf Nachfragerseite ist, ob eine SST akzeptiert werden.[616]

Wie bereits im Kapitel 4.3.3.2 erläutert, vergleicht DABHOLKAR zwei Modelle zur Messung der Qualität von Self-Service-Angeboten. In einem Modell wird die Einstellung hinsichtlich der Verwendung von technologischen Produkten neben dem Bedürfnis, mit dem Verkaufspersonal zu interagieren, berücksichtigt. Dieses Modell geht von der Annahme aus, dass viele Konsumenten mit technologiebasierten Self-Service-Angeboten (noch) nicht vertraut sind, weshalb sie Urteile auf der Basis von früheren Erfahrungen oder Einstellungen bilden. Der Autor kann belegen, dass sich die Einstellung gegenüber Technologien positiv auf die erwartete Servicequalität auswirkt; letztere wiederum hat einen positiven Einfluss auf die Nutzungsabsicht hinsichtlich der SST.[617]

---

[611] Vgl. Bateson (1985), S. 60ff.

[612] Vgl. Langeard et al. (1981), 50.

[613] Vgl. Meuter et al. (2000), S. 55ff.

[614] Vgl. Burke (2002), S. 414ff.

[615] Vgl. Cowles/Crosby (1990), S. 535ff.

[616] Vgl. Forman/Sriram (1991), S. 236ff.

[617] Vgl. Dabholkar (1996), S. 44ff.

DABHOLKAR/BAGOZZI greifen auf die Arbeiten von DABHOLKAR zurück und untersuchen ein Modell der Einstellung hinsichtlich technologiebasierter Self-Service-Angebote.[618] Sie berücksichtigen drei mögliche Determinanten – Einfachheit der Nutzung, erwartete Leistung sowie Spaß – und vermuten, dass die Einstellung wiederum die Absicht beeinflusst, die SST zu verwenden. Zudem analysieren sie den Einfluss verschiedener Persönlichkeitseigenschaften und situativer Faktoren auf die Beziehungen innerhalb des Modells. Die Autoren befragen 392 Studenten zu verschiedenen Szenarien und nutzen existierende Skalen zur Messung der Konstrukte, z.b. die Skalen von DABHOLKAR zur Messung der Einstellung sowie des Bedürfnisses nach Interaktion.[619] Die Überprüfung der Faktoren mittels konfirmatorischer Faktorenanalyse liefert gute Ergebnisse. Es bestätigt sich der vermutete positive Einfluss aller drei Determinanten auf die Einstellung. Zudem kann auch der angenommene positive Effekt der Einstellung hinsichtlich der SST-Nutzung auf die Absicht, das Angebot in Anspruch zu nehmen, belegt werden. Bei der Analyse der moderierenden Effekte können sie neun von 14 Hypothesen in Bezug auf die Konsumenteneigenschaften bestätigen. Beispielsweise führt ein ausgeprägteres Bedürfnis nach Interaktion zu einer Stärkung der Relation zwischen der Einstellung zur Technologie und der Verwendungsabsicht.[620]

DELLAERT/GOEBEL/DABHOLKAR greifen die Arbeiten von DABHOLKAR sowie DABHOLKAR/BAGOZZI auf und untersuchen den Einfluss von Einstellungen und Überzeugungen auf das Entscheidungsverhalten von Konsumenten hinsichtlich der Teilnahme an Online-Mass-Customization-Prozessen. Nach Meinung der Autoren folgt das Konsumentenverhalten ähnlichen Mustern wie im Fall von SST. Die Autoren berücksichtigen die Einfachheit der Nutzung, den mit dem Gebrauch verbundenen Spaß, den Wunsch nach Kontrolle sowie das erwartete Ergebnis als Größen, die die Einstellung gegenüber Online-Customization-Angeboten positiv beeinflussen. Die Einstellung wiederum hat Auswirkungen auf das Verhalten, welches die Autoren in Form der wahrgenommenen Nützlichkeit des Angebotes modellieren. Zudem wird die Wirkung der Einstellung als mediierender Faktor und der Einfluss verschiedener produkt- und prozessbezogener Aspekte auf die Nützlichkeit untersucht. Die Autoren befragen 120 Studenten zur Produktkategorie *Bekleidung* mittels Szenariotechnik. Für die Messung verwenden sie vorhandene Skalen, insbesondere die von DABHOLKAR. Während die Einfachheit der Nutzung die Einstellung gegenüber dem Online-Mass-Customization-Angebot nicht beeinflusst, haben der empfundene Spaß, die wahrgenommene Kontrolle sowie das Ergebnis Einfluss auf die Einstellung, die wiederum auf die wahrgenommene Nützlichkeit des Angebotes wirkt. Auch die Produktflexibilität (Anzahl der Module, freie Wahlmöglichkeit), prozessbezogene Aspekte (Visualisierung und

---

[618] Vgl. Dabholkar (1994); Dabholkar (1996).

[619] Vgl. Dabholkar (1996), S. 40.

[620] Vgl. Dabholkar/Bagozzi (2002), S. 193ff.

Online-Interaktion mit einem Unternehmensmitarbeiter) und eine kürzere Lieferzeit erhöhen die empfundene Nützlichkeit. Die Einstellung hat zudem teilweise einen mediierenden Effekt.[621] Zusammenfassend ist festzustellen, dass sich Konsumenten in der Akzeptanz von und Offenheit gegenüber (Self-Service-)Technologien unterscheiden, was auf Gründe zurückzuführen ist, die in der Persönlichkeit der Konsumenten oder im Self-Service-Angebot selbst liegen. Die in den letztgenannten Studien verwendeten Items zur Messung der Einstellung hinsichtlich der Nutzung von technologischen Produkten, die auf die Arbeiten von DABHOLKAR zurückgehen, werden auch für diese Arbeit herangezogen. Die Messskala wurde bereits in mehreren Studien erfolgreich eingesetzt und zudem von DELLAERT/GOEBEL/DABHOLKAR in den Mass-Customization-Bereich übertragen. Die Indikatoren, die als einzige Messitems in Form eines semantischen Differentials[622] in den Fragebogen eingehen, sind Tabelle 11 zu entnehmen.

Operationalisierung von Technologieaffinität	
Wie sind Ihre Empfindungen (im Sinn Ihrer Einstellung) hinsichtlich der Nutzung von technischen Geräten, z.B. der Nutzung eines Computers?	
26	Schlecht – Gut
27	Nicht erfreulich – Erfreulich
28	Nachteilig – Von Vorteil
29	Ungünstig für mich – Günstig für mich

Tabelle 11: Operationalisierung von Technologieaffinität

Es ist zu vermuten, dass die Technologieaffinität Einfluss darauf hat, ob Kunden den Co-Design-Prozess erfolgreich durchlaufen. Technische Geräte, insbesondere Konfiguratoren, sind mittlerweile fester Bestandteil vieler Mass-Customization-Angebote. Verschiedene Studien belegen die Verhaltensrelevanz der Einstellung hinsichtlich der Nutzung von technologischen Geräten. Zudem stimmen die Autoren überein, dass unterschiedliche Wirkungen in Hinblick auf das Konsumentenverhalten zu erwarten sind, wenn technologische Geräte zum Einsatz kommen. Auch wenn die technischen Geräte bei den meisten Mass-Customization-Angeboten, die in Geschäften verkauft werden, von Mitarbeitern bedient werden, sind sie meist ein wesentlicher Bestandteil des Co-Design-Prozesses. Die Offenheit der Kunden, sich auf derartige Prozesse einzulassen, ist demnach wesentlich für den Erfolg. Damit ist dieser Aspekt eine feste Größe von Kundenintegrationskompetenz und wird mittels der Skala von DABHOLKAR gemessen.

4.3.5 Die Dimension *Motivation*

Die vierte Dimension umfasst motivationale und emotionale, persönlichkeitsbezogene Facetten von Kundenintegrationskompetenz. Sie beinhaltet das Produktinvolvement sowie das Kaufinvolvement und den Konsum-Hedonismus als kognitive und affektive Komponenten des Kaufver-

---

[621] Vgl. Dellaert/Goebel/Dabholkar (2004).

[622] Ein semantisches Differential ist eine Datenerhebungsmethode, bei der das Beurteilungsobjekt mittels bipolarer Adjektivpaare eingeschätzt wird. Vgl. Bortz/Döring (2003), S. 184.

haltens. Es ist zu vermuten, dass diese Größen Auswirkungen auf den Erfolg des Leistungsangebotes haben und einen kompetenten Kunden prägen.

4.3.5.1 Produktinvolvement

Das Konstrukt *Involvement* gilt als ein „*Schlüsselkonstrukt der Marketingforschung*",[623] das eine wesentliche Rolle für viele andere Konstrukte, z.b. Gefühle und Emotionen, spielt.[624] Zurückzuführen ist
das Konstrukt auf die Arbeiten von SHERIF/CANTRIL zur Einstellungsforschung aus den 1940er
Jahren.[625] In die Marketingliteratur wurde das Konstrukt durch KRUGMAN eingeführt, der versucht, die Wirkung von Fernsehwerbung zu erklären.[626] Für das Konstrukt *Involvement* sowie seine
wesentlichen Komponenten gibt es bis heute allerdings keine einheitliche Definition.[627] Zur Bestimmung des Wesens von Involvement wird für diese Arbeit auf eine Definition von
ZAICHKOWSKY zurückgegriffen, die Involvement als

> „[…] a person's perceived relevance of the object based on inherent needs, values and
> interests."[628]

bezeichnet. Involvement beschreibt somit die Ich-Beteiligung bzw. das gedankliche Engagement
und die damit verbundene Aktivierung, mit der sich jemand einer Sache widmet.[629] Sind Konsumenten stark involviert, dann sind sie bereit, sich kognitiv und emotional mit der Entscheidung
auseinander zu setzen,[630] d.h. sie sind offen dafür, objektgerichtete Informationen aufzunehmen
und zu verarbeiten.[631] Die Konsequenzen von Involvement auf das Konsumentenverhalten sind
vielfach untersucht worden. Es besteht heute Einigkeit, dass es je nach Grad des Involvement
Unterschiede gibt.[632] Beispielsweise steht das Ausmaß der kognitiven Aktivitäten beim Lernen
von Informationen (z.B. mit dem Ziel, Produktwissen aufzubauen) in engem Zusammenhang

---

[623] Trommsdorff (2004), S. 55.

[624] Vgl. Trommsdorff (2004), S. 47.

[625] Vgl. Sherif/Cantril (1947).

[626] Vgl. Krugman (1965).

[627] Vgl. Kroeber-Riel/Weinberg (2003), S. 371; Schiffman/Kanuk (2004), S. 238.

[628] Zaichkowsky (1985), S. 342.

[629] Vgl. Kroeber-Riel/Weinberg (2003), S. 345; vgl. auch Homburg/Kebbel (2001), S. 44; Laurent/Kapferer (1985),
S. 42.

[630] Vgl. Kroeber-Riel/Weinberg (2003), S. 371.

[631] Vgl. beispielsweise Andrews/Durvasula/Akhter (1990), S. 29; Trommsdorff (2004), S. 37. Da Involvement also
auf Informationsprozesse ausgerichtet ist, spricht Trommsdorff (2004), S. 48 von einem Informationsmotiv.

[632] Vgl. Clarke/Belk (1979); Kroeber-Riel/Weinberg (2003), S. 345; Schiffman/Kanuk (2004), S. 208; Solomon/
Bamossy/Askegaard (2001), S. 104; Trommsdorff (2004), S. 56.

zum Involvement.[633] Auch die empirischen Untersuchungen zur Beziehung des Involvement und des Informationssuchverhaltens von Konsumenten sind vielfältig.[634] Vereinfachend unterscheidet man hohes (high) und geringes (low) Involvement.[635] Während High-Involvement-Objekte mit aktiver Informationssuche, umfassender Auseinandersetzung mit dem Thema, der Beachtung vieler Merkmale sowie einer hohen Gedächtnisleistung verbunden sind, ist die Informationsaufnahme bei Low-Involvement-Objekten passiv. Konsumenten lassen die Dinge passieren, beachten weniger Merkmale und haben eine geringe Gedächtnisleistung.[636]

Involvement kann sich auf verschiedene Dinge beziehen, beispielsweise auf Produkte, Marken, Werbung oder Kaufsituationen.[637] Unter Umständen bestehen Interaktionen zwischen den Faktoren und mehrere Faktoren gleichzeitig beeinflussen die Höhe des Involvement.[638] Das Produktinvolvement beschreibt den Grad des Interesses an einem bestimmten Produkt,[639] wobei jedoch meist das Engagement hinsichtlich einer Produktkategorie gemeint ist.[640] Produkte, bei denen Konsumenten wenig involviert sind, also so genannte Low-Involvement-Produkte, sind oft durch einen reifen Lebenszyklus, eine geringe psychische Produktdifferenzierung, wenige kaufentscheidende Merkmale, schwach ausgeprägte Einstellungen und ein als gering empfundenes – besonders soziales – Kaufrisiko gekennzeichnet.[641] Ausgewählte Untersuchungen zum Produktinvolvement werden im Folgenden erläutert. Dabei stehen die Autoren LAURENT/KAPFERER sowie ZAICHKOWSKY im Mittelpunkt, die wesentlich zur Weiterentwicklung des Konstruktes

---

[633] Vgl. Kroeber-Riel/Weinberg (2003), S. 345.

[634] Vgl. Homburg/Kebbel (2001); Laurent/Kapferer (1985); Lee et al. (1999), S. 78f.; McQuarrie/Munson (1987); McQuarrie/Munson (1992); Mittal/Lee (1988), S. 47; Venkatraman (1990), S. 60ff.; Zaichkowsky (1985), S. 347.

[635] Vgl. Kassarjian (1981), S. 31; Kroeber-Riel/Weinberg (2003), S. 371.

[636] Vgl. Trommsdorff (2004), S. 56. Der Autor stellt noch weitere Charakteristika gegenüber.

[637] Vgl. Solomon/Rabolt (2003), S. 119; Zaichkowsky (1985), S. 342. In der Literatur gibt es verschiedene Bezeichnungen und Klassifikationen. Vgl. für einen Überblick Andrews/Durvasula/Akhter (1990), S. 31f. Trommsdorff (2004), S. 58 beispielsweise unterscheidet Produktart, Medium, Botschaft, Zielperson und Entscheidungssituation. Andere Autoren differenzieren personen-, situations- und stimulusspezifischen Faktoren, wobei letztgenannter Bereich Produkte, Werbeträger und Werbemittel umfasst. Vgl. Kroeber-Riel/Weinberg (2003), S. 371. Eine andere Differenzierung, die in der Literatur verbreitet ist, ist die Unterscheidung von Ego- oder Produkt(art)involvement (*Enduring Involvement*) und Kaufinvolvement (*Situational Involvement*). Während ersteres die situationsübergreifende Wichtigkeit eines Produktes darstellt, wird das Kaufinvolvement als situationsspezifisch gesehen. Vgl. Clarke/Belk (1979), S. 313; Homburg/Kebbel (2001), S. 44f.; Mühlbacher (1983), S. 707ff.; Richins/Bloch (1986), S. 280 sowie Kapitel 4.3.5.2. Auch die Berücksichtigung des Markeninvolvement neben dem Produkt- und Kaufinvolvement ist gebräuchlich. Vgl. beispielsweise Lockshin/Spawton/Macintosh (1997), S. 172f.; Mittal/Lee (1988), S. 43ff.

[638] Vgl. Solomon/Rabolt (2003), S. 120.

[639] Vgl. Solomon/Rabolt (2003), S. 121.

[640] Vgl. Trommsdorff (2004), S. 58f.

[641] Vgl. Trommsdorff (2004), S. 59.

Involvement und dessen Verständnis beigetragen haben.[642] Die Ansätze der Autoren zählen bis heute zu den zentralen und meistgenutzten Methoden zur Messung von Involvement, wurden jedoch mehrfach weiterentwickelt, da die ursprünglichen Skalen nicht unumstritten sind.[643]

ZAICHKOWSKY entwickelt 1985 das *Personal Involvement Inventory (PII)*, das auf einem eindimensionalen Involvementbegriff basiert und zur Messung der Wichtigkeit von Produkten, Werbung oder Kaufentscheidungen eingesetzt werden kann. Operationalisiert wird Involvement mit der Methode des semantischen Differentials[644] mittels 20 Gegensatzpaaren, z.B. *unwichtig – wichtig*, *uninteressant – interessant*. Die Entwicklung ihrer Skala folgt dem üblichen Vorgehen und berücksichtigt die wesentlichen Reliabilitäts- und Validitätskriterien. Zudem wird die Skala für verschiedene Kaufsituationen hinsichtlich ihrer Reliabilität und Validität überprüft und das Konstrukt in einen übergeordneten Rahmen eingeordnet sowie beispielsweise der Zusammenhang zum Informationsverhalten untersucht.[645]

Trotz weiter Verbreitung werden insbesondere die Eindimensionalität des Konstruktes sowie die Validität der Skala kritisiert. MCQUARRIE/MUNSON beispielsweise beanstanden Redundanzen unter den Gegensatzpaaren, sprachliches Ungenügen, unsichere Diskriminanzvalidität sowie eingeschränkte Kriteriums- und Konstruktvalidität. Sie – wie weitere Forscher – entwickeln das PII deshalb weiter und berücksichtigen insbesondere, dass Involvement ein mehrdimensionales Konstrukt ist. Ihr *Revised Personal Involvement Inventory (RPII)* beinhaltet die Facetten *Wichtigkeit*, *Freude* und *Risiko* und besteht aus 14 semantischen Differentialen. Die Autoren entfernen ihrer Meinung nach unzureichende Gegensatzpaare und integrieren weitere Items, die sich an den Arbeiten von LAURENT/KAPFERER orientieren, welche nachfolgend dargestellt werden.[646]

Auch wenn es bis heute keine einheitliche Definition gibt, stimmen Forscher darin überein, dass es sinnvoll ist, Involvement mit mehreren Dimensionen zu messen.[647] Um dieser Tatsache zu entsprechen, entwickeln LAURENT/KAPFERER das mehrdimensionale *Consumer Involvement Profil (CIP)*, welches Aspekte des Produktart- als auch des Kaufinvolvement umfasst. Die Skala soll branchenübergreifend einsetzbar sein und eine handhabbare Zahl von Indikatoren beinhalten.

---

[642] Vgl. Laurent/Kapferer (1985); Zaichkowsky (1985).

[643] Vgl. Higie/Feick (1989), S. 691; Mittal (1989), S. 697ff. für einen Überblick über Kritikpunkte an beiden Skalen.

[644] Ein semantisches Differential ist eine Datenerhebungsmethode, bei der das Beurteilungsobjekt mittels bipolarer Adjektivpaare eingeschätzt wird. Vgl. Bortz/Döring (2003), S. 184.

[645] Vgl. Zaichkowsky (1985), S. 343ff.

[646] Vgl. McQuarrie/Munson (1992), S. 108ff. Die Autoren entwickeln ihren Ansatz ebenfalls weiter und präsentieren eine Methode, die zwei Dimensionen von Involvement erfasst: die wahrgenommene Wichtigkeit und das Interesse am Objekt. Der Ansatz ähnelt dem RPII, weist jedoch verbesserte Kriteriumsvalidität auf. Vgl. McQuarrie/ Munson (1992). Andere Autoren, die wiederum die bisherigen Skalen weiterentwickeln, sind beispielsweise Higie/ Feick (1989). Auch Zaichkowsky selbst entwickelt das PII weiter, beispielsweise um das Werbeinvolvement zu messen. Vgl. Zaichkowsky (1994).

[647] Vgl. Laurent/Kapferer (1985), S. 41; McQuarrie/Munson (1992), S. 109; Schiffman/Kanuk (2004), S. 238.

TROMMSDORFF sieht in dem Ansatz einen beachtlichen Beitrag für die mehrdimensionale Involvementdefinition.[648] Die Autoren gehen davon aus, dass es verschiedene Arten von Involvement gibt, deren Berücksichtigung für die Entwicklung von Handlungsempfehlungen wesentlich ist. [649] Die Skala beinhaltet vier Facetten:[650]

- Die erste Dimension beschreibt die wahrgenommene Bedeutung des Produktes, d.h. die Wichtigkeit, die ein Produkt für eine Person hat (*Importance*).

- Das mit der Kaufentscheidung für das Produkt verbundene Risiko (*Risk*) ist Inhalt der zweiten Dimension. Diese Facette beinhaltet die empfundene Wichtigkeit negativer Konsequenzen (*Risk Importance*) sowie die wahrgenommene Wahrscheinlichkeit, einen derartigen Fehler zu machen (*Risk Probability*).[651]

- Die dritte Facette stellt den symbolischen Wert dar, der aus Konsumentensicht mit dem Produkt, seinem Kauf oder dem Konsum verbunden ist, d.h. die Fähigkeit des Produktes, die Persönlichkeit des Käufers widerzuspiegeln (*Sign*).

- Der hedonistische Wert und emotionale Anreiz des Produktes sowie der mit dem Produkt verbundene Spaß gehören zur vierten Dimension (*Pleasure*).

Zusammenfassend repräsentieren die erste sowie die letzten beiden Facetten den Nutzen, den das Produkt mit sich bringt, die zweite Facette steht für die mit dem Produkt verbundenen Kosten; ein hohes Involvement kann damit aus Nutzen- und Kostengründen entstehen.[652] Nach Identifikation der wesentlichen Involvement-Facetten generieren die Autoren mit Hilfe von Literaturstudien und qualitativen Interviews 19 Indikatoren.[653] In drei Befragungsstufen werden insgesamt 414 Probanden zu jeweils mindestens zwei von 14 Produktkategorien befragt, wobei die betrachteten Produkte gegensätzliche Ausprägungen hinsichtlich der vier Facetten aufweisen. Die Autoren untersuchen zunächst die branchenübergreifende Anwendbarkeit der Fragen für jede Dimension und nehmen gegebenenfalls Anpassungen vor. Die Analyse von Reliabilität und Validität geschieht anhand der dritten Untersuchung. Während die Analysen gute Reliabilitätswerte liefern,

---

[648] Vgl. Trommsdorff (2004), S. 59.

[649] Vgl. Homburg/Kebbel (2001), S. 45; Laurent/Kapferer (1985), S. 43.

[650] Vgl. Laurent/Kapferer (1985), S. 43.

[651] Die Dimension *Risiko* wurde in Anlehnung an Bauer (1960) in die Facetten *persönliche Bedeutung negativer Konsequenzen* sowie *Wahrscheinlichkeit des Eintritts negativer Folgen* unterteilt.

[652] Vgl. Trommsdorff (2004), S. 60.

[653] Die Facetten *Importance* und *Sign* beinhalten vier Indikatoren, *Risk Importance* und *Risk Probability* drei Items und zur Facette *Pleasure* zählen fünf Indikatoren.

stellt sich die Diskriminanzvalidität als kritisch heraus: *Importance* und *Risk Importance* bilden eine Dimension, die die Autoren als *Imporisk* bezeichnen.[654]

Im Anschluss an die Validierung der Messitems untersuchen die Autoren den Einfluss von Involvement – neben dem Einfluss des Preises und der wahrgenommenen Unterschiede von Produktalternativen – auf Aspekte des Entscheidungsverhaltens sowie der Informationssuche von Konsumenten. Sie finden heraus, dass die Intensität der Kaufentscheidung vor allem durch die Bedeutung und das wahrgenommene Risiko (*Imporisk*) beeinflusst wird. Kunden informieren sich intensiv, wenn die Produktkategorie für sie wichtig ist und das Produkt einen symbolischen oder hedonistischen Wert besitzt. Der Grad, mit dem sie sich mit Werbung auseinander setzen, ist abhängig vom Spaß, der mit dem Produkt, z.B. seiner Nutzung, verbunden ist.[655] Die Autoren untersuchen das CIP zudem in zwei weiteren Studien mit insgesamt über 1.500 Teilnehmern und 20 Produkten und ermitteln einen Interest-Faktor, der die langfristige Beziehung zum Produkt widerspiegelt. Das finale CIP umfasst somit die Dimensionen *Perceived Product Importance/Risk*, *Probability of Mispurchase*, *Sign Value*, *Pleasure Value* und *Interest*.[656]

Die Messitems von LAURENT/KAPFERER werden von vielen weiteren Autoren angewendet und gegebenenfalls angepasst. Beispielsweise berufen sich MCQUARRIE/MUNSON, die das PII von Zaichkowsky weiterentwickeln, auf die Untersuchungen der Autoren.[657] MITTAL/LEE klassifizieren die fünf Facetten in dauerhaftes sowie situationsbezogenes Involvement und sind der Ansicht, dass beide Aspekte auch separat zu messen sind. Zusätzlich differenzieren sie nach Produkt- und Markenebene. Sie können die beiden Faktoren auch empirisch bestätigen, allerdings ist die Aussagefähigkeit der Ergebnisse aufgrund der Untersuchung von nur einer Produktkategorie und eines geringen Stichprobenumfangs eingeschränkt.[658]

HOMBURG/KEBBEL greifen bei ihrer Untersuchung des Einflusses von Involvement auf die Qualitätswahrnehmung von Dienstleistungen ebenfalls auf die Facetten von LAURENT/ KAPFERER zurück. Sie unterscheiden bei der Qualitätswahrnehmung zwischen Qualitätsunsicherheit und Güte des Qualitätsurteils und analysieren zudem die Auswirkungen beider Aspekte auf die Kundenbindung. Die Autoren operationalisieren Involvement mittels der vier Dimensionen *Tragweite negativer Konsequenzen*, *Wahrscheinlichkeit einer Fehlentscheidung*, *symbolischer Wert* und *hedonistischer Wert* und verwenden insgesamt elf Indikatoren. Die vier Dimensionen von Involvement bestätigen sich, jedoch zeigen sich unterschiedliche Wirkungen auf die Qualitätswahrnehmung

---

[654] Vgl. Laurent/Kapferer (1985), S. 44f.

[655] Vgl. Laurent/Kapferer (1985), S.46f.

[656] Vgl. Bearden/Netemeyer (1999), S. 182; Kapferer/Laurent (1986), S. 55. Die in Bearden/Netemeyer (1999), S. 182 veröffentlichte Version von Involvement mit 16 Items bildet die Grundlage dieser Untersuchung.

[657] Vgl. McQuarrie/Munson (1992), S. 109.

[658] Vgl. Mittal/Lee (1988), 109. Mittal/Lee (1989) untersuchen deshalb die Validität der Ergebnisse in einer Folgestudie.

von Dienstleistungen sowie die Kundenbindung. Beispielsweise steigt mit der wahrgenommenen Wahrscheinlichkeit einer Fehlentscheidung die Qualitätsunsicherheit; die Tragweite negativer Konsequenzen wirkt dagegen unerwartet negativ auf die Qualitätsunsicherheit. Insgesamt besitzen hedonistischer sowie symbolischer Wert den stärksten Einfluss.[659]

Aufgrund der Tatsache, dass der Ansatz von LAURENT/KAPFERER die Mehrdimensionalität des Konstruktes *Involvement* explizit berücksichtigt, wird er auch für diese Untersuchung herangezogen. Für den Ansatz spricht auch, dass er von vielen weiteren Autoren verwendet wurde. Auch wenn die Dimensionen inhaltlich nicht völlig unabhängig voneinander sind, werden im Pre-Test zunächst alle vier Facetten mit 16 Indikatoren berücksichtigt.[660] Dies wird empfohlen, da sonst wichtige Informationen verloren gehen könnten.[661] Basierend auf den Ergebnissen des Pre-Tests werden anschließend die Items mit der höchsten Faktorladung in die Haupterhebung integriert. Die Messitems sind in Tabelle 12 aufgeführt.

Operationalisierung von Produktinvolvement[662]	
E	Wenn man ... wählt, ist es nicht schlimm, wenn man einen Fehler macht.[663]
05	Es ist sehr unerfreulich ... zu kaufen, die/das/der nicht passt.
06	Ich würde mich ärgern, wenn sich meine Entscheidung für ... nachträglich als falsch herausstellt.
E	Wenn man ... in Anspruch nimmt, weiß man nie, ob es die/das/der ist, die/das/den man hätte kaufen sollen.
E	Wenn ich mehrere ... sehe, fühle ich mich immer etwas überfordert, eine Entscheidung zu treffen.
E	Es ist ziemlich kompliziert, ... zu wählen.
E	Bei der Wahl von ... ist man nie sicher, ob man die richtige Entscheidung getroffen hat.
E	Anhand der/des ..., die/das/den jemand wählt, lassen sich viele Rückschlüsse auf die Person ziehen.
E	Die/das/der ..., die/das/den ich gekauft habe, vermittelt einen Eindruck davon, was für ein Mensch ich bin.
E	Die Angebote, die man in diesem Bereich kauft, sagen etwas über eine Person aus.
E	Es macht mir Freude, ... zu kaufen.
07	... zu kaufen ist, als ob ich mir selbst ein Geschenk machen würde.
08	... sind eine Art Vergnügen für mich.
09	Ich lege großen Wert auf ...
10	Man kann sagen, dass mich ... sehr interessieren.
E	... ist ein Thema, das mich total gleichgültig lässt.[664]

Tabelle 12: Operationalisierung von Produktinvolvement

Zusammenfassend kann festgestellt werden, dass das Produktinvolvement als relevante Facette von Kundenintegrationskompetenz angesehen wird. Die Verhaltensrelevanz des Konstruktes

---

[659] Vgl. Homburg/Kebbel (2001), S. 45ff.

[660] Die 16 Indikatoren entstammen, wie erläutert, einer verbesserten Version des CIP. Vgl. Bearden/Netemeyer (1999), S. 182.

[661] Vgl. Trommsdorff (2004), S. 59.

[662] Die mit dem Buchstaben „E" gekennzeichneten Indikatoren wurden nach dem Pre-Test entfernt.

[663] Hierbei handelt es sich um ein negativ formuliertes Item.

[664] Hierbei handelt es sich um ein negativ formuliertes Item.

Involvement wurde bereits vielfach untersucht, insbesondere der Einfluss auf das Informationsverhalten von Konsumenten. HOMBURG/KEBBEL können beispielsweise auch einen Einfluss auf die Qualitätswahrnehmung bei Dienstleistungen und die Kundenbindung nachweisen. Es wird vermutet, dass Kunden mit einem hohen Involvement ein höheres Engagement hinsichtlich des interessierenden Mass-Customization-Angebotes zeigen, sich intensiver mit diesem auseinander setzen und bessere Fähigkeiten haben, die möglicherweise komplexen Informationen hinsichtlich des Produktes und des Co-Design-Prozesses zu verarbeiten. Für die Messung wird auf die verbreitete Skala von LAURENT/KAPFERER zurückgegriffen.[665]

4.3.5.2 Kaufinvolvement

Als zweite Größe innerhalb dieser Dimension wird das Kaufinvolvement (*Purchase Involvement*) berücksichtigt (vgl. für die Grundlagen zum Thema *Involvement* Kapitel 4.3.5.1). Das Kaufinvolvement zeigt die Beschäftigung von Konsumenten mit dem Kaufprozess, denn auch der Prozess des Kaufens kann eine hohe Bedeutung für eine Person haben und zu intensiver Informationsaufnahme und -verarbeitung führen.[666] Konsumenten, die bezüglich des Kaufprozesses hoch involviert sind, haben das Ziel, eine bessere Wahlentscheidung zu treffen.[667] Teilweise wird das Kaufinvolvement situationsbezogen gesehen,[668] allerdings gibt es auch Autoren, die der Meinung sind, dass bestimmte Konsumenten generell mehr Involvement gegenüber dem Prozess des Kaufens zeigen als andere.[669] Das Kaufinvolvement wird somit eher als eine situationsübergreifende Persönlichkeitseigenschaft betrachtet.[670]

In einer der frühen Arbeiten zum Kaufverhalten stellt KASSARJIAN die Vermutung an, dass manche Personen unabhängig von Produktkategorie und Situation stärker in Entscheidungsprozesse involviert sind als andere. Derartige Personen schenken der Werbung und sonstigem Informati-

---

[665] Die ersten drei Indikatoren in Tabelle 12 werden der Dimension *Imporisk* zugeordnet, die Indikatoren vier bis sieben der Dimension *Risk Probability*. Die Indikatoren acht bis 10 messen die Facette *Sign*, die Indikatoren elf bis 13 den Bereich *Pleasure* und die letzten drei Indikatoren die Dimension *Interest*. Diese ist, wie bereits erläutert, in der ursprünglichen Skala von Laurent/Kapferer (1985) nicht enthalten.

[666] Vgl. Clarke/Belk (1979), S. 313; Homburg/Kebbel (2001), S. 44 sowie die Erläuterungen hinsichtlich des Informationssuchverhaltens bei hohem Involvement in Kapitel 4.3.5.1.

[667] Vgl. Clarke/Belk (1979), S. 313.

[668] Es gibt Autoren, die das Kaufinvolvement grundsätzlich dem Situationsinvolvement zuordnen und damit mit einer speziellen Kaufsituation in Verbindung bringen. Vgl. beispielsweise Clarke/Belk (1979), S. 313; Homburg/Kebbel (2001), S. 45. Situationsinvolvement verdeutlicht, dass das Involvement von der psychischen Situation der Person und der Umweltsituation abhängt. Vgl. Trommsdorff (2004), S. 62. Häufig werden Ego- oder Produkt(art)involvement und Kaufinvolvement zusammen untersucht, wobei erstgenanntes Involvement als langfristig, Kaufinvolvement als situationsbezogen angesehen wird. Vgl. Clarke/Belk (1979), S. 313; Homburg/Kebbel (2001), S. 44f.; Mühlbacher (1983), S. 707ff.; Richins/Bloch (1986), S. 280.

[669] Vgl. Kassarjian (1981), S. 32; Lockshin/Spawton/Macintosh (1997), S. 172; Slama/Tashchian (1985), S. 72.

[670] Konsumenten mit hohem persönlichem Involvement bei der Informationssuche werden als Informationssucher bezeichnet, d.h. sie sind informationsbewusster und generell darauf bedacht, beim Einkauf über ausreichend Informationen zu verfügen. Vgl. Kroeber-Riel/Weinberg (2003), S. 250.

onsmaterial mehr Aufmerksamkeit, sind preis- und markenbewusster, kritischer hinsichtlich der Produktqualität und generell aufmerksamer und informierter. Er hält es für möglich, dass das Involvement mit dem Einkaufen – stimuliert durch Interaktionen mit Produkten und Situationen – das Kaufverhalten beeinflusst und dass demzufolge verschiedene Konsumentengruppen gebildet werden können. Basierend auf diesen Vermutungen bildet er eine Systematisierung von Konsumenten, die sich hinsichtlich des Kaufinvolvement sowie des Produkt- und Situationsinvolvement unterscheiden. Er sieht außerdem eine Verbindung von Kaufinvolvement und Persönlichkeitseigenschaften sowie dem Informationssuchverhalten.[671]

SLAMA/TASHCHIAN sind die ersten, die sich Mitte der 1980er Jahre gezielt mit der Messung des Involvement von Konsumenten mit Kaufaktivitäten auseinander setzen. Sie beziehen sich u.a. auf die Arbeiten von KASSARJIAN und geben folgende Definition:

„Purchasing involvement [...] is a general measure of the self-relevance of purchasing activities to the individual."[672]

Ihrer Meinung nach sind bestimmte Konsumenten über alle Produkte und Situationen hinweg grundsätzlich mehr in das Einkaufen involviert als andere.[673] Kaufinvolvement leistet demnach einen großen Beitrag, wenn es darum geht, Verhalten zu erklären, das nicht produktspezifisch ist, z.B. das Lesen von Produktkatalogen. Werden in Untersuchungen sowohl Produkt- als auch Kaufinvolvement berücksichtigt, kann das Konsumentenverhalten besser erklärt werden. Die Autoren grenzen Kaufinvolvement zudem von der Informationssuche ab: Kaufinvolvement spiegelt die Wichtigkeit des Einkaufens wider und steht in positivem Zusammenhang zu den Informationssuchaktivitäten. Allerdings wird diese Relation von verschiedenen Faktoren mediiert, z.B. der Produkterfahrung. Die Konstruktentwicklung bei SLAMA/TASHCHIAN folgt der postulierten Vorgehensweise, d.h. ausgehend von der Definition des Konstruktes werden 75 Indikatoren generiert. Die Autoren führen anschließend eine repräsentative Untersuchung mit Konsumenten durch und können 365 Fragebögen für die Analyse heranziehen. Mittels Item-to-Total-Korrelation wird die Skala auf 33 Messitems reduziert und einer finalen Analyse von Reliabilität und Validität mit 76 Studenten unterzogen. Die Skala weist gute Reliabilitäts- sowie zufrieden stellende Validitätswerte auf. Die Autoren untersuchen in einem nächsten Schritt den Zusammenhang zu verschiedenen demographischen Faktoren und können beispielsweise eine Relation zwischen dem Bildungsstand und dem Kaufinvolvement nachweisen.[674]

---

[671] Vgl. Kassarjian (1981), S. 32ff.

[672] Slama/Tashchian (1985), S. 73.

[673] Vgl. Slama/Tashchian (1985), S. 72; vgl. auch Lockshin/Spawton/Macintosh (1997), S. 172.

[674] Vgl. Slama/Tashchian (1985), S. 72ff.

LOCKSHIN/SPAWTON/MACINTOSH greifen die von SLAMA/TASHCHIAN entwickelte Skala auf und verwenden Produkt-, Marken(entscheidungs)- sowie Kaufinvolvement zur Bildung von Kundensegmenten. Ausgehend von der Annahme, dass Kaufinvolvement auch situationsübergreifend sein kann, charakterisieren sie Konsumenten mit hohem Kaufinvolvement als wertgetrieben. Sie nehmen einen höheren Aufwand auf sich, um das beste Angebot zu finden. Dagegen versuchen Konsumenten mit einem geringen Kaufinvolvement, den mit dem Einkaufen verbundenen Aufwand zu reduzieren. Die Autoren grenzen Kaufinvolvement vom Konstrukt *Konsum-Hedonismus* ab. Konsumenten mit einem hohen Ausmaß an Konsum-Hedonismus sind nicht wertgetrieben, sondern betrachten das Einkaufen als Freizeitaktivität.[675] LOCKSHIN/SPAWTON/ MACINTOSH messen die verschiedenen Arten von Involvement in der Produktkategorie *Wein*. Sie greifen auf eingeführte Skalen zurück und operationalisieren beispielsweise Kaufinvolvement mittels der Skala von SLAMA/TASHCHIAN, allerdings ist es ihr Bestreben, für jeden Aspekt eine möglichst geringe Itemanzahl zu verwenden. Deshalb reduzieren sie die Gesamtzahl an Items, indem sie diese zunächst von vier Experten überprüfen lassen und anschließend einen Pre-Test mit Studenten durchführen. Mittels Faktorenanalyse und Cronbach-Alpha wird jede Skala auf drei bis sechs Indikatoren gekürzt. Aus der anschließenden Haupterhebung unter Kunden verschiedener Typen von Weinhandlungen stammen 347 Fragebögen, die für die finalen Untersuchungen herangezogen werden. Mittels Faktorenanalyse zeigen die Autoren, dass die Items drei verschiedenen Arten von Involvement zugeordnet werden können; auch die Reliabilitätswerte sind zufrieden stellend. Für das Kaufinvolvement verbleibt eine Skala mit fünf Indikatoren.[676]

Weitere Arbeiten zum Kaufinvolvement stellen beispielsweise einen Zusammenhang zum Einkaufsverhalten und der Reaktion auf Direktmarketing-Aktionen her[677] oder zeigen Auswirkungen auf die Informationssuche.[678] In der vorliegenden Untersuchung wird Kaufinvolvement mittels der Skala von LOCKSHIN/SPAWTON/MACINTOSH gemessen. Die Skala wird herangezogen, da sie aufgrund ihres Umfangs gut handhabbar ist und auf Basis ausführlicher vorhergehender Untersuchungen entwickelt wurde. Im Gegensatz zu anderen Forschern sehen die Autoren Kaufinvolvement als situationsübergreifend, d.h. sie gehen davon aus, dass es Konsumenten gibt, die sich generell mehr mit dem Einkaufen befassen als andere. Dieser Auffassung wird auch in dieser Untersuchung gefolgt. Die Messitems sind Tabelle 13 zu entnehmen.

---

[675] Vgl. Bellenger/Korgaonkar (1980), S. 78.

[676] Vgl. Lockshin/Spawton/Macintosh (1997). Anschließend identifizieren die Autoren mittels Cluster-Analyse fünf verschiedene Kundensegmente, die sich in ihrem Kauf-, Produkt- und Markeninvolvement unterscheiden.

[677] Vgl. beispielsweise Lockshin/Spawton/Macintosh (1997), S. 177ff.

[678] Vgl. Beatty/Smith (1987), S. 91f.; Clarke/Belk (1979), S. 315f.

Operationalisierung von Kaufinvolvement[679]	
34	Ich bin bereit, zusätzliche Zeit aufzuwenden, um das beste Preis-Leistungsverhältnis zu erhalten.
35	Ich bin bereit, zusätzliche Zeit aufzuwenden, um wirklich gut informiert einkaufen zu gehen.
36	Aufgrund meiner persönlichen Werte ist es für mich wichtig, ein gut informierter Konsument zu sein.
E	Schlussverkäufe reizen mich.
37	Beim Kauf von teuren Gütern investiere ich viel Energie, da es wichtig ist, das beste Preis-Leistungsverhältnis zu erhalten.

Tabelle 13: Operationalisierung von Kaufinvolvement

Es wird vermutet, dass sich Kunden mit einem hohen Kaufinvolvement intensiv mit dem Einkaufen an sich auseinander setzen. Sie haben einen generellen Informationsvorsprung gegenüber anderen Konsumenten, wenn es um Kaufprozesse geht. Damit sind sie unter Umständen auch informierter über Mass-Customization-Angebote und können den Co-Design-Prozess und ihre Rolle besser antizipieren. Die Ergebnisse von LOCKSHIN/SPAWTON/MACINTOSH zeigen, dass es Konsumenten gibt, die u.U. kein besonders hohes Produkt-, dafür aber ein hohes Kaufinvolvement aufweisen. Dies ist in Hinblick auf Mass-Customization-Angebote relevant, da es denkbar ist, dass den Konsumenten die Produktart an sich nicht besonders wichtig ist, sie aber ein vorteilhaftes Angebot im Sinn eines individuellen Produktes haben möchten.

4.3.5.3 Konsum-Hedonismus

Die letzte Facette, die Kunden mit hoher Integrationskompetenz kennzeichnet, ist der Spaß an der Tätigkeit des Einkaufens. Auf die Bedeutung dieses Aspektes lassen besonders die Ergebnisse der explorativen Kundenbefragungen schließen (vgl. Kapitel 4.2). Der Spaß am Einkaufen (auch Konsum-Hedonismus, *Shopping Enjoyment* oder *Recreational Shopping*) wird dabei explizit vom bereits vorgestellten Konstrukt *Kaufinvolvement* abgegrenzt, welches ebenfalls die Bedeutung von Kaufaktivitäten für das Individuum reflektiert (vgl. Kapitel 4.3.5.2). Konsumenten mit hohem Kaufinvolvement sind wertgetrieben (utilitaristischer, kognitiver Aspekt), Konsumenten, die über einen ausgeprägten Konsum-Hedonismus verfügen (so genannte Freizeitshopper), sehen das Einkaufen als Freizeitaktivität (hedonistischer, affektiver Aspekt).[680] HIRSCHMAN/HOLBROOK geben folgende Definition von Konsum-Hedonismus:

„Hedonic consumption designates those facets of consumer behaviour that relate to the multi-sensory, fantasy and emotive aspects of one's experience with products."[681]

PUTREVU/RATCHFORD untersuchen das Informationssuchverhalten von Konsumenten in Bezug auf Lebensmittel, wobei sie verschiedene Größen berücksichtigen, z.B. den Konsum-Hedonis-

---

[679] Der mit dem Buchstaben „E" gekennzeichnete Indikator wurde nach dem Pre-Test entfernt.

[680] Vgl. Kendall Sproles/Sproles (1990), S. 137; Lockshin/Spawton/Macintosh (1997), S. 173; Sauer (2003), S. 125; vgl. hierzu auch Bellenger/Korgaonkar (1980), S. 78.

[681] Hirschman/Holbrook (1982), S. 92.

mus, der die von Kunden wahrgenommenen, psychologischen Kosten der Informationssuche darstellt. Zusätzlich gehören Opportunitätskosten – gemessen am Wert der Zeit der Konsumenten – sowie der gefühlte Zeitdruck – repräsentiert durch die psychologischen Kosten der Zeit – zu den Suchkosten. Die Autoren können zeigen, dass die Informationssuche mit steigendem Konsum-Hedonismus zunimmt. Damit senkt der Spaß am Einkaufen die Kosten der Informationssuche. Mit steigenden Opportunitätskosten dagegen nimmt der Umfang der Informationssuche ab. Der gefühlte Zeitdruck hat keine Auswirkung auf die Informationssuche.[682]

SPROLES/KENDALL entwickeln – basierend auf einer umfangreichen Literaturrecherche – acht Aspekte, die die Einkaufsorientierung von Konsumenten beschreiben und bilden drei Kategorien, denen sie diese acht Aspekte zuordnen: *sozial/hedonistisch, übermannt (overpowered)* sowie *utilitaristisch*. Die Kategorie *sozial/hedonistisch* umfasst Markenbewusstsein, Modebewusstsein, Konsum-Hedonismus sowie Markenloyalität. Zur Kategorie *übermannt* gehören der Grad der Impulsivität beim Einkaufen sowie die aufgrund der Auswahl wahrgenommene Komplexität.[683] Qualitäts- und Preisbewusstsein sind Aspekte, die zur Kategorie *utilitaristisch* gezählt werden. Die Autoren können zeigen, dass sich Konsumenten hinsichtlich der Größen unterscheiden, die ihnen beim Einkaufen wichtig sind. Beispielsweise haben Konsumenten, die eher zu Aspekten der ersten Kategorie tendieren, Spaß am Einkaufen. Zudem sind ihnen bekannte Marken sowie modische Dinge wichtig. Die Vorgehensweise bei der Skalenentwicklung folgt der üblichen Vorgehensweise. Zur Messung von Konsum-Hedonismus berücksichtigen die Autoren eine Skala mit fünf Items, die ein Cronbach-Alpha von 0,76 aufweist. Eine reduzierte Skala mit drei Items besitzt ein Cronbach-Alpha von 0,71.[684]

SHIM/GEHRT untersuchen die Rolle ethnischer Aspekte bei der Einkaufsorientierung, indem sie Unterschiede zwischen lateinamerikanischen und weißen Amerikanern sowie amerikanischen Ureinwohnern analysieren. Zudem untersuchen sie den Einfluss sozialer Gruppen, z.B. von Eltern oder Freunden. Die Autoren bilden ein repräsentatives Sample von amerikanischen Schülern und können 1.846 Antworten auswerten. Sie verwenden 32 Indikatoren aus der von SPROLES/KENDALL entwickelten Skala zur Messung der Einkaufsorientierung von Konsumenten, die, wie erläutert, acht Subskalen umfasst. Für ihre Untersuchung berücksichtigen sie aus jeder Skala die vier Items mit der höchsten Faktorladung. Beispielsweise verwenden sie zur Messung des Konstruktes *Konsum-Hedonismus* vier von fünf Items und erhalten eine verbesserte Reliabilität. Die Untersuchung der verschiedenen Faktoren mittels exploratorischer Faktorenanalyse bestätigt die vermuteten acht Aspekte, allerdings nehmen die Autoren keine Validierung der Skala vor. Sie vergleichen die Konsumentengruppen und können Unterschiede hinsichtlich der Einkaufsorien-

---

[682] Vgl. Putrevu/Ratchford (1997).

[683] Vgl. hierzu Kapitel 3.2.2.

[684] Vgl. Sproles/Kendall (1986), S. 267ff.; vgl. auch Kendall Sproles/Sproles (1990).

tierung feststellen. Beispielsweise weisen lateinamerikanische Jugendliche eine größere Tendenz zum sozial/hedonistischen Bereich auf als die anderen beiden Gruppen.[685]

Konsum-Hedonismus ist sehr eng verbunden mit der Diskussion um hedonistische und utilitaristische Aspekte des Konsums.[686] So untersuchen BABIN/DARDEN/GRIFFIN das Ausmaß, in dem Konsumenten einen Einkauf als unterhaltsame oder emotionale Aktivität empfinden. Die Autoren analysieren, inwiefern die Konsumenten das Einkaufen an sich genießen und es nicht nur als Mittel zum Zweck ansehen, ein bestimmtes Produkt oder eine bestimmte Dienstleistung zu erhalten. Aus utilitaristischer Sicht ist Einkaufen aufgabenbezogen, rational und wird als Angelegenheit angesehen, die es erfolgreich zu erledigen gilt. Aus hedonistischer Sicht ist Einkaufen eher mit Spaß verbunden und unterhaltend. Es geht um emotionale Aspekte, die mit dem Einkaufen verbunden sind, sowie um das Ausmaß, in dem Einkaufen Spaß macht, ein Abenteuer oder gar ein Entkommen aus dem Alltag ist.[687] Die Autoren können empirisch belegen, dass beide Aspekte existieren. Hedonistische Aspekte des Einkaufens besitzen einen sehr engen Bezug zum Konstrukt *Konsum-Hedonismus*, allerdings besteht der große Unterschied der Skala von BABIN/DARDEN/GRIFFIN darin, dass sie sich auf einen bestimmten Einkauf bezieht und keine generelle Haltung beschreibt.

Für diese Untersuchung wird deshalb auf die vier Indikatoren zur Messung von Konsum-Hedonismus von SHIM/GEHRT zurückgegriffen, die für ihre Untersuchung auf die vier Items mit der höchsten Faktorladung aus der Untersuchung von SPROLES/KENDALL zurückgreifen. Die Autoren entwickeln die Skala entsprechend der in der Literatur empfohlenen Vorgehensweise; diese wurde zudem bereits mehrfach angewendet.[688] Tabelle 27 zeigt die Indikatoren.

Operationalisierung von Konsum-Hedonismus	
30	Einkaufen ist für mich keine angenehme Aktivität.[689]
31	Einkaufen zu gehen ist eine der erfreulichen Aktivitäten in meinem Leben.
32	In vielen Geschäften einzukaufen ist für mich Zeitverschwendung.[690]
33	Mir macht Einkaufen Spaß.

Tabelle 14: Operationalisierung von Konsum-Hedonismus

---

[685] Vgl. Shim/Gehrt (1996), S. 307ff.

[686] Vgl. beispielsweise Hirschman/Holbrook (1982); Holbrook/Hirschmann (1982); Holt (1995); Lacher (1989).

[687] Vgl. Babin/Darden/Griffin (1994); vgl. auch Bloch/Bruce (1984). Vgl. zu utilitaristischen und hedonistischen Aspekten der Einstellung gegenüber Produkten Spangenberg/Voss/Crowley (1997); Voss/Spangenberg/Grohmann (2003). In engem Zusammenhang zu den hedonistischen Aspekten des Konsums steht auch das Konstrukt des *Market Maven*. Feick/Price (1987), S. 85f. weisen in ihrer Konzeptualisierung des Konstruktes darauf hin, dass einem *Market Maven* das Einkaufen Spaß macht. Er verfügt über viele Informationen rund um den Konsum und teilt sein Wissen gerne mit anderen.

[688] Vgl. ähnlich Donthu/Gilliland (1996), S. 74; Urbany/Dickson/Kalapurakal (1996), S. 103.

[689] Hierbei handelt es sich um ein negativ formuliertes Item. Dieses wurde nach dem Pre-Test positiv umformuliert.

[690] Hierbei handelt es sich um ein negativ formuliertes Item.

Die explorativen Untersuchungen weisen darauf hin, dass Kunden, die Spaß am Einkaufen haben, den Co-Design-Prozess anders wahrnehmen als Konsumenten, die das Einkaufen nicht als angenehme Aktivität empfinden und es möglichst vermeiden wollen. Konsumenten mit hohem Konsum-Hedonismus haben mehr Spaß an ihrer Aufgabe als Co-Designer und bringen sich erfolgreicher ein als Konsumenten mit wenig ausgeprägtem Konsum-Hedonismus. Es wird deshalb vermutet, dass sich kompetente Kunden von weniger kompetenten Kunden in diesem Aspekt unterscheiden. Der Einfluss auf das Informationsverhalten sowie auf weitere Größen wurde bereits mehrfach nachgewiesen und damit die Verhaltensrelevanz dieses Aspektes gezeigt. Zur Operationalisierung wird auf die Skala von SHIM/GEHRT zurückgegriffen.

4.4 Abschließende Pre-Tests

Im Anschluss an die theoriegeleitete Konzeptualisierung der Komponenten von Kundenintegrationskompetenz und vor der eigentlichen Datenerhebung wurde ein quantitativer Pre-Test durchgeführt. Dieser dient der Überprüfung der Eindeutigkeit sowie der Verständlichkeit der Indikatoren. Den Inhalt bilden die im vorgehenden Absatz dargestellten Skalen zur Messung der einzelnen Aspekte von Kundenintegrationskompetenz. Hinzu kommen Skalen zur Messung der abhängigen Größen, z.b. Kundenzufriedenheit, die in Kapitel 6 vorgestellt werden.

Damit beinhaltete der Fragebogen zunächst 53 Indikatoren zur Messung von Kundenintegrationskompetenz sowie 24 Indikatoren zur Messung der abhängigen Größen sowie der Determinante. Alle Items wurden jeweils mit einer Übersetzerin ins Deutsche übersetzt und erneut zurückübersetzt, um eine möglichst hohe Bedeutungsäquivalenz zu erhalten.[691] Dies erforderte, dass einige Items umformuliert werden mussten. Für 49 Items wurden siebenstufige Ratingskalen mit den Gegensatzpaaren *stimme nicht zu (-3)* und *stimme voll zu (+3)* gebildet, lediglich die vier Indikatoren zur Messung von Technologieaffinität wurden in Form eines semantischen Differentials dargestellt. Vor der Verteilung des Fragebogens fand eine Überprüfung durch vier Experten im Bereich der Fragebogengestaltung statt, welche die Indikatoren in Hinblick auf Verständlichkeit, Eindeutigkeit sowie Vollständigkeit überprüften. Auf Basis der Anregungen der Experten wurden zwölf Items umformuliert und vereinfacht.

Die Datenerhebung wurde Anfang Juli 2005 unter Studenten der Technischen Universität München durchgeführt, die aus drei Vorlesungen rekrutiert wurden.[692] Insgesamt konnten 157 vollständig ausgefüllte Fragebögen für die Analysen herangezogen werden; einzelne fehlende Werte

---

[691] Vgl. Sauer (2003), S. 73.

[692] Aufgrund der explorativen Natur des Pre-Tests erscheint die Rekrutierung eines Studentensamples legitim.

wurden mit Hilfe einer Analyse fehlender Werte ersetzt; Teilnehmer mit objektiv falschen Antworten wurden ausgeschlossen. Die Analyse erfolgte entsprechend den Literaturvorgaben.[693]

Der durchgeführte Pre-Test bestätigt die Facetten von Kundenintegrationskompetenz grundsätzlich. Einige Indikatoren mussten umformuliert werden, 15 Indikatoren wurden aus der Untersuchung entfernt: Von den fünf Fragen zur Messung von Produktwissen aus der Skala von FLYNN/GOLDSMITH wurden – basierend auf den Ergebnissen des Pre-Tests – vier Items in die nachfolgende Hauptbefragung übernommen. Dasselbe gilt für die Messung von Prozesswissen. Das Konstrukt *kommunikative Fähigkeiten* reduziert sich um zwei Items, die Größe *Kaufinvolvement* um einen Indikator. Beim Konstrukt *Produktinvolvement*, das aus vier Facetten besteht und damit sehr umfangreich ist, sollten die wesentlichen Facetten mittels des Pre-Tests ermittelt werden. Von den 16 ursprünglichen Messitems wurden die nachfolgenden sechs Indikatoren beibehalten (vgl. Tabelle 15). Damit werden drei von fünf Facetten von Produktinvolvement – *Imporisk*, *Pleasure* und *Interest* – weiterhin in der Untersuchung berücksichtigt.[694]

Operationalisierung von Produktinvolvement nach dem Pre-Test	
05	Es ist sehr unerfreulich, … zu kaufen, das/der nicht passt.
06	Ich würde mich ärgern, wenn sich meine Entscheidung für ein(en) … nachträglich als falsch herausstellte.
07	… zu kaufen ist, als ob ich mir selbst ein Geschenk machen würde.
08	… sind eine Art Vergnügen für mich.
09	Ich lege großen Wert auf …
10	Man kann sagen, dass mich … sehr interessieren.

Tabelle 15: Operationalisierung von Produktinvolvement nach dem Pre-Test

Insgesamt sind die Ergebnisse des Pre-Tests sehr zufrieden stellend. Tabelle 16 zeigt die Werte der Gütekriterien der ersten Generation (vgl. Kapitel 5.1.2) für die Konstrukte.

Faktorbezeichnung	Faktorladung (Indikatoren)	Erklärte Varianz	Cronbach-Alpha
Produktwissen	0,787 (02), 0,775 (03), 0,756 (04), 0,728 (01)	68,488	0,844
Produkterfahrung	0,918 (13), 0,806 (11), 0,779 (14), 0,549 (12)	68,742	0,835
Prozesswissen	0,783 (19), 0,777 (18), 0,746 (21), 0,726 (20)	68,079	0,842
Prozesserfahrung	0,834 (24), 0,828 (25), 0,737 (22), 0,469 (23)	63,750	0,793
Kommunikative Fähigkeiten	0,835 (41), 0,756 (39), 0,574 (40), 0,515 (38)	58,682	0,753
Technologieaffinität	0,905 (27), 0,887 (26), 0,748 (28), 0,735 (29)	75,277	0,889
Produktinvolvement I	0,833 (05), 0,833 (06)	84,772	0,819
Produktinvolvement II	0,889 (07), 0,828 (08), 0,827 (09), 0,728 (10)	75,199	0,888
Kaufinvolvement	0,913 (35), 0,776 (36), 0,734 (34), 0,665 (37)	69,685	0,853
Konsum-Hedonismus	0,917 (31), 0,789 (33), 0,536 (32), 0,530 (30)	61,041	0,770

Tabelle 16: Ausgewählte Gütekriterien des Pre-Tests

---

[693] Vgl. für nähere Erläuterungen Kapitel 5.1. und Kapitel 5.2.1.

[694] Die Indikatoren 05 und 06 bilden einen Faktor (Involvement I in Tabelle 16), die Indikatoren 07 bis 10 einen zweiten Faktor (Involvement II in Tabelle 16).

Vor der eigentlichen Datenerhebung wurden in einem letzten Schritt Experten aus Theorie und Praxis gebeten, die Verständlichkeit der einzelnen Indikatoren abschließend zu beurteilen. Außerdem wurden sie aufgefordert, den Fragebogen in Hinblick auf die Struktur zu evaluieren. Hierfür konnten insgesamt fünf Eigentümer bzw. Mitarbeiter von Mass-Customization-Unternehmen sowie vier Wissenschaftler gewonnen werden, die mit dem Themenfeld vertraut sind. Dieser finale Schritt führte zu einer erneuten Umformulierung von neun Items sowie zu einer Änderung der Fragebogenstruktur. Zudem zeigte die Diskussion mit Experten, dass die soziale Kompetenz als Facette von Kundenintegrationskompetenz bisher zu wenig Berücksichtigung fand. Es wurde deshalb neben dem Konstrukt *kommunikative Fähigkeiten* ein zweiter Aspekt aufgenommen, der die Sozialkompetenz zeigt: das *Bedürfnis nach Interaktion mit dem Verkaufspersonal.*[695] Die Experten merkten außerdem an, dass bei den Konstrukten *Produktwissen, Produkterfahrung* und *Produktinvolvement* Indikatoren zu integrieren sind, die sich unmittelbar auf individuelle Produkte beziehen. Dies führte zu einer Aufnahme von drei weiteren Indikatoren in den Fragebogen, so dass bei jedem der drei Konstrukte ein weiteres Item berücksichtigt wird. Die Formulierung der Indikatoren orientiert sich an den genutzten Skalen (vgl. Tabelle 17).

Operationalisierung von Produktwissen, -erfahrung und -involvement mit individuellen Leistungen	
15	Ich weiß ziemlich viel über individuelle … (Produktwissen)
16	Ich habe viel Erfahrung mit individuellen … (Produkterfahrung)
17	Es ist sehr unerfreulich, ein/e/n individuelle/s/n … zu kaufen, die/das/der nicht passt. (Produktinvolvement)

Tabelle 17: Operationalisierung von Produktwissen, -erfahrung und -involvement bei individuellen Leistungen

Der finale Fragebogen, wie er in der Haupterhebung berücksichtigt wird, umfasst letztendlich zehn Facetten von Kundenintegrationskompetenz mit 45 Indikatoren.[696]

4.5   Inhaltlich verwandte Konstrukte

Abschließend wird das Konstrukt *Kundenintegrationskompetenz* von inhaltlich ähnlichen Konstrukten abgegrenzt, wobei die Darstellung aus Platzgründen knapp gehalten wird. Dies erscheint auch aufgrund der Tatsache legitim, dass andere Sachverhalte fokussiert werden.

4.5.1   Konsum-Expertentum

Für das Konstrukt *Konsum-Expertentum* oder *Consumer Expertise* fehlt bis heute eine einheitliche Begriffsbestimmung sowie eine fundierte Operationalisierung.[697] ALBA/HUTCHINSON definieren Konsum-Expertentum innerhalb einer ausführlichen Konzeptualisierung des Themenbereichs als

---

[695] Das Konstrukt wurde im Sinn eines schlüssigen Aufbaus der Arbeit bereits in Kapitel 4.3 zusammen mit den weiteren Konstrukten dargestellt.

[696] Vgl. Anhang 1 für einen Überblick der Indikatoren, die für die Haupterhebung herangezogen wurden.

[697] Vgl. Hennig-Thurau (1998), S. 84; Kleiser/Mantel (1994), S. 20; Sauer (2003), S. 25.

„[…] the ability to perform product-related tasks successfully."[698]

Die Diskussion hinsichtlich des Begriffs wird auf die Schwierigkeit der Messung von Expertentum und der Qualität von Konsumentenentscheidungen zurückgeführt, denn: *„Without an objective basis for identifying decision quality, there is great difficulty in identifying just what constitutes expertise."* [699] Zudem besteht bis heute keine Übereinstimmung hinsichtlich der Abgrenzung von Konsum-Expertentum und Produktwissen.[700] Die meisten Forscher erkennen jedoch an, dass es zentrale Gemeinsamkeiten gibt und dass deshalb viele Aussagen aus dem Bereich *Produktwissen* auch für Konsum-Expertentum gelten.[701] Während insbesondere frühe Arbeiten beide Aspekte stärker differenzieren,[702] teilt die Mehrzahl der Autoren nun (explizit oder implizit) die Ansicht, dass beide Konstrukte nahezu dasselbe verkörpern.[703] Bei den Autoren, die die Konstrukte voneinander abgrenzen, wird Produktwissen zum Teil als Facette von Konsum-Expertentum gesehen oder Konsum-Expertentum als ein Teilbereich von Produktwissen dargestellt. Beispielsweise betrachten ALBA/HUTCHINSON Konsum-Expertentum neben Erfahrung als einen Teilbereich von Konsumentenwissen:

> „We propose that consumer knowledge has two major components: familiarity and expertise […] Familiarity is defined as the number of product-related experiences that have been accumulated by the consumer. Expertise is defined as the ability to perform product-related tasks successfully."[704]

Bei JACOBY et al. dagegen ist Konsum-Expertentum das übergeordnete Konstrukt, welches sich aus Wissen und Fähigkeiten zusammensetzt und sich von Erfahrungen unterscheidet.[705] Diese Ansicht teilen verschiedene weitere Autoren.[706] Insgesamt ist festzustellen, dass sich vergleichsweise wenige Autoren mit dem Inhaltsbereich des Konstruktes befassen. Vielmehr wird das Konstrukt *Konsum-Expertentum* meist herangezogen, um Experten von Novizen zu differenzieren.[707]

---

[698] Alba/Hutchinson (1987), S. 411.

[699] Jacoby et al. (1986), S. 469.

[700] Vgl. zum Produktwissen Kapitel 4.3.2.1.

[701] Vgl. Hennig-Thurau (1998), S. 84.

[702] Vgl. Sauer (2003), S. 25. Weitergehende Erläuterungen zur Betrachtung von Konsum-Expertentum, auch in Zusammenhang zu Produktwissen, sind bei Sauer (2003), S. 25ff. zu finden.

[703] Vgl. beispielsweise Beattie (1983), S. 581; Lürssen (1989), S. 92; Maheswaran/Sternthal/Gürhan (1996), S. 115; Selnes/Troye (1989), S. 412; Spence/Brucks (1997), S. 233f.

[704] Alba/Hutchinson (1987), S. 411.

[705] Vgl. Jacoby (1978), S. 469.

[706] Vgl. beispielsweise auch Alba/Hutchinson (1987), S. 411; Mitchell/Dacin (1996), S. 219.

[707] Vgl. Hennig-Thurau (1998), S. 85. Vgl. für eine derartige Untersuchung beispielsweise Spence/Brucks (1997).

Aufgrund der Unschärfe des Begriffs ist auch die Übertragung von Erkenntnissen auf das betrachtete Konstrukt *Kundenintegrationskompetenz* eingeschränkt.

Vergleicht man Kundenintegrationskompetenz mit Konsum-Kompetenz, werden die folgenden Gemeinsamkeiten ersichtlich:

- Neben einer Wissenskomponente beinhalten beide Konstrukte eine Fähigkeitskomponente.[708]

- Bei beiden Konstrukten spielen die Facetten *Produktwissen* und *-erfahrung* eine Rolle.

Unterschiede existieren bezüglich der folgenden Aspekte, die nur einen sehr eingeschränkten Transfer von Erkenntnissen aus dem Bereich *Konsum-Expertentum* erlauben:

- Konsum-Expertentum wird häufig zur Klassifizierung verwendet; dagegen steht in dieser Arbeit die Begriffsbestimmung von Kundenintegrationskompetenz im Vordergrund.

- Während Konsum-Expertentum vorwiegend kognitive Elemente enthält,[709] schließt das Konstrukt *Kundenintegrationskompetenz* auch affektive Komponenten mit ein.

- Kundenintegrationskompetenz umfasst auch eine soziale Dimension des Konsumentenverhaltens, was bei Konsum-Expertentum nicht gegeben ist.

- Konsum-Expertentum weist eine Vorkaufs- und Kaufentscheidungsbezogenheit auf, dagegen bezieht sich Kundenintegrationskompetenz auf den Co-Design-Prozess bei individuellen Leistungen und damit die Kaufphase.

- Kundenintegrationskompetenz beschreibt die Kompetenz von Kunden, sich in Co-Design-Prozesse einzubringen, und betont damit das Prozesswissen. Dagegen steht bei Konsum-Expertentum meist generelles Wissen im Vordergrund.

Die dargestellten Unterschiede zwischen beiden Konstrukten verdeutlichen, dass keine wesentlichen Erkenntnisse aus dem Bereich des Konsum-Expertentums auf Kundenintegrationskompetenz übertragen werden können. Gemeinsamkeiten bestehen lediglich hinsichtlich der Tatsache, dass bei manchen Autoren Produktwissen und -erfahrung als Teil von Konsum-Expertentum betrachtet werden, wie es auch für Kundenintegrationskompetenz angenommen wird.

---

[708] Vgl. beispielsweise Jacoby et al. (1986), S. 469. Wie erläutert ist die Begriffsbestimmung nicht einheitlich, weswegen es auch Autoren gibt, bei denen dieser Aspekt nicht enthalten ist.

[709] Vgl. Alba/Hutchinson (1987), S. 411.

4.5.2 Consumer Sophistication

Das Konstrukt *Consumer Sophistication* wird von SAUER im Rahmen einer ausführlichen Auseinandersetzung mit bestehender Literatur zu dem Thema konzeptualisiert und operationalisiert.[710] Die Autorin gibt folgende Definition des Konstruktes:

> „Ein sophisticated consumer ist ein Verbraucher, der in der Lage ist, die für eine Kaufentscheidung notwendigen Informationen zu erkennen, zu beschaffen und effizient zu handhaben. Er verfügt ferner über einen großen Erfahrungsschatz in Bezug auf das relevante Produkt und teilt seine Erfahrungen und Kenntnisse gerne mit anderen. Einem sophisticated consumer macht seine Rolle als Konsument Spaß, und er nutzt Produkte ganz explizit zur Kommunikation seines Selbstbildes an seine Umwelt."[711]

Das Konstrukt beinhaltet vier Facetten des Entscheidungsverhaltens von Konsumenten: Informationshandhabung, Produkterfahrung und Meinungsführerschaft, Konsum-Hedonismus und symbolisches Kaufverhalten. Damit wird berücksichtigt, dass sowohl kognitive Strukturen (z.B. Produktwissen) und kognitive Prozesse (z.B. Informationsverarbeitung), als auch affektive Aspekte des Konsumentenverhaltens (z.B. symbolischer Konsum) wichtig für eine effiziente Entscheidungsfindung sind.

Gemeinsamkeiten und damit interessante Anknüpfungspunkte zu Kundenintegrationskompetenz bestehen hinsichtlich der folgenden Punkte:

- In beiden Untersuchungen steht die Begriffsbestimmung des betrachteten Konstruktes im Vordergrund.

- Sowohl bei Consumer Sophistication als auch bei Kundenintegrationskompetenz sind die Aspekte Produktwissen und Produkterfahrung von Bedeutung und werden als Facetten des Konstruktes berücksichtigt.

- Beide Größen beinhalten neben kognitiven Aspekten auch affektive Komponenten des Konsumentenverhaltens, z.B. Konsum-Hedonismus.

Bezüglich der folgenden Punkte sind allerdings Unterschiede zwischen den beiden Konstrukten festzustellen, die die eigenständige Betrachtung von Kundenintegrationskompetenz sinnvoll erscheinen lassen:

- Während Consumer Sophistication eine Vorkauf- und Kaufbezogenheit aufweist und auch das Entscheidungsverhalten von Konsumenten erklärt, bezieht sich Kundenintegrationskompetenz auf den Kaufprozess.

---

[710] Vgl. Sauer (2005).

[711] Sauer (2003), S. 198; vgl. auch Sproles/Geistfeld/Badenhop (1978).

- Consumer Sophistication beinhaltet keine soziale Dimension des Konsumentenverhaltens; dagegen werden soziale Fähigkeiten aufgrund der Prozessbezogenheit von Kundenintegrationskompetenz und der Kundeninteraktion bei individuellen Leistungen als wichtige Komponente erachtet.

- Methodische Fähigkeiten und Fertigkeiten, z.b. die Technologieaffinität, werden bei Consumer Sophistication ausgeblendet.

- Consumer Sophistication weist eine starke Produktbezogenheit auf. Dagegen werden bei Kundenintegrationskompetenz zwar auch produktbezogene Aspekte des individuellen Leistungsangebotes berücksichtigt, jedoch steht der Co-Design-Prozess, der für die Leistungserbringung notwendig ist, im Vordergrund.

Die wesentliche Gemeinsamkeit beider Konstrukte ist die umfassende Konzeptualisierung des interessierenden Konstruktes unter Berücksichtigung affektiver und kognitiver Facetten des Konsumentenverhaltens. Einige wesentliche Aspekte können deshalb für Kundenintegrationskompetenz übernommen werden, vor allem für die Modellierung von Teilfacetten. Aufgrund der inhaltlichen Ausrichtung von Consumer Sophistication auf eine bestimmte Produktkategorie ist die Übertragung von Erkenntnissen jedoch eingeschränkt, denn Kaufprozesse stellen spezifische Anforderungen an Konsumenten und ihre Kompetenzen.

4.5.3   Konsum-Kompetenz

HENNIG-THURAU führt das Konstrukt *Konsum-Kompetenz* in die deutsche Marketingliteratur ein und definiert dieses als

„[…] die Summe des Wissens sowie der physischen und sozialen Fertigkeiten des Konsumenten, die seinen Umgang mit dem Produkt in sämtlichen Teilbereichen der Nachkaufphase (Nutzungsvorbereitung, Nutzung, Nutzungsbegleitung, Nachnutzung) betreffen […]."[712]

Zur ersten Phase, der Nutzungsvorbereitung, werden alle Aspekte gezählt, die in die Zeit zwischen Kaufvertrags-Abschluss und erste Produktnutzung fallen, z.B. die Installation eines Produktes. In der Phase der Nutzung geht es um die Häufigkeit der Produktnutzung sowie die Variabilität der Verwendung hinsichtlich Situation und Anwendungszusammenhang. Die Nutzungsbegleitung verläuft parallel zur Nutzungsphase und beinhaltet alle ergänzenden Aktivitäten, die während der Nutzung stattfinden, z.B. Reinigungsaktivitäten. In der Phase der Nachnutzung geht es beispielsweise um die umweltgerechte Entsorgung.[713] Zudem differenziert der Autor zwei Komponenten von Kompetenz – Fach- sowie Sozialkompetenz – und kombiniert

---

[712] Hennig-Thurau (1998), S. 73.

[713] Vgl. Hennig-Thurau (1998), S. 69ff.

diese mit den vier Phasen. Auf diese Art und Weiser erhält er acht Facetten der nachkaufbezogenen Kompetenz, die einerseits das Wissen und die physisch-motorischen Fertigkeiten im Rahmen der Produktnutzung, andererseits soziale Fertigkeiten, z.B. die Interaktion mit dem Hersteller aufgrund von Nutzungsproblemen, in den verschiedenen Phasen des Nachkaufs umfassen. Konsumenten mit einer ausgeprägten Konsum-Kompetenz haben den Vorteil, dass sich ihnen der Produktnutzen nach dem Kauf vollständig erschließt. Für den Anbieter ergeben sich Nutzenvorteile in Hinblick auf Beziehungsqualität und Kundenbindung.

In der Summe kann festgestellt werden, dass das Konstrukt *Konsum-Kompetenz* einige interessante Ansatzpunkte für die Konzeptualisierung von Kundenintegrationskompetenz aufweist:

- Kunden mit hoher Kundenintegrationskompetenz erfahren einen höheren Nutzen aus Co-Design-Aktivitäten, Kunden mit hoher Konsum-Kompetenz sind in der Lage, den Produktnutzen in der Nachkaufphase besser zu erschließen. Damit weisen beide Konstrukte darauf hin, dass kompetente Konsumenten einen größeren Nutzen wahrnehmen.

- Beide Konstrukte orientieren sich an Erkenntnissen aus der arbeitspsychologischen Forschung hinsichtlich der Kompetenzklassen. Allerdings wird für Kundenintegrationskompenz neben Fachkompetenz sowie Methoden- und Sozialkompetenz auch eine personale Kompetenz berücksichtigt, d.h. motivationale Aspekte der Kundenintegration.

Ein Transfer von Forschungserkenntnissen ist allerdings aufgrund von drei zentralen Unterschieden nur eingeschränkt möglich:

- Kundenintegrationskompetenz beinhaltet eine motivationale Komponente, während diese Kompetenzklasse bei Konsum-Kompetenz nicht berücksichtigt wird.

- Während Konsum-Kompetenz eine starke Produktbezogenheit aufweist und sich auf die Nutzung des Produktes bezieht, beschreibt Kundenintegrationskompetenz die Kompetenz, sich in Co-Design-Aktivitäten und damit die Leistungserstellung zu integrieren.

- Konsum-Kompetenz bezieht sich auf die verschiedenen Phasen nach dem Kauf des Produktes, während Kundenintegrationskompetenz primär in die Kaufphase einzuordnen ist. Damit unterscheiden sich beide Konstrukte hinsichtlich der Phase des Kaufverhaltens.

Zusammenfassend kann festgehalten werden, dass aus der Auseinandersetzung mit dem Konstrukt *Konsum-Kompetenz* Hinweise für die Übertragung der Kompetenzklassen aus der arbeitspsychologischen Forschung in den Bereich des Konsumentenverhaltens gewonnen werden können. Allerdings ist Konsum-Kompetenz durch die inhaltliche Ausrichtung auf das Produkt sowie die Nachkaufphase mit anderen Kompetenzen verbunden, weshalb konkrete Erkenntnisse nur sehr eingeschränkt transferiert werden können.

4.6   Fazit: Komponenten des Konstruktes *Kundenintegrationskompetenz*

Aufbauend auf der Bestandsaufnahme der Literatur (vgl. Kapitel 3) wurde in diesem Kapitel das Konstrukt *Kundenintegrationskompetenz* sowie seine Dimensionen und Faktoren konzeptualisiert und operationalisiert. Hierzu wurden zunächst explorative Untersuchungen mit 17 Experten sowie drei Befragungen (potenzieller) Kunden von Mass-Customization-Anbietern durchgeführt, um ein grundlegendes Verständnis für den Co-Design-Prozess bei individuellen Leistungen und die damit verbundenen Herausforderungen aus Kundensicht zu entwickeln. Zusätzlich konnten aus den explorativen Vorstudien gezielte Hinweise gewonnen werden, welche Fähigkeiten auf Kundenseite für eine erfolgreiche Beteiligung an Co-Design-Prozessen wesentlich sind und damit mögliche Facetten von Kundenintegrationskompetenz darstellen.

Die Aspekte, die nach Abschluss der explorativen Untersuchungen als Faktoren von Kundenintegrationskompetenz vermutet wurden, wurden anschließend verschiedenen Kompetenzklassen zugeordnet. Dies geschah basierend auf den Erkenntnissen aus der arbeitspsychologischen Forschung sowie dem Dienstleistungsbereich (vgl. Kapitel 3.1.2 sowie 3.3.3). Darauf aufbauend wurde die relevante Literatur zu den möglichen Facetten von Kundenintegrationskompetenz analysiert, wichtige Ansätze wurden diskutiert und vorhandene Indikatoren zur Messung des jeweiligen Aspektes ausgewählt und auf die vorliegende Untersuchung angepasst. Nach Überprüfung der entwickelten Indikatoren im Rahmen von abschließenden Vorstudien, verblieben zehn Faktoren mit 45 Indikatoren, die vier Kompetenzklassen zugeordnet wurden:

- Die erste Klasse stellt die *Fachkompetenz* von Kunden dar und beinhaltet die Facetten *Produktwissen, Produkterfahrung, Prozesswissen* sowie *Prozesserfahrung.*

- Zur *Sozialkompetenz* als zweiter Teilfacette werden die Aspekten *kommunikative Fähigkeiten* und das *Bedürfnis nach Interaktion mit dem Verkaufspersonal* gezählt.

- Die dritte Dimension von Kundenintegrationskompetenz beinhaltet die *Technologieaffinität* und wird als *Methodenkompetenz* bezeichnet.

- Die *Motivation* umfasst die Facetten *Produktinvolvement, Kaufinvolvement* und *Konsum-Hedonismus* und stellte die vierte Klasse von Kundenintegrationskompetenz dar.

Anzumerken ist, dass Kundenintegrationskompetenz in dieser Arbeit im Kontext von Mass-Customization-Angeboten konzeptionalisiert wurde, die in Ladengeschäften angeboten werden. Es wird vermutet, dass grundlegende Erkenntnisse zur Kompetenz von Kunden für derartige Leistungen auch auf Online-Angebote übertragen werden können, allerdings wird mit einer Bedeutungsverschiebung einzelner Aspekte gerechnet.[714]

---

[714] Es sind deshalb weitergehende Forschungsarbeiten notwendig, wenn man Kundenintegrationskompetenz im Online-Kontext betrachten möchte. Vgl. hierzu Kapitel 7.2.3.

5 Empirische Validierung von Kundenintegrationskompetenz

Aufbauend auf den Ergebnissen aus Kapitel 4, in dem das Konstrukt und seine Dimensionen konzeptualisiert und operationalisiert wurden, wird die erarbeitete Indikatorenmenge in diesem Kapitel in Hinblick auf ihre Reliabilität und Validität überprüft, wodurch ein allgemeingültiges Messinstrument für Kundenintegrationskompetenz entwickelt werden soll. Dafür ist es erforderlich, die Ausgangsindikatoren zur Konstrukterfassung auf ihre Wirksamkeit hin zu analysieren und die Zusammenhänge zwischen den Größen zu überprüfen. Damit wird die dritte Stufe der Vorgehensweise bei der Konzeptualisierung und Operationalisierung von Konstrukten durchgeführt und die vermuteten Faktoren und Dimensionen des Konstruktes *Kundenintegrationskompetenz* empirisch getestet (vgl. Kapitel 4.1).

Bevor die verschiedenen Schritte dargestellt werden, werden zunächst Datenerhebung und -grundlage der quantitativen Hauptuntersuchung geschildert. Die Analyse beruht auf der Befragung von 517 Kunden, die bei vier Mass-Customization-Unternehmen aus den Branchen *Shirt*, *Rad*, *Anzug* und *Bauprodukt* individuelle Produkte gekauft haben. Nach der Darstellung der Grundlagen werden die Kriterien zur Beurteilung der Güte des Messinstruments erläutert, da sie die Basis der Analyse und aller durchgeführten Schritte bilden, sowie die Vorgehensweise der quantitativen Untersuchungen geschildert.

Im Anschluss an die Darstellung grundlegender Aspekte wird die quantitative Analyse durchgeführt, wobei zunächst die vermuteten Faktoren betrachtet werden. Im nächsten Schritt werden die Dimensionenebene und anschließend das Gesamtmodell analysiert. In Kapitel 7.1 werden diese Ergebnisse dann aufgegriffen und diskutiert.

5.1 Datenbasis, Methodik und Vorgehensweise der quantitativen Analyse

Im ersten Schritt wird ein Überblick über Datenbasis, Methodik und Vorgehensweise gegeben, um die Rahmenbedingungen und Grundlagen der nachfolgenden Datenanalyseschritte aufzuzeigen. Bei den Gütekriterien werden – wie in der Literatur üblich – Kriterien der ersten und zweiten Generation berücksichtigt. Die Vorgehensweise orientiert sich an den Empfehlungen von HOMBURG/GIERING zur quantitativen Analyse.[715]

---

[715] Vgl. Homburg/Giering (1996), S. 12ff. Die Autoren berufen sich auf die Ausarbeitungen von Churchill (1979), dessen Hinweise noch heute wesentliche Bedeutung in der Marketingforschung haben. Vgl. auch Sauer (2003), S. 137ff. und Giering (2000), S. 62ff.

5.1.1   Datenerhebung und -grundlage

Datenerhebung

Das Ziel dieser Untersuchung besteht darin, branchenübergreifende Aussagen über die Kunden-integrationskompetenz im Konsumgüterbereich zu treffen. Hierzu ist es erforderlich, verschiede-ne Branchen in der Untersuchung zu berücksichtigen, allerdings muss aus Zeit- und Kostengrün-den eine Eingrenzung der betrachteten Bereiche vorgenommen werden. Vor diesem Hintergrund wurden vier Mass-Customization-Branchen ausgewählt, wobei darauf geachtet wurde, dass Mass Customization im jeweiligen Bereich relativ weit entwickelt ist, d.h. es existieren in jeder betrach-teten Branche jeweils mehrere Anbieter individueller Produkte.[716]

Zusätzlich sollten die Branchen untereinander möglichst heterogen sein. Als Auswahlkriterien wurden zum einen die Kosten berücksichtigt, die mit der Anschaffung des jeweiligen Produktes verbunden sind, um Aussagen für verschiedene Preiskategorien treffen zu können. Zum anderen wurde auf ein ausgeglichenes Verhältnis der Altersstruktur der Befragten geachtet, indem sowohl Angebote einbezogen sind, die an eine eher jüngere Zielgruppe gerichtet sind, als auch Angebote für Konsumentengruppen mittleren und höheren Alters.[717] Basierend auf diesen Aspekten wur-den die folgenden vier Bereiche berücksichtigt: kundenindividuelle Shirts, Maßkonfektion, kun-denindividuelle Räder sowie individuelle Bauprodukte. Pro Branche wurde ein Unternehmen ausgewählt. Die Branchen sind hinsichtlich der erläuterten Kriterien in Tabelle 18 dargestellt und werden nachfolgend kurz beschrieben.

Branche	Preisespanne der Produkte	Zielgruppe
Individuelle Shirts	Ca. 30-50 Euro	Jüngeres und mittleres Alter
Individuelle Anzüge	Ca. 700-2000 Euro	Eher höheres Alter
Individuelle Räder	Ca. 700-4000 Euro	Jüngeres und mittleres Alter
Individuelle Bauprodukte	Ab ca. 100 bis mehrere Zehntau-send Euro	Eher höheres Alter

Tabelle 18: Branchen, Produkte und Zielgruppen im Überblick

Im Bereich *Shirt* gibt es eine Vielzahl von Unternehmen, die häufig regional tätig sind und indivi-duelle Produkte verkaufen. Hierzu gehören insbesondere auch viele kleine Copy-Shops, die häu-fig das individuelle Bedrucken von Shirts und anderer Produkte neben dem Kopierservice anbie-ten. Außerdem gibt es Unternehmen, die sich auf den Verkauf individueller, modischer Shirts spezialisiert haben, wie z.B. Georgefrank sowie Shirtcity.[718] *Georgefrank* ist ein vorwiegend regional tätiges Unternehmen, das seine Produkte mittels Ladengeschäft sowie Internet vertreibt. Das Unternehmen bietet sieben verschiedene Modelle kurz- und langarmiger Shirts in Standardgrößen

---

[716] Die Branchenauswahl wurde auf Grundlage einer umfassenden Analyse verschiedener Branchen und der Diskus-sion mit Experten im Bereich *Mass Customization* getroffen.

[717] Die deskriptiven Ergebnisse bezüglich des Alters der Teilnehmer sind in Kapitel 5.2.1 dargestellt.

[718] Vgl. www.georgefrank.de, www.shirtcity.com [Stand: 20.06.2006].

an; die Kunden kombinieren diese mit den gewünschten Farben sowie Motiven. *Shirtcity* verfügt über eine umfangreichere Modellpalette und vertreibt neben Shirts in den verschiedensten Schnitten beispielsweise auch Kleider, Kopfbedeckungen, Tassen und Produkte für Kinder. Das Unternehmen ist in verschiedenen Ländern tätig und verkauft die Produkte ausschließlich über das Internet. Die Kunden können Modell, Farbe, Motiv, Schrift sowie eigene Bilder nach Belieben kombinieren. Individuelle Shirts sind dabei ab einem Preis von ca. 20 Euro erhältlich. Die Branche ist insgesamt sehr innovativ, was auch dadurch deutlich wird, dass es viele neuartige Geschäftsmodelle gibt, wie z.B. die Konzepte der Unternehmen *Spreadshirt* und *Threadless*. [719] *Spreadshirt* beispielsweise bietet neben der Möglichkeit, Shirts individuell zu gestalten, auch die Option, diese online mittels eines eigenen Online-Shops an weitere Kunden zu verkaufen.

Das Konzept der *Maßkonfektion*, d.h. des Angebotes individuell abgemessener und angepasster Konfektionsware, gibt es schon lange. In den letzten Jahren hat das Thema einen Aufschwung erlebt, da die Kosten in der Herstellung und dem Vertrieb durch neue IuK- und Produktions-technologien gesenkt werden konnten. Neben mittelständischen Unternehmen, z.B. *Dolzer* oder *Loden-Frey*, verkaufen zunehmend auch große Textilunternehmer und Kaufhäuser individuelle Konfektionsware, z.B. *C&A* und *Karstadt*. [720] *Karstadt* beispielsweise bietet individuelle Anzüge, Sakkos und Hosen in ausgewählten Kaufhäusern deutschlandweit an. Das Angebot umfasst rund 150 Anzug- und Hemdenstoffe. Die Lieferzeit für einen Anzug beträgt ca. drei Wochen bei einem Preis ab 399 Euro. Die meisten Unternehmen in Deutschland vertreiben ihre Produkte ähnlich wie *Karstadt* in Ladengeschäften, wobei zunehmend auch im Internet bestellt werden kann. In den letzten Jahren wird beim Offline-Vertrieb zunehmend mit Scannern gearbeitet, mit denen die Kundenmaße erfasst und weitergegeben werden. Die Anbieter konzentrieren sich zumeist auf den Verkauf von Anzügen sowie Hemden, wobei die Preise für die Produkte recht heterogen sind. Beispielsweise kann man einen individuellen Anzug bereits ab einem Preis von ca. 200 Euro kaufen, jedoch kann der Preis auch bei mehreren Hundert Euro liegen.

Die *Radbranche* in Deutschland ist von einer großen Zahl an selbständigen Händlern (bundesweit ca. 6.000) geprägt, die zumeist mehrere Marken vertreiben und individuelle Produkte neben der Standardware verkaufen. Der größte Teil der Händler ist regional tätig, es gibt jedoch auch einige überregionale Unternehmen. Zu den großen Anbietern individueller Räder zählen *Steppenwolf*, *Simplon*, *Maxx* und *Staiger*, daneben gibt es eine Reihe weiterer Hersteller. [721] Während die ersten drei Anbieter mittelständische Unternehmen sind, die sich auf den Verkauf individueller Räder konzentriert haben, gehört *Staiger* zur *Winora-Gruppe*, die neben *Staiger* auch weitere Marken ver-

---

[719] Vgl. www.spreadshirt.com, www.threadless.com [Stand: 20.06.2006]. Vgl. für weitergehende Erläuterungen zu *Threadless* Ogawa/Piller (2006).

[720] Vgl. www.dolzer.de, www.loden-frey.de, www.cunda.de sowie www.loden-frey.de [Stand: 20.06.2006]. Vgl. für weitergehende Informationen zu dieser Branche Schwarz/Müller (2006).

[721] Vgl. www.e-steppenwolf.de, www.simplon.com, www.maxx.de, www.staiger.de [Stand: 20.06.2006].

treibt und eine umfassende Palette von Standardrädern verkauft.[722] Die Unternehmen bieten in der Regel individuelle Mountainbikes, Trekkingräder, Cityräder sowie Rennräder an, wobei die Schwerpunkte unterschiedlich sind und teilweise auch weitere Spezialräder angeboten werden. Auch die Anzahl an Variationsmöglichkeiten ist sehr verschieden. Beispielsweise bietet *Steppenwolf* 19 Farbvarianten für den Rahmen und *Maxx* verkauft Räder in 14 unterschiedlichen Farben während *Simplon* sich auf wenige Farben konzentriert, z.B. drei Farben bei Rennrädern. Auch wenn beispielsweise *Steppenwolf* und *Maxx* über einen Internet-Konfigurator verfügen, findet der Vertrieb über die Händler sowie gegebenenfalls eigene Niederlassungen statt. Die Unternehmen konzentrieren sich vorwiegend auf das mittlere Preissegment und bieten individuelle Räder ab ca. 700 Euro an. Allerdings kann ein Rad auch mehrere Tausend Euro kosten.

In der Branche für *Bauprodukte* gibt es zahlreiche Unternehmen, die individuelle Produkte verkaufen, allerdings sind diese häufig nur regional tätig. Zu den großen Anbietern der Branche zählen *Schüco*, *Weru* und *Gewe-Selecta*.[723] *Schüco* vertreibt insbesondere Fenster, Türen, Terrassendächer, Wintergärten und Solaranlagen bundesweit mittels unabhängiger Partner und stellt alle für den Bau von Elementen notwendigen Materialien in einem Systembaukasten zur Verfügung. Das Unternehmen *Weru* konzentriert sich auf den Vertrieb von Fenstern und Türen sowie zunehmend auch Terrassendächern. Es existiert ein bundesweites Vertriebsnetz mit mehreren hundert Fachbetrieben, die ausschließlich Produkte des Unternehmens verkaufen. *Gewe-Selecta* arbeitet mit einer weitestgehend integrierten Wertschöpfungskette und besitzt ca. 40 Werksvertretungen in Deutschland. Das Unternehmen hat sich auf den Verkauf individueller Wintergärten und Terrassendächer spezialisiert, ferner werden Fenster, Rollläden und Haustüren hergestellt. Die Preise für die individuellen Bauprodukte sind aufgrund des zumeist umfassenden Sortimentes sehr heterogen und können im Bereich von 100 Euro bis mehreren Tausend Euro, beispielsweise für einen Wintergarten, liegen.

In den geschilderten vier Branchen wurde, wie erläutert, jeweils ein Unternehmen berücksichtigt. Aufgrund des Untersuchungsziels, branchenübergreifende Aussagen zu treffen, wurde zudem angestrebt, eine recht große Stichprobe in die Erhebung einzubeziehen. Auch die Anwendung der Gütekriterien der zweiten Generation im Rahmen der nachfolgenden Analysen macht es erforderlich, eine ausreichend große Datenbasis vorliegen zu haben. So fordert beispielsweise der angewandte Maximum-Likelihood-(ML-)Schätzalgorithmus, der in der Literatur als die Standardmethode gilt,[724] große Stichproben von mehr als 200 Teilnehmern. Zudem steigt der notwendige Umfang der Stichprobe mit der Anzahl der Variablen.[725] Für die Untersuchung wird

---

[722] Vgl. www.winoragroup.de [Stand: 20.06.2006].

[723] Vgl. www.schueco.de, www.weru.de, www.gewe-selecta.de [Stand: 20.06.2006].

[724] Vgl. Hu/Bentler (1999), S. 5; Kline (2005), S. 112; Schermelleh-Engel/Moosbrugger/Müller (2003), S. 25 und Kapitel 5.1.2.

[725] Vgl. Kline (2005), S. 110 sowie Kapitel 5.1.2.

deshalb auf die Methode der standardisierten schriftlichen Befragung zurückgegriffen, bei der die Fragebogeninhalte für alle Untersuchungsteilnehmer gleich sind. Diese Vorgehensweise unterstützt die Vergleichbarkeit der Antworten und erlaubt eine kosten- sowie zeiteffiziente Datenverarbeitung und -auswertung.[726] Außerdem werden Interviewerfehler vermieden, d.h. Fehler aufgrund der Anwesenheit eines Interviewers, und die Anonymität der Befragten gewahrt. Die Antworten sind bei schriftlichen Befragungen zudem tendenziell ehrlicher, überlegter und aufgrund der Anonymität glaubwürdiger.[727]

Wie erläutert, sollte die Untersuchungsmethode auch auf die Zielgruppe abgestimmt sein. In drei der vier Branchen wurde die Befragung schriftlich, in einer Branche online vorgenommen. Die Entscheidung, in einer der Branchen eine Online-Befragung durchzuführen, wurde auf Grund von Kostenüberlegungen getroffen, wobei die Aussagekraft der Stichprobe jedoch nicht leiden sollte. Im Bereich *Shirt* schien es aufgrund der Altersstruktur der Zielgruppe und dem Vertriebskonzept des Unternehmens möglich, die Kunden online zu befragen, ohne dass hierdurch bestimmte Kundengruppen von vornherein ausgeschlossen werden, weil sie kein Internet besitzen oder damit nicht vertraut sind.[728]

Nach Festlegung der Eckdaten wählten die beteiligten Unternehmen Kunden mittels einer einfachen Zufallsauswahl[729] aus dem Kundenstamm aus, der innerhalb der letzten beiden Jahre gekauft hat.[730] Auf diese Weise wurden insgesamt 1.754 Kunden angeschrieben; ca. 2.000 Kunden des Anbieters individueller Shirts erhielten eine Einladungsmail mit dem Link zur Befragung. Um eine möglichst hohe Rücklaufquote zu erzielen, wurde in jeder Branche eine Verlosung von Sachpreisen des jeweiligen Unternehmens durchgeführt bzw. Einkaufsrabatte angeboten. Zudem bestand die Option, sich die Befragungsergebnisse zusenden zu lassen. Durchgeführt wurden die Befragungen zeitversetzt jeweils innerhalb von zwei Wochen von August bis Dezember 2005.

Für den vierseitigen Fragebogen bzw. die sechsseitige Online-Version wurde eine siebenstufige Rating-Skala verwendet, wobei die Extremwerte *-3* mit *stimme nicht zu* und *+3* mit *stimme voll zu* beschriftet waren. Basierend auf dieser Skala sollten die Teilnehmer Indikatoren beurteilen, d.h.

---

[726] Vgl. Berekoven/Eckert/Ellenrieder (2001), S. 99.

[727] Vgl. Schnell/Hill/Esser (1999), S. 336.

[728] Vgl. hierzu die in Kapitel 5.2.1 dargestellten deskriptiven Ergebnisse zum Alter der Teilnehmer. Generell hat das Internet in Deutschland nach aktuellen Erhebungen der Arbeitsgemeinschaft Online-Forschung mittlerweile eine Reichweite von rund 58 Prozent erreicht, so dass von einer breiten Nutzung gesprochen werden kann. Vgl. www.agof.de/2006-03-30.html.

[729] Vgl. für die Verfahren der Zufallsauswahl beispielsweise Berekoven/Eckert/Ellenrieder (2001), S. 51ff.; Bortz/Döring (2003), S. 400ff.; Schnell/Hill/Esser (1999), S. 255ff.

[730] Bei einem der Unternehmen wurden, um eine ausreichend große Teilnehmerzahl zu erhalten, auch Kunden befragt, die schon vor längerer Zeit gekauft haben. Die Daten der Käufer der letzten beiden Jahre wurden mit dieser Gruppe mittels t-Tests verglichen. Es konnten keine signifikanten Unterschiede zwischen beiden Gruppen festgestellt werden.

diesen Messitems auf der siebenstufigen Skala mehr oder weniger zustimmen. Vier Indikatoren mussten aufgrund des Formats der verwendeten Fragenskala in Form eines siebenstufigen semantischen Differentials formuliert werden, d.h. mit Gegensatzpaaren wie *gut – schlecht*.[731] Die Skala wurde bewusst siebenstufig gewählt, da sieben Antworten von den Teilnehmern gerade noch differenziert werden können und gleichzeitig sehr wenige Informationen verloren gehen. Außerdem können sich die Teilnehmer bei einer ungeraden Anzahl von Antworten für die neutrale Mitte entscheiden, was die Zahl der Antwortverweigerer senkt. Es zeigt sich zudem die Tendenz, dass die Teilnehmer bei einer ungeraden Fragenanzahl auch die negativen Antwortmöglichkeiten eher in Anspruch nehmen.[732] Bei der Gestaltung des Fragebogens wurde den Hinweisen der Literatur gefolgt.[733] In allen Fragebögen sind dieselben zentralen Konstrukte und Indikatoren enthalten, der Fragebogen wurde lediglich in Hinblick auf die Unternehmen und das interessierende Produkt angepasst, was zu einigen wenigen Umformulierungen führte. Neben den Messitems zum Konstrukt *Kundenintegrationskompetenz* waren die Indikatoren zu der Determinante und den Konsequenzen enthalten. Bei jedem Unternehmen wurde zudem eine Reihe von unternehmensspezifischen Indikatoren in den Fragebogen aufgenommen, die nicht in diese Untersuchung einfließen, sondern ausschließlich den Unternehmen als Hilfestellung dienen. Insgesamt bestand der Fragebogen aus 45 für die Untersuchung relevanten Indikatoren.[734]

Datengrundlage

Insgesamt waren 402 Fragebögen bis Ende Dezember 2005 eingegangen; 138 Fragebögen konnten aufgrund einer falschen Adresse nicht zugestellt werden. Damit ergibt sich für die schriftliche Befragung eine bereinigte Rücklaufquote über alle Branchen von 24,88 Prozent, was bei Konsumentenbefragungen als guter Wert angesehen werden kann. Von den eingetroffenen Fragebögen mussten 43 Teilnehmer der Befragung in der Radbranche ausgefiltert werden.[735] Bei der Online-Befragung wurde neben der Teilnehmerzahl die Anzahl der Besucher der Internetseite erfasst. Ingesamt besuchten 306 Personen die Seite; teilgenommen haben 171 Personen, weshalb sich

---

[731] Vgl. beispielsweise Berekoven/Eckert/Ellenrieder (2001), S. 81f. Es handelt sich um die Fragen zur Technologieaffinität (vgl. Kapitel 4.3.4).

[732] Vgl. Unterreitmeier (2003), S. 68ff.

[733] Vgl. beispielsweise Berekoven/Eckert/Ellenrieder (2001), S. 113ff.; Bortz/Döring (2003), S. 253ff.; Schnell/Hill/ Esser (1999), S. 319ff. und 355ff.

[734] Ein Überblick der einzelnen Fragen kann dem Fragebogen in Anhang 1 entnommen werden.

[735] Üblicherweise bieten Händler im Radmarkt gleichzeitig Räder verschiedener Hersteller an. Die Räder können dabei mehr oder weniger individuell auf den Kunden abgestimmt sein; auch Standardräder werden verkauft. Da vor Durchführung der Untersuchung nicht nachvollzogen werden konnte, ob die Teilnehmer auch tatsächlich ein individuelles Rad gekauft haben, wurde eine differenzierende Frage in den Fragebogen eingebunden. Teilnehmer, die angaben, dass sie kein individuelles Rad gekauft haben, wurden von den weiteren Untersuchungen ausgeschlossen. Dies betraf insgesamt 43 Teilnehmer. Individuelle Räder wurden damit von 237 Teilnehmern gekauft.

eine Teilnahmequote bezogen auf die Zahl der Besucher von 55,88 Prozent ergibt.[736] Die Branchen im Überblick mit der erreichten Teilnehmerzahl sind Tabelle 19 zu entnehmen.

Branche	Anzahl der Teilnehmer	Erhebungsmethode
Individuelle Shirts	171	Onlinebefragung
Individuelle Anzüge	54	Schriftliche Befragung
Individuelle Räder	237	Schriftliche Befragung
Individuelle Bauprodukte	68	Schriftliche Befragung
Alle Branchen	530	

Tabelle 19: Teilnehmer und Erhebungsmethode nach Branchen

Um eine allgemeingültige Skala zu entwickeln, ist es erforderlich, dass die Stichprobe ein repräsentatives Abbild der Grundgesamtheit darstellt. Nur so können zuverlässige Rückschlüsse auf die Grundgesamtheit gezogen werden. Repräsentativ ist eine Stichprobe, „[...] *wenn sie in der Verteilung aller untersuchungsrelevanter Merkmale der Gesamtmasse entspricht, d.h. ein zwar ein verkleinertes, aber sonst wirklichkeitsgetreues Abbild der Grundgesamtheit darstellt.*" [737] Das Verfahren der einfachen Zufallsauswahl, das bei der Auswahl der Teilnehmer angewendet wurde, erlaubt grundsätzlich die Übertragung von Ergebnissen auf die Grundgesamtheit.[738] Das bedeutet, dass aus den Resultaten der Analysen in dieser Arbeit generelle Hinweise bezüglich der Kunden der beteiligten Unternehmen gewonnen werden können, da die Stichprobe der Grundgesamtheit stark ähnelt.

Auf Branchenebene wird dem Ziel, eine allgemeingültige Skala zu entwickeln, dadurch entsprochen, dass heterogene Märkte und Konsumentengruppen berücksichtigt werden, allerdings kann nicht von einem repräsentativen Abbild der Grundgesamtheit gesprochen werden. In diesem Zusammenhang ist anzumerken, dass „[...] *„Repräsentativität" [Hervorhebung im Original] in der Forschungspraxis eher eine theoretische Zielvorgabe als ein Attribut konkreter Untersuchungen darstellt.*" [739] Bei modernen Skalenkonstruktionsmethoden strebt man Repräsentativität teilweise gar nicht mehr an, da Aussagen nur unter sehr speziellen Bedingungen als allgemeingültig bezeichnet werden können.[740]

Um festzustellen, ob die Ergebnisse auch tatsächlich für Aussagen über die Grundgesamtheit herangezogen werden können, wird überprüft, ob es systematische Unterschiede zwischen den Teilnehmern und Nicht-Teilnehmern gibt. Dies ist ein wesentlicher Aspekt, der mittels verschie-

---

[736] Die Rücklaufquote selbst lässt sich nur schätzen, da nur die ungefähre Anzahl an Kunden bekannt ist, die angeschrieben wurden (ca. 2.000).

[737] Berekoven/Eckert/Ellenrieder (2001), S. 50.

[738] Vgl. Berekoven/Eckert/Ellenrieder (2001), S. 51ff. Vgl. für einen Überblick über die Verfahren, die einen Rückschluss von der Stichprobe auf die Grundgesamtheit erlauben Berekoven/Eckert/Ellenrieder (2001), S. 51ff. In dieser Untersuchung wurde die reine Zufallsauswahl angewendet.

[739] Bortz/Döring (2003), S. 401.

[740] Vgl. hierzu auch Sauer (2003), S. 149.

dener Verfahren überprüft werden kann.[741] Beispielsweise kann man Unterschiede zwischen Teilnehmern und Nicht-Teilnehmern direkt analysieren, was allerdings nur möglich ist, wenn man auch Informationen über die Nicht-Teilnehmer vorliegen hat. Da in der vorliegenden Untersuchung keine Daten von Nicht-Teilnehmern berücksichtigt wurden, wurde der Non-Response-Bias untersucht. Bei diesem Verfahren vergleicht man Teilnehmer, die sofort geantwortet haben, mit denjenigen, die den Fragebogen erst zu einem späteren Zeitpunkt zurücksenden. Unterscheiden sich die Früh- von den Spätantwortern bezüglich einer oder mehrerer wesentlicher Variablen, wird vermutet, dass die Unterschiede zu den Nicht-Antwortern tendenziell noch größer sind.[742]

Vor diesem Hintergrund wurde der Datensatz in Abhängigkeit von dem Eingangsdatum je Branche in drei gleich große Teile geteilt. Die Werte der Variablen aus dem ersten Drittel (*Frühantworten*) werden nun mit den Werten aus dem letzten Drittel (*Spätantworten*) mit Hilfe des t-Tests verglichen. Weniger als fünf Prozent der Variablen wiesen hierbei auf dem 5-Prozent-Niveau signifikante Mittelwertunterschiede auf. Damit kann davon ausgegangen werden, dass kein wesentlicher Non-Response-Bias existiert.[743]

5.1.2 Methodik der quantitativen Analyse

Gütebeurteilung anhand von Reliabilität und Validität

Um die Qualität der Messung eines Konstruktes mittels Indikatoren zu beurteilen, zieht man im Wesentlichen zwei Kriterien heran:

- die *Reliabilität*, also Zuverlässigkeit der Messung, sowie

- die *Validität*, also ihre Gültigkeit.[744]

Man geht dabei davon aus, dass es bei der Durchführung von Messungen zu Fehlern kommen kann bzw. aufgrund der Nicht-Messbarkeit theoretischer Konstrukte sogar kommen muss. Ein gemessener Wert ergibt sich deshalb aus dem tatsächlichen Wert und zwei Fehlerquellen, dem systematischen und dem unsystematischen Fehler.[745] Während der systematische Fehler bei jeder

---

[741] Vgl. für einen Überblick verschiedener Methoden Armstrong/Overton (1977), S. 396ff.; Bortz/Döring (2003), S. 259ff.

[742] Vgl. Bortz/Döring (2003), S. 260. Auch wenn das Verfahren nicht unkritisch ist, wird es aufgrund seiner einfachen Handhabbarkeit angewendet. Dies empfehlen auch Bortz/Döring (2003), S. 260.

[743] Vgl. auch Giering (2000), S. 69.

[744] Vgl. Berekoven/Eckert/Ellenrieder (2001), S. 86; Carmines/Zeller (1979), S. 11; Homburg/Giering (1996), S. 6f.; Peter (1979), S. 6. Berekoven/Eckert/Ellenrieder (2001), S. 86ff. führen als weiteres Kriterium die Objektivität der Messung an, d.h. die Unabhängigkeit der Messung von der Person, die sie durchführt. Objektivität ist eine Voraussetzung für Reliabilität und wesentlich während der Durchführung und Auswertung der Untersuchung sowie der Interpretation der Ergebnisse. In dieser Untersuchung wurde die Objektivität sowohl bei der Durchführung und Auswertung berücksichtigt als auch bei der Interpretation der Ergebnisse wurde durch Diskussion mit Experten aus verschiedenen Bereichen die Objektivität zumindest angestrebt.

[745] Vgl. Berekoven/Eckert/Ellenrieder (2001), S. 63.

Wiederholung der Messung erneut in ähnlicher Höhe auftritt, werden zum unsystematischen Fehler (auch Zufallsfehler genannt) die Auswirkungen aller Faktoren gezählt, die zufällig und damit bei Wiederholungen eventuell nicht mehr oder in anderer Ausprägung auftreten.[746] Bei der Reliabilitätsbetrachtung wird nun berücksichtigt, inwieweit das Messinstrument frei von Zufallsfehlern ist.[747] Die Reliabilität beschreibt damit die formale Genauigkeit der Messung, d.h. die Tatsache, dass bei erneuter Messung unter konstanten Bedingungen noch einmal dieselben Ergebnisse erzielt würden.[748] Ein reliables Messinstrument liefert demnach zu jedem Zeitpunkt und bei gleichen Umweltbedingungen konstant ähnliche Ergebnisse.[749] Zur Berechnung der Reliabilität stehen verschiedene Verfahren zur Verfügung.[750] Die einzelnen Indikatoren sind dann reliable Messungen des zugehörigen Faktors, wenn ein ausreichend großer Anteil der Indikatorvarianz durch diesen Faktor erklärt wird.[751] Die Reliabilität ist eine notwendige, jedoch nicht hinreichende Bedingung für das zweite wesentliche Kriterium, die Validität.[752]

Diese zeigt auf, inwieweit ein Messinstrument auch tatsächlich das misst, was es messen soll.[753] Es wird somit sowohl der systematische als auch der unsystematische Fehler berücksichtigt.[754] Valide ist eine Messung nur dann, wenn neben dem unsystematischen auch der systematische Fehler ausgeschlossen werden kann.[755] In der Literatur werden verschiedene Validitätsbegriffe erläutert, wobei für diese Untersuchung die folgenden insbesondere wichtig sind:[756]

• *Inhaltsvalidität:* Diese Art der Validität zeigt, inwieweit die verwendeten Indikatoren die verschiedenen Facetten des betrachteten Konstruktes auch tatsächlich oder ausreichend genau abbilden. Damit besagt die Inhaltsvalidität also, inwiefern es gerechtfertigt ist, die Indikatoren als gültige Operationalisierungen des Konstruktes zu akzeptieren.[757]

---

[746] Vgl. Homburg/Giering (1996), S. 7.

[747] Vgl. Giering (2000), S. 73; Peter (1979), S. 7.

[748] Vgl. Berekoven/Eckert/Ellenrieder (2001), S. 87.

[749] Vgl. Peter (1979), S. 6.

[750] Vgl. für einen Überblick Bühner (2004), S. 119ff.

[751] Vgl. Homburg/Giering (1996), S. 6; Peter (1979), S. 7.

[752] Vgl. beispielsweise Carmines/Zeller (1979), S. 13; Peter (1979), S. 6.

[753] Vgl. Berekoven/Eckert/Ellenrieder (2001), S. 88.

[754] Vgl. Homburg/Giering (1996), S. 7.

[755] Vgl. Giering (2000), S. 73.

[756] Vgl. Homburg/Giering (1996), S. 7; Giering (2000), S. 74f.; vgl. ähnlich auch Bagozzi/Yi/Phillips (1991), S. 425f.; Jacoby (1978), S. 91f.; Peter (1981), S. 134f.

[757] Die Inhaltsvalidität, d.h. die Vollständigkeit der berücksichtigten Indikatoren, ist besonders zu beachten, da Größen, die in dieser Stufen nicht enthalten sind, später nicht mehr beachtet werden können. Vgl. Siems (2003), S. 99.

- *Konvergenzvalidität:* Dieses Kriterium gilt als erfüllt, wenn die einem Faktor zugeordneten Indikatoren ausreichend miteinander zusammenhängen. Dasselbe gilt bei mehrdimensionalen Konstrukten für die einer Dimension zugerechneten Faktoren, d.h. die Faktoren, die einer Dimension zugeordnet werden, müssen ausreichend zusammenhängen.[758]

- *Diskriminanzvalidität:* Die Diskriminanzvalidität verlangt, dass die Faktoren durch die ihnen zugeordneten Indikatoren zuverlässig gegeneinander abgegrenzt werden und somit tatsächlich unterschiedliche Konstrukte durch die Indikatorgruppen erfasst werden können.[759] Technisch wird beispielsweise überprüft, ob die einem Faktor zugeordneten Indikatoren untereinander stärker korrelieren als mit Indikatoren anderer Faktoren. Die Diskriminanzvalidität ist ebenfalls auf Ebene der Dimensionen zu überprüfen.[760]

- *Nomologische Validität:* Dieses Kriterium gilt als erfüllt, wenn Aussagen, die basierend auf einem Konzept getroffen werden, mit einer übergeordneten Theorie im Einklang stehen.[761] Hierzu wird das Konstrukt in einen übergeordneten Bezugsrahmen eingeordnet[762] und Verbindungen zwischen dem betrachteten Konstrukt sowie weiterer relevanten Größen hergestellt und analysiert.[763]

Wenn ein Messinstrument sowohl konvergenz- als auch diskriminantvalide ist, spricht man von Konstruktvalidität, d.h. der Test misst dann genau das, was er messen soll.[764] Da die Inhaltsvalidität nur sehr schwer zu bestimmen ist, verwendet man üblicherweise die Konstruktvalidität, um die Validität indirekt zu ermitteln.[765]

Für die Beurteilung der Reliabilität und Validität von Konstruktmessungen werden verschiedene Kriterien herangezogen, die man in Kriterien der ersten und der zweiten Generation einteilt.[766] Während lange Zeit die Kriterien der ersten Generation die Marketingforschung dominierten, wurden mit der Einführung der konfirmatorischen Faktorenanalyse die Voraussetzungen geschaffen, Kriterien zu berücksichtigen, die hinsichtlich vieler Aspekte leistungsfähiger sind.[767] Die betrachteten Kriterien beider Generationen werden im Folgenden vorgestellt.

---

[758] Vgl. auch Bagozzi/Phillips (1982), S. 468.

[759] Vgl. Homburg/Giering (1996), S. 7.

[760] Vgl. auch Bagozzi/Phillips (1982), S. 469.

[761] Vgl. Bagozzi (1979), S. 20.

[762] Vgl. Peter/Churchill (1986), S. 2.

[763] Vgl. Peter (1981), S. 137f.

[764] Vgl. Bühner (2004), S. 32.

[765] Vgl. Bühner (2004), S. 30.

[766] Vgl. Homburg (2000), S. 75.

[767] Vgl. Fornell (1982), S. 1ff.; Homburg/Giering (1996), S. 8.

Gütekriterien der ersten Generation

Im Rahmen der Kriterien der ersten Generation dient die *exploratorische Faktorenanalyse* der Ermittlung der Faktorstruktur, die den gemessenen Indikatoren zugrunde liegt, wobei a priori keine Annahmen bezüglich dieser getroffen werden.[768] Hierzu werden Faktorladungen ermittelt, die erste Hinweise bezüglich der Konvergenz- und Diskriminanzvalidität geben.[769] Die Faktorladungen zeigen, inwieweit eine Variable durch den zugehörigen Faktor erklärt wird, d.h. wie stark Faktor und Indikator zusammenhängen.[770] Von einem sinnvollen Maß an konvergenter und diskriminanter Validität ist dann auszugehen, wenn die Indikatoren eines Faktors ausreichend hoch auf diesen Faktor laden (beispielsweise größer 0,4), während sie auf die anderen Faktoren nur gering laden.[771] Genauer gesagt sollten die Faktorladungen eines Indikators auf verschiedene Faktoren mindestens einen Abstand von 0,1 aufweisen.[772] Es ist außerdem zu betrachten, ob sich eine Ein-Faktorstruktur ergibt. Nur wenn dies gegeben ist, kann die Konvergenzvalidität als sinnvoll angesehen werden.[773] Zudem müssen mindestens 50 Prozent der Varianz der Indikatoren, die einem Faktor zugeordnet werden, durch diesen erklärt werden, sonst sind schrittweise die Indikatoren mit der geringsten Faktorladung zu entfernen.[774]

Für die Ermittlung der Anzahl relevanter Faktoren existieren verschiedene Verfahren.[775] In dieser Untersuchung wird auf das Kaiser-Kriterium[776] zurückgegriffen, d.h. es werden die Faktoren mit einem Eigenwert größer eins berücksichtigt. Der Eigenwert des Faktors ist der Erklärungsbeitrag des Faktors zur Varianz der ihm zugerechneten Indikatoren und ergibt sich aus der Summe der quadrierten Faktorladungen dieses Faktors über alle zugeordneten Variablen.[777] Die Betrachtung des Eigenwertes ist sinnvoll, da Eigenwerte kleiner als eins bedeuten, dass der betreffende Faktor einen kleineren Betrag der Gesamtvarianz erklärt als jede beobachtete Variable.[778]

Vorab ist das Faktorextraktionsverfahren festzulegen. Zu den wichtigsten Verfahren zählen die Hauptkomponenten- sowie die Hauptachsenanalyse; beiden liegen unterschiedliche theoretische

---

[768] Vgl. Backhaus et al. (2003), S. 260; Churchill (1987), S. 776.

[769] Vgl. Homburg/Giering (1996), S. 8.

[770] Vgl. Berekoven/Eckert/Ellenrieder (2001), S. 215.

[771] Vgl. Homburg/Giering (1996), S. 8.

[772] Vgl. Siems (2003), S. 130.

[773] Vgl. Homburg/Giering (1996), S. 12.

[774] Vgl. Homburg/Giering (1996), S. 12.

[775] Vgl. Backhaus et al. (2003), S. 295ff.

[776] Vgl. Kaiser (1974).

[777] Vgl. Backhaus et al. (2003), S. 295.

[778] Vgl. Brosius (2004), S. 786.

Modelle zugrunde.[779] Welches Verfahren herangezogen wird, hängt allein von inhaltlichen Überlegungen ab: Während die Hauptkomponentenanalyse die Datenstruktur durch möglichst wenige Faktoren abbilden will und keine kausale Interpretation der Daten vornimmt, will die Hauptachsenanalyse die Varianz der Variablen durch hypothetische Größen (Faktoren) erklären und interpretiert die Korrelationen damit kausal.[780] Da es in dieser Untersuchung darum geht, die hypothetischen Größen hinter den Daten zu identifizieren, wird die Hauptachsenanalyse angewendet.

Bei der exploratorischen Faktorenanalyse stehen zudem verschiedene Rotationstechniken zur Auswahl.[781] Für die Faktorrotation wird in der Untersuchung das Oblimin-Verfahren, ein obliques (schiefwinkliges) Verfahren, herangezogen, da es im Gegensatz zu orthogonalen (rechtwinkligen) Messmethoden, wie z.B. dem Varimax-Verfahren, nicht auf der oft wenig realistischen Annahme der Unabhängigkeit der Faktoren basiert.[782] Komplexe Hintergrundvariablen korrelieren häufig auch tatsächlich miteinander.[783] Diese Rotationstechnik wird deshalb bewusst gewählt, auch wenn in der Literatur die Varimax-Rotation empfohlen wird, die zu besser interpretierbaren Faktoren führen soll.[784]

Da die berücksichtigten Ausgangsdaten die Güte der mit der Faktorenanalyse erzielten Ergebnisse erheblich beeinflussen, werden zudem – den Empfehlungen von BACKHAUS et al. folgend – Kriterien berücksichtigt, die die Prüfung von Variablenzusammenhängen in Hinblick auf ihre Eignung für die Faktorenanalyse ermöglichen:[785]

• Als erste Prüfgröße wird der Bartlett-Test (Test der Sphärizität oder *Test of Sphericity*) herangezogen. Dieser überprüft die Nullhypothese, ob die Variablen in der Grundgesamtheit unkorreliert sind und erlaubt damit eine Aussage, ob die Korrelationsmatrix nur zu-

---

[779] Vgl. Backhaus et al. (2003), S. 291.

[780] Vgl. Backhaus et al. (2003), S. 292f.

[781] Vgl. Backhaus et al. (2003), S. 300ff. oder Brosius (2004), S. 791ff. für einen Überblick. Grundsätzlich unterscheidet man orthogonale (rechtwinklige) Rotationen, bei denen angenommen wird, dass die Faktoren untereinander nicht korrelieren, sowie oblique (schiefwinklige) Rotationen, die auf der Annahme der Korrelation unter den Faktoren beruhen. Vgl. Backhaus et al. (2003), S. 300.

[782] Vgl. Homburg (2000), S. 89; Giering (2000), S. 76.

[783] Vgl. Brosius (2004), S. 795.

[784] Vgl. Backhaus et al. (2003), S. 331; Brosius (2004), S. 792; Hüttner/Schwarting (2000), S. 403f. Fabrigar et al. (1999), S. 287ff. dagegen finden in einer vergleichenden Untersuchung orthogonaler und obliquer Verfahren heraus, dass die oblique Methode zu saubereren Lösungen führt. Anzumerken bleibt allerdings, dass nach Anwendung obliquer Verfahren die Matrizen der Faktorladungen und der Korrelationskoeffizienten zwischen Faktoren und Variablen nicht mehr identisch sind. Vgl. Brosius (2004), S. 795.

[785] Vgl. Backhaus et al. (2003), S. 269ff; vgl. auch Brosius (2004), S. 778ff.; Bühner (2004), S. 156f. sowie S. 170f. Es ist anzumerken, dass der Bartlett-Test abhängig von der Stichprobengröße ist und dass er normalverteilte Daten voraussetzt. Vgl. Backhaus et al. (2003), S. 275. Alternativ sind bestimmte Grenzwerte für Schiefe und Kurtosis einzuhalten (vgl. Kapitel 5.2.1), was in der vorliegenden Untersuchung gegeben ist.

fällig von einer Einheitsmatrix abweicht, in der keine Korrelationen zwischen den Variablen existieren.

- Im nächsten Schritt wird die Anti-Image-Kovarianz-Matrix betrachtet, um den Grad der Korrelation zwischen den beobachteten Variablen darzustellen.[786] Dabei wird davon ausgegangen, dass die Varianz einer Variablen in zwei Teile zerfällt, das Image und das Anti-Image. Das Image ist der Teil der Varianz der durch die restlichen Variablen mittels multipler Regressionsanalyse erklärt wird; das Anti-Image ist der Teil der Varianz, der von den anderen Variablen unabhängig ist. Letzteres sollte möglichst klein sein und die Nicht-Diagonal-Elemente der Anti-Image-Kovarianz-Matrix damit nahe bei null liegen, da die Faktorenanalyse unterstellt, dass den Variablen gemeinsame Faktoren zugrunde liegen. Die Korrelationsmatrix ist dann für die Faktorenanalyse ungeeignet, wenn der Anteil der Nicht-Diagonal-Elemente, die ungleich null sind (d.h. größer als 0,09), in der Anti-Image-Kovarianz-Matrix 25 Prozent oder mehr beträgt.[787]

- Weiterhin wird das MSA-(Measure-of-Sampling-Adequacy-)Kriterium (auch Kaiser-Meyer-Olkin-Kriterium) betrachtet. Es zeigt, inwieweit die Ausgangsvariablen zusammengehören und gilt als bestes Verfahren zur Überprüfung der Korrelationsmatrix, wobei eine Beurteilung der gesamten Matrix (globales MSA-Kriterium) sowie einzelner Variablen (lokales MSA-Kriterium) möglich ist. Der Wertebereich des MSA-Kriteriums liegt zwischen null und eins. Entsprechend den Empfehlungen von KAISER/RICE wird beispielsweise ein MSA von mindestens 0,9 als *erstaunlich* (*marvelous*) und ein Wert von mindestens 0,8 als *verdienstvoll* (*meritorious*) angesehen; Werte bis maximal 0,5 werden als *untragbar* (*unacceptable*) und damit nicht geeignet für die Faktorenanalyse beurteilt.[788]

- Zuletzt wird berücksichtigt, ob die Fallzahl mindestens der Variablenzahl entspricht oder im besseren Fall sogar dreimal so hoch wie die Variablenzahl ist. Zudem sollten die Daten intervallskaliert sein, was bei einer siebenstufigen Rating-Skala angenommen wird.[789]

Mit dem zweiten Kriterium der ersten Generation, dem Cronbach-Alpha,[790] wird die Interne-Konsistenz-Reliabilität von Indikatoren gemessen, die einem Faktor zugeordnet werden.[791] Es gilt

---

[786] Vgl. Brosius (2004), S. 780.

[787] Vgl. auch Dziuban/Shirkey (1974), S. 359.

[788] Vgl. auch Kaiser/Rice (1974), S. 111ff.

[789] Vgl. Hammann/Erichson (2000), S. 341.

[790] Vgl. Cronbach (1951).

[791] Vgl. Homburg (2000), S. 89; Carmines/Zeller (1979), S. 44ff.; Churchill (1979), S. 68; Gerbing/Anderson (1988), S. 190; Peter (1979), S. 8f.

als das bekannteste und am häufigsten verwendete Reliabilitätsmaß der ersten Generation[792] und errechnet sich als Mittelwert, der entsteht, wenn die einem Faktor zugeordneten Indikatoren auf alle möglichen Arten in zwei Hälften geteilt und die Summen der beiden Hälften jeweils miteinander korreliert werden.[793] Der Wertebereich dieses Gütekriteriums liegt zwischen null und eins, wobei höhere Werte auf eine höhere Reliabilität der Indikatoren hinweisen.[794] Bezüglich des akzeptierten Mindestwertes wird in der Literatur in der Regel ein Wert von mindestens 0,7 gefordert.[795] Im Rahmen dieser Untersuchung wird dieser Grenzwert berücksichtigt.

Schließlich wird das Kriterium der Item-to-Total-Correlation (ITTC) berücksichtigt, das die Korrelation eines Indikators mit der Summe der restlichen, dem Faktor zugeordneten Indikatoren abbildet.[796] Je höher diese Korrelation, desto mehr trägt der einzelne Indikator zur Reliabilität der Messung des zugeordneten Faktors bei.[797] Hohe ITTC-Werte deuten zudem auf ein hohes Maß an Konvergenzvalidität hin.[798] Zu entfernen sind – falls das Cronbach-Alpha noch unterhalb des angestrebten Grenzwertes liegt – die Indikatoren mit der geringsten ITTC, da dies die Reliabilität des Faktors grundsätzlich steigert.[799] Ein explizierter Grenzwert für dieses Kriterium wird in der Literatur nicht angegeben.

Alle erläuterten Kriterien der ersten Generation sind abschließend in Tabelle 20 dargestellt.

Gütekriterium	Anspruchsniveau
Erklärte Varianz (exploratorische Faktorenanalyse)	≥ 50 Prozent
Faktorladung (exploratorische Faktorenanalyse)	$\geq 0,4$
Cronbach-Alpha	$\geq 0,7$
Item-to-Total-Correlation	_[800]

Tabelle 20: Gütekriterien der ersten Generation zur Beurteilung eines Messmodells[801]

---

[792] Vgl. Gerbing/Anderson (1988), S. 190; Giering (2000), S. 77; Peter (1979), S. 8.

[793] Vgl. Carmines/Zeller (1979), S. 45; Giering (2000), S. 77; Homburg/Giering (1996), S. 8.

[794] Allerdings ist zu berücksichtigen, dass das Cronbach-Alpha von der Anzahl der Indikatoren abhängig ist, d.h. bei einer größeren Anzahl Indikatoren nähert sich der Wert der Obergrenze eins. Vgl. Homburg/Giering (1996), S. 8. Dies bedeutet, dass ein Erreichen des Grenzwertes mit einer geringeren Indikatorzahl als besser zu erachten ist als das Einhalten des Wertes mit mehr Indikatoren. Durch die Verwendung einer größeren Anzahl an Indikatoren kann das Cronbach-Alpha also gezielt gesteigert werden, ohne dass sich die tatsächliche Reliabilität erhöht. Vgl. Churchill/Peter (1984), S. 363.

[795] Vgl. Giering (2000), S. 77; Nunnally (1978), S. 245f.

[796] Vgl. Homburg (2000), S. 89.

[797] Vgl. Nunnally (1978), S. 279f.

[798] Vgl. Sauer (2003), S. 142.

[799] Vgl. Churchill (1979), S. 68.

[800] Solange das Cronbach-Alpha kleiner als 0,7 ist, wird der Indikator mit der jeweils niedrigsten Faktorladung gelöscht.

[801] In Anlehnung an Giering (2000), S. 89.

Da die Kriterien der ersten Generation auf einer Reihe von Einschränkungen basieren, werden diese in den letzten Jahren zunehmend kritisiert:[802] Beispielsweise wird beim Cronbach-Alpha vorausgesetzt, dass alle einem Faktor zugeordneten Indikatoren dieselbe Reliabilität aufweisen. Eine Untersuchung der einzelnen Indikatoren in Hinblick auf Messfehler ist damit nicht möglich.[803] Hinzu kommt, dass mit den Methoden keine inferenzstatistische Überprüfung der Validität möglich ist, sondern die Beurteilung auf Faustregeln basiert. Es werden deshalb ergänzend die Gütekriterien der zweiten Generation zur Beurteilung des Messinstruments herangezogen, die im nächsten Schritt vorgestellt werden.

Gütekriterien der zweiten Generation

Im Zentrum der Verfahren der zweiten Generation steht die konfirmatorische Faktorenanalyse, die auf JÖRESKOG zurückgeht.[804] Die konfirmatorische Faktorenanalyse stellt einen Sonderfall der allgemeineren Kovarianzstrukturanalyse dar, die eher unter dem (unpräziseren und auch irreführenden) Begriff *Kausalanalyse* bekannt ist.[805] Diese dient der Analyse von Abhängigkeiten zwischen latenten Variablen (vgl. Kapitel 6.1.2).[806]

Die konfirmatorische Faktorenanalyse kann als das Messmodell der Kausalanalyse bezeichnet werden.[807] Dieses dient der Messbarmachung von latenten Variablen über empirische Indikatoren.[808] Die konfirmatorische Faktorenanalyse befasst sich damit also ausschließlich mit der Beziehung zwischen hypothetischen Konstrukten und den beobachteten Indikatoren sowie den korrelativen Beziehungen der Konstrukte untereinander.[809] Im Gegensatz zur exploratorischen Faktorenanalyse wird ein theoretisches Gerüst, in dem die Indikatoren jeweils genau einem der angenommenen Konstrukte zugeordnet sind, vorab formuliert und anschließend überprüft.[810] Damit dient die konfirmatorische Faktorenanalyse der Hypothesenprüfung und nicht deren Generierung wie die exploratorische Faktorenanalyse.[811] Dies geschieht anhand der aus den empiri-

---

[802] Vgl. Gerbing/Anderson (1988), S. 190ff.; Homburg/Giering (1996), S. 9.

[803] Vgl. Homburg (2000), S. 90.

[804] Vgl. Jöreskog (1966).

[805] Vgl. Bagozzi/Baumgartner (1994), S. 417. Der Begriff *Kovarianzstrukturanalyse* ist darauf zurückzuführen, dass die Beziehungen zwischen den hypothetischen Konstrukten aus den Kovarianzen und Korrelationen der Indikatorvariablen berechnet werden. Vgl. Backhaus et al. (2003), S. 337.

[806] Vgl. Backhaus et al. (2003), S. 334.

[807] Vgl. Byrne (2001), S. 6; Giering (2000), S. 79; Kline (2005), S. 165.

[808] Vgl. Backhaus et al. (2003), S. 350f.

[809] Vgl. Byrne (2001), S. 6.

[810] Vgl. Backhaus et al. (2003), S. 334; Byrne (2001), S. 3; Homburg/Giering (1996), S. 9.

[811] Vgl. Backhaus et al. (2003), S. 330; Byrne (2001), S. 5f.

schen Daten errechneten Kovarianzen.[812] Dabei ist es wichtig, dass das Messmodell sorgfältig spezifiziert wird, d.h. die Zuordnung von Indikatoren zu Faktoren und gegebenenfalls von Faktoren zu möglichen Dimensionen muss theoretisch gut begründet vorgenommen werden.

Die Durchführung der konfirmatorischen Faktorenanalyse geschieht in mehreren Schritten.[813] Im ersten Schritt wird das Messmodell modelliert.[814] Nach Aufstellung dieses Modells wird die Schätzung der Modellparameter vorgenommen. Die Berechnung wird auf Basis der empirischen Kovarianzmatrix der erhobenen Daten durchgeführt, wobei das Ziel verfolgt wird, dass die Differenz zwischen der modelltheoretischen und der empirischen Kovarianzmatrix minimiert wird.[815] Die Identifikation des gefunden Modells erfolgt mittels eines iterativen Schätzalgorithmus. Im nächsten Schritt wird die Güte des Messmodells sowohl auf globaler als auch auf lokaler Ebene untersucht, d.h. sowohl das Gesamtmodell als auch die einzelnen Indikatoren und Faktoren werden in Hinblick auf ihre Güte überprüft.[816]

Es gibt verschiedene Methoden, die Modellparameter zu schätzen, beispielsweise das Maximum-Likelihood-(ML)-Verfahren oder das Unweighted-Least-Squares-(ULS)-Verfahren.[817] In dieser Arbeit wird auf die ML-Methode zurückgegriffen, da sie bei großem Stichprobenumfang und unter der Voraussetzung der Multinormalverteilung die präziseste Schätzung erlaubt.[818] Sie wird in der Literatur von vielen Autoren als die Standardmethode beschrieben,[819] obwohl die Anforderung der Normalverteilung in vielen Untersuchungen nicht gegeben ist. Der Grund hierfür ist, dass sich die Methode in Simulationsstudien relativ robust gegenüber Verletzungen dieser Annahme gezeigt hat, während Verfahren mit schwächeren Voraussetzungen ein deutlich schlechteres Konvergenzverhalten und somit instabilere Schätzungen aufweisen.[820] Liefert ein Test auf Normalverteilung keine zufrieden stellenden Werte, kann alternativ auf die Beurteilung der Schiefe (Maß für die Symmetrie bzw. Rechts- oder Linkssteilheit) sowie der Kurtosis (Maß für die Schmal- oder Breitgipfligkeit der Verteilung, auch Exzess genannt) der Daten zurückgegriffen werden.[821] Bleiben diese innerhalb bestimmter Grenzen, kann die Methode beibehalten werden.

---

[812] Vgl. Backhaus et al. (2003), S. 365.

[813] Vgl. beispielsweise Backhaus et al. (2003), S. 351ff.

[814] Vgl. für ein typisches Messmodell beispielsweise Byrne (2001), S. 59.

[815] Vgl. Backhaus et al. (2003), S. 362; Byrne (2001), S. 7.

[816] Vgl. Homburg/Baumgartner (1995), S. 165ff.

[817] Vgl. Backhaus et al. (2003), S. 362ff. für einen Überblick der in AMOS Version 5.0 verfügbaren Methoden inkl. der jeweiligen Voraussetzungen.

[818] Vgl. Backhaus et al. (2003), S. 365; Bühner (2004), S. 201; Hu/Bentler (1999), S. 5.

[819] Vgl. Hu/Bentler (1999), S. 5; Kline (2005), S. 112; Schermelleh-Engel/Moosbrugger/Müller (2003), S. 25.

[820] Vgl. Schermelleh-Engel/Moosbrugger/Müller (2003), S. 26.

[821] Vgl. Bühner (2004), S. 201; Kline (2005), S. 49f.

In dieser Arbeit wird den Empfehlungen von KLINE gefolgt und eine Schiefe kleiner als drei und eine Kurtosis kleiner als acht als akzeptabel erachtet.[822] Neben der Prüfung auf Normalverteilung sollte der Datensatz auch in Hinblick auf Ausreißerwerte bei einzelnen Personen geprüft werden.[823] Dies wird in der vorliegenden Arbeit ebenfalls berücksichtigt.

Eine weitere wesentliche Anwendungsvoraussetzung der adäquaten Durchführung konfirmatorischer Faktorenanalysen ist der notwendige Stichprobenumfang. Auch bezüglich dieses Aspektes sind verschiedene Meinungen in der Literatur zu finden.[824] Beispielsweise unterscheidet Kline zwischen kleinen Stichproben (weniger als 100 Teilnehmer), mittleren Stichproben (zwischen 100 und 200 Teilnehmern) sowie großen Stichproben (mehr als 200 Teilnehmer). Er weißt darauf hin, dass komplexere Modelle mit vielen zu schätzenden Parametern eine größere Fallzahl erfordern als weniger komplexe Modelle. Als Richtwert wird ein Verhältnis von Fallzahl zu Parametern von 20 zu eins empfohlen, realistischer ist ein Verhältnis von zehn zu eins, abzulehnen ein Verhältnis geringer als fünf zu eins.[825] Die Teilnehmerzahl der Untersuchung liegt deutlich über 200, weshalb der Stichprobenumfang als ausreichend angesehen wird.[826]

Wie bereits dargestellt, sollte die Güte des Messmodells sowohl auf globaler als auch auf lokaler Ebene analysiert werden.[827] Auf globaler Ebene unterscheidet man absolute und inkrementelle Gütemaße: Während absolute Maße die Güte des Modells aufgrund der Diskrepanz der empirischen und der modelltheoretischen Kovarianzmatrix und somit unabhängig von anderen Modellen beurteilen, erfolgt die Gütebeurteilung bei den inkrementellen Anpassungsmaßen durch Vergleich des spezifizierten Modells mit einem Referenzmodell.[828] Das Basismodell ist dabei meist ein Modell, welches annimmt, dass die Indikatoren unkorreliert sind (Nullmodell); dieses wird dann mit dem spezifizierten Modell verglichen und es wird festgestellt, wie sich die Güte verbessert, wenn mit dem betrachteten Modell gemessen wird.[829] Bezüglich der zur Beurteilung der globalen Güte heranzuziehenden Kriterien findet man verschiedene Hinweise in der Literatur.[830]

---

[822] Vgl. Kline (2005), S. 50.

[823] Vgl. Kline (2005), S. 51.

[824] Vgl. Backhaus et al. (2003), S. 364f.; Kline (2005), S. 110f. Backhaus et al. (2003) unterscheiden bei dem notwendigen Stichprobenumfang nach der herangezogenen Schätzmethode, wobei eine Stichprobe größer als 100 für das ML-Verfahren als akzeptabel erachtet wird.

[825] Vgl. Kline (2005), S. 110f. und S. 178.

[826] Auch die weiteren Anwendungsvoraussetzungen werden erfüllt. Vgl. für einen Überblick beispielsweise Bühner (2004), S. 207ff.; Kline (2005), S. 45ff.

[827] Vgl. Homburg/Baumgartner (1995), S. 165ff.

[828] Vgl. Hu/Bentler (1999), S. 2; Kline (2005), S. 140.

[829] Vgl. Homburg/Baumgartner (1995), S. 170.

[830] Vgl. beispielsweise Byrne (2001), S. 76ff.; Homburg/Giering (1996), S. 10ff.; Hu/Bentler (1998); Hu/Bentler (1999); Kline (2005), S. 134ff.; Schermelleh-Engel/Moosbrugger/Müller (2003).

Auch bezüglich der Grenzwerte bei den einzelnen Kriterien gibt es verschiedene Meinungen.[831] Im Rahmen dieser Untersuchung wird den Empfehlungen von HOMBURG/BAUMGARTNER gefolgt und folgende Kriterien analysiert:[832]

- der Quotient aus dem Chi-Quadrat-Wert und der Anzahl der Freiheitsgrade (χ^2/df),

- der Root Mean Squared Error of Approximation (RMSEA),

- der Goodness-of-Fit-Index (GFI) und der Adjusted Goodness-of-Fit-Index (AGFI),

- der Normed-Fit-Index (NFI) und der Comparative-Fit-Index (CFI).

Der Quotient χ^2/df (auch Normed Chi-Square genannt) wird als deskriptives[833] Gütemaß herangezogen und dient der Überprüfung der Validität des Messinstruments.[834] Er berücksichtigt den χ^2-Wert sowie die Anzahl der Freiheitsgrade und reagiert weniger empfindlich auf die Stichprobengröße als der p-Wert des χ^2-Tests.

Dieser χ^2-Test prüft die Nullhypothese, ob die empirische Kovarianzmatrix mit der vom Modell reproduzierten Matrix übereinstimmt, und ist damit ein inferenzstatistisches Maß. Zur Beurteilung wird der p-Wert herangezogen, der angibt, wie wahrscheinlich es ist, einen größeren als den ermittelten χ^2-Wert zu erhalten, obwohl das spezifizierte Modell richtig ist. Ist der p-Wert größer als 0,05 muss die Nullhypothese, dass die empirische Kovarianzmatrix der modelltheoretischen entspricht, auf dem 5-Prozent-Niveau nicht abgelehnt und das Modell kann akzeptiert werden.[835]

Im Rahmen der Untersuchung wird der χ^2-Wert des χ^2-Tests allerdings vernachlässigt, da eine Reihe von Einschränkungen existiert.[836] Zum einen ist die Forderung, dass modelltheoretische und empirische Kovarianzmatrix exakt zusammenpassen, streng und kaum realistisch,[837] zum anderen ist der Wert auch stark abhängig von der Stichprobengröße.[838] Beispielsweise kann er bei großen Stichproben und sparsamen Modellen durch marginale Modellabweichungen signifikant

---

[831] Vgl. für einen umfassenden Überblick sowie eine Diskussion zu den Grenzwerten und zu verwendenden Gütemaßen Hu/Bentler (1998); Hu/Bentler (1999).

[832] Vgl. Homburg/Baumgartner (1995); siehe auch Giering (2000), S. 81ff.

[833] Deskriptive Anpassungsmaße basieren im Gegensatz zu inferenzstatistischen Maßen nicht auf statistischen Tests. Inferenzstatistische Tests unterstützen lediglich dichotome Entscheidungsstrategien (ja – nein), deskriptive Maße dagegen können den Grad der Anpassung auf einem Kontinuum aufzeigen. Vgl. Hu/Bentler (1998), S. 426. Während der χ^2-Test sowie der RMSEA inferenzstatistische Maße sind, sind die restlichen berücksichtigten Maße deskriptiver Art, was bedeutet, dass bestimmte Mindestvorgaben erreicht werden müssen. Vgl. Homburg/Baumgartner (1995), S. 167.

[834] Vgl. Backhaus et al. (2003), S. 373.

[835] Vgl. Giering (2000), S. 81.

[836] Vgl. beispielsweise Homburg/Baumgartner (1995), S. 166; Hu/Bentler (1998); Kline (2005), S. 136f.

[837] Vgl. Hu/Bentler (1998), S. 425.

[838] Vgl. Backhaus et al. (2003), S. 374f.; Kline (2005), S. 136.

werden, obwohl keine empirisch bedeutsamen Unterschiede vorliegen.[839] Aufgrund der mit dem χ^2-Wert verbundenen Einschränkungen empfehlen verschiedene Autoren den Quotienten aus χ^2-Wert und der Anzahl der Freiheitsgrade als deskriptives Anpassungsmaß zu betrachten.[840] Bezüglich der akzeptierten Obergrenze gibt es verschiedene Aussagen in der Literatur. Manche Autoren verlangen einen Wert kleiner als Drei,[841] andere fordern einen Wert kleiner als Fünf.[842] In dieser Arbeit wird ein Wert kleiner als Fünf als noch akzeptabel angesehen.

Der RMSEA ist ein Maß, das angibt, wie gut das Modell zu den empirischen Daten passt.[843] Es prüft nicht – wie der χ^2-Test – die absolute Fehlerfreiheit des Modells (Überprüfung der Nullhypothese des perfekten Fit), sondern gibt das absolute Ausmaß der Diskrepanz der empirischen und modelltheoretischen Kovarianzmatrix an.[844] Die Mehrzahl der für den χ^2-Test geltenden Restriktionen, z.b. die Abhängigkeit von der Stichprobengröße, trifft für den RMSEA nicht zu.[845] Er belohnt außerdem die Sparsamkeit von Modellen, was bedeutet, dass bei zwei Modellen mit demselben Erklärungsgehalt in Hinblick auf die Daten, das einfachere Modell bevorzugt wird.[846] Der RMSEA wird in dieser Arbeit ebenfalls als deskriptives Anpassungsmaß verwendet: Ein RMSEA kleiner als 0,05 zeigt eine gute, ein Wert kleiner als 0,08 eine akzeptable Modellanpassung, Werte größer als 0,10 weisen auf ein inakzeptables Modell hin.[847]

GFI und AGFI sind deskriptive Anpassungsmaße und zeigen die Anpassung des Modells an die empirischen Daten, d.h. die Menge an erklärter Varianz und Kovarianz.[848] Beide Größen können Werte zwischen null und eins annehmen, wobei der Wert eins auf eine perfekte Anpassung des Modells hinweist. Der GFI gibt an, welcher Anteil der Varianzen und Kovarianzen in der empirischen Kovarianzmatrix durch das Modell erklärt wird; der AGFI berücksichtigt zusätzlich die Anzahl der Freiheitsgrade und damit die Modellkomplexität.[849] Währender der GFI sich bei Erweiterung des Modells um weitere Parameter nicht verschlechtert, bestraft der AGFI eine höhere

---

[839] Vgl. Backhaus et al. (2003), S. 373; Schermelleh-Engel/Moosbrugger/Müller (2003), S. 33.

[840] Vgl. Bagozzi/Baumgartner (1994), S. 399; Homburg (2000), S. 93.

[841] Vgl. Bollen (1989), S. 278; Homburg (2000), S. 93.

[842] Vgl. Giering (2000), S. 89; Kline (2005), S. 137.

[843] Vgl. Byrne (2001), S. 84.

[844] Vgl. Giering (2000), S. 82.

[845] Vgl. Browne/Cudeck (1993); Giering (2000), S. 82.

[846] Vgl. Kline (2005), S. 137.

[847] Vgl. Browne/Cudeck (1993); Kline (2005), S. 139. Auch hier variiert der geforderte Grenzwert bei verschiedenen Autoren. Beispielsweise fordern Hu und Bentler einen Grenzwert von 0,06. Vgl. Hu/Bentler (1999).

[848] Vgl. Byrne (2001), S. 82; Homburg (2000), S. 93.

[849] Vgl. Byrne (2001), S. 82; Homburg/Baumgartner (1995), S. 167f.

Zahl an Parametern und ist damit aussagekräftiger.[850] Bei beiden Gütemaßen gelten Werte von 0,9 als zufrieden stellend.[851]

Während es sich bei den bisher beschriebenen Maßen um absolute Anpassungsmaße handelt, sind die letzten beiden berücksichtigten Maße, NFI und CFI, inkrementelle Anpassungsmaße, d.h. die Gütebeurteilung beruht auf dem Vergleich des Modells mit einem Referenzmodell, bei dem in der Regel alle Indikatoren als unabhängig angenommen werden.[852] Wie bei den deskriptiven, absoluten Werten wird auch hier jeweils ein Gütemaß berücksichtigt, das die Freiheitsgrade und damit die Modellkomplexität berücksichtigt (CFI), sowie ein Maß, das unabhängig von der Anzahl der Freiheitsgrade ist (NFI). Die Aussagefähigkeit des NFI nimmt bei kleinen Stichproben ab, während die Interpretierbarkeit des CFI nicht durch die abnehmende Stichprobengröße beeinträchtigt wird.[853] Der CFI kann damit wiederum als aussagekräftiger angesehen werden. Bei beiden Maßen ist ein Wert von 0,9 anzustreben.[854]

Neben der Berücksichtigung der globalen Kriterien ist auch die Analyse auf lokaler Ebene wichtig für die Entwicklung eines guten Messmodells. Dabei geht es um die Analyse von Teilstrukturen des Modells, also die Überprüfung von Indikatoren und Faktoren.[855] Im Einzelnen werden die folgenden Kriterien betrachtet:[856]

- die Indikatorreliabilität (IR) und die Faktorladung,

- die Faktorreliabilität (FR) und die durchschnittlich erfasste Varianz eines Faktors (DEV),

- der χ^2-Differenztest und das Fornell/Larcker-Kriterium.

Für die Beurteilung der Güte der einzelnen Indikatoren werden die Indikatorreliabilität und die Faktorladung herangezogen. Die Indikatorreliabilität gibt für jeden einzelnen Indikator den Anteil der durch den zugehörigen Faktor erklärten Varianz des Indikators an und zeigt damit, wie gut der jeweilige Indikator durch den Faktor abgebildet wird.[857] Nicht erklärte Varianzanteile sind auf Mess- und gegebenenfalls auf Spezifikationsfehler zurückzuführen.[858] Der Wertebereich die-

---

[850] Vgl. Homburg/Giering (1996), S. 9f.

[851] Vgl. Homburg/Baumgartner (1995), S. 172; Sauer (2003), S. 147.

[852] Vgl. Byrne (2001), S. 83; Giering (2000), S. 83.

[853] Vgl. Byrne (2001), S. 83.

[854] Vgl. Homburg/Baumgartner (1995), S. 172. Byrne (2001), S. 83 gibt an, dass in neueren Arbeiten ein Grenzwert von 0,95 gefordert wird. Diese strengere Grenze wird in der vorliegenden Arbeit nicht berücksichtigt.

[855] Vgl. Homburg/Giering (1996), S. 10f.

[856] Vgl. Giering (2000), S. 84ff.

[857] Vgl. Bagozzi (1982), S. 156; Homburg/Giering (1996), S. 10.

[858] Vgl. Homburg/Baumgartner (1995), S. 170.

ser Größe liegt zwischen null und eins, wobei ein Wert von eins bedeutet, dass keine Streuung des Messfehlers vorliegt. Obwohl die Bestimmung eines festen Grenzwertes umstritten ist,[859] wird für diese Untersuchung ein Mindestwert von 0,4 festgelegt, wie es häufig in der Literatur zu finden ist.[860] Zusätzlich werden zur Beurteilung der Konvergenzvalidität der Indikatoren eines Faktors die Faktorladungen berücksichtigt, die zeigen wie gut die Indikatoren den zugeordneten Faktor messen.[861] Hierbei wird die Signifikanz der Faktorladungen mittels t-Tests betrachtet.[862] Eine Faktorladung ist dann signifikant von null verschieden, wenn der t-Wert der Faktorladung mindestens 1,645 beträgt (einseitiger Test auf dem Signifikanzniveau von fünf Prozent).[863]

Mit Hilfe der Faktorreliabilität und der durchschnittlich erfassten Varianz wird gemessen, wie gut der jeweilige Faktor durch die zugeordneten Indikatoren repräsentiert wird.[864] Beide Größen erlauben die Beurteilung der Reliabilität sowie der Konvergenzvalidität der dem Faktor zugeordneten Indikatoren, wobei sowohl für die Faktorreliabilität als auch die durchschnittlich erfasste Varianz höhere Werte innerhalb des Wertebereichs von null und eins angestrebt werden.[865] Allerdings ist die Festlegung bestimmter Grenzwerte auch hier in der Literatur umstritten.[866] Als Richtgrößen werden für die Faktorreliabilität jedoch meist Werte von mindestens 0,6, für die durchschnittlich erfasste Varianz Werte von mindestens 0,5 verlangt.[867] Diese Grenzwerte werden auch in dieser Untersuchung berücksichtigt.

Letztendlich ist die Diskriminanzvalidität der Faktoren (sowie im nächsten Schritt auch der Dimensionen) zu überprüfen, da es sich bei Kundenintegrationskompetenz um ein mehrfaktorielles (und mehrdimensionales) Konstrukt handelt. Hierfür stehen sowohl der χ^2-Differenztest als auch das Fornell/Larcker-Kriterium zur Verfügung.[868] Das Fornell/Larcker-Kriterium als wesentlich strengeres Kriterium verlangt, dass die durchschnittlich erfasste Varianz eines Faktors größer ist als jede quadrierte Korrelation dieses Faktors mit einem anderen Faktor.[869] Im Rahmen dieser Untersuchung wird grundsätzlich dieses Kriterium berücksichtigt. Auf den χ^2-Differenztest wird

[859] Vgl. Bagozzi/Baumgartner (1994), S. 402; Homburg (2000), S. 91.

[860] Vgl. Homburg/Giering (1996), S. 13.

[861] Vgl. Bagozzi/Yi/Phillips (1991), S. 434; Homburg/Giering (1996), S. 11.

[862] Vgl. Hildebrandt (1984), S. 46. Alle Faktorwerte liegen über dem geforderten Grenzwert von mindestens 1,645 und werden in der vorliegenden Untersuchung nicht separat ausgewiesen.

[863] Vgl. Homburg/Giering (1996), S. 11.

[864] Vgl. Bagozzi/Baumgartner (1994), S. 402; Homburg (2000), S. 91.

[865] Vgl. Homburg/Giering (1996), S. 10f.

[866] Vgl. Bagozzi/Baumgartner (1994), S. 403; Homburg (2000), S. 92.

[867] Vgl. Homburg/Giering (1996), S. 13.

[868] Vgl. Homburg/Giering (1996), S. 11.

[869] Vgl. Fornell/Larcker (1981), S. 46.

nur zurückgegriffen, wenn das Fornell/Larcker-Kriterium nicht erreicht werden kann, was in der vorliegenden Analyse nicht der Fall ist. Beim χ^2-Differenztest wird der χ^2-Wert des untersuchten Modells mit dem χ^2-Wert eines Modells verglichen, bei dem die Korrelation zwischen zwei Faktoren auf den Wert eins fixiert ist. Diese zusätzliche Restriktion führt automatisch zu einer Verschlechterung des Modells. Entscheidend ist nun, ob die Differenz der beiden χ^2-Werte größer als 3,841 ist und der Unterschied zwischen beiden Modellen damit signifikant (df gleich eins). Getestet wird hierdurch die Nullhypothese, dass die beiden Faktoren dasselbe messen und sich die Anpassung durch die Restriktion auf dem 5-Prozent-Niveau nicht verschlechtert. Wird die Nullhypothese abgelehnt, liegt Diskriminanzvalidität vor.[870]

Zusammenfassend sind die Kriterien der zweiten Generation in Tabelle 21 dargestellt. Es sei darauf hingewiesen, dass geringfügige Verletzungen bei einzelnen Kriterien nicht automatisch dazu führen sollten, dass das gesamte Modell abgelehnt wird.[871] Sind jedoch mehrere Kriterien verletzt, wird das Modell entsprechend angepasst bzw. verworfen.

Gütekriterium	Anspruchsniveau
χ^2/df	≤ 5
RMSEA	$\leq 0{,}08$
GFI	$\geq 0{,}9$
AGFI	$\geq 0{,}9$
NFI	$\geq 0{,}9$
CFI	$\geq 0{,}9$
Indikatorreliabilität	$\geq 0{,}4$
t-Wert der Faktorladung	$\geq 1{,}645$
Faktorreliabilität	$\geq 0{,}6$
Durchschnittlich erfasste Varianz	$\geq 0{,}5$
Fornell/Larcker-Kriterium	Ratio < 1
χ^2-Differenztest	Differenz $\geq 3{,}841$

Tabelle 21: Gütekriterien der zweiten Generation zur Beurteilung eines Messmodells[872]

5.1.3 Vorgehensweise der quantitativen Analyse

Nach Erläuterung der Gütekriterien wird in diesem Abschnitt der Ablauf der nachfolgenden quantitativen Analyse im Überblick vorgestellt. Diese orientiert sich am Vorgehensmodell von HOMBURG/GIERING (vgl. Abbildung 15) und beginnt mit einer Analyse auf Faktorenebene, gefolgt von der Betrachtung der vermuteten Dimensionen.[873] Erst wenn die Gütekriterien auf die-

---

[870] Vgl. Giering (2000), S. 86.

[871] Vgl. Giering (2000), S. 89; Homburg (2000), S. 93.

[872] In Anlehnung an Giering (2000), S. 89.

[873] Vgl. Homburg/Giering (1996), S. 12ff. Die von den Autoren vorgeschlagenen Untersuchungsstufen orientieren sich an den Arbeiten von Churchill (1979) und Gerbing/Anderson (1988).

sen Ebenen erreicht werden, wird das Gesamtmodell analysiert. Ergänzt wird die Analyse durch die vorgelagerten Schritte der Datenaufbereitung und Überprüfung der Datenqualität.[874] HOMBURG/GIERING schlagen ein Vorgehen in vier Stufen vor. In der *Untersuchungsstufe A* versucht man die Faktorstruktur zu ermitteln, die den Indikatoren zugrunde liegt.[875] Die Indikatoren, die keinem Faktor (eindeutig) zugeordnet werden können, sind aus den weiteren Analysen auszuschließen.[876] HOMBURG/GIERING empfehlen diese Analyse nur bei den Dimensionen des Konstruktes, für die mit Hilfe der explorativen Untersuchungen noch keine hypothetische Faktorstruktur erarbeitet und keine Annahmen bezüglich der Struktur getroffen werden konnten. In dieser Untersuchung wird die Durchführung von *Untersuchungsstufe A* dimensionsweise simultan und nicht sukzessiv durchgeführt, d.h. es wird eine exploratorische Faktorenanalyse über den gesamten Datensatz vorgenommen. Damit werden auch die Faktoren berücksichtigt, für die es schon Vermutungen bezüglich ihrer Struktur gab. Dies entspricht der grundsätzlichen Idee der exploratorischen Faktorenanalyse, Strukturen zu entdecken.[877]

Untersuchungsstufe B fokussiert die einzelnen Faktoren. Ziel ist die Ermittlung einer Indikatorenmenge für jeden einzelnen Faktor, die hinsichtlich der Reliabilität und konvergenten Validität bereinigt ist.[878] Hierfür werden exploratorische Faktorenanalyse, Cronbach-Alpha sowie ITTC berechnet.[879] Im nächsten Schritt werden die verbliebenen Indikatoren mittels konfirmatorischer Faktorenanalyse untersucht, wobei eine einfaktorielle Struktur vorausgesetzt wird. Bei der Analyse werden die in Kapitel 5.1.2 geschilderten Gütekriterien zur Beurteilung herangezogen.

---

[874] Vgl. Kapitel 5.2.1.

[875] Vgl. Churchill (1979), S. 69; Homburg/Giering (1996), S. 12.

[876] Vgl. Gerbing/Anderson (1988), S. 189; Homburg/Giering (1996), S.12.

[877] Vgl. Backhaus et al. (2003), S. 260; Siems (2003), S. 125.

[878] Vgl. Homburg/Giering (1996), S. 13.

[879] Vgl. Churchill (1979), S. 68f.; Homburg/Giering (1996), S. 12.

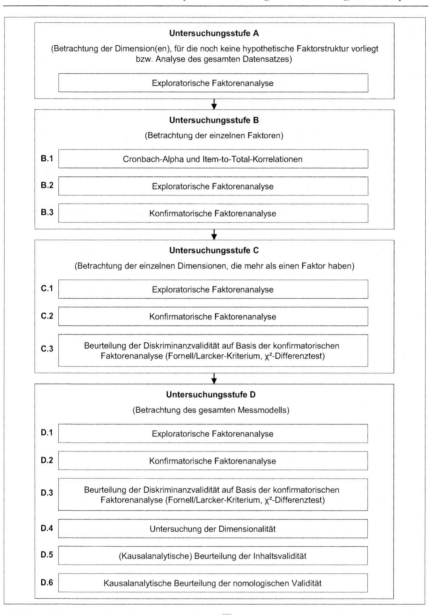

Abbildung 15: Vorgehensweise bei der quantitativen Analyse[880]

In *Untersuchungsstufe C* stehen die vermuteten Dimensionen des Konstruktes im Vordergrund. Für jede Dimension wird eine exploratorische Faktorenanalyse der verbliebenen Indikatoren vorgenommen mit dem Ziel, zu überprüfen, ob sich die vermutete Faktorenzahl und -struktur tatsächlich bestätigt. Mittels exploratorischer und konfirmatorischer Faktorenanalyse werden die Gütekriterien überprüft und gegebenenfalls erneut Indikatoren entfernt. Zusätzlich ist die Diskriminanzvalidität jedes Faktors zu untersuchen. Dabei wird mittels Fornell/Larcker-Kriterium und gegebenenfalls χ^2-Differenztest festgestellt, ob sich dieser ausreichend genug von den anderen Faktoren abgrenzt.[881]

Untersuchungsstufe D dient der Untersuchung des gesamten Messmodells. Während die exploratorische Faktorenanalyse erneut der Identifikation der tatsächlichen Faktorzahl und -struktur dient, wird mittels der konfirmatorischen Faktorenanalyse die Güte des gesamten Messmodells bewertet. Ergänzend zu den bisher durchgeführten Berechnungen wird ein Second-Order-CFA-Modell aufgestellt, d.h. die einzelnen Faktoren erster Ordnung werden zu einem übergeordneten Faktor zweiter Ordnung zusammengefasst und es wird überprüft, wie stark die einzelnen Faktoren auf das übergeordnete Konstrukt laden.[882] Neben der Analyse der Diskriminanzvalidität der Faktoren, ist in dieser Stufe zu untersuchen, ob die Annahme abgrenzbarer Dimensionen gerechtfertigt ist. Hierzu werden das Fornell/Larcker-Kriterium und gegebenenfalls der X^2-Differenztest für die Dimensionen berechnet sowie die Facetten mittels Third-Order-CFA-Modell abgebildet. Ferner ist die Inhaltsvalidität des Modells zu untersuchen, d.h. es wird analysiert, inwieweit das entwickelte Messmodell die direkte Konstruktbeurteilung erklärt. Zudem wird ermittelt, ob es einfachere Modelle gibt, z.B. Modelle mit einer geringeren Faktorenzahl, die das Konstrukt besser abbilden. Hierzu wird das entwickelte Messinstrument mit anderen, alternativen (theoretisch plausiblen) Modellstrukturen mittels des Instrumentes der Kreuzvalidierung verglichen.[883]Abgeschlossen wird die Operationalisierung des Konstruktes mit der Betrachtung der nomologischen Validität der Messung, indem man das Konstrukt in einen theoretischen Zusammenhang einbettet und Beziehungen zu anderen, relevanten Konstrukten erforscht.[884]

5.2 Datenanalyse und Ergebnisse

Inhalt dieses Abschnitts ist die Darstellung der Datenanalyse sowie der Ergebnisse. Die Analyse basiert auf 517 verwertbaren Fragebögen aus vier Branchen. Nach der Schilderung grundlegender Analysen wird die Faktorstruktur mittels exploratorischer Faktorenanalyse überprüft und das

---

[881] Vgl. Homburg/Giering (1996), S. 13.

[882] Vgl. Byrne (2001), S. 120ff.; Kline (2005), S. 198ff. Kline (2005) bezeichnet diese Art von Modell als hierarchisches CFA-Modell.

[883] Vgl. Balderjahn (1988), S. 61ff.; Homburg/Giering (1996), S. 13f.; vgl. hierzu Kapitel 6.

[884] Vgl. Homburg/Giering (1996), S. 7f.; Peter (1981), S. 137.

Messmodell der Kundenintegrationskompetenz analysiert. Die Datenanalyse orientiert sich an den dargestellten Gütekriterien (vgl. Kapitel 5.1.2) sowie Vorgehensschritten (vgl. Kapitel 5.1.3) und erfolgt mit der Statistiksoftware *SPSS* (Version 13.0) sowie mit *AMOS* (Version 5).

5.2.1 Grundlegende Analysen

Prüfung der Datenqualität und Datenaufbereitung

Um die Qualität der Daten zu analysieren, wird zunächst überprüft, ob es objektiv falsche Antworten bei Teilnehmern gibt. Hierzu wurde vorab bei drei ausgewählten Indikatorengruppen neben den positiv formulierten Indikatoren ein negativ formuliertes Item in den Fragebogen eingebaut.[885] Als im objektiven Sinn falsch werden alle Antworten angesehen, bei denen zwei gegensätzlichen Aussagen innerhalb einer Antwortkategorie zugestimmt wird.[886] Auf Grundlage dieser Analyse werden vier Datensätze aus der weiteren Untersuchung ausgeschlossen.

Im nächsten Schritt werden fehlende Werte (*Missing Values*) im Datensatz untersucht, da auch sie sich negativ auf die Datenqualität auswirken können.[887] Hinzu kommt, dass der Einsatz der in dieser Untersuchung angewendeten konfirmatorischen Faktorenanalyse den sorgfältigen Umgang mit fehlenden Werten erforderlich macht. Verfälschungen der Ergebnisse können sich ergeben, wenn es unbeabsichtigte Konzentrationen fehlender Werte in der Datenmatrix gibt, d.h. wenn diese Konzentrationen nicht zufällig sind und sich nicht auf Besonderheiten des Fragebogens zurückführen lassen.[888] Überprüft wird in diesem Schritt, ob es Personen gibt, bei denen auffällig viele Antworten fehlen, d.h. ob eine vertikale Konzentration fehlender Werte in der Datenmatrix vorliegt, und ob es horizontale Konzentrationen gibt, d.h. auffällig viele fehlende Werte bei einzelnen Indikatoren. Die Analyse der vertikalen Konzentration führt zum Ausschluss von neun Datensätzen, da bei diesen mehr als fünf Prozent der Fragen nicht beantwortet sind. Bei der Überprüfung der horizontalen Konzentration wird keine Häufung von fehlenden Werten festgestellt. Damit werden insgesamt 517 Fragebögen für die weiteren Analysen herangezogen. Eine Übersicht des Rücklaufs sowie der verwertbaren Fragebögen nach Branchen zeigt Tabelle 22:

---

[885] Es wurde jeweils ein negativ formuliertes Item bei den Skalen zur Messung von Produktwissen, Prozesswissen sowie Konsum-Hedonismus berücksichtigt. Vgl. hierzu die Items in Kapitel 4.3.

[886] Vgl. Siems (2003), S. 121. Bei der Bestimmung falscher Antworten muss der Forscher in eigener Verantwortung unter Beachtung von Untersuchungsdesign und -ziel ein Urteil fällen. Vgl. Bühl/Zöfel (2000), S. 214. Entfernt werden in dieser Untersuchung die Datensätze, bei denen es Unterschiede größer als vier innerhalb einer Indikatorengruppe gibt.

[887] Vgl. Decker/Wagner/Temme (2000), S. 81.

[888] Vgl. Bankhofer/Praxmarer (1998), S. 113f.

Branche	Rücklauf Teilnehmer	Verwertbare Fragebögen
Individuelle Shirts	171	169
Individuelle Anzüge	54	51
Individuelle Räder	237	229
Individuelle Bauprodukte	68	68
Summe über alle Branchen	530	517

Tabelle 22: Überblick über Rücklauf und verwertbare Fragebögen

Da für die späteren Analysen mittels konfirmatorischer Faktorenanalyse keinerlei fehlende Werte im Datensatz vorliegen sollten,[889] werden die *Missing Values* für die Befragungsteilnehmer geschätzt, bei denen weniger als fünf Prozent aller Fragen fehlen. Dies geschieht mittels Imputationsverfahren, welche die fehlenden Werte durch zulässige Werte (Imputationswerte) ersetzen.[890] Hierzu wird der Expectation-Maximation-(EM-)-Algorithmus herangezogen, das in der Literatur empfohlene Verfahren für multivariat normalverteilte Datensätze.[891]

Die Schätzung geschieht in zwei Stufen, die solange wiederholt werden, bis eine stabile Lösung vorliegt: Im ersten Schritt (*Expectation*) werden für die Missing Values Werte geschätzt, wobei jede Variable basierend auf den restlichen Variablen des jeweiligen Datensatzes berechnet wird. Im zweiten Schritt (*Maximation*) wird der komplette Datensatz einer ML-Schätzung unterzogen. Beide Schritte werden wiederholt, bis eine stabile Lösung erreicht ist.[892] Für die Imputation wird das Programm *NORM* herangezogen.[893] Diese Imputation ist zulässig und oft mit weniger Informationsverlust verbunden als die Löschung der Datensätze.[894] Die Imputation wird nach Branchen getrennt durchgeführt, wobei der Datensatz jeweils weiter unterteilt wird, so dass maximal 30 Variablen gleichzeitig geschätzt werden.

Deskriptive Datenanalyse

Insgesamt beteiligten sich 225 weibliche Kunden (43,5 %) sowie 283 männliche Kunden (54,7 %) an der Befragung. Neun Teilnehmer der Befragung (1,7 % der Kunden) haben keine Angabe gemacht, ob sie weiblich oder männlich sind.

Bei Betrachtung der Altersklassen zeigt sich, dass der weitaus größte Teil der teilnehmenden Kunden in der Altersklasse *25-35 Jahre* zu finden ist (205 Teilnehmer oder 39,7 %). 20,3 % oder

---

[889] Vgl. für die Unterschiede bei Berechnungen mit fehlenden Werten und ohne fehlende Werte in AMOS Byrne (2001), S. 293.

[890] Vgl. Bankhofer/Praxmarer (1998), S. 116.

[891] Vgl. Bankhofer/Praxmarer (1998), S. 116; Schafer/Graham (2002).

[892] Vgl. Kline (2005), S. 55. Vgl. Kline (2005), S. 52ff. für einen Überblick über weitere Möglichkeiten, mit fehlenden Werten umzugehen.

[893] Vgl. http://www.stat.psu.edu/~jls/misoftwa.html [Stand: 20.06.2006].

[894] Vgl. Byrne (2001), S. 292.

105 Teilnehmer sind in die Altersklasse *36-45 Jahre* einzuordnen und bilden damit die zweitgrößte Gruppe. 64 Teilnehmer (12,4 %) liegen in der Altersklasse *56-65 Jahre* und 62 Teilnehmer (12,0 %) in der Altersklasse *46-55 Jahre*. Nur 41 Teilnehmer oder 7,9 % sind *jünger als 25 Jahre* und nur 37 Teilnehmer oder 7,2 % sind *älter als 65 Jahre*. Keine Angabe zum Alter machten 3 Teilnehmer (0,6 %). Die Ergebnisse sind Abbildung 16 zu entnehmen.

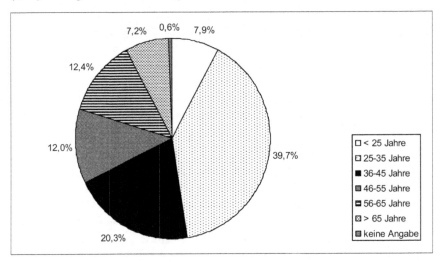

Abbildung 16: Alter der Teilnehmer

Betrachtet man das Alter nach Branchen zeigen sich Unterschiede in der Alterstruktur. Wie in Kapitel 5.1.1 vermutet, besitzt das Unternehmen der *Shirt-Branche* eher Kunden jüngeren und mittleren Alters. Keiner der Teilnehmer ist über 45 Jahre, der größte Teil der Teilnehmer ist in der Altersgruppe *36-45 Jahre* (72,2 %). Ganz anders ist dies bei *Bauprodukten*, wo 64,7 % der Teilnehmer *älter als 45 Jahre* sind. Auch bei den Teilnehmern aus dem Bereich *Anzug* sind 66,6 % *älter als 45 Jahre*. In der Branche *Rad* sind 55,9 % der Teilnehmer *zwischen 26 und 45 Jahre* alt, d.h. eher jüngeren bzw. mittleren Alters. Somit ergibt sich eine recht heterogene Altersstruktur, was im Rahmen der Verallgemeinerbarkeit der Ergebnisse angestrebt wurde (vgl. Kapitel 5.1.1).

Prüfung der Anwendungsvoraussetzungen für die exploratorische und konfirmatorische Faktorenanalyse

Wie in Kapitel 5.1.2 erläutert, wird die Zuverlässigkeit der Ausgangsdaten vor Durchführung der exploratorischen Faktorenanalyse mittels vier Prüfgrößen überprüft, da dies die Güte der Ergebnisse beeinflusst. Tabelle 23 gibt eine Übersicht über Kriterien und Prüfergebnisse.[895]

---

[895] Vgl. für Erläuterungen zu den Prüfgrößen Kapitel 5.1.2 sowie Backhaus et al. (2003), S. 274ff.

Anwendungs-voraussetzung	Test	Testergebnis	Fazit
Prüfung einer ausreichenden Korrelation der Variablen (Sphärizität)	Bartlett-Test auf Nicht-Sphärizität inkl. Überprüfung der Signifikanz des χ^2-Werts	χ^2-Wert ist hochsignifikant ($\chi^2 =$ 18602,226; df= 990; Signifikanz < 0,001), Nullhypothese kann abgelehnt werden	Anwendungsvoraussetzung erfüllt
Prüfung des Vorliegens einer Diagonalmatrix in der Anti-Image-Kovarianz-Matrix	Anteil der Nicht-Diagonal-Elemente mit Werten ungleich null (>0,09) in der Anti-Image-Kovarianz-Matrix muss kleiner als 25 % sein	Anteil der Nicht-Diagonal-Elemente mit Werten ungleich null (>0,09) in der Anti-Image-Kovarianz-Matrix beträgt 9,3 %	Anwendungsvoraussetzung erfüllt
Prüfung der Zusammengehörigkeit der Ausgangsvariablen	Globales MSA-Kriterium: Berechung auf Basis der Anti-Image-Korrelations-Matrix, Werte nach KAISER/RICE	MSA-Kriterium für Gesamtdatensatz = 0,903 (erstaunlicher Wert)	Anwendungsvoraussetzung erfüllt
Prüfung der Zusammengehörigkeit der Ausgangsvariablen	Lokales MSA-Kriterium: Analyse der Anti-Image-Korrelations-Matrix, Werte nach KAISER/RICE	Kein MSA-Wert einer einzelnen Variablen liegt unter dem Wert von 0,7 (ziemlich guter Wert)	Anwendungsvoraussetzung erfüllt
Fallzahl entspricht mindestens der Variablenanzahl[896]	Vergleich von Fallzahl und Variablenanzahl	517 (Fallzahl) > 45 (Variablenzahl)	Anwendungsvoraussetzung erfüllt
Mindestens Intervallskalierung der Variablen	Prüfung des Skalenniveaus	Intervallskalierung bei verwendeter siebenstufiger Rating-Skala unterstellbar	Anwendungsvoraussetzung erfüllt

Tabelle 23: Anwendungsvoraussetzungen der exploratorischen Faktorenanalyse

Die Analysen zeigen, dass alle Anwendungsvoraussetzungen erfüllt sind. Damit können alle Variablen für die nachfolgenden faktoranalytischen Untersuchungen beibehalten werden.

Neben der Überprüfung der Anwendungsvoraussetzungen für die exploratorische Faktorenanalyse wurden auch die wesentlichen Anforderungen für die konfirmatorische Faktorenanalyse überprüft. Insbesondere entspricht die Teilnehmerzahl dem in der Literatur geforderten Umfang als auch die Anwendungsvoraussetzungen für das ML-Verfahren werden eingehalten.[897]

Identifikation der Faktorstruktur von Kundenintegrationskompetenz mittels exploratorischer Faktorenanalyse

Entsprechend der in Kapitel 5.1.3 geschilderten Vorgehensweise wird zunächst eine exploratorische Faktorenanalyse über alle 45 Variablen durchgeführt, um die hinter den Indikatoren liegende Faktorstruktur zu ermitteln, wobei a priori keine Annahmen bezüglich dieser getroffen werden (Untersuchungsstufe A).[898] Die erste exploratorische Faktorenanalyse über den gesamten Datensatz führt zu neun Faktoren, die insgesamt 72,953 Prozent der Varianz erklären. Dieses Ergebnis

---

[896] Auch das strengere Kriterium, dass die Fallzahl mindestens der dreifachen Variablenzahl entsprechen sollte, ist erfüllt; die Teilnehmerzahl von 517 ist mehr als dreimal so groß als die Variablenzahl von 45.

[897] Vgl. Kapitel 5.1.2.

[898] Vgl. Backhaus et al. (2003), S. 260; Churchill (1987), S. 776.

ist bei einer 9-Faktorenlösung sehr zufrieden stellend.[899] Basierend auf den Faktorladungen wird ein Indikator einem Faktor zugeordnet, wenn die entsprechende Faktorladung größer als 0,4 ist und wenn der Abstand zur nächstniedrigeren Faktorladung größer als 0,1 ist (vgl. Kapitel 5.1.2). Falls mindestens eine der Bedingungen nicht erfüllt ist, wird der jeweilige Indikator aus den weiteren Analysen ausgeschlossen. Die Ergebnisse zeigt Tabelle 24.[900]

Faktor	Faktorbezeichnung	Indikatoren
1	Prozesswissen und -erfahrung (dieser Faktor wurde aus den Faktoren *Prozesswissen* und *Prozesserfahrung* gebildet)	18, 19, 20, 21, 22, 23, 24, 25
2	Soziale Fähigkeiten (dieser Faktor wurde aus den Faktoren kommunikative Fähigkeiten und Bedürfnis nach Interaktion mit dem Verkaufspersonal gebildet)	40, 41, 42, 43, 44, 45
3	Technologieaffinität	26, 27, 28, 29
4	Konsum-Hedonismus	30, 31, 33
5	Produktwissen	01, 02, 03, 04
6	Produkterfahrung	10, 11, 13, 14
7	Kaufinvolvement	34, 35, 36, 37
8	Produktinvolvement I	05, 06, 16
9	Produktinvolvement II	07, 08, 09, 12
Nicht eindeutig zuordenbar		15, 17
Faktorladung < 0,4		32, 38, 39

Tabelle 24: Ergebnis der exploratorischen Faktorenanalyse über den gesamten Datensatz

Die exploratorische Faktorenanalyse über den gesamten Datensatz führt zu einem Ausschluss von fünf Indikatoren. Die Items 15 und 17 laden auf zwei Faktoren gleichzeitig.[901] Die Indikatoren 32, 38 und 39 werden aufgrund einer Ladung, die kleiner als 0,4 ist, von der weiteren Untersuchung ausgeschlossen. Damit werden insgesamt 40 Indikatoren für die weitere Modellierung des Konstruktes *Kundenintegrationskompetenz* herangezogen.

Die Aspekte *Prozesswissen* und *Prozesserfahrung* bilden einen gemeinsamen Faktor, der im Folgenden als *Prozesswissen und -erfahrung* bezeichnet wird. Ebenso entsteht ein Faktor aus den Facetten *kommunikative Fähigkeiten* sowie *Bedürfnis nach Interaktion mit dem Verkaufspersonal*; dieser Faktor erhält die Bezeichnung *soziale Fähigkeiten* und drückt die Sozialkompetenz von Konsumenten aus. Das *Produktinvolvement* wird durch zwei Faktoren abgebildet, die jeweils unterschiedliche Facetten

---

[899] In vergleichbaren Studien werden ähnliche Werte erzielt. Vgl. beispielsweise Siems (2003), S. 128.

[900] Die vollständige Faktorladungsmatrix ist in Anhang 2 abgebildet. In der Matrix werden für jede Variable die Koeffizienten angegeben, mit denen die Faktoren in die Gleichung zur Erklärung der Variablen eingehen. Die Koeffizienten werden auch Faktorladungen genannt, weshalb die Matrix üblicherweise als Faktorladungsmatrix bezeichnet wird. Die Bedeutung des jeweiligen Faktors für eine Variable zeigt sich in der absoluten Größe der Faktorladung. Vgl. Brosius (2004), S. 787f. Anzumerken ist, dass die Indikatoren der Faktoren *Produktwissen* und *Produkterfahrung* auf einen gemeinsamen Faktor laden. Da die nachfolgende Analyse der einzelnen Faktoren mittels exploratorischer und konfirmatorischer Faktorenanalyse jedoch wesentlich bessere Werte liefert, wenn die beiden Faktoren getrennt behandelt werden, werden diese bereits in Tabelle 24 separat dargestellt.

[901] Die Items werden entfernt, auch wenn der Abstand in den Ladungen ausreichend groß ist, da sich Zuordnungsprobleme zeigen.

des Konstruktes darstellen. Alle ermittelten Faktoren sind inhaltlich plausibel und können gut interpretiert werden.

Anzumerken ist, dass – trotz überzeugender Ergebnisse – die Ausgangsvariablen neben der Hauptachsen-Faktorenanalyse mit schiefwinkliger Oblimin-Rotation zusätzlich mit weiteren Verfahren analysiert werden: der Hauptachsen-Faktorenanalyse mit orthogonaler Varimax-Rotation und der Hauptkomponentenanalyse mit Oblimin- sowie mit Varimax-Rotation. Dies scheint aufgrund der Kritik an den obliquen (schiefwinkligen) Rotationen empfehlenswert.[902] Außerdem werden auch Oblimin-Rotationen mit nicht-maximaler Schiefwinkligkeit durchgeführt.[903] Die Ergebnisse sind bei allen Verfahren ähnlich den ursprünglichen Resultaten. Keines der zusätzlich berücksichtigen Verfahren erreicht allerdings die Güte des ursprünglichen Verfahrens hinsichtlich inhaltlicher und statistischer Gesichtspunkte.

5.2.2 Analyse auf Ebene der Faktoren

In diesem Kapitel werden die einzelnen Faktoren analysiert (Untersuchungsstufe B, vgl. Kapitel 5.1.3). Dabei werden die in Kapitel 5.1.2 beschriebenen Gütekriterien der ersten und zweiten Generation berücksichtigt, d.h. es wird zunächst die Reliabilität der Faktoren analysiert und eine exploratorische Faktorenanalyse vorgenommen, bevor die konfirmatorische Faktorenanalyse zur Überprüfung der Güte jedes Faktors angewandt wird.

Reliabilitätsanalyse der Faktoren (B.1)

Im ersten Schritt wird das Reliabilitätsmaß Cronbach-Alpha überprüft. Sollte der Grenzwert von 0,7 nicht eingehalten werden, werden solange die Indikatoren mit der geringsten ITTC entfernt, bis er erreicht wird. Ferner werden Indikatoren aus den weitergehenden Analysen ausgeschlossen, wenn sie in der ITTC-Betrachtung stark von den übrigen Indikatoren abweichen. Dies ist bei den Indikatoren 23 und 45 der Fall, die jeweils eine Abweichung von fast 0,2 aufweisen. Damit wird eine Verbesserung des Cronbach-Alpha bei den Faktoren *Prozesswissen und -erfahrung* und *soziale Fähigkeiten* erzielt.[904] Die Cronbach-Alpha-Werte der verschiedenen Faktoren zeigt Tabelle 25.

---

[902] Vgl. Backhaus et al. (2003), S. 300; vgl. für weitere Erläuterungen zu den Unterschieden Kapitel 5.1.2.

[903] Grundsätzlich wird für den Modellparameter Delta der Wert Null vorgegeben, d.h. maximale Korrelation der Faktoren zugelassen. Vgl. Bühner (2004), S. 166. Bei Variation der Schiefwinkligkeit wird dieser grundsätzlich auf Null gesetzte Parameter variiert.

[904] Auch die nachfolgend dargestellte erklärte Varianz verbessert sich nach Elimination der Indikatoren 23 und 45.

Faktor	Faktorbezeichnung	Indikatoren	Cronbach-Alpha
1	Prozesswissen und -erfahrung	18, 19, 20, 21, 22, 23, 24, 25	0,941
1_{neu}	Prozesswissen und -erfahrung	18, 19, 20, 21, 22, 24, 25	0,944
2	Soziale Fähigkeiten	40, 41, 42, 43, 44, 45	0,878
2_{neu}	Soziale Fähigkeiten	40, 41, 42, 43, 44	0,890
3	Technologieaffinität	26, 27, 28, 29	0,947
4	Konsum-Hedonismus	30, 31, 33	0,922
5	Produktwissen	01, 02, 03, 04	0,907
6	Produkterfahrung	10, 11, 13, 14	0,939
7	Kaufinvolvement	34, 35, 36, 37	0,869
8	Produktinvolvement I	05, 06, 16	0,730
9	Produktinvolvement II	07, 08, 09, 12	0,862

Tabelle 25: Cronbach-Alpha-Werte der einzelnen Faktoren

Die Reliabilitätsanalyse ergibt für alle extrahierten Faktoren gute bis sehr gute Ergebnisse; der Grenzwert wird in sämtlichen Fällen auf Anhieb erreicht. Die Indikatoren 23 und 45 werden, wie erläutert, aufgrund starker Abweichungen zu den anderen Indikatoren in der jeweiligen ITTC entfernt. Damit verbleiben 38 Indikatoren in der weiteren Analyse.

Exploratorische Faktorenanalyse je Faktor (B.2)

Im nächsten Schritt wird für jeden Faktor eine exploratorische Faktorenanalyse durchgeführt, um die Konvergenz- und Diskriminanzvalidität zu beurteilen. Als Grenzwert für die Faktorladungen wird eine Ladung von 0,4 berücksichtigt; außerdem muss sich eine Ein-Faktorstruktur ergeben und der Faktor muss mindestens 50 Prozent der Varianz der ihm zugeordneten Indikatoren erklären. Die Ergebnisse der exploratorischen Faktorenanalyse sind Tabelle 26 zu entnehmen.

Faktor	Faktorbezeichnung	Indikatoren	Erklärte Varianz in Prozent
1_{neu}	Prozesswissen und -erfahrung	18, 19, 20, 21, 22, 24, 25	75,632
2_{neu}	Soziale Fähigkeiten	40, 41, 42, 43, 44	69,970
3	Technologieaffinität	26, 27, 28, 29	86,389
4	Konsum-Hedonismus	30, 31, 33	86,691
5	Produktwissen	01, 02, 03, 04	78,591
6	Produkterfahrung	10, 11, 13, 14	84,677
7	Kaufinvolvement	34, 35, 36, 37	71,940
8	Produktinvolvement I	05, 06, 16	65,312
9	Produktinvolvement II	07, 08, 09, 12	70,898

Tabelle 26: Exploratorische Faktorenanalyse je Faktor

Die exploratorische Faktorenanalyse liefert zufrieden stellende Ergebnisse für jeden Faktor; die erklärte Varianz liegt in jedem Fall über 50 Prozent. Alle Faktorladungen erreichen, wie erläutert, den geforderten Wert von 0,4. Somit können alle 38 Indikatoren in die konfirmatorische Faktorenanalyse übernommen werden.

Konfirmatorische Faktorenanalyse je Faktor (B.3)

Im nächsten Schritt erfolgt die faktoranalytische Überprüfung der Faktoren mittels konfirmatorischer Faktorenanalyse. Dabei wird der in Kapitel 5.1.2 erläuterten Vorgehensweise gefolgt, d.h. es werden zunächst die Messmodelle (vgl. Abbildung 17) festgelegt, anschließend werden die Parameter geschätzt und schließlich die Modellgüte bewertet.

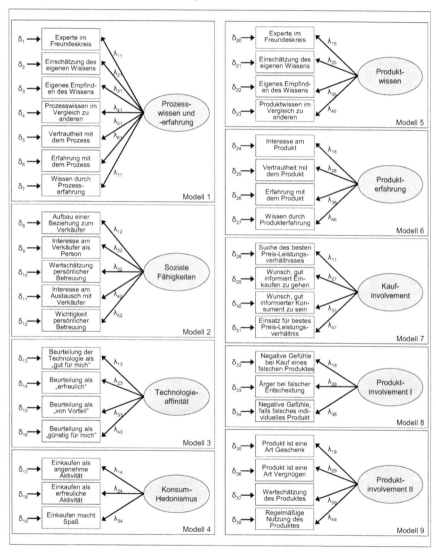

Abbildung 17: Vermutete Modellstrukturen vor konfirmatorischer Faktorenanalyse (Faktorenebene)

Die Gütebeurteilung des Messmodells erfolgt, wie in Kapitel 5.1.2 ausführlich dargestellt, sowohl auf globaler als auch auf lokaler Ebene.[905] Die Berechnung der globalen Gütekriterien entfällt bei Faktoren mit weniger als vier Indikatoren, da ein konfirmatorisches Faktorenmodell mit weniger Indikatoren keine Freiheitsgrade hat.[906] Grundsätzlich ist bei der Gütebeurteilung von einem Gesamtbild auszugehen, d.h. eine geringfügige Verletzung nur einzelner Kriterien wird grundsätzlich akzeptiert.[907] Um die geforderten Kriterien erfüllen zu können, ist in diesem Schritt der Ausschluss der Indikatoren 07, 10, 18, 19, 24, 26, 34 und 41 erforderlich.[908] Damit verbleiben zunächst 30 Indikatoren in der Analyse. Aufgrund der Elimination dieser Indikatoren wird für die betroffenen Faktoren erneut das Cronbach-Alpha berechnet sowie die exploratorische Faktorenanalyse durchgeführt.[909] Die Ergebnisse der konfirmatorischen Faktorenanalyse zeigt Tabelle 27.

---

[905] Entsprechend den Standards in der Literatur werden die latenten Variablen in der Grafik durch Ovale und die direkt messbaren, manifesten Variablen durch Rechtecke dargestellt. Die Koeffizienten der (latenten endogenen) Variablen werden mit λ bezeichnet. Vgl. Backhaus et al. (2003), S. 344ff.; Byrne (2001), S. 8ff.; Kline (2005), S. 71ff. Dabei wird der Auffassung gefolgt, dass die Indikatoren Größen sind, die durch die latente Variable verursacht werden. Dies entspricht der Auffassung von reflektiven Indikatoren, d.h. die Indikatoren werden als (fehlerbehaftete) Messungen des Faktors betrachtet. Damit ist bei jedem Indikator ein sogenannter Messfehler zu berücksichtigen, der durch die Residualvariable Epsilon (Symbol: δ) symbolisiert wird. Im Gegensatz dazu wird bei einem formativen Verständnis der Faktor als Funktion seiner Indikatoren angesehen. Vgl. Homburg/Giering (1996), S. 6f.

[906] Vgl. Homburg (2000), S. 106; vgl. für weitergehende Hinweise Anderson/Gerbing/Hunter (1987), S. 434f.

[907] Vgl. Giering (2000), S. 89; Homburg (2000), S. 93.

[908] Vgl. beispielsweise Homburg (2000), S. 101.

[909] Die Ergebnisse der Überprüfung der Gütekriterien der ersten Generation nach Elimination der Indikatoren sind erneut sehr zufrieden stellend. Aus Platzgründen werden die Werte nicht erneut ausgewiesen.

Faktor	Faktorbezeichnung	Indikator	IR	FR	DEV	GFI	AGFI	RMS-EA	χ^2/df	NFI	CFI
1_{neu2}	Prozesswissen und -erfahrung	20	0,481	0,90	0,69	0,993	0,966	0,072	3,671	0,995	0,996
		21	0,738								
		22	0,896								
		25	0,699								
2_{neu2}	Soziale Fähigkeiten	40	0,534	0,88	0,66	0,988	0,941	0,099	6,039	0,990	0,991
		42	0,749								
		43	0,803								
		44	0,550								
3_{neu}	Technologieaffinität	27	0,805	0,95	0,86	-	-	-	-	-	-
		28	0,860								
		29	0,911								
4_{neu}	Konsum-Hedonismus	30	0,869	0,92	0,80	-	-	-	-	-	-
		31	0,749								
		33	0,787								
5	Produktwissen	01	0,735	0,91	0,72	0,997	0,985	0,031	1,506	0,998	0,999
		02	0,885								
		03	0,589								
		04	0,663								
6_{neu}	Produkterfahrung	11	0,767	0,94	0,84	-	-	-	-	-	-
		13	0,887								
		14	0,859								
7_{neu}	Kaufinvolvement	35	0,767	0,85	0,65	-	-	-	-	-	-
		36	0,770								
		37	0,439								
8	Produktinvolvement I	05	0,580	0,73	0,48	-	-	-	-	-	-
		06	0,419								
		16	0,450								
9_{neu}	Produktinvolvement II	08	0,573	0,84	0,64	-	-	-	-	-	-
		09	0,757								
		12	0,617								

Tabelle 27: Konfirmatorische Faktorenanalyse je Faktor[910]

Wie aus Tabelle 27 ersichtlich wird, werden die Gütekriterien fast ausnahmslos erreicht. Lediglich bei dem Faktor *soziale Fähigkeiten* werden die Grenzwerte für RMSEA und χ^2/df knapp überschritten. Diese Abweichung wird jedoch toleriert.[911] Der Faktor *Produktinvolvement I* wird aufgrund einer schlechten durchschnittlich erfassten Varianz aus der weiteren Untersuchung ausgeschlossen. Dies führt auch inhaltlich zu einem akzeptablen Bedeutungsverlust, da das Konstrukt *Produktinvolvement* mit zwei Facetten in der Untersuchung berücksichtigt wird. Die Größe *Produk-*

---

[910] Wie erläutert, entfällt die Betrachtung der globalen Gütekriterien bei Faktoren mit weniger als vier Indikatoren. Die globalen Maße werden demnach für die Faktoren *Prozesswissen und -erfahrung, soziale Fähigkeiten* sowie *Produktwissen* angegeben.

[911] Vgl. Giering (2000), S. 89; Homburg (2000), S. 93.

tinvolvement II – im Folgenden als *Produktinvolvement* bezeichnet – verbleibt in der Analyse. Alle anderen Faktoren können beibehalten werden. Damit gehen 27 Indikatoren und acht Faktoren in die nachfolgende Analyse auf Dimensionenebene ein.

5.2.3   Analyse auf Ebene der Dimensionen

Die Analyse auf Ebene der Dimensionen erfolgt entsprechend der in Kapitel 5.1.3 geschilderten Vorgehensweise (Untersuchungsstufe C), d.h. es werden eine exploratorische und konfirmatorische Faktorenanalyse für jede Dimension durchgeführt sowie die Diskriminanzvalidität überprüft.

Zuordnung der Faktoren zu Dimensionen

Die Zuordnung der Faktoren von Kundenintegrationskompetenz zu den Dimensionen des Konstruktes erfolgt auf Grundlage der in Kapitel 4 dargestellten Überlegungen. Es wird vermutet, dass das Konstrukt *Kundenintegrationskompetenz* vier Dimensionen umfasst (vgl. Kapitel 4.3.1): *Fachkompetenz, Sozialkompetenz, Methodenkompetenz* sowie *Motivation*.

Unklarheit besteht bezüglich der Einordnung des Faktors *Produktinvolvement*. Im Rahmen der Konzeptualisierung wurde der Faktor den *motivationalen Aspekten* von Kundenintegrationskompetenz zugerechnet (vgl. Kapitel 4.3.5). Allerdings weist die Literaturrecherche auf einen engen Zusammenhang dieser Größe zu den Wissens- und Erfahrungskomponenten hin: Produktinvolvement beschreibt die Wichtigkeit des Produktes für die Konsumenten. Kunden, denen ein Produkt sehr wichtig ist (d.h. also Kunden mit einem hohen Produktinvolvement), informieren sich grundsätzlich mehr und setzen sich intensiver mit ihrer Entscheidung auseinander, d.h. beispielsweise mit Produkt und Produktkategorie.[912] Damit bauen sie auch mehr Wissen und Erfahrung auf. Aufgrund der Unsicherheit hinsichtlich der Zuordnung wird eine exploratorische Faktorenanalyse über den gesamten Datensatz durchgeführt. Diese ergibt nicht die vermuteten acht Faktoren, sondern sieben Konstrukte. Die Indikatoren der Faktoren *Produkterfahrung* und *Produktinvolvement* laden auf einen gemeinsamen Faktor, im Folgenden als *Produkterfahrung und -involvement* bezeichnet. Der neue Faktor wird der Dimension *Fachkompetenz* zugerechnet. Tabelle 28 zeigt die Einordnung der Faktoren in Dimensionen. Diese werden nachfolgend analysiert und überprüft.

---

[912] Vgl. hierzu Kroeber-Riel/Weinberg (2003), S. 371; Lürssen (1989), S. 97 sowie die Erläuterungen in Kapitel 4.3.5.1.

Faktor	Faktorbezeichnung	Indikatoren	Dimension
1 $_{neu2}$	Prozesswissen und -erfahrung	20, 21, 22, 25	
5	Produktwissen	01, 02, 03, 04	Fachkompetenz
10	Produkterfahrung und -involvement	08, 09, 11, 12, 13, 14	
2 $_{neu2}$	Soziale Fähigkeiten	40, 42, 43, 44	Sozialkompetenz
3 $_{neu}$	Technologieaffinität	27, 28, 29	Methodenkompetenz
7 $_{neu}$	Kaufinvolvement	35, 36, 37	Motivation
4 $_{neu}$	Konsum-Hedonismus	30, 31, 33	

Tabelle 28: (Hypothetische) Zuordnung der Faktoren und Indikatoren zu Dimensionen

Exploratorische Faktorenanalyse je Dimension (C.1)

Die exploratorische Faktorenanalyse dient erneut der Entdeckung von Strukturen, ohne dass vorab Annahmen über diese getroffen werden. Im Fall der Durchführung der exploratorischen Faktorenanalyse auf Ebene der Dimensionen ist von Interesse, inwieweit die vermutete Faktorstruktur jeder Dimension tatsächlich wieder erkannt wird. Die Durchführung der exploratorischen Faktorenanalyse erfolgt entsprechend der in Kapitel 5.1.2 dargestellten Kriterien und Verfahren für jede Dimension mit mehr als einem Faktor; vorab wird erneut eine Prüfung der Anwendungsvoraussetzungen vorgenommen.

Hinsichtlich der Dimensionen *Sozialkompetenz* und *Methodenkompetenz* sind keine Berechnungen nötig, da diese jeweils nur einen Faktor umfassen. Die exploratorische Faktorenanalyse auf Ebene dieser Dimensionen entspricht damit der in Kapitel 5.2.2 geschilderten Analyse auf Faktorenebene, d.h. der Faktor entspricht der Dimension. Bei der Dimension *Fachkompetenz* liefert die exploratorische Faktorenanalyse drei Faktoren. Die Indikatoren 08, 12 und 14, die zunächst dem Konstrukt *Produkterfahrung und -involvement* zugeordnet waren, laden nun in etwa gleicher Höhe auf den Faktor *Produktwissen* (Differenz kleiner als 0,1). Die drei Indikatoren werden deshalb eliminiert. Bei der Dimension *Motivation* bestätigt sich die vermutete Faktorstruktur, d.h. es werden genau zwei Faktoren extrahiert. Damit werden auf dieser Untersuchungsstufe drei Items entfernt und es gehen 24 Indikatoren in die weiteren Untersuchungen ein.

Konfirmatorische Faktorenanalyse je Dimension (C.2)

Nach Analyse der Dimensionen mittels exploratorischer Faktorenanalyse findet erneut die Überprüfung der spezifizierten Messmodelle – diesmal je Dimension – mittels konfirmatorischer Faktorenanalyse statt. Die Gütebeurteilung erfolgt anhand der bekannten Kriterien der ersten und zweiten Generation (vgl. Kapitel 5.1.2). Abbildung 18 zeigt die jeweiligen Messmodelle.[913]

---

[913] Zusätzlich zu den Messmodellen auf Faktorenebene sind in den vorliegenden Messmodellen Korrelationen zwischen den latenten Variablen der jeweiligen Dimension eingezeichnet. Grafisch erfolgt dies mittels Pfeilen mit beidseitigen Pfeilspitzen (Symbol: Φ). Dies entspricht der üblichen Modellierung bei konfirmatorischen Faktorenanalysen. Vgl. beispielsweise Byrne (2001); Kline (2005).

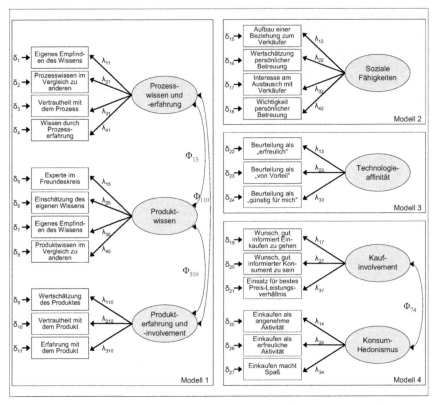

Abbildung 18: Vermutete Modellstrukturen vor konfirmatorischer Faktorenanalyse (Dimensionenebene)

Für die Dimension 2 (*Sozialkompetenz*) und 3 (*Methodenkompetenz*) sind aufgrund der Ein-Faktor-struktur keine neuen Berechnungen vorzunehmen und es kann auf die Ergebnisse in Kapitel 5.2.2 verwiesen werden. Die Gütekriterien für die Dimensionen, die mehr als einen Faktor umfassen, sind Tabelle 29 zu entnehmen.

Dimension	Faktor	Indikator	IR	FR	DEV	GFI	AGFI	RMS-EA	χ^2/df	NFI	CFI
Fachkompetenz	1_{neu2} Prozesswissen und -erfahrung	20	0,494	0,89	0,66	0,944	0,909	0,078	4,123	0,963	0,972
		21	0,751								
		22	0,870								
		25	0,710								
	5 Produktwissen	01	0,728	0,91	0,72						
		02	0,859								
		03	0,606								
		04	0,690								
	10 Produkterfahrung und -involvement	09	0,548	0,90	0,75						
		11	0,836								
		13	0,828								
Motivation	7_{neu} Kaufinvolvement	35	0,755	0,85	0,65	0,991	0,976	0,040	1,826	0,992	0,997
		36	0,781								
		37	0,440								
	4_{neu} Konsum-Hedonismus	30	0,870	0,92	0,80						
		31	0,748								
		33	0,786								

Tabelle 29: Konfirmatorische Faktorenanalyse der Dimensionen *Fachkompetenz* und *Motivation*

Tabelle 29 zeigt, dass alle Gütekriterien vollständig erfüllt sind. Damit können alle Messmodelle beibehalten und alle Dimensionen in ihrer Struktur bestätigt werden. Im nächsten Schritt erfolgt die Überprüfung der Diskriminanzvalidität der einer Dimension zugeordneten Faktoren, um abschließende Aussagen zu den Dimensionen treffen zu können.

Überprüfung der Diskriminanzvalidität der Faktoren je Dimension (C.3)

Zuletzt muss ermittelt werden, ob die Faktoren zueinander auch tatsächlich diskriminant sind. Dies gilt erneut ausschließlich für die aus mehr als einem Faktor bestehenden Dimensionen. Zur Analyse stehen das Fornell/Larcker-Kriterium und der χ^2-Differenztest zur Verfügung (vgl. Kapitel 5.1.2). Das Fornell/Larcker-Kriterium als strengere Größe wird im ersten Schritt überprüft. Es verlangt, dass die durchschnittlich erfasste Varianz eines Faktors größer ist als jede quadrierte Korrelation dieses Faktors mit einem anderen Faktor.[914] Zur einfacheren Darstellung kann der Quotient aus quadrierter Korrelation und durchschnittlich erfasster Varianz herangezogen werden. Ist dieser kleiner eins, gilt das Fornell/Larcker-Kriterium als erfüllt. Die Ergebnisse für die beiden Dimensionen sind Tabelle 30 zu entnehmen:

---

[914] Vgl. Fornell/Larcker (1981), S. 46. Der χ^2-Differenztest wird nur angewendet, wenn das Fornell/Larcker-Kriterium nicht erfüllt wird.

Dimension	Faktor	DEV	Maximale Korrelation mit Faktor ...	Quadrierte Korrelation	Fornell-/ Larcker- Ratio
Fachkompetenz	1_{neu2} Prozesswissen und -erfahrung	0,66	5	$(0,62)^2$	0,58
	5 Produktwissen	0,72	10	$(0,80)^2$	0,89
	10 Produkterfahrung und -involvement	0,75	5	$(0,80)^2$	0,85
Motivation	7_{neu} Kaufinvolvement	0,65	4_{neu}	$(0,23)^2$	0,08
	4_{neu} Konsum-Hedonismus	0,80	7_{neu}	$(0,23)^2$	0,07

Tabelle 30: Ergebnisse der Ermittlung der Diskriminanzvalidität

Tabelle 30 zeigt, dass für alle Faktoren Diskriminanzvalidität mittels des Fornell/Larcker-Kriteriums festgestellt werden kann; der geforderte Grenzwert des Ratio von eins wird in keinem Fall überschritten. Damit können die Dimensionen bestätigt werden.

5.2.4 Analyse auf Ebene des Gesamtmodells

Nach separater Betrachtung der drei Dimensionen von Kundenintegrationskompetenz erfolgt im letzten Schritt (Untersuchungsstufe D, vgl. Kapitel 5.1.3) die Analyse des Gesamtmodells, d.h. der vier Dimensionen mit sieben Faktoren und 24 Indikatoren. Auch auf Gesamtmodellebene sind exploratorische Faktorenanalyse, konfirmatorische Faktorenanalyse und Analyse der Diskriminanzvalidität vorzunehmen. Hinzu kommen die Analyse der Dimensionalität von Kundenintegrationskompetenz sowie die Betrachtung von Inhaltsvalidität sowie nomologischer Validität.

Exploratorische Faktorenanalyse (D.1)

Die exploratorische Faktorenanalyse erfolgt erneut entsprechend der in Kapitel 5.1.2 dargestellten Kriterien; in diesem Fall simultan für alle vier Dimensionen gleichzeitig. Die Anwendungsvoraussetzungen werden vorab erneut geprüft. Betrachtet man die Ergebnisse dieses Analyseschrittes (vgl. Anhang 3), zeigt sich, dass sich anstatt der vermuteten sieben Faktoren nur sechs Faktoren herausbilden. Die vier Indikatoren, die in vorhergehenden Analyseschritten dem Faktor *Produktwissen* zugeordnet werden konnten, laden nun mit den drei Indikatoren des neuen Faktors *Produkterfahrung und -involvement* auf einen gemeinsamen Faktor. Damit ergibt die exploratorische Faktorenanalyse nicht die erwarteten sieben, sondern sechs Faktoren. Die nachfolgende konfirmatorische Faktorenanalyse weist jedoch darauf hin, dass das Messmodell mit sieben Faktoren besser geeignet ist, Kundenintegrationskompetenz abzubilden, weswegen von einem 7-Faktor-Modell ausgegangen wird.[915] Die Cronbach-Alpha-Werte sowie die erklärte Varianz liegen bei allen sieben Faktoren oberhalb der geforderten Grenzen (vgl. Anhang 4).[916]

---

[915] Zudem verbessern sich auch die Faktorladungen sowie das Cronbach-Alpha.

[916] Aus Platzgründen werden die Werte nicht erneut ausgewiesen.

Konfirmatorische Faktorenanalyse (D.2)

Mittels konfirmatorischer Faktorenanalyse wird in diesem Schritt das Gesamtmodell untersucht (vgl. Kapitel 5.1.3). Ergänzend zu den bisher durchgeführten Berechnungen wird im ersten Schritt, wie erläutert, ein Second-Order-CFA-Modell aufgestellt, d.h. es wird ermittelt, wir stark die sieben Faktoren auf den übergeordneten Faktor *Kundenintegrationskompetenz* laden. Dabei zeigt sich, dass der Faktor *Produktwissen* mit einem Wert von 0,956 die höchste Faktorladung aufweist. Es folgen *Produkterfahrung und -involvement* mit einer Faktorladung von 0,839 sowie *Prozesswissen und -erfahrung* mit einer Ladung von 0,632. Der Faktor *soziale Fähigkeiten* besitzt eine Faktorladung von 0,354, *Kaufinvolvement* eine Ladung von 0,250. Es schließen sich der Faktor *Konsum-Hedonismus* mit einem Wert von 0,168 und der Faktor *Technologieaffinität* mit einem Wert von 0,128 an. Die Faktorladungen der fünf erst genannten Größen sind signifikant auf dem 0,1-Prozent-Niveau; lediglich die Faktorladungen von *Konsum-Hedonismus* und *Technologieaffinität* sind lediglich auf dem 1-Prozent-Niveau signifikant.[917] Da die letzten beiden Faktoren einen äußerst geringen Beitrag zur Erklärung des Modells der *Kundenintegrationskompetenz* leisten, ist zu überlegen, ob diese Faktoren notwendige Aspekte des Konstruktes verkörpern oder ob Kundenintegrationskompetenz auch hinreichend genau durch eine geringere Anzahl an Indikatoren messbar gemacht werden kann. Aufgrund des sehr geringen Erklärungsbeitrags der beiden Aspekte in dieser Untersuchung, werden die Faktoren *Konsum-Hedonismus* sowie *Technologieaffinität* entfernt.[918] Somit besteht Kundenintegrationskompetenz aus fünf hinreichend abgrenzbaren Faktoren (vgl. Abbildung 19).

---

[917] Die globalen Fit-Maße für das Second-Order CFA-Modell sind bis auf einen tolerierbaren AGFI-Wert zufrieden stellend (GFI: 0,916, AGFI: 0,890; RMSEA: 0,063; χ^2/df: 3,079; NFI: 0,940; CFI: 0,959).

[918] Die geringe Erklärungskraft kann u.U. auf die Charakteristika der Datengrundlage zurückgeführt werden. Vgl. zur Diskussion Kapitel 7.1. Bei Elimination der beiden Faktoren verbessert sich der Wert des Bayes Information Criterion (BIC), das die Sparsamkeit von Modellen belohnt, von 926,486 auf 325,232. Vgl. Byrne (2001), S. 86.

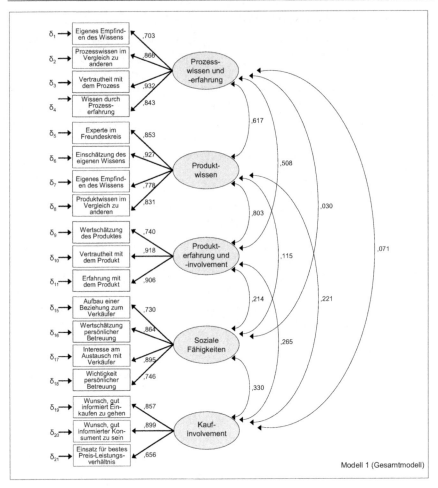

Abbildung 19: Modellstrukturen mit standardisierten Ergebnissen (Gesamtmodellebene)

Im Unterschied zu den Ergebnissen der exploratorischen Faktorenanalyse, die zu vier (von fünf) Faktoren führt, weist die konfirmatorische Faktorenanalyse eindeutig darauf hin, dass die separate Berücksichtigung der Faktoren *Prozesswissen und -erfahrung* sowie *Produktwissen* das Konstrukt besser abbildet.[919] Da die konfirmatorische Faktorenanalyse als das auf der Theorieebene wesentlich

---

[919] Die globalen Fit-Maße verbessern sich bei Berücksichtigung von fünf Faktoren (vgl. Tabelle 31). Für ein 4-Faktorenmodell ergeben sich folgende Werte: GFI: 0,844, AGFI: 0,636; RMSEA: 0,092; χ^2/df: 5,351; NFI: 0,897; CFI: 0,914. Auch beim BIC-Wert erzielt man mit fünf Faktoren ein besseres Ergebnis (627,814) als bei einer 4-Faktor-Lösung (952,642).

strengere Verfahren angesehen werden kann, werden im Folgenden fünf Faktoren berücksichtigt. Die in Kapitel 5.1.2 beschriebenen Gütekriterien sind erneut zu überprüfen (vgl. Tabelle 31).

Faktor	Faktorbe-zeichnung	Indikator	IR	FR	DEV	GFI	AGFI	RMS-EA	χ^2/df	NFI	CFI
1_{neu2}	Prozesswissen und -erfahrung	20	0,495	0,90	0,69						
		21	0,750								
		22	0,870								
		25	0,711								
5	Produktwissen	01	0,728	0,91	0,72						
		02	0,859								
		03	0,606								
		04	0,691								
10	Produkterfahrung und -involvement	09	0,548	0,90	0,75	0,929	0,903	0,058	2,723	0,949	0,967
		11	0,844								
		13	0,821								
2_{neu2}	Soziale Fähigkeiten	40	0,533	0,88	0,65						
		42	0,747								
		43	0,801								
		44	0,557								
7_{neu}	Kaufinvolvement	35	0,734	0,85	0,65						
		36	0,808								
		37	0,430								

Tabelle 31: Gütekriterien der zweiten Generation des Gesamtmodells

Wie aus der Tabelle ersichtlich wird, sind alle Gütekriterien auf lokaler und globaler Ebene erfüllt. Somit kann die Modellstruktur bestätigt werden.

Überprüfung der Diskriminanzvalidität auf Gesamtmodellebene (D.3)

Auch auf Ebene des Gesamtmodells ist die Diskriminanzvalidität zu überprüfen. Wie in Kapitel 5.1.2 geschildert, wird im ersten Schritt das strengere Fornell/Larcker-Kriterium berechnet. Für alle Faktoren kann erneut Diskriminanzvalidität festgestellt werden. Das höchste Fornell/Larcker-Ratio wird für den Faktor *Produktwissen* ermittelt und liegt bei 0,89.

Untersuchung der Dimensionalität des Konstruktes *Kundenintegrationskompetenz* (D.4)

Nachdem in den vorhergehenden Schritten gezeigt wurde, dass das Konstrukt *Kundenintegrationskompetenz* aus fünf hinreichend abgrenzbaren Faktoren besteht, soll im folgenden Abschnitt überprüft werden, inwiefern sich die vermutete, auf qualitativen Vorüberlegungen basierende, vierdimensionale Struktur des Konstruktes auch tatsächlich bestätigt.

Hierbei ist zu berücksichtigen, dass von den vermuteten vier Dimensionen nur drei im Modell verblieben sind, wobei zwei der Dimensionen aus je einem Faktor bestehen. Der Faktor *Technologieaffinität* wurde als Aspekt der Methodenkompetenz berücksichtigt und entfiel nach den Analysen auf Gesamtmodellebene. Bei der Betrachtung der Dimensionalität spielen demnach folgende Dimensionen und Faktoren eine Rolle:

- Die Dimension *Fachkompetenz* beinhaltet die drei Faktoren *Prozesswissen und -erfahrung, Produktwissen* sowie *Produkterfahrung und -involvement.*[920]

- Zur *Sozialkompetenz* wird der Faktor *soziale Fähigkeiten* gezählt. Dieser entstand bei der Analyse auf Faktorenebene aus den beiden Faktoren *kommunikative Fähigkeiten* sowie *Bedürfnis nach Interaktion mit dem Verkaufspersonal.*

- Die Dimension *Motivation* umfasst den Faktor *Kaufinvolvement.* Der Faktor *Konsum-Hedonismus* wurde bei der Analyse auf Gesamtmodellebene entfernt.

Um die vermutete, dreidimensionale Struktur von Kundenintegrationskompetenz abzubilden, wird ein Third-Order-CFA-Modell modelliert, wobei nun noch die Ebene der Dimensionen berücksichtigt wird. Das bedeutet, dass die Faktoren erster Ordnung der Dimension *Fachkompetenz* zu einem übergeordneten Faktor zweiter Ordnung zusammengefasst werden. Dieser Faktor zweiter Ordnung wird zusammen mit den Faktoren *soziale Fähigkeiten* sowie *Motivation* dem übergeordneten Faktor dritter Ordnung – der Kundenintegrationskompetenz – zugeordnet (vgl. für die Struktur von Kundenintegrationskompetenz Abbildung 20).

Die Gütemaße des Modells sind als gut einzustufen. Die geforderten globalen Gütekriterien sind bis auf den AGFI, der knapp unterschritten wird, vollständig erfüllt (GFI: 0,919, AGFI: 0,895; RMSEA: 0,061; χ^2/df: 2,931; NFI: 0,943; CFI: 0,961). Erneut wird ermittelt, wie stark die verschiedenen Faktoren auf den übergeordneten Faktor *Kundenintegrationskompetenz* laden. Dabei zeigt sich, dass der Faktor *Fachkompetenz* mit einem Wert von 0,573 die höchste Faktorladung aufweist. Es folgen *soziale Fähigkeiten* mit einer Faktorladung von 0,415 sowie *Kaufinvolvement* mit einer Ladung von 0,358.[921] Die verbleibenden Dimensionen sind gut zu interpretieren und umfassen die Fachkompetenz, die Sozialkompetenz und die Motivation von Kunden.

Betrachtung der Inhaltsvalidität (D.5)

Wie in Kapitel 5.1.2 erläutert, zeigt die Inhaltsvalidität, inwieweit die berücksichtigten Indikatoren alle Facetten und Bedeutungsinhalte des zugrunde gelegten Konstruktes abbilden.[922] In diesem Fall geht es also darum herauszufinden,

- ob alle Faktoren und Indikatoren Kundenintegrationskompetenz inhaltlich abbilden und

- ob alle relevanten Facetten des Konstruktes berücksichtigt sind.[923]

---

[920] Die in den vorhergehenden Analysen dargestellten Fornell/Larcker-Werte weisen ebenfalls auf einen engen Zusammenhang der Größen *Produktwissen, Prozesswissen und -erfahrung* sowie *Produkterfahrung und -involvement* hin.

[921] Hierbei wurde mit dem Ziel restringiert, die Konstrukte erster Ordnung gleich zu gewichten. Vgl. Kline (2005).

[922] Vgl. Homburg/Giering (1996), S. 7.

[923] Vgl. Homburg/Giering (1996), S. 18.

Die Überprüfung der Inhaltsvalidität gestaltet sich meist sehr schwierig. Einige Autoren gehen gar davon aus, dass sie statistisch nicht überprüft werden kann.[924] Eine Untersuchung, ob ein Messmodell inhaltsvalide ist, erfolgt deshalb zumeist qualitativ im Rahmen der Grobkonzeptualisierung vor der qualitativen Analyse.[925] Entsprechend den Hinweisen von MURPHY/ DAVIDS-HOFER kann Inhaltsvalidität mittels eines dreistufigen Vorgehens erfasst werden:[926]

- Beschreibung der Inhalte des interessierenden Konstruktes.

- Festlegung, welcher Bereich des Inhalts durch welchen Indikator im Messinstrument ermittelt werden soll.

- Vergleich der Struktur des Messinstruments mit der Struktur der Inhalte.

Bei dem Prozess der Konzeptualisierung des Konstruktes in Kapitel 4 wurde dieser Vorgehensweise gefolgt. Deshalb kann mit großer Sicherheit von Inhaltsvalidität ausgegangen werden. Außerdem wird üblicherweise die Konstruktvalidität, also die Konvergenz- und die Diskriminanzvalidität, genutzt, um zu einer Validitätsbeurteilung zu kommen.[927] Dies erfolgte mittels der dargestellten Gütekriterien und Analyseschritte.

HOMBURG/GIERING weisen darauf hin, dass es auch möglich ist, die Inhaltsvalidität zu erfassen, indem man neben Indikatoren, die das Konstrukt indirekt messen, auch Indikatoren in die Untersuchung integriert, die es direkt erfassen.[928] Da es sich bei dem Konstrukt *Kundenintegrationskompetenz* um ein relativ komplexes Konstrukt mit verschiedenen Facetten handelt, wurde – auch vor dem Hintergrund des Fragebogenumfangs – von zusätzlichen Fragen abgesehen. Die Inhaltsvalidität wird damit ausschließlich indirekt beurteilt.

Überprüfung der Robustheit des Modells

Zur Überprüfung der Robustheit wird das entwickelte Messmodell, welches fünf Faktoren umfasst, mit anderen Modellen verglichen, in denen die 18 Indikatoren durch eine geringere Anzahl an Faktoren abgebildet werden. Hierbei werden die globalen Fit-Maße betrachtet. Es wurde bereits geschildert, dass eine Zusammenlegung der Faktoren *Produktwissen* sowie *Produkterfahrung und -involvement* zu einer Verschlechterung der Fit-Maße führen. Auch bei Zusammenfassung der In-

---

[924] Vgl. Bühner (2004), S. 30.

[925] Vgl. Bearden/Netemeyer (1999), S. 4; Carmines/Zeller (1979), S. 22; Hildebrandt (1984), S. 42; Parasuraman/ Zeithaml/Berry (1988), S. 28.

[926] Vgl. Murphy/Davidshofer (2001), S. 150.

[927] Vgl. Bühner (2004), S. 30. Bühner erwähnt zudem die Kriteriumsvalidität, die in der vorliegenden Untersuchung jedoch vernachlässigt wird.

[928] Vgl. Homburg/Giering (1996), S. 17f.

dikatoren zu drei, zwei und einem Faktor verschlechtern sich die globalen Fit-Maße.[929] Die Güte des entwickelten Messmodells wird somit von keinem der alternativen Modelle erreicht. Neben der Betrachtung von Alternativmodellen mit einer geringeren Anzahl an Faktoren wird das entwickelte Messmodell separat in den verschiedenen Branchen überprüft. Die globalen Fit-Maße sind in den betrachteten Branchen zufrieden stellend.[930] Die Ergebnisse sprechen für die vorgenommene Konzeptualisierung und Operationalisierung von Kundenintegrationskompetenz.

Untersuchung der nomologischen Validität (D.6)

Die Operationalisierung von Konstrukten endet – wie in Kapitel 5.1.3 dargestellt – mit der Betrachtung der nomologischen Validität der Messung, d.h. man ordnet das Konstrukt in einen theoretischen Zusammenhang ein und versucht, Beziehungen zu anderen, relevanten Konstrukten herzustellen. In dieser Untersuchung werden Beziehungen zwischen *Kundenintegrationskompetenz* sowie den nachgelagerten Konstrukten *Servicequalität* und *Kundenzufriedenheit* untersucht. Hierzu werden vollständige Kausalmodelle gebildet, wobei das Konstrukt *Kundenintegrationskompetenz* die exogene latente Variable darstellt und die nachgelagerten Konstrukte die endogenen latenten Variablen.[931] Außerdem wird der Zusammenhang von Kundenintegrationskompetenz und der Determinante *Bedürfnis nach individuellen Leistungen* analysiert. Zunächst sind die neuen Konstrukte in Hinblick auf ihre Reliabilität und Validität zu überprüfen. Diese Untersuchungen werden in Kapitel 6 dargestellt, welches der Einordnung von Kundenintegrationskompetenz in einen übergeordneten theoretischen Rahmen und damit der Analyse der nomologischen Validität dient.

5.2.5 Ergebnisse der quantitativen Analyse des Re-Tests

Um die Ergebnisse zum Messmodell der Kundenintegrationskompetenz zu validieren, wurde im Mai 2006 ein Re-Test mit 264 Studenten durchgeführt. Hierfür wurde die Szenario-Technik angewandt und den Teilnehmern der Ablauf des Kaufs eines individuellen Sportschuhs genau geschildert. Hierbei wurden sowohl Kaufprozess als auch Aspekte des individuellen Produktes ausführlich dargelegt, so dass die Studenten einen umfassenden Einblick in das Themenfeld gewinnen konnten. Die Analyse erfolgt anhand der aufgestellten Kriterien (vgl. Kapitel 5.1.2) sowie der Vorgehensweise, die bereits für die Hauptuntersuchung herangezogen wurden (vgl. Kapitel 5.1.3). Aus Platzgründen werden im Folgenden nur die Endergebnisse dargestellt.

---

[929] Im Sinn einer kurz gefassten Darstellung werden an dieser Stelle nur die BIC-Werte angegeben, wobei ein möglichst kleiner Wert angestrebt wird: BIC (5 Faktoren): 627,814; BIC (4 Faktoren): 952,642; BIC (3 Faktoren): 1800,769; BIC (2 Faktoren): 2953,600; BIC (1 Faktor): 3622,375.

[930] Die globalen Fit-Maße werden für die beiden Branchen separat berechnet, in denen die Teilnehmerzahl ausreichend groß war, d.h. in der Branche *Rad* (n = 229) und *Shirt* (n = 169). Ergebnisse für die Radbranche: GFI: 0,897; AGFI: 0,859; RMSEA: 0,061; χ^2/df: 1,861; NFI: 0,922; CFI: 0,962; Ergebnisse für die Shirtbranche: GFI: 0,899; AGFI: 0,862; RMSEA: 0,048; χ^2/df: 1,390; NFI: 0,925; CFI: 0,977.

[931] Vgl. hierzu die Erläuterungen in Kapitel 6.1.2.

Die multivariaten Analyseergebnisse des Re-Tests bestätigen die außerordentliche Güte des im Rahmen der Hauptuntersuchung entwickelten Messmodells. Die geforderten Gütekriterien der exploratorischen und konfirmatorischen Faktorenanalyse werden nahezu vollständig erfüllt. Die globalen und lokalen Gütekriterien sind sehr gut, lediglich der AGFI erreicht den geforderten Grenzwert von 0,9 nicht. Diese Unterschreitung wird jedoch als akzeptabel angesehen. Die Second-Order CFA-Analyse ergibt signifikante Faktorladungen für alle Faktoren. Tabelle 32 zeigt die Ergebnisse des Re-Tests zum Messmodell von Kundenintegrationskompetenz im Überblick.

Faktor	Faktorbezeichnung	Indikator	IR	FR	DEV	GFI	AGFI	RMS-EA	χ^2/df	NFI	CFI
1_{neu2}	Prozesswissen und -erfahrung	20	0,416	0,69	0,63	0,925	0,897	0,049	1,679	0,943	0,976
		21	0,594								
		22	0,802								
		25	0,751								
5	Produktwissen	01	0,782	0,77	0,79						
		02	0,905								
		03	0,746								
		04	0,723								
10	Produkterfahrung und -involvement	11	0,640	0,93	0,81						
		13	0,879								
		14	0,835								
2_{neu2}	Soziale Fähigkeiten	40	0,443	0,87	0,62						
		42	0,708								
		43	0,731								
		44	0,624								
7_{neu}	Kaufinvolvement	35	0,592	0,79	0,58						
		36	0,841								
		37	0,414								

Tabelle 32: Ergebnisse des Messmodells von Kundenintegrationskompetenz (Re-Test)

5.3 Zusammenfassung der empirischen Validierung

Mit der Datenanalyse im Rahmen der Hauptuntersuchung dieser Arbeit wurde die Konzeptualisierung und Operationalisierung des Konstruktes *Kundenintegrationskompetenz* abgeschlossen. Im Rahmen dieser Untersuchung wurden 517 Kunden in vier Branchen befragt. Die Datensätze wurden zunächst aufbereitet und anschließend mit Hilfe der Kriterien der ersten und zweiten Generation überprüft. Die Analysen führten zur Entwicklung eines reliablen und validen Messinstruments für Kundenintegrationskompetenz. Die Ergebnisse der durchgeführten Untersuchungen belegten die hohe Güte des generierten Modells zur Operationalisierung von Kundenintegrationskompetenz. Von den zunächst vermuteten 45 Indikatoren und zehn Faktoren verblieben 18 Indikatoren und fünf Faktoren, durch die Kundenintegrationskompetenz abgebildet wird. Im Rahmen eines Re-Tests mit 264 Studenten konnte das Messmodell der Kundenintegrationskompetenz validiert werden.

Entsprechend der Konzeptualisierung umfasst das Messinstrument von Kundenintegrations-kompetenz die drei Dimensionen *Fachkompetenz*, *Sozialkompetenz* und *Motivation*. Die vermutete Bedeutung der *Methodenkompetenz* – repräsentiert durch den Faktor *Technologieaffinität* – als weitere Facette eines kompetenten Kunden konnte in dieser Untersuchung nicht bestätigt werden. Dies kann u.U. auf das Untersuchungsdesign zurückgeführt werden: Die Verkaufsprozesse, die die befragten Kunden bei den beteiligten Unternehmen erlebt haben, sind von der persönlichen Interaktion mit dem Verkaufspersonal geprägt. Die eingesetzten Technologien werden von den Verkäufern bedient und standen insgesamt eher im Hintergrund. Damit scheint die Facette *Technologieaffinität* bei dieser Art von Co-Design-Prozessen von eher untergeordneter Bedeutung zu sein. Die Wichtigkeit der Kompetenzklassen *Fachkompetenz*, *Sozialkompetenz* und *Motivation* dagegen bestätigt sich:

- Die Dimension *Fachkompetenz* beinhaltet die drei Facetten *Produktwissen*, *Prozesswissen und -erfahrung* sowie *Produkterfahrung und -involvement* und basiert auf dem (fach)spezifischem Wissen sowie den Erfahrungen der Kunden. Der Faktor *Prozesswissen und -erfahrung* entstand aus den beiden Faktoren *Prozesswissen* und *Prozesserfahrung*. Die Faktoren *Produktinvolvement* und *Produkterfahrung* bildeten den gemeinsamen Faktor *Produkterfahrung und -involvement*. Diese Faktorstruktur ist nachvollziehbar, da sich Konsumenten, denen bestimmte Dinge wichtig sind – nichts anderes zeigt das Involvement – tendenziell auch mehr mit diesen Aspekten befassen und mehr Erfahrungen sammeln. Auch die Literatur weist auf den engen Zusammenhang dieser Größen hin.[932]

- Die *Sozialkompetenz* wird durch den Faktor *soziale Fähigkeiten* repräsentiert. Hierunter fallen alle sozial-kommunikativen Aspekte der Kundenintegrationskompetenz. Der Faktor ist aus den beiden Faktoren *kommunikative Fähigkeiten* sowie *Bedürfnis nach Interaktion mit dem Verkaufspersonal* entstanden. *Soziale Fähigkeiten* sind eine wesentliche Facette eine kompetenten Kunden, da es bei Co-Design-Prozessen – insbesondere wenn sie in Ladengeschäften stattfinden – in der Regel zu Interaktionen zwischen Kunden und Mitarbeitern des Unternehmens kommt.

- Die *Motivation* umfasst den Faktor *Kaufinvolvement*. Das *Kaufinvolvement* stellt eine wichtige motivationale Größe dar, die Kunden mit hoher Kundenintegrationskompetenz kennzeichnet. Der Aspekt *Konsum-Hedonismus*, der dieser Dimension ebenfalls zugeordnet wurde, ist im Rahmen der Untersuchungen auf Gesamtmodellebene entfallen. Zudem wurde zunächst das Produktinvolvement zur Motivation gezählt; dieser Aspekt wird auf Grund der Ergebnisse der empirischen Untersuchungen jedoch der Fachkompetenz zugerechnet, was inhaltlich plausibel ist.

---

[932] Vgl. Kapitel 5.2.3.

Zusammenfassend kann folgende Definition von Kundenintegrationskompetenz gegeben werden. Die Struktur des Konstruktes ist in Abbildung 20 zusammenfassend dargestellt.

Kundenintegrationskompetenz beinhaltet die Teilkompetenzen *Fachkompetenz, Sozialkompetenz* sowie *Motivation*. Kunden mit hoher Integrationskompetenz zeichnen sich durch
umfassendes *Produktwissen, Produkterfahrung und -involvement* sowie *Prozesswissen und
-erfahrung* aus (Fachkompetenz). Sie besitzen ausgeprägte *soziale Fähigkeiten* (Sozialkompetenz) und ein hohes *Kaufinvolvement* (Motivation).

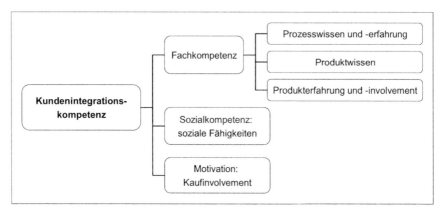

Abbildung 20: Struktur von Kundenintegrationskompetenz als Ergebnis des empirischen Konzeptualisierungspro-
zesses

6   Empirische Prüfung des Wirkungsmodells der Kundenintegrationskompetenz

Nachdem in Kapitel 5 ein reliables und valides Messinstrument für Kundenintegrationskompetenz (KIK) entwickelt wurde, wird das Konstrukt in diesem Kapitel in einen übergeordneten theoretischen Rahmen eingeordnet und damit die nomologische Validität untersucht. Die Berechnungen wurden erneut mittels SPSS (Version 13.0) sowie AMOS (Version 5.0) durchgeführt. Es wird dieselbe Datenbasis wie in Kapitel 5 verwendet, d.h. die Berechnungen beruhen auf den Aussagen von 517 Kunden aus vier Branchen.

Zunächst wird ein Überblick über die durchzuführenden Analysen sowie die heranzuziehende Methodik gegeben. Im nächsten Schritt werden die Zusammenhänge untersucht, wobei eine Determinante von Kundenintegrationskompetenz – das *Bedürfnis nach individuellen Leistungen* – sowie drei Konsequenzen – *Servicequalität* sowie *Zufriedenheit mit dem Produkt* und *Zufriedenheit mit dem Unternehmen* – betrachtet werden. Die Konzeptualisierung und Operationalisierung der Konstrukte wird aus Platzgründen knapp gehalten; der Leser sei auf die angegebene Literatur verwiesen.

Zuletzt wird eine Analyse moderierender Effekte durchgeführt. Hierbei wird untersucht, ob es Unterschiede im Wirkungsmodell der Kundenintegrationskompetenz in Abhängigkeit von *Alter* und *Geschlecht* der Teilnehmer gibt. Zudem wird das Wirkungsmodell in Hinblick auf Differenzen in den vier berücksichtigten Branchen *Shirt*, *Anzug*, *Rad* und *Bauprodukt* betrachtet.

6.1   Überblick und Methodik

Vor Durchführung der Untersuchungen zum Wirkungsmodell der Kundenintegrationskompetenz werden die betrachteten Zusammenhänge kurz geschildert. Im Anschluss daran erfolgt eine Darstellung der Kausalanalyse, die zur Untersuchung von direkten Effekten herangezogen wird, sowie der Mehrgruppenkausalanalyse, mit der die moderierenden Effekte analysiert werden.

6.1.1   Überblick

Die Analyse der Zusammenhänge des Konstruktes *Kundenintegrationskompetenz* und anderer relevanter Größen dient, wie in Kapitel 5.1.3 sowie 5.2.4 erläutert, der Untersuchung der nomologischen Validität des Konstruktes. Erst durch die Integration der *Kundenintegrationskompetenz* in einen übergeordneten theoretischen Rahmen erhält dieses Konstrukt eine Daseinsberechtigung.[933]

Bezüglich des relevanten theoretischen Rahmens werden *Servicequalität* und *Kundenzufriedenheit* als Konsequenzen von Kundenintegrationskompetenz berücksichtigt. Da Kundenintegrationskom-

---

[933] Vgl. Peter/Churchill (1986), S. 2.

petenz die Kompetenz von Kunden darstellt, sich in den Co-Design-Prozess zur Erstellung einer individuellen Leistung erfolgreich einzubringen, ist ein direkter Einfluss auf die wahrgenommene Servicequalität zu vermuten. Es ist anzunehmen, dass die Dienstleistungsqualität wiederum die Zufriedenheit der Kunden beeinflusst.[934] Zusätzlich wird der direkte Einfluss der Kundenintegrationskompetenz auf die Kundenzufriedenheit untersucht, wobei zwischen der Zufriedenheit der Kunden mit dem Unternehmen und der Zufriedenheit mit dem Produkt unterschieden wird. Die Servicequalität wird zudem als Determinante der Zufriedenheit angesehen und ein direkter Einfluss modelliert. Sowohl Servicequalität als auch Kundenzufriedenheit werden als wichtige Größen im Marketing angesehen und deshalb im Rahmen der Einordnung von Kundenintegrationskompetenz in den theoretischen Rahmen berücksichtigt. Kundenzufriedenheit wiederum gilt in der Marketingforschung als notwendige Bedingung für Kundenloyalität; diese hat unmittelbaren Einfluss auf den unternehmerischen Erfolg.[935]

Als Determinante von Kundenintegrationskompetenz wird das *Bedürfnis nach individuellen Leistungen* berücksichtigt. Diese Größe beschreibt eine Persönlichkeitseigenschaft von Konsumenten und steht für den Wunsch, sich von anderen Konsumenten zu differenzieren. Es wird davon ausgegangen, dass sich der Wunsch nach Individualität zunehmend in der Gesellschaft zeigt. Nun wird vermutet, dass Kunden mit einem ausgeprägten Bedürfnis nach Individualität auch eine höhere Kundenintegrationskompetenz besitzen, da sie individuelle Leistungen nicht nur eher in Anspruch nehmen, sondern sich auch intensiver mit diesen auseinander setzen.[936]

Für die Beziehungen zwischen Kundenintegrationskompetenz und den verschiedenen Größen werden Forschungshypothesen aufgestellt. Anschließend wird überprüft, ob die verschiedenen Zusammenhänge signifikant sind, ob es sich also um eine bedeutsame Beziehung handelt.[937] Abbildung 21 zeigt die zu untersuchenden Beziehungen im Überblick.

---

[934] Vgl. zum Einfluss der Kundenbeiträge auf die Servicequalität und die Kundenzufriedenheit die ausführlichen Erläuterungen in Kapitel 3.3.1.

[935] Vgl. Kapitel 6.2.3.

[936] Vgl. Kapitel 6.2.1.

[937] Die Vorgehensweise bei der Hypothesenprüfung erfolgt entsprechend dem von Popper (1934) geprägten kritischen Rationalismus, dem wohl bekanntesten wissenschaftstheoretischen Rahmenmodell, nach dem Aussagen niemals verifizierbar, sondern lediglich nicht-falsifizierbar sind. Im Einklang damit steht die statistische Hypothesenprüfung mittels Signifikanztest, dem dominierenden Prinzip moderner empirischer Forschung. Diese ermöglicht eine Falsifizierbarkeit von Aussagen durch die Festlegung von Falsifikationskriterien, den sogenannten Signifikanzniveaus bzw. Irrtumswahrscheinlichkeiten. Vgl. Bortz/Döring (2003), S. 26f. In der vorliegenden Untersuchung wird den üblichen Vorgben bezüglich der Signifikanzniveaus gefolgt, d.h. eine Irrtumswahrscheinlichkeit $p \leq 0{,}05$ (5 %) deutet auf ein signifikantes Ergebnis hin (Symbol: *), eine Irrtumswahrscheinlichkeit $p \leq 0{,}01$ (1 %) auf ein hoch signifikantes Ergebnis (**), eine Irrtumswahrscheinlichkeit $p \leq 0{,}001$ (0,1 %) auf ein höchst signifikantes Ergebnis (***). Vgl. Bortz/Döring (2003), S. 27ff., auch zur Vorgehensweise bei der statistischen Hypothesenprüfung.

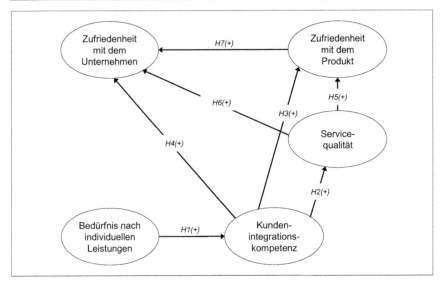

Abbildung 21: Basismodell der durchzuführenden Dependenzanalyse

Methodisch erfolgt die Überprüfung der direkten Effekte mittels Kausalanalyse, wobei nun ein vollständiges Kausalmodell aufgestellt wird. Dieses besteht – anders als in Kapitel 5, wo im Rahmen der konfirmatorischen Faktorenanalyse nur ein Messmodell entwickelt wurde – aus Mess- und Strukturmodell.[938] Da es sich bei den Größen *Servicequalität, Kundenzufriedenheit mit dem Unternehmen, Kundenzufriedenheit mit dem Produkt* sowie dem *Bedürfnis nach individuellen Leistungen* um theoretische Konstrukte handelt, also um latente und nicht-direkt messbare Variablen, müssen diese erneut mittels Indikatoren messbar gemacht werden.[939] Dies bedeutet, dass Messinstrumente entwickelt und empirisch validiert werden müssen. Hierzu sind wiederum die Gütekriterien der ersten und zweiten Generation zu prüfen.[940]

Im nächsten Schritt werden moderierender Effekte analysiert und untersucht, ob es Unterschiede zwischen den Beziehungen im Wirkungsmodell der Kundenintegrationskompetenz in Abhängigkeit von den moderierenden Größen gibt. Als Moderatoren werden *Alter* und *Geschlecht* als wichtige demographische Merkmale der Teilnehmer berücksichtigt. Zudem wird das Wirkungsmodell

---

[938] Vgl. Kapitel 6.1.2.

[939] Die Messbarmachung erfolgt mit Hilfe der Beziehungen zwischen den beobachtbaren und damit messbaren Indikatoren und dem Konstrukt (vgl. Kapitel 4.1). Dabei ist zu berücksichtigen, dass es sich bei den neu eingeführten Konstrukten im Gegensatz zu Kundenintegrationskompetenz um einfaktorielle Konstrukte handelt (Konstrukt = Faktor). Vgl. Homburg/Giering (1996), S. 6.

[940] Vgl. Kapitel 5.1.2. Anzumerken ist, dass die Determinante und die Konsequenzen bereits im Pre-Test betrachtet und mittels Kriterien der ersten Generation überprüft wurden. Die Grenzwerte werden in jedem Fall eingehalten.

in Hinblick auf Unterschiede zwischen den betrachteten Branchen untersucht, d.h. es wird analysiert, ob sich die Zusammenhänge zwischen Kundenintegrationskompetenz, der Determinante und den Konsequenzen in den Branchen *Shirt*, *Anzug*, *Rad* und *Bauprodukt* unterscheiden.

Zur Analyse der moderierenden Effekte stehen im Wesentlichen zwei Verfahren zur Auswahl: die moderierte Regressionsanalyse und die Mehrgruppenkausalanalyse. In dieser Untersuchung wird auf die Mehrgruppenkausalanalyse zurückgegriffen. Diese ist ein sehr leistungsfähiges Verfahren und zielt darauf ab, heterogene Wirkbeziehungen in Subpopulationen nachzuweisen.[941]

6.1.2 Methodik zur Analyse direkter Effekte

Zur Untersuchung von Zusammenhängen zwischen Kundenintegrationskompetenz und der Determinante sowie den Konsequenzen wird die Kausalanalyse herangezogen, die genauer als Kovarianzstrukturanalyse zu bezeichnen ist.[942] Dabei wird ein vollständiges Kausalmodell gebildet, d.h. neben dem Messmodell auch ein Strukturmodell.[943] Die Tatsache, dass beide Modelle simultan unter Berücksichtigung von Messfehlern geschätzt werden können, stellt den zentralen Vorteil der Kausalanalyse gegenüber anderen Verfahren dar, die Dependenzanalysen ermöglichen.[944] Es werden nun also die Messmodelle der einzelnen Konstrukte überprüft sowie gleichzeitig die Wirkungszusammenhänge zwischen den Konstrukten analysiert.[945]

Erneut werden verschiedene Schritte durchgeführt.[946] Basierend auf den gebildeten Hypothesen (vgl. Kapitel 6.2) wird im ersten Schritt das Gesamtmodell aufgestellt. Dieses besteht aus drei Teilmodellen:

- dem Messmodell der latenten exogenen Variablen,

- dem Messmodell der latenten endogenen Variablen und

- dem Strukturmodell.

---

[941] Vgl. Kapitel 6.1.3.

[942] Vgl. Fornell (1986); Bagozzi/Baumgartner (1994), S. 417; Homburg/Giering (1996), S. 9.

[943] Vgl. Kline (2005), S. 209ff.; vgl. für Erläuterungen zum Messmodell der Kausalanalyse (= konfirmatorische Faktorenanalyse) Kapitel 5.1.2.

[944] Vgl. Giering (2000), S. 90.

[945] Vgl. Bollen (1989); Kline (2005), S. 209.

[946] Vgl. Backhaus et al. (2003), S. 351ff., an dessen Ausführungen sich die vorliegende Arbeit orientiert.

Dabei dienen die Messmodelle der Messbarmachung der latenten exogenen und endogenen Variablen; das Strukturmodell bildet die Zusammenhänge zwischen den latenten Variablen ab.[947]

Im zweiten Schritt erfolgt die Schätzung der Modellparameter. Dies geschieht auf Basis der erhobenen Daten, wobei das Ziel verfolgt wird, dass die Differenz (Residuum oder Rest) zwischen der modelltheoretischen und der empirischen Kovarianzmatrix minimiert wird.[948]

Der nächste Schritt dient wiederum der Beurteilung der Modellgüte. Wie bereits erläutert, ist es möglich, die Güte des Messmodells sowohl auf globaler als auch auf lokaler Ebene zu untersuchen, d.h. sowohl das Gesamtmodell als auch die einzelnen Indikatoren und Faktoren können in Hinblick auf ihre Güte überprüft werden. Neben den erläuterten Gütekriterien der ersten und zweiten Generation (vgl. Kapitel 5.1.2), werden zwei weitere Kriterien zur Beurteilung der Strukturmodelle berücksichtigt:

- die standardisierten Pfadkoeffizienten sowie die zugehörigen t-Werte und

- die quadrierten multiplen Korrelationen.

Die standardisierten Pfadkoeffizienten (γ und β) des Strukturmodells und die t-Werte ermöglichen einen Rückschluss auf die statistische Signifikanz eines Effekts sowie dessen Stärke und Richtung und damit auf die Ablehnung oder Annahme einer Hypothese.[949] Der Wertebereich der standardisierten Koeffizienten liegt zwischen null und eins, wobei ein hoher Wert angestrebt wird. Die quadrierten multiplen Korrelationen (*Squared Multiple Correlations* oder SMC) der endogenen latenten Variablen zeigen den erklärten Varianzanteil der latenten Konstrukte, der durch die Größen beeinflusst wird, die einen Effekt auf die betrachtete Variable ausüben.[950] Der Wertebereich dieser Größe liegt zwischen null und eins, wobei der Wert umso besser ist, je höher er ist. Der Varianzanteil, der nicht erklärt wird, ist auf die Fehlerwerte zurückzuführen.

6.1.3 Methodik zur Analyse indirekter Effekte

Bei der Analyse indirekter Effekte geht es darum, den Einfluss moderierender Variablen auf die Beziehungen zwischen den endogenen und den exogenen Variablen zu untersuchen. Ein Moderator ist

---

[947] Vgl. Backhaus et al. (2003), S. 336ff. Bei der Spezifikation des Strukturmodells unterscheidet man latente endogene Variablen, die im Modell erklärt werden, und latente exogene Variablen, die nicht erklärt werden. Vgl. Backhaus et al. (2003), S. 344f.

[948] Vgl. Backhaus et al. (2003), S. 362; Byrne (2001), S. 7.

[949] Vgl. Giering (2000), S. 93; Sauer (2003), S. 203. Die γ-Koeffizienten beziehen sich auf die Beziehungen zwischen latenten exogenen und endogenen Variablen, die β-Koeffizienten auf die Zusammenhänge verschiedener endogener Variablen.

[950] Vgl. Giering (2000), S. 93.

„[...] a qualitative (e.g., sex, race, class) or quantitative (e.g., level of reward) variable that affects the direction and/or strengths of the relation between and independent or predictor variable and a dependent or criterion variable [...]."[951]

Eine Größe ist also dann ein Moderator, wenn die Beziehung zwischen zwei weiteren Variablen von dieser moderierenden Größe abhängt. Eine positive Moderation liegt vor, wenn der Einfluss der unabhängigen auf die abhängige Variable bei hohen Werten des Moderators stärker ist als bei niedrigen Werten; umgekehrtes gilt für negative Moderation, d.h. bei hohen Werten des Moderators wird die Beziehung zwischen abhängiger und unabhängiger Variable schwächer.[952] Zusätzlich ist zwischen reinen und Quasi-Moderatorvariablen zu unterscheiden. Letztere haben neben dem Einfluss auf die Beziehung zwischen exogener und endogener Variable zusätzlich einen direkten Effekt auf die endogene Variable.[953] Zur Analyse dieser Effekte stehen, wie bereits dargestellt, die moderierte Regressionsanalyse sowie die Mehrgruppenkausalanalyse zur Verfügung.

In dieser Untersuchung wird auf die Mehrgruppenkausalanalyse zurückgegriffen. Diese ist dahingehend eine Erweiterung der Kausalanalyse, dass nun die spezifizierten Modelle für verschiedene unabhängige Gruppen simultan geschätzt werden. Dabei interessieren in dieser Arbeit Unterschiede zwischen den Strukturmodellen in den Gruppen, nicht zwischen den Messmodellen.

Die Strukturmodelle für unterschiedliche (Teil-)Datensätze werden im ersten Schritt ohne Restriktionen simultan ermittelt, im nächsten Schritt wird eine Schätzung unter einer Identitätsrestriktion bestimmter Modellparameter vorgenommen und die Anpassungsgüte beider Modelle verglichen.[954] Eine Identitätsrestriktion bedeutet, dass entweder bestimmte Parameter oder alle zu schätzenden Modellparameter zwischen den Gruppen gleichgesetzt werden. Die Restriktionen orientieren sich an inhaltlichen Überlegungen. In dieser Untersuchung werden die γ- und β-Pfadkoeffizienten des Strukturmodells gleichgesetzt. Diese zeigen, wie erläutert, die Stärke des Zusammenhangs zwischen exogenen und endogenen latenten Variablen bzw. zwischen verschiedenen endogenen Variablen. Die restlichen Modellparameter werden weiterhin in den einzelnen Gruppen unabhängig voneinander geschätzt. Die Moderation wird durch die χ^2-Differenz in Abhängigkeit von der Anzahl der Freiheitsgrade gemessen. Eine Größe übt einen moderierenden Effekt aus, wenn die Veränderung, d.h. die Verschlechterung der Modellanpassung, signifikant ist. Die betreffenden Pfadkoeffizienten sind dann in den betrachteten Gruppen nicht gleich. Die

---

[951] Baron/Kenny (1986), S. 1174.

[952] Vgl. Sauer (2003), S. 204.

[953] Vgl. Sharma/Durand/Gur-Arie (1981), S. 293. In der vorliegenden Untersuchung werden nur reine Moderatorvariablen betrachtet.

[954] Vgl. Baumgartner/Steenkamp (1998), S. 21ff.; Sauer (2003), S. 206f.

Richtung der Moderation ist über die Differenz der standardisierten Pfadkoeffizienten der Modelle zu bestimmen, die in beiden Teildatensätzen unabhängig voneinander gemessen werden.[955]

6.2 Analyse der Determinante und Konsequenzen von Kundenintegrationskompetenz

In diesem Kapitel werden zunächst die direkten Zusammenhänge zwischen Kundenintegrationskompetenz und der Determinante *Bedürfnis nach individuellen Leistungen (BiL)* sowie den Konsequenzen *Servicequalität (SQ)*, *Kundenzufriedenheit mit dem Unternehmen bzw. Händler (KuU)* und *Kundenzufriedenheit mit dem individuellen Produkt (KuP)* mittels Kausalanalyse untersucht. Dabei werden die Beziehungen zunächst einzeln modelliert und im nächsten Schritt ein Gesamtmodell aufgestellt. Vorab werden die neuen Größen konzeptualisiert und operationalisiert sowie der Zusammenhang zu Kundenintegrationskompetenz theoretisch begründet.

6.2.1 Das Bedürfnis nach individuellen Leistungen als Determinante von Kundenintegrationskompetenz

Konzeptualisierung und Operationalisierung

Bereits in Kapitel 3.2.3 wurde darauf hingewiesen, dass Konsumenten unterschiedlich aufgeschlossen in Hinblick auf Mass-Customization-Angebote sein können und dass sich die Inanspruchnahme derartiger Leistungen je nach Branche und Persönlichkeitsmerkmalen unterscheiden kann.[956] LYNN/HARRIS befassen sich mit dem Konstrukt *Desire for Unique Consumer Products* und definieren dieses als

> „[...] the extent to which they [Anm. d. Verf.: customers] hold as a personal goal the acquisition and possession of consumer goods, services, and experiences that few others posses [...]."[957]

Ähnlich geben TIAN/BEARDEN/HUNTER folgende Definition für das Konstrukt *Consumers' Need for Uniqueness*:

> „[...] the trait of pursuing differentness relative to others through the acquisition, utilization, and disposition of consumer goods for the purpose of developing and enhancing one's self-image and social image."[958]

---

[955] Vgl. Sauer (2003), S. 207.

[956] Vgl. auch die Arbeiten von Fiore/Lee/Kunz (2004), S. 842ff.; Guilabert/Donthu (2003), S. 2; Hart (1995), S. 40.

[957] Lynn/Harris (1997), S. 602f.

[958] Tian/Bearden/Hunter (2001), S. 52.

Die letztgenannten Autoren differenzieren drei Dimensionen oder Verhaltensweisen von Individuen, in denen sich das Bedürfnis nach individuellen Leistungen zeigt:[959]

- *Creative Choice Counterconformity*: Dieser Aspekt drückt aus, dass sich ein Konsument von anderen unterscheiden will, wobei er möchte, dass seine Entscheidungen von anderen Konsumenten akzeptiert werden. Das bedeutet, dass er sich auf positive Art und Weise durch sein Verhalten von anderen abgrenzt.

- *Unpopular Choice Counterconformity*: Im Gegensatz zum vorher genannten Aspekt geht der Konsument in diesem Fall das Risiko der sozialen Missbilligung ein, da er mit den Produkten oder Marken, die er wählt, von herrschenden Gruppennormen abweicht.

- *Avoidance of Similarity*: Diese Facette spiegelt Verhaltensweisen von Konsumenten wider, die auf den Verlust an Interesse an Produkten und Marken zurückzuführen ist, wenn diese auch von anderen genutzt werden. Ein Konsument trägt ein Kleidungsstück beispielsweise nicht mehr, wenn sich andere damit kleiden.

Sowohl LYNN/HARRIS als auch TIAN/BEARDEN/HUNTER beziehen sich auf frühe Arbeiten von SNYDER/FROMKIN zum Bedürfnis nach Individualität und verstehen darunter die Motivation eines Konsumenten, sich von anderen zu differenzieren, beispielsweise durch die getragenen Produkte.[960] LYNN/HARRIS betrachten das Bedürfnis als zielorientierten Zustand, dessen Stärke individuell unterschiedlich sein kann und auf verschiedene Gründe zurückzuführen ist, z.B. auf ein generelles Bedürfnis nach Individualität, auf Statusdenken oder auf die Wichtigkeit materieller Produkte für eine Person.[961] Dabei kann sich der Wunsch nach einzigartigen Leistungen in einer erhöhten Inanspruchnahme seltener Produkte, der Offenheit gegenüber innovativen Produkten oder der Durchführung eigener innovativer Tätigkeiten zeigen. Aber auch die Nutzung altmodischer Produkte, die Einkaufsstättenwahl sowie die Inanspruchnahme von Mass-Customization-Angeboten zeigen dieses Bedürfnis.[962]

In dieser Arbeit wird die Skala von LYNN/HARRIS herangezogen, um das Bedürfnis nach einzigartigen Leistungen zu messen, da sie aufgrund ihrer Eindimensionalität einfach handhabbar ist.[963] Zudem wird – im Gegensatz zu den Skalen von SNYDER/FROMKIN sowie TIAN/BEARDEN/

---

[959] Vgl. Tian/Bearden/Hunter (2001), S. 52f.

[960] Eng verwandt mit diesem Konstrukt ist die Diskussion zu *Innovativeness* oder *Novelty Seeking* von Konsumenten. Vgl. hierzu beispielsweise Goldsmith/d'Hauteville/Flynn (1998); Hirschman (1980).

[961] Vgl. Lynn/Harris (1997), S. 603f.

[962] Vgl. Lynn/Harris (1997), S. 604f.

[963] Dagegen sind sowohl die Skalen von Snyder/Fromkin (1977) als auch Tian/Bearden/Hunter (2001) mehrdimensional. Cui/Zhu (2005) nutzen die Skala, um das Bedürfnis nach einzigartigen Produkten chinesischer Konsumenten zu messen, können allerdings die ursprüngliche Struktur mit acht Indikatoren nicht bestätigen, sondern erhalten eine Fragenbatterie mit vier Items. Die finale Skala dieser Untersuchung enthält fünf Items, wovon vier Items den Indikatoren von Cui/Zhu (2005), S. 4 entsprechen.

HUNTER – das soziale Risiko aus der Individualität ausgeblendet, was für diesen Untersuchungszusammenhang nicht als wichtig erachtet wird. Die Indikatoren weisen außerdem einen Bezug zu Produkten und Dienstleistungen auf, was bei der Skala von SNYDER/FROMKIN nicht gegeben ist. Nach LYNN/HARRIS zeigt sich der Wunsch nach einzigartigen Leistungen unter anderem auch in der Inanspruchnahme von Mass-Customization-Angeboten.[964] Die Autoren orientieren sich bei der Skalenentwicklung an den bekannten Reliabilitäts- und Validitätskriterien und entwickeln eine Skala mit acht Indikatoren. Tabelle 41 zeigt die vollständige Skala, wie sie für diese Untersuchung herangezogen wird:

Operationalisierung des Bedürfnisses nach individuellen Leistungen[965]	
46	Ich fühle mich zu einzigartigen Objekten sehr hingezogen.
47	Ich bin eher ein Trendsetter als das ich dem Trend folge.
48	Ich kaufe ein Produkt eher, wenn es einzigartig ist.
49	Ich ziehe individuell angepasste Produkte der Stangenware vor.
50	Ich genieße es, Dinge zu haben, die andere nicht haben.
51	Bei den Produkten, die ich kaufe, lege ich großen Wert auf individuelle Extras.
52	Ich mag es, neue Produkte/Dienstleistungen vor anderen auszuprobieren.
53	Ich genieße es, in Geschäften einzukaufen, die ungewöhnliche Ware führen.

Tabelle 33: Operationalisierung des Konstruktes *Bedürfnis nach individuellen Leistungen*

Zur Beurteilung der Güte des Messmodells wird erneut auf die in Kapitel 5.1.2 geschilderten Gütekriterien zurückgegriffen. Von ursprünglich acht Indikatoren müssen drei Indikatoren im Rahmen der sukzessiven Anwendung der Verfahren der ersten und zweiten Generation eliminiert werden. Tabelle 34 gibt einen Überblick über die finalen fünf Messitems. Wie der Tabelle zu entnehmen ist, erfüllt das Messmodell alle Kriterien.

Faktor	α/ EFA*	Indikator	IR	FR	DEV	GFI	AGFI	RMS-EA	χ²/df	NFI	CFI
BiL	0,890/ 69,970	48	0,650	0,90	0,64	0,992	0,976	0,046	2,088	0,993	0,996
		50	0,689								
		51	0,558								
		52	0,635								
		53	0,656								

* Cronbach-Alpha/Erklärte Varianz der exploratorischen Faktorenanalyse (in %)
Tabelle 34: Messung des Konstruktes *Bedürfnis nach individuellen Leistungen*

Beziehung zwischen Kundenintegrationskompetenz und dem Bedürfnis nach individuellen Leistungen

Verschiedene Autoren vermuten Unterschiede bei Konsumenten hinsichtlich der Bereitschaft, neue Produkte anzunehmen oder sich auf neue Prozesse, wie z.B. den Co-Design-Prozess, einzu-

---

[964] Vgl. Lynn/Harris (1997), S. 604f.

[965] Die Nummerierung der Items entspricht der Nummerierung im Fragebogen. Vgl. Anhang 1.

lassen.[966] Diese Persönlichkeitsunterschiede führen zu unterschiedlichem Verhalten, beispielsweise in Hinblick auf den Kauf sowie die Nutzung von Produkten oder die Einkaufsstättenwahl. Das Bedürfnis nach individuellen Leistungen steht in engem Zusammenhang zu dem Wunsch, die eigene Individualität zu leben und auszudrücken. Dies geschieht unter anderem auch durch die Inanspruchnahme von Mass-Customization-Angeboten.[967] Beispielsweise können FIORE/ LEE/KUNZ empirisch nachweisen, dass das Bedürfnis nach einem individuellen Aussehen Einfluss auf den Wunsch hat, sich ein individuelles Produkt zusammen zu stellen.[968]

Im Rahmen dieser Untersuchung wird angenommen, dass das Bedürfnis nach individuellen Leistungen die Integrationskompetenz eines Konsumenten beeinflusst. Konsumenten sind offener gegenüber Mass-Customization-Angeboten und setzten sich auch intensiver mit diesen auseinander, d.h. sie widmen der Leistung eine erhöhte Aufmerksamkeit, eignen sich mehr Wissen an und sammeln viele Erfahrungen.[969] Es ist zu vermuten, dass das Bedürfnis nach individuellen Leistungen zu einer höheren Integrationskompetenz von Kunden für Co-Design-Aktivitäten führt. In diesem Zusammenhang wird folgende Hypothese formuliert:

H_1: Je größer das Bedürfnis nach individuellen Leistungen eines Konsumenten ist, desto größer ist seine Integrationskompetenz.

Die Überprüfung des Einflusses des Bedürfnisses nach individuellen Leistungen auf die Kundenintegrationskompetenz zeigt einen sehr starken, positiven Zusammenhang zwischen den beiden Größen. Die Gütekriterien des Modells sind Tabelle 35 zu entnehmen und sind bis auf den AGFI-Wert vollständig erfüllt. Die Ergebnisse bestätigen, dass das Bedürfnis nach individuellen Leistungen einen signifikant positiven Effekt auf Kundenintegrationskompetenz ausübt. Das Ergebnis ist auf dem 0,1-Prozent-Niveau signifikant. H_1 kann damit bestätigt werden.

Beziehungs-zusammenhang	Pfad-koeffi-zient γ	t-Wert	SMC	GFI	AGFI	RMS-EA	χ²/df	NFI	CFI
H_1: BiL → KIK	0,381	5,169	0,145	0,904	0,881	0,056	2,608	0,930	0,956

Tabelle 35: Gütekriterien der Kausalbeziehung zwischen dem Bedürfnis nach individuellen Leistungen und der Kundenintegrationskompetenz

---

[966] Vgl. hierzu auch die Arbeiten von Fiore/Lee/Kunz (2004), S. 842ff.; Guilabert/Donthu (2003), S. 2; Hart (1995), S. 40 sowie die Erläuterungen in Kapitel 3.2.3.

[967] Vgl. Lynn/Harris (1997), S. 604f.

[968] Vgl. Fiore/Lee/Kunz (2004), S. 842ff.; vgl. auch Kreuzer (2005), S. 350.

[969] Vgl. ähnlich Lynn/Harris (1997), S. 613.

6.2.2 Servicequalität als Konsequenz von Kundenintegrationskompetenz

Konzeptualisierung und Operationalisierung

Grundsätzlich gibt es in Hinblick auf die Bestimmung der Qualität eines Leistungsangebotes verschiedene Ansatzpunkte, z.b. den produktorientierten Ansatz, bei dem Qualität anhand genauer und messbarer Variablen bestimmt wird, oder den kundenorientierten Ansatz, der davon ausgeht, dass sich Qualität je nach Wahrnehmung des Nutzers einer Leistung unterscheiden kann.[970] Da es letztendlich darum geht diese Anforderungen von Nutzern und Kunden zu erfüllen, wurde das Konstrukt *Perceived Quality* in die Literatur eingeführt.[971] Dabei besteht grundsätzlich Einigkeit hinsichtlich des Einflusses der Dienstleistungsqualität auf die Kundenzufriedenheit, die wiederum kundenbezogene Verhaltenswirkungen, besonders die Kundenbindung, und hierdurch den Unternehmenserfolg positiv beeinflusst.[972]

Bezüglich des Konstruktes *Servicequalität* gibt es trotz intensiver Diskussion bis heute kein einheitliches Begriffsverständnis.[973] MEFFERT/BRUHN definieren Dienstleistungsqualität beispielsweise wie folgt:

> „Dienstleistungsqualität ist die Fähigkeit eines Anbieters, die Beschaffenheit einer primär intangiblen und der Kundenbeteiligung bedürfenden Leistung aufgrund von Kundenerwartungen auf einem bestimmten Anforderungsniveau zu erstellen. Sie bestimmt sich aus der Summe der Eigenschaften beziehungsweise Merkmale der Dienstleistung, bestimmten Anforderungen gerecht zu werden."[974]

Das Fehlen einer einheitlichen Definition ist unter anderem auch auf die Heterogenität von Dienstleistungen zurückzuführen, die zu branchen- und unternehmensspezifischen Qualitätsmerkmalen führt.[975] Wesentlich ist in jedem Fall, dass für den langfristigen Unternehmenserfolg die Wahrnehmung der Servicequalität durch den Kunden entscheidend ist.[976] Diese ist das Ergebnis eines Vergleichsprozesses der Erwartungen von Kunden in Hinblick auf das Leistungsangebot und der Wahrnehmung der erhaltenen Leistung.[977]

---

[970] Vgl. Garvin (1984), S. 25ff. Der Autor differenziert insgesamt fünf verschiedene Ansätze, Qualität zu bestimmen; vgl. auch Meffert/Bruhn (2003), S. 288f.

[971] Vgl. Garvin (1984), S. 27; Parasuraman/Zeithaml/Berry (1988), S. 12.

[972] Vgl. Meffert/Bruhn (2003), S. 267 und S. 349; vgl. hierzu auch die Erläuterungen in Kapitel 6.2.3.

[973] Vgl. Haller (1995), S. 5ff. Vgl. für weitergehende Erläuterungen zur Servicequalität beispielsweise Haller (1995); Kebbel (2000); Meffert/Bruhn (2003), S. 265ff. Vgl. für grundlegende Erläuterungen zu Dienstleistungen Kapitel 2.2.2.

[974] Meffert/Bruhn (2003), S. 272.

[975] Vgl. Meffert/Bruhn (2003), S. 273.

[976] Vgl. Meffert/Bruhn (2003), S. 267.

[977] Vgl. Parasuraman/Zeithaml/Berry (1988), S. 15 und S. 17.

In der Forschung werden in Zusammenhang mit der Servicequalität verschiedene Einflussgrößen und Dimensionen diskutiert. Im Mittelpunkt steht die Unterscheidung von Potenzial-, Prozess sowie Ergebnisdimension und von Qualitäten in diesen Phasen.[978] Ein anderer Ansatz orientiert sich an der Differenzierung von technischer und funktionaler Qualität.[979] Unterschieden werden zudem Such-, Erfahrungs- und Vertrauenseigenschaften von Leistungen.[980] Im Mittelpunkt der empirischen Arbeiten zu den Qualitätsdimensionen bei Dienstleistungen stehen die Ausführungen von PARASURAMAN/ZEITHAML/BERRY, die folgende Dimensionen von Dienstleistungsqualität differenzieren:[981]

- *Annehmlichkeit des tangiblen Umfeldes (Tangibles)*: Dieser Gesichtspunkt beinhaltet greifbare Aspekte, die in Zusammenhang mit dem Ort der Dienstleistungserstellung stehen, d.h. das Erscheinungsbild von Geschäfsräumen und Ausstattung, das Aussehen des verwendeten Kommunikationsmaterials und besonders auch die Erscheinung der Mitarbeiter.

- *Zuverlässigkeit (Reliability)*: Dieser Punkt beschreibt die Fähigkeit des Anbieters, die Leistung wie versprochen durchzuführen, d.h. zuverlässig und genau zu handeln. Die Zuverlässigkeit kann auch als das Ausmaß gesehen werden, in dem Versprechen eingehalten werden, z.B. hinsichtlich der Problemlösung, der Serviceausführung oder des Preises. Sie gilt aus Kundensicht als wichtigste Determinante der Servicequalität.

- *Reaktionsfähigkeit (Responsiveness)*: Dabei handelt es sich um die Fähigkeit und Bereitschaft, den Kunden zu helfen und eine Leistung umgehend zu erbringen. Dieser Punkt beinhaltet sowohl die Aufmerksamkeit, die den Kunden entgegengebracht wird, als auch die Reaktionsfähigkeit im Umgang mit Kundenanforderungen und -fragen sowie Beschwerden und Kundenproblemen. Ein weiterer Aspekt ist die Fähigkeit und Flexibilität, den Service an die individuellen Kundenbedürfnisse anzupassen.

- *Leistungskompetenz (Assurance)*: Dieser Aspekt beschreibt das Wissen und die Höflichkeit der Mitarbeiter sowie die Fähigkeit von Unternehmen und Mitarbeitern, Vertrauen und Zuversicht zu erzeugen. Leistungskompetenz ist besonders dann wichtig, wenn Kunden ein hohes Risiko empfinden, z.B. bei Bank- und Versicherungsdienstleistungen.

---

[978] Vgl. Donabedian (1980); Meffert/Bruhn (2003), S. 273.

[979] Vgl. Grönroos (1983), S. 9f.; vgl. auch Baron/Harris/Davies (1996), S. 88; Bowen/Schneider (1985); Swartz/Bowen/Brown (1992), S. 4 sowie Kapitel 3.3.2.

[980] Vgl. Homburg/Stock/Kühlborn (2005), S. 543; Meffert/Bruhn (2003), S. 80; Wehrli/Wirtz (1997), S. 119f.; Zeithaml (1981), S. 186f.; Zeithaml/Bitner (2000), S. 30f. sowie Kapitel 2.2.3.

[981] Vgl. Parasuraman/Zeithaml/Berry (1988), S. 23; vgl. auch Meffert/Bruhn (2003), S. 274; Parasuraman/Berry/Zeithaml (1991b); Parasuraman/Berry/Zeithaml (1991a); Parasuraman/Zeithaml/Berry (1994); Zeithaml/Bitner (2000), S. 82f.; vgl. auch Parasuraman/Zeithaml/Berry (1985) zur ersten Konzeptualisierung der Autoren, bei der noch zehn Dimensionen identifiziert wurden. Diese bilden die Grundlage für die weitergehenden Arbeiten der Forscher.

- *Einfühlungsvermögen (Empathy)*: Unter diesem Gesichtspunkt werden die Fähigkeit und Bereitschaft des Dienstleistungsanbieters zusammengefasst, jedem einzelnen Kunden die notwendige Fürsorge und Aufmerksamkeit entgegenzubringen. Kunden sollen das Gefühl erhalten, dass sie vom Anbieter verstanden und ernst genommen werden.

Aus der Auflistung wird deutlich, dass PARASURAMAN/ZEITHAML/BERRY neben tangiblen Aspekten insbesondere persönliche Gesichtspunkte als Determinanten der Dienstleistungsqualität ansehen.[982] Die Skala wird entsprechend den Empfehlungen in der Literatur entwickelt und die zentralen Reliabilitäts- und Validitätskriterien berücksichtigt. Sie gilt als verhältnismäßig gut reproduzierbar und die fünf Qualitätsdimensionen können in verschiedenen Bereichen bestätigt werden, z.B. für die Branchen *Bank*, *Versicherung*, *Automobilreparatur* oder *Telekommunikation*, jedoch werden von anderen Forschern auch Abweichungen bzw. andere Merkmale identifiziert.[983]

Neben der Frage der Reproduzierbarkeit der Ergebnisse wird insbesondere die mangelnde Validität der Doppelskala diskutiert.[984] Verschiedene Untersuchungen belegen, dass die Messung von Erwartungen und erhaltener Leistung mittels der klassischen Servqual-Doppelskala Schwächen aufweist.[985] CRONIN/TAYLOR führen deshalb die Servperf-Skala ein, die im Gegensatz zur Servqual-Skala nur die Leistungs-, nicht jedoch die Erwartungskomponente misst, sonst jedoch identisch ist.[986] Die Autoren stützen sich auf die Sichtweise, dass Servicequalität eine globale Einstellung darstellt, die auch ohne Erfahrung entstehen kann,[987] und argumentieren, dass Servicequalität damit als langfristige Wahrnehmung des Unternehmens konzeptualisiert und allein durch die Items zur Messung der Performance operationalisiert werden kann.[988] Die Skala der Autoren wird in dieser Untersuchung herangezogen, um die Servicequalität zu bestimmen, wobei aufgrund des Umfangs der Skala pro Dimension jeweils nur ein oder zwei Items berücksichtigt

---

[982] Vgl. zur Kritik an der Konzentration auf persönliche Aspekte sowie das tangible Umfeld Sureshchandar/ Chandrasekharan/Kamalanabhan (2001).

[983] Vgl. Zeithaml/Bitner (2000), S. 82.

[984] Vgl. Bruhn/Stauss (2000), S. 309ff.; Carman (1990); Cronin/Taylor (1992); Cronin/Taylor (1994); Lee/Lee/Yoo (2000), S. 218ff.

[985] Vgl. Carman (1990); Cronin/Taylor (1992); Cronin/Taylor (1994).

[986] Vgl. Cronin/Taylor (1992); vgl. Parasuraman/Zeithaml/Berry (1994) zu den Entgegnungen der Autoren. Vgl. für weitere Ausführungen Cronin/Taylor (1994).

[987] Vgl. Cronin/Taylor (1994), S. 54; Meffert/Bruhn (2003), S. 268; Parasuraman/Zeithaml/Berry (1988), S. 16.

[988] Vgl. Cronin/Taylor (1994), S. 54.

werden.[989] Daneben werden zwei Indikatoren einbezogen, die in Zusammenhang mit dem Angebot individueller Leistungen stehen.[990] Tabelle 36 zeigt die verwendeten Indikatoren.

Operationalisierung von Servicequalität[991]	
54	Die Kaufumgebung bei … gefällt mir.
55	Die Kaufumgebung bei … passt zum individuellen Produkt.
56	Die Mitarbeiter von … bieten einen guten Service.
57	Die Mitarbeiter bieten den Service, den ich bei einem individuellen Produkt wie einem … erwarte.
58	Die Mitarbeiter wirken auf mich kompetent.
59	Die Mitarbeiter sind immer bereit, dem Kunden zu helfen.
60	Die Mitarbeiter kümmern sich persönlich um die Kunden.
61	Kundenprobleme werden bei … sehr professionell behoben.

Tabelle 36: Operationalisierung des Konstruktes *Servicequalität*

Die Güte des Messmodells wird mit Hilfe der in Kapitel 5.1.2 geschilderten Gütekriterien überprüft. Von zunächst acht Indikatoren sind drei Indikatoren im Rahmen der Überprüfung der Kriterien der ersten und zweiten Generation zu entfernen. Wie Tabelle 37 zu entnehmen ist, erfüllt das finale Messmodell alle Kriterien auf globaler und lokaler Ebene.

Faktor	α/ EFA*	Indi-kator	IR	FR	DEV	GFI	AGFI	RMS-EA	χ^2/df	NFI	CFI
SQ	0,917/ 75,845	54	0,406	0,64	0,980	0,954	0,067	3,293	0,988	0,991
		56	0,888								
		57	0,875								
		58	0,725								
		60	0,639								
		61	0,410								

* Cronbach-Alpha/Erklärte Varianz der exploratorischen Faktorenanalyse (in %)

Tabelle 37: Messung des Konstruktes *Servicequalität*

Beziehung zwischen Kundenintegrationskompetenz und Servicequalität

Insbesondere in Kapitel 3.3.2 wurden die Aufgaben von Kunden im Rahmen der gemeinsamen Leistungserstellung bei Dienstleistungen diskutiert. Dabei stimmen die Autoren überein, dass Kunden als Co-Produzenten und Partner die Servicequalität mitbestimmen. Zur Bezeichnung der Beiträge der Kunden wird der Begriff *Service Customer Performance* verwendet.

Es ist zu vermuten, dass sich die Qualifikationen von Kunden auf die *Service Customer Performance* sowie die wahrgenommene Servicequalität auswirken.[992] Wenn diese Kundenqualifikationen zu

---

[989] Der Indikator 54 kann der Dimension *Tangibles* zugeordnet werden, die Indikatoren 56 und 61 der Dimension *Reliability*. Der Indikator 58 gehört der Dimension *Assurance* an, der Indikator 59 der Dimension *Responsiveness* und der Indikator 60 steht für die Facette *Empathy*.

[990] Die Items 55 und 57 stellen Aspekte dar, die sich auf individuelle Serviceangebote beziehen.

[991] Die Nummerierung der Items entspricht der Nummerierung im Fragebogen. Vgl. Anhang 1.

[992] Vgl. auch die ausführlichen Erläuterungen in Kapitel 3.2.

den Anforderungen der Co-Design-Aufgabe passen, entwickelt sich Kundenintegrationskompetenz. Zwischen dieser Integrationskompetenz von Kunden für Co-Design-Aufgaben und der Servicequalität wird somit eine positive Beziehung gesehen, da Kunden mit Wissen, Motivation und Fähigkeiten in Bezug auf das spezifische Leistungsangebot einen besseren Beitrag zur Leistungserstellung leisten können. In diesem Zusammenhang wird Hypothese H_2 formuliert:

H_2: Je höher die Kundenintegrationskompetenz eines Konsumenten ist, desto höher ist die wahrgenommene Servicequalität.

Die Prüfung des Wirkungsmodells bestätigt den vermuteten positiven Zusammenhang zwischen Kundenintegrationskompetenz und wahrgenommener Servicequalität, allerdings ist der Wert nicht signifikant, sondern es kann nur von einer statistischen Tendenz gesprochen werden (p = 0,091). Die Gütekriterien des Modells zeigt Tabelle 38; es sind alle Anforderungen bis auf den AGFI-Wert erfüllt. Die Kundenintegrationskompetenz wirkt somit positiv auf die Servicequalität. H_2 kann damit bedingt bestätigt werden.

Beziehungs-zusammenhang	Pfad-koeffi-zient β	t-Wert	SMC	GFI	AGFI	RMS-EA	χ^2/df	NFI	CFI
H_2: KIK → SQ	0,113	1,693	0,013	0,902	0,880	0,055	2,546	0,933	0,958

Tabelle 38: Gütekriterien der Kausalbeziehung zwischen Kundenintegrationskompetenz und Servicequalität

6.2.3 Kundenzufriedenheit als Konsequenz von Kundenintegrationskompetenz

Konzeptualisierung und Operationalisierung

Die Zufriedenheit eines Kunden ist nach herrschender Meinung das Ergebnis eines komplexen psychischen Vergleichsprozesses zwischen seinen Erwartungen und Erfahrungen.[993] Kunden vergleichen die Erfahrung mit einem Produkt oder einer Dienstleistung (Ist-Leistung) mit einem Vergleichsstandard (Soll-Leistung).[994] Diese Art der Konzeptualisierung ist unter der Bezeichnung *Confirmation/Disconfirmation-Paradigma* bekannt geworden.[995] Entspricht die Leistung dem Soll (*Confirmation*) oder übertrifft sie den Vergleichsmaßstab (*positive Disconfirmation*), entsteht ein positives Zufriedenheitsurteil; Unzufriedenheit (*negative Disconfirmation*) tritt auf, wenn die wahrgenommene Leistung den Vergleichsmaßstab nicht erreicht.

Bezüglich der Soll-Komponente sind sich die Autoren auch heute noch nicht einig, welche Aspekte diese beeinflussen.[996] Zum einen gelten frühere Erfahrungen, gesammelte Informationen

---

[993] Vgl. Herrmann/Johnson (1999), S. 582; Homburg/Faßnacht/Harald (2000), S. 508; Oliver (1980), S. 460; Oliver (1981), S. 27; Spreng/MacKenzie/Olshavsky (1996), S. 15; Stauss (1999), S. 6.

[994] Vgl. Homburg/Faßnacht/Harald (2000), S. 508.

[995] Vgl. Churchill/Surprenant (1982), S. 492; Oliver (1980), S. 29; Olshavsky/Miller (1972), S. 19.

[996] Vgl. Sauer (2003), S. 231.

aber auch Persönlichkeitsmerkmale als wesentliche Einflussfaktoren,[997] daneben werden aber auch Vorstellungen bezüglich der Leistung auf Grundlage der bisherigen Konsumerfahrungen zu den Einflussfaktoren gezählt, denn auch Konsumenten, die in der Vergangenheit keine konkreten Erlebnisse mit dem Anbieter hatten, bilden Zufriedenheitsurteile.[998] Andere Autoren integrieren Wertvorstellungen[999] sowie Idealvorstellungen[1000] des Individuums oder auch soziale Normen.[1001] Ein Kunde kann nun mehrere mögliche Vergleichsstandards heranziehen, wenn er ein Zufriedenheitsurteil bildet.[1002] Bezüglich der Ist-Komponente herrscht dagegen weitgehende Einigkeit: Diese wird als subjektiv wahrgenommene Leistung des Individuums betrachtet.[1003]

Die Bildung von Zufriedenheitsurteilen wird heute als komplexer Prozess angesehen, der sich nicht nur aus einer einzigen Transaktion ergibt, sondern durch alle Erfahrungen eines Nachfragers mit einem Anbieter und dessen Leistungen beeinflusst wird.[1004] Hierunter fallen beispielsweise sowohl Erlebnisse mit dem Produkt als auch dem Verkaufsprozess oder dem After-Sales-Service.[1005] Zunehmend werden auch affektive Aspekte bei der Entstehung von Zufriedenheitsurteilen berücksichtigt. Es herrscht weitgehende Übereinstimmung dahingehend, dass Zufriedenheit kein rein kognitiver Prozess ist.[1006] Basierend auf den bisher dargestellten Erkenntnissen wird Kundenzufriedenheit entsprechend der Definition von GIERING gesehen als

„[...] das Ergebnis eines kognitiven und affektiven Evaluierungsprozesses, in dessen Rahmen eine geforderte oder gewünschte Soll-Leistung mit der tatsächlich wahrgenommenen Ist-Leistung verglichen wird. Das Zufriedenheitsurteil bezieht sich hierbei auf die Gesamtheit der Erfahrungen mit einem bestimmten Anbieter und dessen Produkten."[1007]

---

[997] Vgl. Oliver (1980), S. 461.

[998] Vgl. Cadotte/Woodruff/Jenkins (1987), S. 306.

[999] Vgl. Westbrook/Reilly (1982), S. 257.

[1000] Vgl. Tse/Wilton (1988), S. 985.

[1001] Vgl. Miniard/Cohen (1979), S. 102.

[1002] Vgl. Giering (2000), S. 10.

[1003] Vgl. Churchill/Surprenant (1982), S. 492; Westbrook/Oliver (1991), S. 94.

[1004] Vgl. Giering (2000), S. 11ff.; Homburg/Becker/Hentschel (2005), S. 98; Homburg/Giering (2001), S. 45.

[1005] Vgl. Homburg/Giering (2001), S. 45.

[1006] Vgl. Giering (2000), S. 10; Homburg/Becker/Hentschel (2005), S. 98; Oliver (1993), S. 419; Westbrook/Oliver (1991), S. 94.

[1007] Giering (2000), S. 14.

Kundenzufriedenheit gilt als wesentliche Determinante von Kundenloyalität, jedoch muss eine hohe Kundenzufriedenheit nicht automatisch zu hoher Loyalität führen.[1008] Einflussgrößen sind beispielsweise Persönlichkeitsmerkmale wie das Bedürfnis nach Abwechslung, Alter und Einkommen, aber auch Merkmale des Produktes, des Anbieters, der Geschäftsbeziehung sowie des Marktumfeldes.[1009] Kundenloyalität umfasst das bisherige Kauf- und Weiterempfehlungsverhalten sowie künftige Wiederkauf-, Zusatzkauf- (Cross-Selling-) und Weiterempfehlungsabsichten gegenüber einem Unternehmen.[1010] Ist ein Kunde loyal, drückt sich dies demnach darin aus, dass er eine Leistung nicht nur wiederholt in Anspruch nimmt, sondern auch zusätzliche Käufe tätigt und ein positives Weiterempfehlungsverhalten zeigt. Kundenloyalität wiederum steht in unmittelbarem Zusammenhang zum ökonomischen Unternehmenserfolg.[1011] Aufgrund des positiven Zusammenhangs zwischen Kundenzufriedenheit und -loyalität ist die Kundenzufriedenheit ein wichtiger Ansatzpunkt für Unternehmen, um langfristig erfolgreich zu sein.

Kundenzufriedenheit wird auf Basis der von GIERING entwickelten Skala operationalisiert.[1012] Ähnlich der Diskussion bei der Servicequalität wird auch in der Zufriedenheitsforschung debattiert, ob sowohl die Erwartungen als auch die Leistung abgefragt werden müssen, um Zufriedenheit zu messen. Generell wird auch in diesem Zusammenhang empfohlen, das Ergebnis des Evaluierungsprozesses durch direkte Abfrage zu erfassen. Durch Differenzbildung gehen intraindividuelle Unterschiede in der Differenzbildung verloren, und die nachträgliche Abfrage von Vorkauferwartungen wird durch die wahrgenommene Leistung verzerrt.[1013] Die Skala von GIERING entspricht der Sichtweise, dass eine Abfrage der Leistung ausreichend ist. Sie basiert auf einer umfangreichen Literaturrecherche, berücksichtigt die zentralen Realibilitäts- und Validitätskriterien und wurde zudem bereits in deutscher Sprache angewandt. Basierend auf den Ergebnissen des Pre-Tests werden von den ursprünglich sieben Indikatoren die vier Items mit der

---

[1008] Vgl. Giering (2000), S. 197; Hippner (2006), S. 30f.; Homburg/Faßnacht/Harald (2000), S. 507; Homburg/Giering/Hentschel (1999), S. 175; Oliver (1999), S. 33; Stauss/Neuhaus (1997), S. 17. Vgl. Giering (2000), S. 20ff. für einen Überblick über Untersuchungen zum Zusammenhang von Kundenzufriedenheit und -loyalität.

[1009] Vgl. Giering (2000), S. 168ff.; Homburg/Giering (2001), S. 57.

[1010] Vgl. Diller/Müllner (1998), S. 1222; Homburg/Becker/Hentschel (2005), S. 101; Homburg/Bruhn (2005), S. 9; Homburg/Faßnacht/Harald (2000), S. 508; Homburg/Giering/Hentschel (1999), S. 178f.; Meyer/Oevermann (1995), S. 1341.

[1011] Vgl. Bruhn/Georgi (2005), S. 603ff.; Diller (2006), S. 100ff.; Hippner (2006), S. 31; Homburg/Bruhn (2005), S. 10; Homburg/Bucericus (2001), S. 54ff.; Krafft/Götz (2006), S. 340. Diller (2006), S. 100ff. gibt einen umfassenden Überblick über die Wirkeffekte der Kundenbindung und weist darauf hin, dass die Potenziale im Einzelfall erschlossen werden müssen. In der Literatur werden verschiedene Gründe für einen Zusammenhang zwischen Kundenloyalität und ökonomischem Erfolg angeführt: beispielsweise eine höhere Kauffrequenz und Preisbereitschaft gebundener Kunden, Cross-Buying-Potenziale, Weiterempfehlungen oder auch geringere Betreuungskosten. Vgl. Bruhn/Georgi (2005), S. 599f.; Homburg/Bruhn (2005), S. 17.

[1012] Vgl. Giering (2000), S. 160.

[1013] Vgl. Oliver (1997), S. 87.

höchsten Faktorladung in die Haupterhebung übernommen. Anzumerken ist, dass sowohl die Zufriedenheit mit dem Unternehmen als auch die Zufriedenheit mit dem individuellen Produkt betrachtet werden. Die separate Berücksichtung der beiden Zufriedenheitsdimensionen bringt zusätzliche Genauigkeit. Die vier Statements zur Messung von Kundenzufriedenheit sind Tabelle 39 zu entnehmen; sie wurden sowohl für die Messung der Zufriedenheit mit dem Unternehmen bzw. dem Händler als auch für die Erhebung der Produktzufriedenheit verwendet und entsprechend angepasst.

Operationalisierung von **Kundenzufriedenheit**[1014]	
62/66	Alles in allem bin ich mit ... zufrieden.
63/67	... entspricht voll und ganz meinen Erwartungen.
64/68	Ich bin voll und ganz von ... überzeugt.
65/69	... bietet mir genau das, was ich brauche.

Tabelle 39: Operationalisierung des Konstruktes *Kundenzufriedenheit*

Zur Beurteilung der beiden Messmodelle werden erneut die in Kapitel 5.1.2 geschilderten Gütekriterien überprüft. Von zunächst vier Indikatoren je Zufriedenheitsaspekt, wird jeweils ein Indikator im Rahmen der Analysen entfernt. Wie aus Tabelle 40 ersichtlich wird, erfüllen beide Messmodelle alle Kriterien; allerdings können die Kriterien auf globaler Ebene aufgrund von nur jeweils drei Indikatoren je Messmodell nicht berechnet werden.

Faktor	α/ EFA*	Indi-kator	IR	FR	DEV	GFI	AGFI	RMS-EA	χ^2/df	NFI	CFI
KuP	0,942/ 89,623	67	0,805	0,94	0,84	-	-	-	-	-	-
		68	0,915								
		69	0,817								
KuU	0,929/ 87,698	63	0,801	0,93	0,82	-	-	-	-	-	-
		64	0,932								
		65	0,723								

*Cronbach-Alpha/Erklärte Varianz der exploratorischen Faktorenanalyse (in %)

Tabelle 40: Messung der Konstrukte *Kundenzufriedenheit mit dem Unternehmen* und *Kundenzufriedenheit mit dem Produkt*

Beziehungen zwischen Kundenintegrationskompetenz, Servicequalität und Kundenzufriedenheit

In Zusammenhang mit der Diskussion zum Einfluss von Kunden auf die Servicequalität und deren Konsequenzen postulieren viele Forscher eine Beziehung zwischen den Kundenbeiträgen und der Zufriedenheit.[1015] Die Bestandsaufnahme der Literatur zu den einzelnen Facetten von Kundenintegrationskompetenz zeigt zudem, dass ein Zusammenhang zwischen verschiedenen Facetten, z.B. Produktwissen, Produkterfahrung sowie Involvement, und dem Konsumentenver-

---

[1014] Die Nummerierung der Items entspricht der Nummerierung im Fragebogen. Dabei wurden sowohl unternehmens- als auch produktbezogene Zufriedenheitswerte abgefragt. Vgl. Anhang 1.

[1015] Vgl. Kapitel 3.3.1.

halten existiert.[1016] Zudem gibt es auch im Bereich *Mass Customization* erste Arbeiten, die eine positive Beziehung zwischen dem Wissen von Konsumenten und der Zufriedenheit oder Nützlichkeit von Mass-Customization-Angeboten belegen.[1017] Somit wird die Kundenintegrationskompetenz als Determinante der Zufriedenheit von Kunden mit dem Produkt sowie dem Unternehmen gesehen und die folgenden Hypothesen werden formuliert:

H₃: *Je höher die Kundenintegrationskompetenz eines Konsumenten, desto höher ist seine Zufriedenheit mit dem Produkt.*

H₄: *Je höher die Kundenintegrationskompetenz eines Konsumenten, desto höher ist seine Zufriedenheit mit dem Unternehmen.*

Daneben wird ein positiver Einfluss der Servicequalität auf die Kundenzufriedenheit mit dem Produkt sowie die Kundenzufriedenheit mit dem Unternehmen vermutet. Bezüglich des Zusammenhangs zwischen Kundenzufriedenheit und Servicequalität werden in der Literatur intensive Diskussionen geführt.[1018] Dabei wird grundsätzlich debattiert, worin sich die beiden Konstrukte unterscheiden, denn es besteht Einigkeit dahingehend, dass sie eng zusammenhängen. Die meisten Forscher sehen Kundenzufriedenheit eher in Bezug zur einzelnen Transaktion und betrachten Dienstleistungsqualität als globale Größe, die einer Einstellung ähnelt.[1019] Die Dienstleistungsqualität beeinflusst die Kundenzufriedenheit damit auf der Ebene der einzelnen Transaktion, diese wiederum verändert die globale Servicequalität.[1020] Ein zweiter Diskussionspunkt ist die zeitliche Reihenfolge der beiden Aspekte. Auch wenn kein endgültiger Konsens hinsichtlich der Definition und Abgrenzung beider Größen besteht,[1021] gilt meist die Zufriedenheit als ein der Servicequalität nachgelagerter Aspekt.[1022] Dienstleistungsqualität und damit die Erfüllung der Kundenerwartungen wird als Schlüsselfaktor für die Kundenzufriedenheit betrachtet, der insbesondere bei individuellen Leistungen aufgrund der konstitutiven Merkmale erfolgsrelevant ist.[1023] Dieser Sichtweise folgend wird Kundenzufriedenheit in dieser Untersuchung als Ergebnis der Servicequalität betrachtet und es werden die folgenden Hypothesen formuliert:

[1016] Vgl. hierzu Kapitel 4.3.

[1017] Vgl. Dellaert/Stremersch (2003), S. 4.

[1018] Vgl. Bitner (1990), S. 70; Bolton/Drew (1991a), S. 2ff.; Bolton/Drew (1991b), S. 375f.; Cronin/Taylor (1992); Lee/Lee/Yoo (2000), S. 221ff.; Parasuraman/Zeithaml/Berry (1988), S. 16; Spreng/Mackoy (1996), S. 202ff.; Stauss (1999), S. 11f.; Taylor/Baker (1994), S. 164ff.

[1019] Vgl. beispielsweise Bolton/Drew (1991a), S. 376f.; Boulding et al. (1193), S. 7; Cronin/Taylor (1992), S. 56; Meffert/ Bruhn (2003), S. 268; Parasuraman/Zeithaml/Berry (1988), S. 16.

[1020] Vgl. Meffert/Bruhn (2003), S. 268; Parasuraman/Zeithaml/Berry (1988), S. 16. Vgl. zur Kritik an der transaktionsspezifischen Perspektive von Kundenzufriedenheit Giering (2000), S. 11ff.

[1021] Vgl. Meffert/Bruhn (2003), S. 268.

[1022] Vgl. Cronin/Taylor (1992), S. 64; Oliver (1993), S. 419; Spreng/Mackoy (1996), S. 203; Stauss (1999), S. 12.

[1023] Vgl. Meffert/Bruhn (2003), S. 267, wobei sich die Autoren auf Dienstleistungen beziehen.

H_5: *Je höher die wahrgenommene Servicequalität, desto höher ist die Zufriedenheit mit dem Produkt.*

H_6: *Je höher die wahrgenommene Servicequalität eines Konsumenten, desto höher ist die Zufriedenheit mit dem Unternehmen.*

Abschließend wird ein positiver Zusammenhang zwischen der Zufriedenheit mit dem Produkt und der Zufriedenheit mit dem Unternehmen postuliert. Produktzufriedenheit wird als Aspekt gesehen, der sich auf die übergeordnete Größe *Zufriedenheit mit dem Unternehmen* positiv auswirkt. Es wird der folgende Zusammenhang vermutet:

H_7: *Je höher die Zufriedenheit des Kunden mit dem Produkt, desto höher auch die Zufriedenheit mit dem Unternehmen.*

Im Rahmen der Analysen bestätigen sich die aufgestellten Hypothesen: Kundenintegrationskompetenz wirkt höchst signifikant auf die Produktzufriedenheit (signifikant auf dem 0,1-Prozent-Niveau) sowie signifikant positiv auf die Kundenzufriedenheit mit dem Händler (signifikant auf dem 5-Prozent-Niveau, p = 0,015). Die Servicequalität hat auf beide Bereiche höchst signifikanten Einfluss (Signifikanz auf dem 0,1-Prozent-Niveau). Zudem zeigt sich auch der positive Zusammenhang der Zufriedenheit mit dem Produkt und dem Unternehmen (Signifikanz auf dem 0,1-Prozent-Niveau). Die Gütekriterien der – zunächst noch einzeln aufgestellten – Modelle zeigt Tabelle 41; diese sind bis auf die zweimalige Verletzung des AGFI-Wertes vollständig erfüllt. Alle aufgestellten Hypothesen können damit bestätigt werden.

Beziehungs-zusammenhang	Pfad-koeffi-zient β	t-Wert	SMC	GFI	AGFI	RMS-EA	χ^2/df	NFI	CFI
H_3: KIK → KuP	0,333	3,285	0,063	0,918	0,895	0,055	2,559	0,944	0,965
H_4: KIK → KuU	0,329	2,436	0,030	0,917	0,895	0,055	2,546	0,943	0,964
H_5: SQ → KuP	0,483	9,743	0,234	0,959	0,929	0,069	3,460	0,977	0,984
H_6: SQ → KuU	0,834	15,333	0,696	0,959	0,929	0,078	3,460	0,977	0,984
H_7: KuP → KuU	0,655	16,231	0,429	0,982	0,947	0,078	4,151	0,992	0,994

Tabelle 41: Gütekriterien der Kausalbeziehung zwischen Kundenintegrationskompetenz, Servicequalität und Kundenzufriedenheit

6.2.4 Zusammenfassende Darstellung

Abschließend werden die untersuchten Beziehungszusammenhänge in ein Gesamtmodell integriert, d.h. der Effekt des Bedürfnisses nach Individualität auf die Kundenintegrationskompetenz, die Wirkungen der Kundenintegrationskompetenz sowie die Zusammenhänge zwischen Servicequalität und Kundenzufriedenheit werden gemeinsam betrachtet. Die Wirkungskette *Bedürfnis nach individuellen Leistungen → Kundenintegrationskompetenz → Servicequalität → Kundenzufriedenheit* ist in Abbildung 22 grafisch dargestellt. Alle Beziehungen sind positiv und signifikant, bis auf den postulierten Zusammenhang zwischen Kundenintegrationskompetenz und der Zufriedenheit mit dem Unternehmen, der in der separaten Analyse ermittelt werden konnte. Allerdings besteht ein indirekter Effekt von Kundenintegrationskompetenz auf die Kundenzufriedenheit mit dem Unternehmen über die Servicequalität sowie die Kundenzufriedenheit mit dem Produkt.

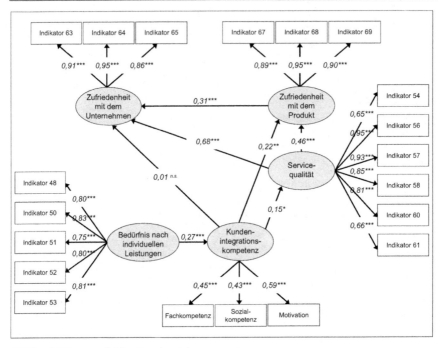

Abbildung 22: Gesamtmodell der Dependenzanalyse

Tabelle 42 zeigt die Gütekriterien für das Gesamtmodell im Überblick.

Beziehungs-zusammenhang	Pfad-koeffi-zient γ, β	t-Wert	SMC	GFI	AGFI	RMS-EA	χ²/df	NFI	CFI
H₁: BiL → KIK	0,272	3,528	0,074						
H₂: KIK → SQ	0,146	2,118	0,021						
H₃: KIK → KuP	0,218	3,243							
H₅: SQ → KuP	0,457	9,283	0,285						
H₃: KIK → KuP (Gesamteffekt)	0,285	5,552		0,860	0,839	0,053	2,451	0,911	0,945
H₄: KIK → KuH	0,014	0,379							
H₆: SQ → KuH	0,681	14,172	0,771						
H₇: KuP→ KuH	0,310	9,506							
H₄: KIK → KuH (Gesamteffekt)	0,202	6,3545							

Tabelle 42: Gütekriterien des Gesamtmodells

Die Kriterien sind bis auf die Verletzung von GFI und AGFI vollständig erfüllt. Die Pfadkoeffizienten sind positiv und signifikant. Damit können alle aufgestellten Hypothesen bestätigt werden (vgl. Tabelle 46).

Abschließend findet eine separate Analyse des Einflusses der Zusammenhänge zwischen den einzelnen Faktoren von Kundenintegrationskompetenz sowie der Determinante und den Konsequenzen statt. In einer Gesamtmodellbetrachtung werden die Faktoren mit der Determinante und den drei Konsequenzen analysiert, d.h. vier Gesamtmodelle betrachtet. Die lokalen und globalen Gütekriterien sind im Großen und Ganzen zufrieden stellend. Die berechneten Kausalitäten unterstützen die Stabilität des Gesamtmodells. Alle Pfadkoeffizienten weisen positive Vorzeichen auf. Bis auf den Einfluss von Produkterfahrung auf die Zufriedenheit mit dem Produkt sowie die Zufriedenheit mit dem Händler sind alle Pfadkoeffizienten auf dem 1-Prozent-Niveau signifikant. Die Ergebnisse bestätigen die Stabilität des Gesamtmodells.

6.3 Analyse moderierender Effekte

In diesem Kapitel werden verschiedene Größen hinsichtlich ihres Einflusses als Moderator auf die Größen im Wirkungsmodell der Kundenintegrationskompetenz untersucht, d.h. es wird analysiert, ob Beziehungen in der Wirkungskette *Bedürfnis nach individuellen Leistungen* → *Kundenintegrationskompetenz* → *Servicequalität* → *Kundenzufriedenheit* in Abhängigkeit von den Moderatoren stärker oder schwächer werden.

6.3.1 Soziodemographische Faktoren

Da zu vermuten ist, dass soziodemographische Faktoren die Zusammenhänge im Wirkungsmodell beeinflussen, werden in diesem Abschnitt Unterschiede in Abhängigkeit vom *Geschlecht* und vom *Alter* der Teilnehmer überprüft. Es wird zunächst die folgende Hypothese H_8 aufgestellt:

H_8: Das Geschlecht der Kunden hat Einfluss auf die Zusammenhänge im Wirkungsmodell der Kundenintegrationskompetenz.

Unterschiede in Abhängigkeit vom Geschlecht können auf die Tatsache zurückgeführt werden, dass sich Frauen und Männer hinsichtlich physiologischer, psychologischer und kultureller Merkmale unterscheiden.[1024] Dabei werden Unterschiede hinsichtlich aller Pfadkoeffizienten im Modell analysiert. Hierzu werden entsprechende Teil-Hypothesen (a-g) gebildet, die sich jeweils auf einen bestimmten Pfad beziehen. Die im Rahmen der Mehrgruppen-Kausalanalyse festgestellten geschlechtsspezifischen Unterschiede sind Tabelle 43 zu entnehmen.

[1024] Vgl. beispielsweise Meyers-Levy/Maheswaran (1991), S. 63ff.

Hypothese und Bezieh-ungszusammenhang	Geschlecht[1]		$\Delta\chi^{2)}$	Moderierender Effekt[3]
	weiblich (γ_w)	männlich ($\gamma_{m\ddot{a}}$)		
H_{8a}: BiL → KIK	0,809	0,304	6,673 (**)	Ja
H_{8b}: KIK → SQ	0,096 (n.s.)	$0,174^{1025}$	0,320 (n.s.)	Nein
H_{8c}: KIK → KuU	0,040 (n.s.)	-0,036 (n.s.)	1,102 (n.s.)	k.A.
H_{8d}: SQ → KuU	0,501	0,776	19,170 (***)	Ja
H_{8e}: KIK → KuP	0,154	0,336	1,036 (n.s.)	Nein
H_{8f}: SQ → KuP	0,622	0,301	21,953 (***)	Ja
H_{8g}: KuP → KuU	0,504	0,209	13,890 (***)	Ja

1) γ_w und $\gamma_{m\ddot{a}}$ geben die standardisierten Werte der Strukturkoeffizienten bei getrennter Modellschätzung an.
2) n.s. Die resultierende χ^2-Differenz ist auf dem 5-Prozent-Niveau nicht signifikant.
* Die resultierende χ^2-Differenz ist auf dem 5-Prozent-Niveau signifikant.
** Die resultierende χ^2-Differenz ist auf dem 1-Prozent-Niveau signifikant.
*** Die resultierende χ^2-Differenz ist auf dem 0,1-Prozent-Niveau signifikant.
3) k.A. Es erfolgt keine Analyse aufgrund von zwei nicht-signifikanten Zusammenhängen.

Tabelle 43: Geschlecht als moderierende Variable im Wirkungsmodell der Kundenintegrationskompetenz

Die Moderatoranalyse hinsichtlich des Geschlechtes zeigt, dass es signifikante Unterschiede im Wirkungsmodell in Abhängigkeit von dieser Größe gibt. Das Bedürfnis nach individuellen Leistungen hat bei Frauen einen stärkeren Einfluss auf die Kundenintegrationskompetenz als dies bei Männern gegeben ist. Bei Frauen besteht zudem ein intensiverer Zusammenhang zwischen der wahrgenommenen Servicequalität und der Kundenzufriedenheit mit dem Produkt, wohingegen bei Männern eine stärkere Beziehung zwischen Servicequalität und Kundenzufriedenheit mit dem Unternehmen existiert. Die Zufriedenheit mit dem Produkt beeinflusst die Zufriedenheit mit dem Unternehmen bei Frauen mehr als bei Männern. Hinsichtlich des Einflusses von Kundenintegrationskompetenz ergeben sich keine signifikanten Unterschiede zwischen Männern und Frauen. Allerdings sind die Pfadkoeffizienten der Kundenintegrationskompetenz auf die Servicequalität und die Produktzufriedenheit bei Männern höher als bei Frauen.

Neben dem Geschlecht wird das Alter der Teilnehmer als weitere moderierende Größe berücksichtigt. In der Regel verfügen Konsumenten höheren Alters über mehr Lebens- und Konsumerfahrung und damit auch über eine größere Wissensbasis und mehr Erfahrung.[1026] Diese Aspekte stehen in engem Zusammenhang zur Kundenintegrationskompetenz. Es ist zu vermuten, dass sich Kunden je nach Alter hinsichtlich ihres Verhaltens unterscheiden. In diesem Zusammenhang erfolgt die Formulierung von Hypothese H_9:

> *H_9: Das Alter der Kunden hat Einfluss auf die Zusammenhänge im Wirkungsmodell der Kundenintegrationskompetenz.*

[1025] Der Wert ist signifikant auf dem 10-Prozent-Niveau, d.h. es besteht eine statistische Tendenz.

[1026] Vgl. Sauer (2003), S. 220.

Die Ergebnisse der für das Alter der Teilnehmer durchgeführten Mehrgruppen-Kausalanalyse zeigt Tabelle 44. Erneut werden die Beziehungen zwischen den endogenen und exogenen Variablen betrachtet und Teil-Hypothesen (a-g) aufgestellt.

Hypothese und Beziehungszusammenhang	Alter[1]			$\Delta\chi^{2)}$	Moderierender Effekt[3]
	< 35 (γ_j)	35 - 55 (γ_m)	> 55 (γ_a)		
H_{9a}: BiL → KIK	0,539	0,211 (n.s.)[1027]	0,468	13,093 (**)	Ja
H_{9b}: KIK → SQ	0,067 (n.s.)	0,058 (n.s.)	0,342	3,027 (n.s.)	Nein
H_{9c}: KIK → KuU	0,069 (n.s.)	-0,044 (n.s.)	-0,026 (n.s.)	1,682 (n.s.)	k.A.
H_{9d}: SQ → KuU	0,678	0,665	0,726	0,897 (n.s.)	Nein
H_{9e}: KIK → KuP	0,214	0,213	0,276	2,808 (n.s.)	Nein
H_{9f}: SQ → KuP	0,400	0,513	0,406	2,959 (n.s.)	Nein
H_{9g}: KuP → KuU	0,330	0,336	0,254	1,749 (n.s.)	Nein

1) γ_j, γ_m und γ_a geben die standardisierten Werte der Strukturkoeffizienten bei getrennter Modellschätzung an.
2) n.s. Die resultierende χ^2-Differenz ist auf dem 5-Prozent-Niveau nicht signifikant.
* Die resultierende χ^2-Differenz ist auf dem 5-Prozent-Niveau signifikant.
** Die resultierende χ^2-Differenz ist auf dem 1-Prozent-Niveau signifikant.
*** Die resultierende χ^2-Differenz ist auf dem 0,1-Prozent-Niveau signifikant.
3) k.A. Es erfolgt keine Analyse aufgrund von zwei nicht-signifikanten Zusammenhängen.

Tabelle 44: Alter als moderierende Variable im Wirkungsmodell der Kundenintegrationskompetenz

Wie aus Tabelle 44 ersichtlich wird, sind die Beziehungszusammenhänge im Wirkungsmodell der Kundenintegrationskompetenz in den drei Altersgruppen sehr ähnlich. Lediglich hinsichtlich des Einflusses des Bedürfnisses nach individuellen Leistungen auf die Kundenintegrationskompetenz zeigen sich signifikante Unterschiede. Während der Zusammenhang bei den Teilnehmern, die jünger als 35 Jahre sind, sowie in der Gruppe der über 55-Jährigen signifikant ist, hat das Persönlichkeitsmerkmal in der Gruppe der 35- bis 55-Jährigen keinen Einfluss auf die Kundenintegrationskompetenz. Hinzu kommt, dass der Pfadkoeffizient, der den Einfluss von Kundenintegrationskompetenz auf die wahrgenommene Servicequalität abbildet, in der Altersgruppe der über 55-Jährigen einen relativ hohen Wert besitzt, während die Beziehung in den beiden anderen Gruppen nicht signifikant ist. Damit scheint die Servicequalität bei älteren Teilnehmern stärker von der Kundenintegrationskompetenz beeinflusst zu werden.

6.3.2 Branchenzugehörigkeit

Wie in Kapitel 5.1.1 dargestellt, werden Anbieter individueller Leistungen aus vier verschiedenen Branchen – Shirt, Rad, Anzug und Bauprodukt – in der Untersuchung berücksichtigt. Es wird vermutet, dass es Unterschiede im Wirkungsmodell in Abhängigkeit von der Branche und damit u.U. auch vom angebotenen Produkt gibt und Hypothese H_{10} aufgestellt:

[1027] Der Wert ist signifikant auf dem 10-Prozent-Niveau, d.h. es besteht eine statistische Tendenz.

H_{10}: *Die Branchenzugehörigkeit hat Einfluss auf die Zusammenhänge im Wirkungsmodell der Kundenintegrationskompetenz.*

Nachfolgend werden die Unterschiede im Wirkungsmodell zwischen diesen Branchen analysiert, wobei wiederum Teil-Hypothesen geprüft werden. Die Ergebnisse sind Tabelle 45 zu entnehmen. Anzumerken ist, dass die Branche *Anzug* aus der Betrachtung ausgeschlossen werden musste, da für diese Gruppe keine identifizierte Lösung gefunden werden konnte.

Hypothese und Beziehungszusammenhang	Branche[1]			$\Delta\chi^{2}$ [2]	Moderierender Effekt[3]
	Shirt (γ_s)	Rad (γ_r)	Bauprodukt (γ_b)		
H_{10a}: BiL → KIK	0,837	0,372	0,506 (n.s.)	19,663 (***)	Ja
H_{10b}: KIK → SQ	0,188	0,161 (n.s.) [1028]	0,423 (n.s.)	8,100 (**)	Ja
H_{10c}: KIK → KuU	0,015 (n.s.)	-0,028 (n.s.)	-0,074 (n.s.)	1,346 (n.s.)	k.A.
H_{10d}: SQ → KuU	0,432	0,846	0,713	60,837 (***)	Ja
H_{10e}: KIK → KuP	0,240	0,230	0,108 (n.s.)	0,313 (n.s.)	Nein
H_{10f}: SQ → KuP	0,439	0,304	0,584	16,147 (***)	Ja
H_{10g}: KuP → KuU	0,619	0,185	0,422	18,318 (***)	Ja

1) γ_s, γ_r und γ_b geben die standardisierten Werte der Strukturkoeffizienten bei getrennter Modellschätzung an.
2) n.s.   Die resultierende χ^2-Differenz ist auf dem 5-Prozent-Niveau nicht signifikant.
*   *   Die resultierende χ^2-Differenz ist auf dem 5-Prozent-Niveau signifikant.*
*   **   Die resultierende χ^2-Differenz ist auf dem 1-Prozent-Niveau signifikant.*
*   ***   Die resultierende χ^2-Differenz ist auf dem 0,1-Prozent-Niveau signifikant.*
3) k.A.   Es erfolgt keine Analyse aufgrund von zwei nicht-signifikanten Zusammenhängen.

Tabelle 45: Branche als moderierende Variable im Wirkungsmodell der Kundenintegrationskompetenz

Der Vergleich der Beziehungszusammenhänge im Wirkungsmodell zeigt, dass es signifikante Unterschiede in Abhängigkeit von der Branche gibt, in der das individuelle Produkt angeboten wird. Hinsichtlich des Einflusses des Bedürfnisses nach individuellen Leistungen auf die Kundenintegrationskompetenz gibt es Unterschiede dahingehend, dass in der Branche *Shirt* ein viel stärkerer Zusammenhang existiert als in den anderen beiden Bereichen. Zudem beeinflusst die Kundenzufriedenheit mit dem Produkt die Zufriedenheit mit dem Unternehmen in der Branche *Shirt* stärker als bei Rädern und Bauprodukten. Dagegen wirkt die Servicequalität beim Angebot individueller Räder am stärksten auf die Zufriedenheit mit dem Unternehmen und beim Angebot individueller Bauprodukte besteht der intensivste Einfluss auf die Kundenzufriedenheit mit dem Produkt. Hinsichtlich des Zusammenhangs von Kundenintegrationskompetenz und den beiden Zufriedenheitsaspekten können keine signifikanten Unterschiede festgestellt werden, allerdings gibt es Unterschiede in Hinblick auf die Wirkung auf die Servicequalität. In der Branche *Shirt* hat die Integrationskompetenz von Kunden einen signifikanten Einfluss auf die wahrgenommene Qualität der Dienstleistung, während dies in den anderen beiden Branchen nicht der Fall ist.

[1028] Der Wert ist signifikant auf dem 10-Prozent-Niveau, d.h. es besteht eine statistische Tendenz.

Die Analysen zeigen, dass sowohl Geschlecht und Alter als auch die Branche zu unterschiedlichen Zusammenhängen zwischen Kundenintegrationskompetenz sowie der Determinante und den Konsequenzen führen. Insbesondere konnten Unterschiede in Abhängigkeit von dem Geschlecht der Teilnehmer sowie der Branchenzugehörigkeit ermittelt werden. Die aufgestellten Hypothesen sind der nachfolgenden Tabelle 47 zu entnehmen.

6.4 Zusammenfassung zur empirischen Prüfung des Wirkungsmodells

Im Rahmen der Überprüfung des Wirkungsmodells der Kundenintegrationskompetenz wurde der Zusammenhang zu einer Determinante – dem *Bedürfnis nach individuellen Leistungen* – sowie drei Konsequenzen – *Servicequalität, Kundenzufriedenheit mit dem Produkt* sowie *Kundenzufriedenheit mit dem Unternehmen* – betrachtet. Die aufgestellten Hypothesen konnten ausnahmslos bestätigt werden. Es konnte gezeigt werden, dass Kundenintegrationskompetenz einen Einfluss auf die abhängigen Größen *Servicequalität, Kundenzufriedenheit mit dem Produkt* sowie *Kundenzufriedenheit mit dem Unternehmen* hat. Zudem beeinflusst die wahrgenommene Servicequalität sowohl die Zufriedenheit mit dem Produkt als auch die Zufriedenheit mit dem Unternehmen. Die Kundenzufriedenheit mit dem Produkt wiederum übt einen positiven Einfluss auf die Zufriedenheit mit dem Unternehmen aus. Auch das *Bedürfnis nach individuellen Leistungen* hat einen Einfluss auf die Kompetenz von Kunden für Co-Design-Aktivitäten. Tabelle 46 zeigt die formulierten Hypothesen sowie die Ergebnisse ihrer Prüfung abschließend im Überblick.

Hypothese	Hypotheseninhalt	Bestätigung
H_1	Je größer das Bedürfnis nach individuellen Leistungen eines Konsumenten ist, desto größer ist seine Integrationskompetenz.	Ja
H_2	Je höher die Kundenintegrationskompetenz eines Konsumenten, desto höher ist seine wahrgenommene Servicequalität.	Ja[1029]
H_3	Je höher die Kundenintegrationskompetenz eines Konsumenten, desto höher ist seine Zufriedenheit mit dem Produkt.	Ja
H_4	Je höher die Kundenintegrationskompetenz eines Konsumenten, desto höher ist seine Zufriedenheit mit dem Unternehmen.	Ja[1030]
H_5	Je höher die wahrgenommene Servicequalität, desto höher ist die Zufriedenheit mit dem Produkt.	Ja
H_6	Je höher die wahrgenommene Servicequalität, desto höher ist die Zufriedenheit mit dem Unternehmen.	Ja
H_7	Je höher die Zufriedenheit des Kunden mit dem Produkt, desto höher auch die Zufriedenheit mit dem Unternehmen.	Ja

Tabelle 46: Ergebnisse der Hypothesenprüfung (Wirkungszusammenhänge)

[1029] In der separaten Betrachtung konnte lediglich eine statistische Tendenz festgestellt werden, in der finalen Betrachtung jedoch eine Signifikanz auf dem 5-Prozent-Niveau.

[1030] Die Kundenzufriedenheit mit dem Unternehmen wird indirekt von Kundenintegrationskompetenz beeinflusst. In der separaten Betrachtung konnte ein signifikanter Zusammenhang festgestellt werden.

Damit kann die Kundenintegrationskompetenz in einen übergeordneten theoretischen Rahmen eingeordnet und die nomologische Validität sichergestellt werden. Die Tatsache, dass alle Zusammenhänge im Wirkungsmodell bestätigt werden konnten, spricht für die Berücksichtigung von Kundenintegrationskompetenz als Ansatzpunkt zur Steigerung der Kundenloyalität sowie zur Sicherung des langfristigen Unternehmenserfolgs. Dies ist auf den positiven Zusammenhang zwischen Kundenzufriedenheit und Kundenloyalität sowie den Einfluss der Loyalität auf den Unternehmenserfolg zurückzuführen. Zudem wirkt die Kompetenz der Kunden für Co-Design-Aufgaben auf die wahrgenommene Qualität des Leistungserstellungsprozesses. Die Qualität wiederum gilt als Determinante der Zufriedenheit. Aufgrund der gezeigten Zusammenhänge steht Kundenintegrationskompetenz in unmittelbarer Verbindung zur Kundenloyalität und zum Unternehmenserfolg. Die Beeinflussung der Kundenintegrationskompetenz ist damit ein Ansatzpunkt, um den langfristigen Erfolg eines Unternehmens gezielt zu steuern.[1031]

Neben den Konsequenzen wurde das Bedürfnis nach individuellen Leistungen als Determinante der Integrationskompetenz von Kunden in dieser Untersuchung berücksichtigt. Auch diese Beziehung ist signifikant und positiv. Das bedeutet, dass Konsumenten, die sich gerne von anderen differenzieren, z.b. durch die getragenen Produkte, auch mehr Kompetenz für die Leistungserstellungsprozesse, die mit diesen individuellen Angeboten verbunden sind, besitzen.

Neben direkten Effekten wurden Moderatoren in der Untersuchung betrachtet. Die Überprüfung der moderierenden Effekte ergibt, dass es Unterschiede im Wirkungsmodell der Kundenintegrationskompetenz in Abhängigkeit von *Geschlecht* und *Alter* der Teilnehmer gibt. Zudem zeigt sich, dass sich die Kunden der berücksichtigten Branchen *Shirt*, *Rad* und *Bauprodukt* in Hinblick auf die Wirkungszusammenhänge unterscheiden. Tabelle 47 zeigt die Ergebnisse der Hypothesenprüfung hinsichtlich der moderierenden Größen im Überblick.

Hypothese	Hypotheseninhalt	Bestätigung
H_8	Das Geschlecht der Kunden hat Einfluss auf die Zusammenhänge im Wirkungsmodell der Kundenintegrationskompetenz.	Ja
H_9	Das Alter der Kunden hat Einfluss auf die Zusammenhänge im Wirkungsmodell der Kundenintegrationskompetenz.	Ja
H_{10}	Die Branchenzugehörigkeit hat Einfluss auf die Zusammenhänge im Wirkungsmodell der Kundenintegrationskompetenz.	Ja

Tabelle 47: Ergebnisse der Hypothesenprüfung (moderierende Effekte)

[1031] Vgl. hierzu auch die Hinweise in Kapitel 6.2.3.

7 Diskussion und Implikationen für Theorie und Praxis

In diesem Kapitel erfolgt zunächst eine zusammenfassende Diskussion der zentralen Ergebnisse der Arbeit. Anschließend werden die in Kapitel 1.2 erläuterten Forschungsfragen aufgegriffen und der Beitrag der Arbeit zur Erreichung der Untersuchungsziele dargestellt. Zunächst werden im Zusammenhang mit dem wissenschaftlich-theoretischen Ziel der Arbeit Hinweise für die Forschung sowie weiterer Forschungsbedarf abgeleitet. Aufbauend auf den theoretischen Erkenntnissen werden Implikationen für die Unternehmenspraxis geschildert, womit das praktische Ziel der vorliegenden Arbeit erreicht wird.

7.1 Diskussion der Ergebnisse

Kundenintegrationskompetenz beschreibt die Kompetenz von Kunden, sich in Co-Design-Prozesse, in denen Kunde und Anbieter gemeinsam eine individuelle Leistung gestalten, einzubringen. Um Kundenintegrationskompetenz zu verstehen, müssen zunächst die zugrunde liegenden Prinzipien des Leistungsaustauschs sowie die Merkmale von Mass-Customization-Angeboten bekannt sein, weshalb beide Aspekte zunächst erläutert wurden. Co-Design beruht auf den Prinzipien der Kundenintegration, die die unmittelbare Einbindung von Kunden in die Wertschöpfung impliziert. Dies wiederum führt zu einer kooperativen Form der Zusammenarbeit – einer interaktiven Wertschöpfung, die von Kunde-Anbieter-Interaktion(en) geprägt ist.

Interaktive Wertschöpfung im Sinn von Mass Customization bedeutet, dass jeder Kunde ein auf seine individuellen Bedürfnisse abgestimmtes Angebot erhält, wobei gleichzeitig die Kosteneffizienz angestrebt wird. Neben dem individuellen Produkt ist der Co-Design-Prozess, in dem Anbieter und Nachfrager zusammenwirken, ein wesentliches Element von Mass Customization. Somit konnten Mass-Customization-Angebote als Leistungsbündel charakterisiert werden, die einen starken Dienstleistungscharakter besitzen und von temporärer Immaterialität sowie hoher Integrativität geprägt sind. Konsequenzen aus beiden Aspekten ergeben sich aus Nachfragersicht vor allem dahingehend, dass eine größere Unsicherheit hinsichtlich der offerierten Leistung, des Anbieters sowie der Leistungserstellung existiert. Diese Einordnung von Mass Customization als unsicherheitsbehaftete Leistungsbündel bildete den Ausgangspunkt aller Überlegungen zur Kundenintegrationskompetenz. Es wurde vermutet, dass die wahrgenommene Unsicherheit auf Nachfragerseite geringer ist, wenn Kunden über eine hohe Integrationskompetenz verfügen.

Die Forschung zu kundenbezogenen Themen bei Mass Customization wurde im nächsten Schritt durchleuchtet, um potenzielle Ansatzpunkte zu identifizieren, die zum Verständnis von Kundenintegrationskompetenz sowie der Modellierung des Konstruktes beitragen. Im Wesentlichen werden in der Literatur drei Themen diskutiert: Konfigurationsprozesse, wahrgenommene Komplexität und Motivation. Insgesamt steht die Forschung zur Kundenperspektive bei Mass Customization erst am Anfang und es konnten nur sehr grundlegende Hinweise für Relevanz und Facetten des Konstruktes *Kundenintegrationskompetenz* gewonnen werden. Die bisherigen Arbeiten deuten jedoch bereits darauf hin, dass *Erfahrung* und *Wissen* in Bezug auf den Co-Design-Prozess sowie die *Motivation* von Kunden Einfluss auf die Leistungserstellung sowie das Ergebnis haben.

Da die Mass-Customization-spezifische Literatur nur grundlegende Hinweise lieferte, wurde auf die Dienstleistungsliteratur zurückgegriffen, in der Rollen und Beiträge von Kunden im Rahmen der Leistungserstellung bereits intensiv diskutiert werden. Grundsätzlich sind sich die Forscher darüber einig, dass Kunden bei persönlich erbrachten Dienstleistungen den Prozess und das Ergebnis der Leistungserstellung neben den Mitarbeitern maßgeblich beeinflussen und dass die Kundenbeiträge zu steuern sind, beispielsweise indem man Einfluss auf die Qualifikationen der Kunden nimmt. Auf diese Art und Weise soll u.a. auch die Kundenkompetenz für die integrativen Leistungserstellungsprozesse gefördert werden, wodurch ein positiver Einfluss auf die Kundenbeiträge erwartet wird. Ein Klassifikationsschema zu möglichen Facetten eines kompetenten Kunden wurde von GOUTHIER entwickelt, der Kundenintegrationskompetenz als dreidimensionales Konstrukt mit den Facetten Fach- bzw. Sachkompetenz, Methoden- und Sozialkompetenz sowie personale Kompetenz konzeptualisiert.

Die Unterscheidung von drei Kompetenzklassen nach GOUTHIER bildete die Ausgangsbasis der nachfolgenden Arbeiten zur Konzeptualisierung und Operationalisierung des Konstruktes *Kundenintegrationskompetenz* im Kontext von Mass Customization. Zur weiteren Spezifizierung des Konstruktes und seiner Facetten wurden zunächst explorative Untersuchungen mit 17 Experten sowie drei Befragungen (potenzieller) Kunden von Mass-Customization-Anbietern mit insgesamt 505 Teilnehmern durchgeführt, um ein grundlegendes Verständnis für den Co-Design-Prozess bei individuellen Leistungen, die wahrgenommenen Herausforderungen auf Kundenseite sowie notwendige Kundenkompetenzen zu entwickeln. Im nächsten Schritt wurde – auf Basis der Zuordnung der ermittelten Aspekte zu den Kompetenzklassen von GOUTHIER – die relevante Literatur zu den möglichen Facetten von Kundenintegrationskompetenz analysiert, wichtige Ansätze diskutiert und vorhandene Messitems auf die vorliegende Untersuchung übertragen. Nach Überprüfung der Indikatoren im Rahmen von abschließenden Vorstudien, verblieben zehn Faktoren, die vier Kompetenzklassen zugeordnet wurden: der *Fachkompetenz*, der *Sozialkompetenz*, der *Methodenkompetenz* und der *Motivation*.

Im Rahmen der Hauptuntersuchung der vorliegenden Arbeit wurden 517 Kunden in vier Branchen befragt, um das Konstrukt *Kundenintegrationskompetenz* und seine Facetten empirisch zu validieren. Von den zunächst vermuteten 45 Indikatoren und zehn Faktoren verblieben 18 Indikatoren und fünf Faktoren, mittels derer Kundenintegrationskompetenz abgebildet wird. Die Facetten *Produktwissen* und *Kaufinvolvement* konnten in ihrer Struktur bestätigt werden. Die Aspekte *Produkterfahrung* und *Produktinvolvement* bildeten den Faktor *Produkterfahrung und -involvement*. Der Faktor *Prozesswissen und -erfahrung* ergab sich aus den beiden Faktoren *Prozesswissen* sowie *Prozesserfahrung*. Dasselbe gilt für die *kommunikativen Fähigkeiten* und das *Bedürfnis nach Interaktion mit dem Verkaufspersonal*, die zu dem Faktor *soziale Fähigkeiten* zusammengefasst wurden. Die empirischen Analysen ergaben, dass die drei Faktoren *Produktwissen*, *Produkterfahrung und -involvement* sowie *Prozesswissen und -erfahrung* die größte Bedeutung für die Integrationskompetenz besitzen, jedoch auch die *sozialen Fähigkeiten* sowie das *Kaufinvolvement* zeichnen Kunden mit hoher Kompetenz aus. Obwohl die Faktoren *Konsum-Hedonismus* und *Technologieaffinität* in ihrer Struktur bestätigt werden konnten, zeigte sich, dass diese nur einen geringen Beitrag zur Erklärung von Kundenintegrationskompetenz leisten. Die beiden Größen wurden deshalb entfernt; dies impliziert auch eine Elimination der Dimension *Methodenkompetenz.* Damit besteht das finale Messmodell der Kundenintegrationskompetenz, wie erläutert, aus drei Dimensionen und fünf Faktoren:

- Die *Fachkompetenz* als erste Dimension umfasst die drei Facetten *Produktwissen, Prozesswissen und -erfahrung* sowie *Produkterfahrung und -involvement.* Damit kennzeichnen einen kompetenten Kunden sowohl sein (fach)spezifisches Wissen als auch seine Erfahrungen. Das Produktinvolvement, das ursprünglich der Dimension *Motivation* zugerechnet wurde, steht in engem Zusammenhang zu den Wissens- und Erfahrungskompetenten und ist ebenfalls in dieser Dimension abgebildet, denn Konsumenten, denen ein Produkt wichtig ist, setzen sich mit diesem auseinander, eignen sich Wissen an und sammeln Erfahrungen.

- Die *Sozialkompetenz* umfasst die sozial-kommunikativen Aspekte und beinhaltet den Faktor *soziale Fähigkeiten. Soziale Fähigkeiten* sind eine wesentliche Facette eines kompetenten Kunden, da es bei Co-Design-Prozessen – insbesondere wenn sie in Ladengeschäften stattfinden – i.d.R. zu Interaktionen zwischen Kunden und Mitarbeitern des Unternehmens kommt. Damit prägen die sozialen Fähigkeiten, beispielsweise die Offenheit gegenüber den Mitarbeitern, den interaktiven Co-Design-Prozess und dessen Ergebnis.

- Zur *Motivation* wird der Faktor *Kaufinvolvement* gezählt. Das *Kaufinvolvement* stellt eine wichtige motivationale Größe dar, die Kunden mit hoher Kundenintegrationskompetenz kennzeichnet. Kunden mit hohem Kaufinvolvement setzen sich intensiv mit ihren Kaufentscheidungen auseinander, beschaffen sich Informationen und kennen sich gut aus. Damit besitzen sie u.U. auch umfassendes Wissen über Co-Design-Prozesse, was zu einer reduzierten Unsicherheit sowie höheren Kompetenz führt.

Wie bereits erläutert, deutete die vorliegende Untersuchung nicht darauf hin, dass die *Methodenkompetenz* – repräsentiert durch den Faktor *Technologieaffinität* – eine wichtige Facette eines kompetenten Kunden darstellt. Es zeigte sich, dass diese Facette nur einen sehr geringen Erklärungsbeitrag für die *Kundenintegrationskompetenz* leistete, weshalb der Aspekt von der weiteren Betrachtung ausgeschlossen wurde. Die Tatsache, dass der Faktor in dieser Arbeit nur eine untergeordnete Rolle spielte, kann u.U. auf das Untersuchungsdesign zurückgeführt werden, denn bei den Verkaufsprozessen, die die befragten Kunden erlebt haben, standen Technologien eher im Hintergrund. Die Co-Design-Prozesse waren in allen vier Branchen von dem persönlichen Austausch und der Interaktion mit den Mitarbeitern geprägt, die die eingesetzten technischen Geräte auch bedient haben. Damit konnte der Einsatz der technischen Geräte von den Mitarbeitern gezielt gesteuert und auf den einzelnen Kunden angepasst werden. Generell wird die *Technologieaffinität* jedoch als wichtig für die *Kundenintegrationskompetenz* erachtet, denn sehr häufig müssen Kunden technische Geräte selbst nutzen können, um zum gewünschten individuellen Produkt zu gelangen. Beispielsweise ist es bei der Zusammenstellung eines Produktes im Internet wesentlich, den Konfigurator bedienen zu können. Neben der *Technologieaffinität* wurde auch der Faktor *Konsum-Hedonismus* aufgrund des geringen Erklärungsbeitrages entfernt. Es konnte somit nicht bestätigt werden, dass der Spaß am Einkaufen ein wesentliches Charakteristikum eines kompetenten Kunden ist. Die Wichtigkeit der restlichen Kompetenzklassen *Fachkompetenz, Sozialkompetenz* und *Motivation* dagegen konnte, wie erläutert, nachgewiesen werden.

Dabei wird von der Tatsache ausgegangen, dass diese Charakteristika von Kunden ebenso wie bestimmte Merkmale auf Anbieterseite den Erfolg des Leistungserstellungsprozesses prägen (vgl. Abbildung 23).[1032]

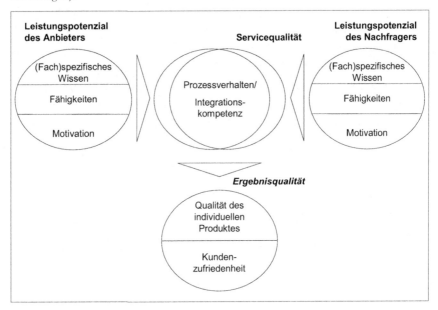

Leistungspotenzial des Anbieters

(Fach)spezifisches Wissen

Fähigkeiten

Motivation

Servicequalität

Prozessverhalten/ Integrations- kompetenz

Leistungspotenzial des Nachfragers

(Fach)spezifisches Wissen

Fähigkeiten

Motivation

Ergebnisqualität

Qualität des individuellen Produktes

Kunden- zufriedenheit

Abbildung 23: Leistungspotenziale von Anbieter und Nachfrager sowie Konsequenzen[1033]

Einerseits bringen Kunden ein bestimmtes Leistungspotenzial mit, d.h. eine gewisse Leistungsfähigkeit und -bereitschaft. Erstgenannte Größe umfasst das Wissen sowie die Fähigkeiten der Kunden. Zur Leistungsbereitschaft gehört die Motivation von Kunden, sich in Co-Design-Aktivitäten einzubringen. Auch auf Unternehmens- bzw. Mitarbeiterseite existiert ein Leistungspotenzial, d.h. ein bestimmtes Wissen, Können und Wollen. Beide Parteien treffen nun im Co-Design-Prozess zusammen. In diesem zeigt sich die Kundenintegrationskompetenz, wenn die

---

[1032] In Kapitel 7.3 werden Hinweise für die Steuerung erfolgreicher Integrationsprozesse gegeben.

[1033] In Anlehnung an Meyer/Mattmüller (1987), S. 192.

Qualifikationen der Kunden zu den jeweiligen Aufgaben passen, die im Integrationsprozess aus-geübt werden müssen. Dasselbe gilt für die Anbieterkompetenz zur Kundenintegration, die sich bei einem Fit von Qualifikationen auf Anbieterseite und den jeweiligen Integrationsaufgaben entwickelt. Die Integrationskompetenz beider Parteien prägt die Servicequalität, diese wiederum hat einen Einfluss auf weitergehende Größen, wie die Qualität der individuellen Leistung und die Zufriedenheit der Kunden.

Es bleibt anzumerken, dass Kunden bei Mass Customization tendenziell stärker in Kaufaktivitä-ten eingebunden sind, als dies bei der klassischen Auftragsproduktion, herkömmlichen individu-ellen Leistungen in B2B-Märkten sowie bei vielen Dienstleistungen gegeben ist, denn sie gestalten ihr Produkt im Co-Design-Prozess in der Regel aktiv mit. Kundenintegrationskompetenz bei Mass Customization kann damit als neuer, relevanter Forschungsaspekt betrachtet werden. Es wird davon ausgegangen, dass grundlegende Erkenntnisse auch auf komplexe Dienstleistungs-prozesse sowie herkömmliche Leistungserstellungsprozesse bei individuellen Leistungen übertra-gen werden können, bei denen Kunden aktiv mitwirken. Auch in diesen Fällen haben Kunden mit ihren Kompetenzen Einfluss auf die Leistungserstellung, die gemeinsam mit dem Anbieter stattfindet. Wie wichtig das Wissen, die Fähigkeiten und die Motivation von Kunden sind und welche Konsequenzen die Facetten haben, muss jedoch noch untersucht werden.

Auch in Hinblick auf Mass-Customization-Angebote, die online vertrieben werden, sind weitere Untersuchungen notwendig. Den Mittelpunkt dieser Arbeit bilden, wie erläutert, Co-Design-Prozesse in Ladengeschäften. Im Rahmen derartiger Co-Design-Prozesse gestalten Anbieter und Nachfrager zusammen in einem interaktiven Co-Design-Prozess an einem physischen Verkauf-sort die spezifische Kundenlösung. Zwar ist zu vermuten, dass die Erkenntnisse der Arbeit grundsätzlich auch auf Online-Angebote übertragbar sind, jedoch ist weitere Forschungsarbeit notwendig, um dies nachzuweisen. Beispielsweise stehen die sozialen Fähigkeiten von Konsu-menten wohl eher beim Kauf in Ladengeschäften im Vordergrund, während technische Aspekte eher kennzeichnend für Online-Käufe sind. Zwar befassen sich viele Forscher bereits mit dem Online-Vertrieb von Mass-Customization-Angeboten, allerdings gibt es nur wenige Hinweise über notwendige Kompetenzen von Kunden für Online-Customization.

Nach der Konzeptualisierung und Operationalisierung von *Kundenintegrationskompetenz* wurde das Konstrukt in dieser Arbeit in einen übergeordneten theoretischen Rahmen eingeordnet. Im Zuge der Überprüfung des Wirkungsmodells wurde der Zusammenhang zu einer Determinante – dem *Bedürfnis nach individuellen Leistungen* – sowie drei Konsequenzen – *Servicequalität, Kundenzufriedenheit mit dem Produkt* sowie *Kundenzufriedenheit mit dem Unternehmen* – betrachtet. Es konnte gezeigt wer-den, dass Kundenintegrationskompetenz einen Einfluss auf die abhängigen Größen *Servicequalität, Kundenzufriedenheit mit dem Produkt* sowie *Kundenzufriedenheit mit dem Unternehmen* hat. Zudem beein-flusst die wahrgenommene Servicequalität sowohl die Zufriedenheit mit dem Produkt als auch die Zufriedenheit mit dem Unternehmen. Die Kundenzufriedenheit mit dem Produkt wiederum übt einen positiven Einfluss auf die Zufriedenheit mit dem Unternehmen aus. Die Tatsache, dass alle Zusammenhänge im Wirkungsmodell bestätigt werden konnten, spricht für die Berücksichtigung von Kundenintegrationskompetenz als Ansatzpunkt zur Steigerung der Kundenzufrieden-heit, die wiederum in unmittelbarem Zusammenhang zur Kundenloyalität sowie zum Unterneh-menserfolg gesehen wird. Die Steuerung von Kundenintegrationskompetenz ist damit ein An-satzpunkt, um den langfristigen Erfolg eines Unternehmens gezielt zu steuern.

Neben dem Einfluss der Konsequenzen konnte eine positive Beziehung zwischen dem Bedürfnis nach individuellen Leistungen und der Integrationskompetenz von Kunden für Co-Design-Aktivitäten nachgewiesen werden. Konsumenten, die sich gerne von anderen differenzieren, bei-spielsweise indem sie ausgefallene oder individuelle Produkte kaufen, besitzen auch eine höhere Kompetenz für die Leistungserstellungsprozesse bei individuellen Angeboten und sind somit erfolgreichere Co-Designer, die zu einem besseren Ergebnis gelangen.

Abschließend wurden Moderatoren in der Untersuchung betrachtet. Die Überprüfung der mode-rierenden Effekte zeigte, dass es Unterschiede im Wirkungsmodell der Kundenintegrationskom-petenz in Abhängigkeit von *Geschlecht* und *Alter* der Teilnehmer gibt. Zudem konnte nachgewie-sen werden, dass sich die Kunden der berücksichtigten Branchen *Shirt*, *Rad* und *Bauprodukt* in Hinblick auf die Wirkungszusammenhänge unterscheiden.[1034] Beispielsweise zeigen sich Unter-schiede in der Beziehung von Kundenintegrationskompetenz und Servicequalität in Abhängigkeit von Branche, Alter sowie Geschlecht: In der Branche *Shirt* hat die Integrationskompetenz von Kunden einen signifikanten Einfluss auf die wahrgenommene Qualität der Dienstleistung, wäh-rend dies in den anderen beiden Branchen nicht gegeben ist. Bei Differenzierung nach dem Alter besteht ein stärkerer Zusammenhang bei den Teilnehmern, die älter als 55 Jahre sind und zudem zeigt sich, dass die Beziehung bei Männern intensiver ist.

Tabelle 47 zeigt die Ergebnisse der Hypothesenprüfung, die im Zusammenhang mit der Analyse des Wirkungsmodells von Kundenintegrationskompetenz erfolgte.

[1034] Die Kunden aus dem Bereich *Anzug* konnten in der Moderatorenanalyse nicht berücksichtigt werden, da für diese Gruppe keine identifizierte Lösung gefunden werden konnte.

Hypothese	Hypotheseninhalt	Bestätigung
H_1	Je größer das Bedürfnis nach individuellen Leistungen eines Konsumenten ist, desto größer ist seine Integrationskompetenz.	Ja
H_2	Je höher die Kundenintegrationskompetenz eines Konsumenten, desto höher ist seine wahrgenommene Servicequalität.	Ja[1035]
H_3	Je höher die Kundenintegrationskompetenz eines Konsumenten, desto höher ist seine Zufriedenheit mit dem Produkt.	Ja
H_4	Je höher die Kundenintegrationskompetenz eines Konsumenten, desto höher ist seine Zufriedenheit mit dem Unternehmen.	Ja[1036]
H_5	Je höher die wahrgenommene Servicequalität, desto höher ist die Zufriedenheit mit dem Produkt.	Ja
H_6	Je höher die wahrgenommene Servicequalität, desto höher ist die Zufriedenheit mit dem Unternehmen.	Ja
H_7	Je höher die Zufriedenheit des Kunden mit dem Produkt, desto höher auch die Zufriedenheit mit dem Unternehmen.	Ja
H_8	Das Geschlecht der Kunden hat Einfluss auf die Zusammenhänge im Wirkungsmodell der Kundenintegrationskompetenz.	Ja
H_9	Das Alter der Kunden hat Einfluss auf die Zusammenhänge im Wirkungsmodell der Kundenintegrationskompetenz.	Ja
H_{10}	Die Branchenzugehörigkeit hat Einfluss auf die Zusammenhänge im Wirkungsmodell der Kundenintegrationskompetenz.	Ja

Tabelle 48: Ergebnisse der Hypothesenprüfung (Gesamtübersicht)

7.2 Implikationen für die Forschung und weiterer Forschungsbedarf

In Kapitel 1.2 wurde dieser Arbeit eine theoriebildende Funktion zugewiesen. Im Rahmen des wissenschaftlich-theoretischen Ziels der Arbeit standen zwei *Forschungsfragen* im Vordergrund, die anhand der in der Literatur empfohlenen Methoden analysiert wurden:

> 1. Wie kann die Kundenintegrationskompetenz bei individuellen Leistungen *konzeptualisiert* und *operationalisiert* werden (Forschungsfrage 1)?
>
> 2. Wie kann Kundenintegrationskompetenz in einen *theoretischen Bezugsrahmen* eingeordnet werden (Forschungsfrage 2)?

Der Beitrag der Arbeit zur Konzeptualisierung und Operationalisierung von Kundenintegrationskompetenz sowie zur Einbettung des Konstruktes in einen theoretischen Bezugsrahmen wird im Folgenden dargestellt und Implikationen für die Forschung abgeleitet.

[1035] Die Hypothese kann bedingt bestätigt werden (vgl. Kapitel 6.2.4).

[1036] Die Hypothese kann bedingt bestätigt werden (vgl. Kapitel 6.2.4).

7.2.1   Konzeptualisierung und Operationalisierung von Kundenintegrationskompetenz

Aus *konzeptioneller Sicht* leistet die Arbeit einen wesentlichen Beitrag zur inhaltlichen Aufhellung des Konstruktes *Kundenintegrationskompetenz*. In Kapitel 3 konnte eine Forschungslücke in Hinblick auf diesen Aspekt nachgewiesen werden. Das Ziel dieser Arbeit war, die Forschungslücke im Themenfeld *Kundenintegrationskompetenz* zu schließen. Dies wird als relevant erachtet, da sich die Wertschöpfung sehr stark verändert hat und Kunden immer mehr zu Partnern im Rahmen gemeinsamer Wertschöpfungsaktivitäten mit Anbietern werden.[1037] *Kundenintegrationskompetenz* beschreibt hierbei die Fähigkeiten von Kunden, sich an der Kundenintegration zu beteiligen und die übertragenen Aufgaben erfolgreich wahrzunehmen. Sie entsteht, wenn die Qualifikationen, die Kunden mitbringen, zu den Integrationsaufgaben passen. Betrachtet werden in dieser Arbeit Leistungserstellungsprozesse beim Angebot individueller Leistungen im Sinn von Mass Customization. Kunden sind bei derartigen Angeboten an der Gestaltung der individuellen Lösung im Rahmen eines Co-Design-Prozesses beteiligt. Um sich in diese interaktiven Co-Design-Prozesse erfolgreich einzubringen, benötigen sie *Kundenintegrationskompetenz*.

Um die Forschungslücke zu schließen, orientierte sich die weitergehende Konzeptualisierung des Konstruktes *Kundenintegrationskompetenz* an eigenen explorativen Untersuchungen im Bereich *Mass Customization*. Hierzu wurden Interviews mit 17 Praxis- und Wissenschaftsexperten sowie drei Kundenbefragungen mit 505 Teilnehmern durchgeführt. Im ersten Schritt erfolgte eine Modellierung des Interaktionsprozesses bei Mass Customization, um ein Verständnis für die Kompetenzen zu entwickeln, die Kunden im Rahmen der interaktiven Co-Design-Prozesse benötigen. Die Arbeit erweitert bestehende Untersuchungen in diesem Bereich dahingehend, dass nicht nur die Konfiguration sondern auch vor- und nachgelagerte Phasen als relevante Aspekte einer Mass-Customization-Interaktion aus Kundensicht modelliert werden konnten. Ingesamt besteht der Kundeninteraktionsprozess aus sechs Phasen: *Kommunikation, Exploring, Konfiguration, Wartephase, After-Sales* und *Re-Buy*. Aus Kundensicht ist jede Phase mit bestimmten Herausforderungen verbunden.[1038] Mit Hilfe der explorativen Untersuchungen konnten – aufbauend auf den Erkenntnissen zum Kundeninteraktionsprozess bei Mass Customization – zehn verschiedene Facetten von Kundenintegrationskompetenz ermittelt werden, die als wesentlich für das Konstrukt erachtet wurden. Diese wurden – orientiert an einem von GOUTHIER entwickelten Konzept der *Kundenintegrationskompetenz* aus dem Dienstleistungsbereich – den folgenden vier Kompetenzklassen zugeordnet: *Fachkompetenz, Sozialkompetenz, Methodenkompetenz* und *Motivation*.

In Anschluss an die explorativen Untersuchungen wurden empirische Arbeiten zu den zehn vermuteten Facetten von Kundenintegrationskompetenz recherchiert, wodurch das Verständnis für die verschiedenen Aspekte gefördert wurde. Zudem wurden die Faktoren mittels existierender

---

[1037] Vgl. Normann/Ramirez (1993), S. 69; Reichwald/Piller (2006), S. 1.

[1038] Vgl. für weitergehende Erläuterungen zu den Phasen der Kundeninteraktion Kapitel 7.3.3.

Fragenskalen operationalisiert, die bereits in Hinblick auf ihre Reliabilität und Validität getestet wurden. In Anschluss an einen Pre-Test des Fragebogens mit 157 Studenten und eine abschließende Expertenbefragung wurde die empirische Validierung des Konstruktes entsprechend der in der Literatur gebräuchlichen Methodik und Vorgehensweise vorgenommen. Dabei wurden insgesamt 517 Kunden von Mass-Customization-Unternehmen aus den vier Branchen *Shirt*, *Anzug*, *Rad* und *Bauprodukt* befragt. Anschließend erfolgte ein Re-Test der Itemskala mit 264 Studenten. Das Instrumentarium zur Messung des betrachteten Konstruktes wurde somit basierend auf umfangreichen qualitativen und quantitativen Untersuchungen entsprechend der Vorgaben der Literatur entwickelt. Die finale Skala zur Messung von Kundenintegrationskompetenz umfasst 18 Indikatoren, die fünf Faktoren und drei Kompetenzklassen – der *Fachkompetenz*, *Sozialkompetenz* und *Motivation* – zugerechnet werden können:

- Die Dimension *Fachkompetenz* beinhaltet die Facetten *Produktwissen*, *Prozesswissen und -erfahrung* sowie *Prozesserfahrung und -involvement* und basiert auf dem (fach)spezifischen Wissen, den Erfahrungen des Kunden und der empfundenen Wichtigkeit des Produktes.

- Die *Sozialkompetenz* wird durch die Größe *soziale Fähigkeiten* repräsentiert. Hierunter fallen alle sozial-kommunikativen Aspekte, die für interaktive Co-Design-Prozesse wichtig sind.

- Die *Motivation* umfasst den Faktor *Kaufinvolvement* und repräsentiert die motivationalen und emotionalen Aspekte im Zusammenhang mit erfolgreichen integrativen Prozessen.

Das Instrumentarium zur Messung von Kundenintegrationskompetenz berücksichtigt damit sowohl kognitive Komponenten des Konsumentenverhaltens, z.b. Produktwissen, als auch affektive Aspekte, z.b. Produktinvolvement. Zudem werden soziale Fähigkeiten berücksichtigt. Die Ergebnisse der Arbeit führen zu folgender Definition von Kundenintegrationskompetenz:

Kundenintegrationskompetenz beinhaltet die Teilkompetenzen Fachkompetenz, Sozialkompetenz sowie Motivation. Kunden mit hoher Integrationskompetenz zeichnen sich durch umfassendes Produktwissen, Produkterfahrung und -involvement sowie Prozesswissen und -erfahrung aus. Sie besitzen ausgeprägte soziale Fähigkeiten und ein hohes Kaufinvolvement.

7.2.2   Einordnung von Kundenintegrationskompetenz in einen übergeordneten Bezugsrahmen

Nach der Konzeptualisierung und Operationalisierung wurde das Konstrukt *Kundenintegrationskompetenz* in einen übergeordneten Bezugsrahmen eingebettet. Dabei wurde das Bedürfnis nach individuellen Leistungen als Determinante des Konstruktes berücksichtigt; als Konsequenzen wurden Servicequalität und Kundenzufriedenheit aufgrund ihrer Relevanz in Theorie und Praxis ausgewählt. Die vermuteten Beziehungen zwischen Kundenintegrationskompetenz und der Determinante sowie den Konsequenzen konnten nachgewiesen werden.

Mit Berücksichtigung der Determinante wird der Zusammenhang zu einem Persönlichkeitsmerkmal hergestellt, das im Zusammenhang mit den aktuellen gesellschaftlichen Trends diskutiert wird: dem Wunsch nach Individualität. Das *Bedürfnis nach individuellen Leistungen* besitzt einen signifikant positiven Einfluss auf Kundenintegrationskompetenz. Damit zeigt sich, dass Konsumenten, die an einzigartigen Produkten interessiert sind, diese nicht nur eher in Anspruch nehmen als Konsumenten, bei denen dies nicht gegeben ist, sondern, dass sie auch mehr Kompetenz in Hinblick auf die individuellen Angebote besitzen. Das erstaunt nicht, denn letztendlich ist dieses Bedürfnis ein zentrales Merkmal ihrer Persönlichkeit und führt dazu, sich intensiv mit individuellen Angeboten auseinander zu setzen. Für Anbieter kann hieraus der Hinweis gewonnen werden, das Bedürfnis nach individuellen Leistungen gezielt zu fördern, da positive Auswirkungen auf die Integrationskompetenz von Kunden zu erwarten sind.

In Hinblick auf die Konsequenzen leistet die Arbeit insofern einen Beitrag, als dass zwar viele Forscher – insbesondere im Dienstleistungsmarketing – einen positiven Zusammenhang zwischen den Kundenbeiträgen und Größen postulieren, die in Zusammenhang mit dem Unternehmenserfolg als wichtig erachtet werden, z.B. der Kundenzufriedenheit. Allerdings sind viele Arbeiten lediglich konzeptioneller Art und weisen die Beziehungen nicht empirisch nach. Eine Ausnahme stellt die Arbeit von HENNIG-THURAU dar, der zeigen kann, dass sich die vorhandene Konsum-Kompetenz von Konsumenten in der Nachkaufphase positiv auf den Beziehungserfolg auswirkt;[1039] jedoch bezieht sich diese Arbeit nicht auf Kompetenzen für integrative Co-Design-Prozesse, sondern auf die Produktnutzung.[1040] Die Forschungslücke wird mit der vorliegenden Arbeit geschlossen, indem Kundenintegrationskompetenz in Verbindung zu Servicequalität, Kundenzufriedenheit mit dem Produkt sowie Kundenzufriedenheit mit dem Interaktionspartner bzw. Unternehmen gebracht wird und positive Zusammenhänge nachgewiesen werden. Zusätzlich werden Beziehungen zwischen den verschiedenen abhängigen Größen bestätigt:

- Kundenintegrationskompetenz hat einen signifikant positiven Einfluss auf die von Kunden wahrgenommene Servicequalität. Damit bestätigt sich der Einfluss der Kunden und ihrer Fähigkeiten auf den Erfolg des Leistungsangebotes, wie es von vielen Autoren postuliert wird, insbesondere in der Dienstleistungsforschung. Mit der gezielten Steuerung von Kundenintegrationskompetenz kann ein Unternehmen die Servicequalität steigern.

- Kundenintegrationskompetenz wirkt auch auf die Kundenzufriedenheit mit dem Produkt und dem Anbieter. Diese Größen werden in Zusammenhang mit der Kundenloyalität sowie dem langfristigen Unternehmenserfolg diskutiert. Mit der gezielten Einflussnahme auf die Kundenintegrationskompetenz kann sich ein Unternehmen somit ein Potenzial für langfristige Wettbewerbsvorteile schaffen.

- Es kann außerdem ein Zusammenhang zwischen der Servicequalität und der Zufriedenheit mit dem Produkt sowie mit dem Unternehmen festgestellt werden. Die Zufriedenheit

---

[1039] Vgl. Hennig-Thurau (1998), S. 341f.

[1040] Vgl. zur Abgrenzung von Kundenintegrationskompetenz sowie Konsum-Kompetenz Kapitel 4.5.3.

mit dem Unternehmen wiederum wirkt auch auf die Produktzufriedenheit. Auch diese Erkenntnisse weisen darauf hin, dass eine Handlungsstrategie zur Erreichung einer hohen Kundenzufriedenheit und damit zur Sicherung des langfristigen Unternehmenserfolges an der Förderung der Integrationskompetenz von Kunden ansetzen sollte.

Bei einer abschließenden Prüfung des Einflusses moderierender Effekte auf die Beziehung zwischen Kundenintegrationskompetenz sowie der Determinante und den Konsequenzen, wurden Unterschiede im Wirkungsmodell in Abhängigkeit von Alter, Geschlecht sowie Branchenspezifika nachgewiesen. Anbieter sollten somit berücksichtigen, dass sich Kundenintegrationskompetenz in Abhängigkeit von Persönlichkeitsmerkmalen und Produkt- bzw. Branchenspezifika unterschiedlich auswirken kann, beispielsweise auf die Kundenzufriedenheit.

7.2.3 Weiterer Forschungsbedarf

Die gewonnenen konzeptionellen und empirischen Erkenntnisse unterstreichen die Bedeutung von Kundenintegrationskompetenz – sowohl für die Forschung als auch für die Praxis. Aufgrund der Tatsache, dass mit dieser Arbeit eine erste grundlegende Annäherung an das Thema *Kundenintegrationskompetenz* stattfand, existiert eine Vielzahl von Ansatzpunkten für künftige Forschungsvorhaben. Die wichtigsten Aspekte sind im Folgenden dargestellt.

- In dieser Arbeit werden Mass-Customization-Angebote untersucht, die in Ladengeschäften verkauft werden. Auch wenn zu vermuten ist, dass die Erkenntnisse zur Kompetenz von Kunden für derartige Angebote grundsätzlich auch auf Online-Angebote übertragen werden können, bestehen wahrscheinlich Unterschiede hinsichtlich der Wichtigkeit verschiedener Teilkompetenzen. Soziale Fähigkeiten sind bei Online-Käufen nur am Rande relevant, wenn beispielsweise Kontakt zu einer Hotline aufgenommen wird. Die Technologieaffinität dagegen rückt eher in den Vordergrund, während sie beim Co-Design individueller Leistungen in Ladengeschäften weniger relevant ist, da Mitarbeiter die Prozesse in der Regel steuern. Die Untersuchung von Online-Angeboten in Hinblick auf die Kundenintegrationskompetenz ist damit ein relevanter, offener Forschungsaspekt.

- Die Arbeit befasst sich mit Kundenintegrationskompetenz bei Mass Customization als spezifische Form der Kundenintegration, bei der Kunden sehr weitgehend in die wertschöpfenden Prozesse integriert sind. Ein Ansatzpunkt für künftige Forschung ist die empirische Validierung des Konstruktes bei reinen Dienstleistungen als weitere Form der Kundenintegration. Es wird vermutet, dass die grundlegenden Erkenntnisse der Arbeit auf Dienstleistungsprozesse übertragen werden können, da diese aus Nachfragersicht grundsätzlich große Ähnlichkeit zu Kundenintegrationsprozessen bei Mass Customization aufweisen. In beiden Fällen sind die Leistungsangebote durch eine hohe Immaterialität und Integrativität geprägt, wobei sich Unterschiede in Hinblick auf die konkreten Kundenaufgaben und damit eventuell die relevanten Kompetenzen ergeben können. Erste konzeptionelle Arbeiten zur Kundenintegrationskompetenz bei Dienstleistungen existieren zwar bereits,[1041] allerdings konnten keine Arbeiten zur empirischen Validierung der Größe identifiziert werden. Es ist anzunehmen, dass sowohl die Fach-, als auch die Sozialkompetenz von Kunden den Leistungserstellungsprozess positiv beeinflussen. Zudem gilt die Motivation als wesentlich für eine erfolgreiche Dienstleistungserstellung.

- Auch in Zusammenhang mit der Integration von Kunden in Innovationsprozesse kann die Untersuchung von Kundenintegrationskompetenz wichtige Erkenntnisse liefern. Bei der Untersuchung von Innovationsprozessen ist beispielsweise die Auswirkung der Kundenkompetenz auf den Innovationserfolg ein interessanter Forschungsaspekt. Zu den Auswirkungen von Persönlichkeitseigenschaften von Konsumenten und deren Konsequenzen für den Innovationsprozess gibt es ebenfalls bereits erste Arbeiten,[1042] allerdings fehlt nach Wissen der Autorin eine ausführliche Betrachtung von spezifischen Kundenkompetenzen. Es wird vermutet, dass grundlegende Erkenntnisse zur Kundenintegrationskompetenz bei Mass Customization auf Innovationsprozesse übertragen werden können, beispielsweise ist zu vermuten, dass Wissens- und Erfahrungskomponenten sowie die Motivation auch Innovationsprozesse positiv beeinflussen. Zudem sind aufgrund häufiger Kunde-Mitarbeiter-Interaktionen und auch aufgrund der Interaktion verschiedener Kunden untereinander u.U. auch soziale Fähigkeiten relevant.

- Darüber hinaus kann die Verbindung des Konstruktes mit weiteren Determinanten zu interessanten Implikationen für Theorie und Praxis führen. Beispielhaft ist die Analyse des Einflusses der Einstellung gegenüber dem Unternehmen zu nennen. Es wird vermutet, dass Konsumenten, die einem Unternehmen gegenüber grundsätzlich positiv eingestellt sind, eher motiviert sind, Integrationskompetenz aufzubauen. Sie sind vermutlich eher bereit, sich Wissen anzueignen und mit dem Unternehmen in Kontakt zu treten. Zum anderen könnte bei Kunden mit einer positiven Einstellung auch das Verhalten, das gegenüber Mitarbeitern gezeigt wird, anders aussehen, als bei Kunden, die einem Unternehmen und damit auch den Mitarbeitern gegenüber weniger offen und wohlwollend gegenüberstehen.

- Aus Unternehmenssicht ist insbesondere der Zusammenhang zu weiteren Kenngrößen relevant, die den langfristigen Unternehmenserfolg widerspiegeln. Beispielsweise ist zu vermuten, dass die Integrationskompetenz von Kunden sich auf das Einbringen von Ideen und Verbesserungsvorschlägen auswirkt. Es ist anzunehmen, dass Kunden mit

---

[1041] Vgl. Kapitel 3.3.3.

[1042] Vgl. beispielsweise Lüthje (2000); Reichwald/Seifert/Ihl (2004); Urban/Von Hippel (1988); von Hippel (1988); von Hippel (2005).

mehr Kompetenz für Co-Design-Prozesse bessere Beiträge leisten. Somit hätte eine Steuerung der Kundenintegrationskompetenz nicht nur Auswirkungen auf den Leistungserstellungsprozess und dessen Konsequenzen, sondern generell auf den Kundenwert aus Unternehmenssicht. Ein weiterer Ansatz wäre die Verbindung des Konstruktes mit dem Verhalten, das Kunden gegenüber anderen Konsumenten zeigen. Beispielsweise wird im Dienstleistungsmarketing die Rolle von Kunden als Co-Marketer diskutiert. Es ist zu vermuten, dass kompetente Kunden ein Unternehmen und sein Leistungsangebot auch besser darstellen und damit vermarkten können.

- Ein weiterer Ansatzpunkt für künftige Forschung ist der Einsatz des Messinstruments *Kundenintegrationskompetenz* zur Kategorisierung von Konsumenten entsprechen ihrer Kompetenz. Hierauf aufbauend können Hinweise für Anbieter gegebenen werden, wie mit verschiedenen Konsumentengruppen in Hinblick auf die Erzielung eines guten Leistungsergebnisses umzugehen ist. CANZIANI beispielsweise empfiehlt eine Markt- und Kundensegmentierung entsprechend der Kundenkompetenzen, wenn es um die Dienstleistungserstellung geht.[1043] Ähnliche Ansätze gibt es bereits im Innovationsmanagement, wo Kunden bzw. Konsumenten entsprechend ihrer Fähigkeiten differenziert und gezielt in Innovationsaktivitäten eingebunden werden.[1044]

- Im Zentrum der Arbeit stehen Kompetenzen, die Kunden für erfolgreiche Kundenintegrationsprozesse benötigen. Da interaktive Wertschöpfung jedoch immer das Zusammenwirken von Anbieter und Nachfrager impliziert, sind auch die Kompetenzen auf Unternehmensseite entscheidend für erfolgreiche Integrationsprozesse.[1045] Bezüglich der Konzeptualisierung und Operationalisierung der Anbieterkompetenz zur Kundenintegration sowie der Beziehung zu dem langfristigen Unternehmenserfolg besteht noch Forschungsbedarf, auch wenn bereits erste Arbeiten hierzu vorliegen. Beispielsweise untersucht JACOB die Anbieterkompetenz bei individuellen Angeboten in B2B-Märkten, allerdings ist zu vermuten, dass bei der Integration von Konsumenten andere Fähigkeiten notwendig sind.[1046] Ein interessanter Forschungsaspekt ist zudem die Untersuchung des Zusammenwirkens von Integrationskompetenz auf Kunden- und Unternehmensseite. Zudem stellt sich die Frage, wie die Integrationskompetenz auszusehen hat, wenn weitere Partner an der Wertschöpfung beteiligt sind, z.B. Lieferanten.

[1043] Vgl. Canziani (1997), S. 16ff. Andere Autoren empfehlen eine Kundensegmentierung entsprechend ihres Wissens. Vgl. beispielsweise Webb (2000), S. 17.

[1044] Vgl. beispielsweise Lüthje (2000); Urban/Von Hippel (1988).

[1045] Vgl. Kapitel 7.3.2 für Handlungsempfehlungen zur Kompetenz auf Unternehmensseite.

[1046] Vgl. Jacob (2003).

Die Darstellung der Ansatzpunkte für weitere Forschungsarbeiten zeigt, dass die Forschung zur Integrationskompetenz von Kunden noch weitgehend unerschlossen ist. Insbesondere in Zusammenhang mit integrativen Wertschöpfungsprozessen bietet sich ein großes Potenzial für Forschung und Praxis. Nachfolgend werden die praktischen Erkenntnisse dargestellt, die aus dieser Arbeit gewonnen werden konnten.

7.3 Implikationen für die Praxis

7.3.1 Überblick

Die theoretischen Ergebnisse dieser Arbeit erlauben es, vielfältige Hinweise für die Praxis zu geben und damit das praktische Ziel dieser Arbeit zu erfüllen. Im Mittelpunkt steht hierbei die folgende Forschungsfrage:

> 3. Welche *wissenschaftlichen Aussagen* und *praxeologischen Konsequenzen* können aus den durchgeführten Untersuchungen abgeleitet werden (Forschungsfrage 3)?

Ausgangspunkt aller Überlegungen ist die Tatsache, dass Kundenintegration immer ein Zusammenwirken von Anbieter und Nachfrager im Rahmen interaktiver Wertschöpfungsaktivitäten impliziert.[1047] Damit ist neben der Einflussnahme auf die Integrationskompetenz von Kunden auch die Steuerung der komplementären Kompetenz auf Unternehmensseite wichtig für eine erfolgreiche Kundenintegration.[1048] Zudem müssen auch die Interaktionen zwischen Anbieter und Nachfrager an sich gestaltet werden. Dies führt zu drei Bereichen von Implikationen:

- *Implikationen für die Steuerung der Anbieterkompetenz zur Kundenintegration*: Wie bereits mehrfach dargestellt, hängt der Erfolg des Integrations- und Interaktionsprozesses von beiden beteiligten Parteien – Kunde und Unternehmen – ab. Daher sollten Unternehmen nicht nur die Integrationskompetenz auf Kundenseite steuern, sondern auch die entsprechenden komplementären Kompetenzen mitbringen bzw. entwickeln.

- *Implikationen für die Gestaltung des Interaktionsprozesses*: Anbieter und Nachfrager kommen im Co-Design-Prozess zusammen, um die individuelle Leistung zu spezifizieren. Dieser Prozess ist so zu gestalten, dass beide Parteien ihre Kompetenzen bestmöglich entfalten können. Dabei ist besonders die Wahrnehmung des gemeinsamen Leistungserstellungsprozesses aus Kundensicht zu berücksichtigen.

[1047] Vgl. Kapitel 2.1.2.

[1048] Auf die Notwendigkeit, Kompetenzen auf beiden Seiten zu steuern, weisen auch Jacob (2003), S. 95 sowie Reichwald/Piller (2006), S. 81 hin.

- *Implikationen für die Steuerung von Kundenintegrationskompetenz auf Kundenseite:* Die Kompetenzen von Kunden haben Einfluss auf die integrativen Leistungserstellungsprozesse und deren Konsequenzen. Damit besteht die Notwendigkeit, auf die Integrationskompetenz von Kunden Einfluss zu nehmen. Sowohl das Wissen als auch das Können und Wollen der Kunden sind in Hinblick auf eine erfolgreiche Leistungserstellung zu steuern.

Die drei Bereiche von Implikationen stellen Bridging-Strategien im Sinn der *Ressourcenabhängigkeitstheorie (Resource Dependence Theory)* dar, die besagt, dass die Wettbewerbsfähigkeit sowie das Überleben eines Unternehmens davon abhängt, ob es sich wichtige Ressourcen aus der Unternehmensumwelt beschaffen kann, z.b. finanzielle Mittel, Personal, Produkte, Macht oder Information und Wissen.[1049] Damit ergibt sich eine Abhängigkeit von derjenigen externen Gruppe, die über die benötigte Ressource bestimmt.

Im Fall von integrativen Wertschöpfungsprozessen sind Anbieter, wie erläutert, auf die Kunden angewiesen, da diese sich in den Leistungserstellungsprozess einbringen müssen. Bridging-Strategien sind Maßnahmen, die den Zugang zur externen Ressource verbessern.[1050] Zum einen hilft die Kundenintegrationskompetenz auf Unternehmensseite, den Zugang zur externen Ressource *Kunde* und insbesondere zum Kundenwissen sicherzustellen, welches für die Wertschöpfung relevant ist.[1051] Zum anderen trägt auch die zielorientierte Gestaltung des interaktiven Co-Design-Prozesses zu einem verbesserten Zugriff auf Kunden als externe Ressource bei, da hierdurch die Beziehung sowie das Vertrauen der Kunden in den Anbieter intensiviert werden. Letztendlich führt auch die Steuerung der Integrationskompetenz von Kunden dazu, dass diese sich besser in die Leistungserstellung einbringen können. Hierdurch wird erneut Einfluss auf die externe Ressource genommen und der Erfolg interaktiver Wertschöpfungsprozesse sichergestellt. Abbildung 24 zeigt die drei Bereiche von Implikationen im Überblick.

[1049] Vgl. Aldrich (1976); Pfeffer (1972); Pfeffer/Salancik (1978).

[1050] Vgl. Pfeffer/Salancik (1978), S. 144.

[1051] Vgl. Reichwald/Piller (2006), S. 84.

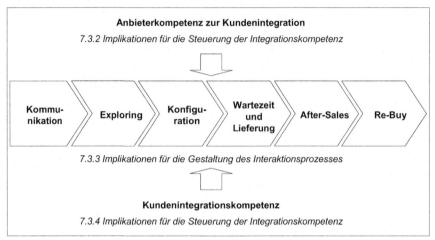

Abbildung 24: Hinweise zur Gestaltung erfolgreicher Integrationsprozesse

Neben der Einflussnahme auf die Integrationskompetenz auf Kundenseite sollten Handlungs-empfehlungen somit auch die Unternehmensseite sowie die interaktiven Elemente des Leistungs-austauschs berücksichtigen, in denen sich die Kompetenz beider Seiten zeigt. Da alle Aspekte zusammen den Erfolg des Leistungserstellungsprozesses beeinflussen, werden nachfolgend Handlungsempfehlungen zum Umgang mit diesen drei Bereichen gegeben.

7.3.2 Entwicklung der Anbieterkompetenz zur Kundenintegration

In diesem Kapitel werden die Kompetenzen von Unternehmen betrachtet und Ansatzpunkte geschildert, wie diese in Hinblick auf eine erfolgreiche Kundenintegration zu steuern sind. Hier-bei wird sowohl die Organisation an sich betrachtet (holistischer Standpunkt) als auch die Mitar-beiter, die am Co-Design-Prozess mitwirken (methodologischer Individualismus).[1052]

Kompetenz der Mass-Customization-Organisation

Wie erläutert, wird es für erfolgreiche Kundenintegrationsprozesse als wesentlich erachtet, dass auch die Anbieter über die Kompetenz zur Kundenintegration verfügen.[1053] Zu den notwendigen Kompetenzen auf Anbieterseite gibt es bereits erste Arbeiten. So betonen REICHWALD/PILLER, dass ein Anbieter bestimmte interne Fähigkeiten und Kompetenzen braucht, um an der interakti-ven Wertschöpfung erfolgreich teilzunehmen, die Interaktionskompetenz:

[1052] Vgl. zum Kompetenzbegriff Kapitel 3.1.

[1053] Vgl. Jacob (2003), S. 93.

„*Interaktionskompetenz* bezeichnet die Gesamtheit der Kompetenzen und Fähigkeiten eines Anbieters, um die Prinzipien der interaktiven Wertschöpfung erfolgreich umzusetzen. Sie konkretisiert sich in den *Organisationsstrukturen* (interaktionsfördernde Ablaufstrukturen), in *Anreizstrukturen* (z.b. monetäre Anreize) als auch in den Systemen und Werkzeugen der *Information und Kommunikation* (z.B. Toolkits, Interaktionsplattformen). [...][Hervorhebungen im Original]"[1054]

Mittels der Interaktionskompetenz soll insbesondere die Integration von Kundenwissen in die Wertschöpfungsprozesse des Unternehmens sichergestellt werden. Hierbei gelten interaktionsförderliche Kommunikations-, Anreiz- und Ablaufstrukturen als wesentliche Werkzeuge zur Realisierung der Kompetenz im Sinn einer interaktiven Wertschöpfung:[1055]

- *Interaktionsförderliche Kommunikationsstrukturen* haben das Ziel, eine zweiseitige Kommunikation zwischen Anbieter und Konsument zu fördern. Dabei ist wesentlich, dass Kunden den Anbieter möglichst jederzeit erreichen, mit ihm in Interaktion treten, auf den Anbieter oder andere Kunden und deren Kommunikation reagieren sowie möglichst vielseitige Kommunikationswege und -arten nutzen können.

- *Interaktionsförderliche Ablaufstrukturen* beschreiben die Innovations- und Produktionsprozesse, die vor dem Hintergrund gestaltet werden müssen, dass verschiedene Akteure an der interaktiven Wertschöpfung mitwirken. Hierbei sind sowohl die kundenbezogenen Prozesse als auch die internen Abläufe und u.U. auch weitergehende Netzwerke oder Kooperationen mit anderen Unternehmen zu berücksichtigen.

- *Interaktionsförderliche Anreizstrukturen* sollen die Weitergabe des aufgenommenen Wissens im Unternehmen fördern und die Aufnahme von externem Wissen belohnen. Beispielhaft sind die Schaffung einer offenen Unternehmenskultur und eine erfolgsabhängige Belohnung von Mitarbeitern, die sich an kundenbezogenen Aspekten orientiert, zu nennen.

JACOB differenziert ebenfalls drei Bereiche von Kundenintegrationskompetenz von Anbietern, konzentriert sich dabei jedoch auf den Interaktionsprozess zwischen Anbieter und Nachfrager im Rahmen der gemeinsamen Leistungserstellung. Der Autor entwickelt auf Basis empirischer Untersuchungen ein Messinstrument für die Anbieterkompetenz zur Kundenintegration:[1056]

- *Gestaltungskompetenz* beinhaltet die Fähigkeit, interne und externe Produktionsfaktoren im Rahmen der Leistungserstellung zu kombinieren, wobei sich aufgrund der Integration externer Faktoren besondere Herausforderungen ergeben.

[1054] Reichwald/Piller (2006), S. 84.

[1055] Vgl. Reichwald/Piller (2006), S. 85ff. Vgl. zur interaktiven Wertschöpfung Kapitel 2.1.1.

[1056] Vgl. Jacob (2003), S. 87ff.

- *Kommunikationskompetenz* ist die Befähigung, Informationen in Hinblick auf die individuelle Lösung von der Kundenseite zu beschaffen, in den Faktorkombinationsprozess einzubringen und für die Leistungserstellung zu verwenden.

- *Steuerungskompetenz* bezieht sich auf die Fähigkeit, die Effizienz der Leistungserstellung sicherzustellen, auch wenn ein Kunde als Co-Designer am Prozess der Leistungserstellung beteiligt ist und damit Unsicherheit schafft.

Sowohl REICHWALD/PILLER als auch JACOB erachten somit die Befähigung, die aufgrund der Integration von Kunden mit Unsicherheit behafteten Prozesse der Kundeninteraktion zu steuern, als notwendige Teilkompetenz auf Anbieterseite. Die Autoren stimmen zudem darin überein, dass Kommunikationskompetenz bzw. interaktionsförderliche Kommunikationsstrukturen und der Umgang mit Kundeninformationen wesentlich für erfolgreiche Integrationsprozesse sind. REICHWALD/PILLER betonen außerdem, dass die Anreizsetzung und Motivation der Mitarbeiter weitere wesentliche Facetten der Anbieterkompetenz darstellen.

Die geschilderten Ansätze zeigen, dass die Handhabung der externen Ressource *Kunde* bei integrativen Leistungen besondere Kompetenzen auf Unternehmensseite erfordert. Insbesondere der erfolgreiche Umgang mit den aus den interaktiven Prozessen gewonnen Informationen gehört zu den erfolgsentscheidenden Kompetenzen von Mass-Customization-Anbietern.[1057] Die organisationalen Strukturen müssen darauf ausgerichtet sein, diese Kundeninformationen zu sammeln, zu bewerten und zu nutzen.[1058] Daneben erfordert auch der Umgang mit den Kunden, die als Co-Designer an der Erstellung der individuellen Leistung beteiligt sind, besondere Kompetenzen. Zusammenfassend werden im Kontext von Mass Customization die folgenden Aspekte auf Unternehmensseite als wesentlich erachtet:

- Bei der Gestaltung *interaktionsförderlicher Kommunikationsstrukturen* sind die verschiedenen Phasen der Kundeninteraktion zu berücksichtigen, da in jeder Phase Interaktion und damit Kommunikation zwischen Kunde und Anbieter stattfinden kann (vgl. Kapitel 7.3.3). Kommunikation und Interaktion finden insbesondere in der Konfigurationsphase statt, wenn Kunde und Anbieter die individuelle Leistung spezifizieren; aber beispielsweise auch in der nachfolgenden Wartephase sollte die Kommunikation gefördert werden, z.B. indem der Kunde Feedback zu seinem Auftrag erhält. Es sollte darauf geachtet werden, dass in jeder Phase eine zweiseitige Kommunikation zwischen Anbieter und Konsument möglich ist und dass den Kunden u.U. auch verschiedene Kommunikationskanäle zur Verfügung stehen, z.B. die Möglichkeit, je nach Präferenz online oder in einem Ladengeschäft Kontakt aufzunehmen. In Zusammenhang zu den Kommunikationsstrukturen

---

[1057] Vgl. Moser (2006), S. 125ff. zu den acht wesentlichen Kompetenzen.

[1058] Vgl. Piller (2004), S. 398; vgl. zur Relevanz des Umgangs mit Kundenwissen bei interaktiver Wertschöpfung auch Reichwald/Ihl/Schaller (2003).

sind die kommunikativen Kompetenzen der Mitarbeiter wesentlich, die im Kundenkontakt stehen und den Erfolg des Leistungserstellungsprozesses damit direkt beeinflussen (vgl. die nachfolgenden Erläuterungen). Die Kommunikationsstrukturen sollten zudem so ausgreift sein, dass auf Kunden mit unterschiedlichen Ansprüchen und Qualifikationen flexibel eingegangen werden kann. Hierdurch kann auch die Integrationskompetenz von Kunden gezielt entwickelt werden, beispielsweise indem Kunden bei Bedarf weitergehende Informationen zum Angebot übermittelt werden.

- Bei den *interaktionsförderlichen Ablaufstrukturen* müssen neben internen Prozessen besonders die kundenbezogenen Abläufe berücksichtigt werden, d.h. alle Phasen des Kundeninteraktionsprozesses (vgl. Kapitel 7.3.3). Diese sind nicht nur in Hinblick auf eine erfolgreiche Kommunikation zu gestalten, sondern müssen so gesteuert werden, dass die Leistungserstellung effizient und effektiv erfolgen kann. Beispielsweise können Produktkonfigurationssysteme nicht nur zur Aufnahme der Kundenspezifika verwendet, sondern auch dazu herangezogen werden, das individuelle Produkt für die Kunden zu visualisieren und diesen die Auswahl auf übersichtliche Art und Weise darzustellen. In Verbindung mit internen Systemen kann zudem eine unmittelbare Übertragung der aufgenommenen Kundeninformationen in die Produktion erfolgen, so dass im besten Fall die gesamte Produktions- und Logistikkette gesteuert wird. Eine erfolgreiche Gestaltung der Prozesse erfordert zudem, dass Aufgaben und Beiträge aller Beteiligten – auch der Kunden – festgelegt werden (vgl. Kapitel 7.3.4).

- *Interaktionsförderliche Anreizstrukturen* sollen die Aufnahme von externem Wissen belohnen und die Weitergabe des Wissens im Unternehmen fördern. Besonders wichtig ist im Kontext von Mass Customization die Motivation und Befähigung der Mitarbeiter, die im Kundenkontakt stehen, so dass diese ihre Aufgaben möglichst gut erfüllen (vgl. die nachfolgenden Erläuterungen). Mitarbeiter müssen ihre Beiträge im Co-Design-Prozess zum einen genau kennen, zum anderen müssen sie motiviert sein, ihre Arbeiten auszuführen, da sie den Erfolg des Leistungserstellungsprozesses unmittelbar beeinflussen. In engem Zusammenhang hierzu stehen passende Führungs- und Anreizsysteme, die erfolgreiches Interagieren mit Kunden belohnen.[1059] Neben der Anreizsetzung zur Gestaltung der Kundeninteraktion muss auch die Aggregation und Nutzung der einzelkundenbezogenen Individualisierungsinformationen mit Anreizen verbunden sein, um das Leistungsspektrum ausgehend vom Kunden verbessern zu können. Die Weitergabe und -verarbeitung des an der Kundenschnittstelle erfassten Wissens kann beispielsweise durch eine entsprechende Bezahlung erreicht werden. Es ist zudem zu beachten, dass Mitarbeiter und Kunden gleichermaßen zu führen und zu motivieren sind (vgl. zur Kundenmotivation Kapitel 7.3.4).

[1059] Vgl. Reichwald/Siebert/Möslein (2004), S. 50ff.

Kompetenzen der Mitarbeiter im Kundenkontakt

Auf Mitarbeiterebene benötigen besonders die Mitarbeiter, die mit Kunden in den integrativen Prozessen zusammentreffen und -arbeiten, bestimmte Kompetenzen. Generell gilt diese Kunden-Kontaktposition als äußerst wichtig, wenn es um die Qualität der gemeinsamen Leistungserstellung geht.[1060] Wie die Mitarbeiter mit den Kunden interagieren ist dabei häufig wichtiger als ihre Fähigkeiten in Hinblick auf die Leistungserstellung.[1061]

Analog zur Differenzierung von Kundenintegrationskompetenz auf Kundenseite werden deshalb drei Teilkompetenzen unterschieden, die in Hinblick auf die spezifischen Kundenintegrationsaufgaben wesentlich sind: Fachkompetenz, Methoden- und Sozialkompetenz sowie personale Kompetenz. Für erfolgreiche Leistungserstellungsprozesse ist zum einen das (fach)spezifische Wissen der Mitarbeiter wichtig, damit diese ihre Aufgaben im Co-Design-Prozess richtig ausführen können. Zum andern spielen auch Fähigkeiten und Fertigkeiten von Mitarbeitern eine wesentliche Rolle, beispielsweise soziale Fähigkeiten, die aufgrund der interaktiven Co-Design-Aktivitäten mit den Kunden erforderlich sind, oder auch die Fähigkeit, notwendige Technologien erfolgreich zu nutzen. Daneben ist, wie erläutert, das Wollen der Mitarbeiter im Kundenkontakt erfolgsentscheidend, d.h. diese müssen motiviert sein, ihre Aufgaben auszuführen. Dies entspricht der klassischen Sichtweise der arbeitspsychologischen Forschung zu den Mitarbeiterkompetenzen.[1062]

Dass im Kontext von Mass Customization spezifische Kompetenzen auf Mitarbeiterebene relevant sind, können SALVADOR/FORZA zeigen, die hierzu 51 Mitarbeiter in 31 Mass-Customization-Unternehmen befragen. Sie führen Kompetenzen auf drei Arten von Persönlichkeitseigenschaften zurück – Wissen, Fähigkeiten und Einstellungen – und unterscheiden damit drei Teilkompetenzen. Insbesondere Marketing- und Vertriebsaufgaben werden durch Mass Customization beeinflusst und wandeln sich hierdurch. Von den genannten erforderlichen Kompetenzen sind 38 % dem Bereich *Wissen* zuzuordnen, z.B. Wissen über das Produkt, und 29 % dem Bereich *Einstellung*, z.B. Verhandlungs- und Beziehungsorientierung. Die letzten 33 % entfallen auf spezifische Fähigkeiten, die bei Mass Customization nötig sind. Als am wichtigsten wird die Fähigkeit erachtet, in einer kundenorientierten Weise zu denken und zu handeln.[1063]

In Hinblick auf die Steuerung der Mitarbeiterkompetenzen ist die Schaffung einer Unternehmenskultur und eines Führungssystems wesentlich, die zur Kundenintegration passen und erfolg-

---

[1060] Vgl. Berry/Zeithaml/Parasuraman (1985); Tansuhaj/Randall/McCullough (1988), S. 32.

[1061] Vgl. Zeithaml/Parasuraman/Berry (1985), S. 40.

[1062] Vgl. Kapitel 3.1. Reichwald et al. (2000), S. 62 erachten die Sozial- und die Medienkompetenz von Mitarbeitern als wichtig. Hilke (1989), S. 11 betont, dass neben der Fähigkeit auch die Bereitschaft zur Leistungserbringung auf Anbieterseite vorhanden sein muss, und bezeichnet beide Aspekte als Leistungspotenzial. Bienzeisler (2004), S. 11f. spricht von der Interaktionskompetenz der Service-Mitarbeiter, die vier Aspekte umfasst: Empathie, Professionalität, Spontaneität sowie Authentizität.

[1063] Vgl. Salvador/Forza (2005), S. 3ff.

reiches Integrationsverhalten honorieren. Hierzu zählt beispielsweise eine leistungsabhängige Bezahlung oder eine Belohnung, die sich an kundenbezogenen Aspekten orientiert, aber auch regelmäßiges Feedback, Anerkennung und Weiterentwicklungsmöglichkeiten. Grundsätzlich ist wichtig, dass die Mitarbeiter zufrieden mit ihren Aufgaben sind, denn nur dann können auch die Kunden zufrieden gestellt werden.[1064] Zudem sollte jeder einzelne Mitarbeiter seinen Beitrag zur Zielerreichung des Unternehmens kennen. Insbesondere muss jeder Mitarbeiter auch über seine Aufgaben genau Bescheid wissen, um diese ausüben zu können und zu wollen. Auch der Austausch zwischen den Abteilungen und Mitarbeitern fördert die Motivation der Mitarbeiter.

Neben der Motivation benötigen Mitarbeiter, wie erläutert, das für die Leistungserstellung und -abwicklung relevante Wissen, z.B. über die Komponenten und Kombinationsmöglichkeiten eines individuellen Produktes, sowie bestimmte methodische Fähigkeiten, z.B. die Fähigkeit, einen Konfigurator zu bedienen.[1065] Regelmäßige Trainings und Feedbackgespräche stellen sicher, dass die Mitarbeiter relevantes Wissen und die erforderlichen Fähigkeiten besitzen.[1066] Beide Aspekte können sich wiederum positiv auf die Motivation auswirken; die Motivation andererseits beeinflusst erstgenannte Größen.[1067] Daneben sollten Unternehmen bereits bei der Mitarbeiterauswahl darauf achten, dass diese die notwendigen Qualifikationen mitbringen und Unternehmenskultur sowie -strategie verstehen und akzeptieren.[1068] In jedem Fall sollte auch sichergestellt werden, dass die Mitarbeiter über die notwendige Flexibilität verfügen, sowohl ihr Verhalten als auch das Leistungsangebot auf Kunden mit unterschiedlichen Bedürfnissen auszurichten.[1069]

Letztendlich ist wichtig, dass ein Umdenken stattfinden muss, wenn Kunden an der Leistungserstellung beteiligt sind und an Co-Design-Prozessen mitwirken. Kunden bringen nicht nur ihre Bedürfnisse und Erwartungen ein, sondern Kompetenzen, die für die Leistungserstellung wichtig sind.[1070] Dieser Aspekt muss von jedem einzelnen Mitarbeiter verstanden und gelebt werden.

7.3.3 Gestaltung der Phasen der Kundeninteraktion

Neben den Kompetenzen auf Unternehmensseite hat die Gestaltung des interaktiven Co-Design-Prozesses, in dem Kunde und Unternehmen zusammentreffen, Einfluss auf die Leistungserstel-

---

[1064] Dies ist eine Kernaussage des internen Marketing. Vgl. für einen Überblick zu Entwicklungslinien und Definition beispielsweise Rafiq/Ahmed (2000).

[1065] Mass-Customization-Angebote gelten hierbei als wissensintensive Leistungen, da die Leistungserbringung an den Wissensträger gebunden ist, beispielsweise an dessen Fachwissen oder Erfahrung. Vgl. Reichwald/Möslein (1997), S. 89.

[1066] Vgl. Schanz (2000), S. 143.

[1067] Vgl. hierzu auch Kapitel 3.1.2 und Kapitel 3.3.3.

[1068] Vgl. beispielsweise Lovelock/Wirtz (2004), S. 221ff.; Meyer/Blümelhuber/Pfeiffer (2000), S. 64f.

[1069] Vgl. Bettencourt/Gwinner (1996), S. 3.

[1070] Vgl. Lovelock/Wirtz (2004), S. 250.

lung und den Erfolg des Angebotes.[1071] Wie in Kapitel 3.2 erläutert, steht die Auseinandersetzung mit kundenbezogenen Aspekten bei Mass Customization derzeit noch am Anfang, allerdings befassen sich die Autoren bereits mit der Gestaltung von Konfigurationsprozessen. Dabei werden jedoch meist Online-Prozesse und zudem häufig nur die Phase der Konfiguration betrachtet. Insgesamt steht die Steuerung der Kundeninteraktion im Vergleich zur Gestaltung des individuellen Produktes im Hintergrund, obwohl die Service- und Prozessqualität ebenfalls Einfluss auf das Zufriedenheitsurteil und die Motivation der Kunden hat.[1072] In diesem Zusammenhang bemerken ZEITHAML/BITNER:

> „In cases where customer service or services are offered in combination with a physical product, service quality may also be very critical in determining customer satisfaction."[1073]

Damit sind Qualitätsaspekte von Produkt und Dienstleistung zu steuern.[1074] HIPPNER spricht davon, dass sowohl die Leistungen als auch die Interaktionen zwischen Anbieter und Abnehmern kundenorientiert zu gestalten sind.[1075] Dabei sollten alle Kundenkontaktpunkte sorgfältig gestaltet und aufeinander abgestimmt sein.[1076] Auch in jedem Mass-Customization-Marketingkonzept muss das Design der kundenbezogenen Prozesse aufgrund der Bedeutung der Kundeninteraktion eine entscheidende Rolle spielen, da diese ebenso wie das individuelle Produkt in die Beurteilung des Angebotes einfließen.

Basierend auf umfangreichen explorativen Untersuchungen wurde in Kapitel 4.2 ein umfassendes Modell der Kundeninteraktion bei Mass Customization entwickelt, das aus sechs Phasen besteht.[1077] Die Phasen gelten grundsätzlich sowohl für Online- als auch Offline-Interaktionen, wobei sich Anzahl und Aussehen der Interaktionen am Mass-Customization-Konzept des Anbieters sowie den Wünschen und Fähigkeiten der Kunden orientiert. Wesentliches Kennzeichen jeder Phase ist das hohe wahrgenommene Risiko auf Konsumentenseite, das auf die Charakteristika des Leistungsangebotes, d.h. die Immaterialität und Integrativität, zurückzuführen ist.[1078] Im Folgenden werden Handlungsempfehlungen zur Steuerung der sechs Phasen gegeben (vgl. für

---

[1071] Vgl. zum Einfluss der situativen Gegebenheiten Bitner (1992), S. 64; Hentze/Lindert (1998), S. 1015.

[1072] Vgl. zum Einfluss auf die Zufriedenheit Ihl et al. (2006), S. 173ff.; vgl. zur Motivation Fiore/Lee/Kunz (2004), S. 842ff.; vgl. zudem die weiteren Erläuterungen in Kapitel 3.2.

[1073] Zeithaml/Bitner (2000), S. 81.

[1074] Vgl. Crosby/DeVito/Pearson (2003), S. 18ff.; Hildebrand (1997), S. 37.

[1075] Vgl. Hippner (2006), S. 35.

[1076] Vgl. Bowen (1986), S. 374.

[1077] Vgl. auch Reichwald/Müller/Piller (2005), S. 19ff.; Reichwald et al. (2006), S. 238ff.; vgl. auch die Grundlagen zur Interaktion in Kapitel 2.1.2.

[1078] Vgl. die Erläuterungen in Kapitel 3.2.2

einen Überblick Abbildung 25).[1079] Die Hinweise orientieren sich an Erkenntnissen zum Dienstleistungsdesign.[1080] Besonders steht im Vordergrund, wie mit Kunden mit unterschiedlichen Qualifikationen umgegangen und die Kundenintegrationskompetenz gezielt gesteuert werden kann.

Abbildung 25: Gestaltungsaufgaben in den Phasen der Kundeninteraktion

Kommunikationsphase

Was nützen die besten kundenindividuellen Produkte, wenn sie niemand kennt? Kunden können erst dann einen Nutzen aus dem individuellen Angebot wahrnehmen, wenn ihnen dieses bekannt ist, d.h. wenn sie darauf aufmerksam geworden sind. Wesentliche Aufgaben in der Kommunikationsphase sind deshalb die Gewinnung der Aufmerksamkeit potenzieller Kunden sowie eine erste Information über das Angebot. Daneben müssen Aspekte der Imagebildung berücksichtigt werden.[1081] Anbieter individueller Produkte müssen hierbei mit der höheren Komplexität des Angebotes aufgrund der Immaterialität sowie Integrativität und somit einem möglicherweise großen wahrgenommenen Risiko auf Kundenseite umgehen können.[1082]

[1079] Vgl. zu Gestaltungshinweisen für individuelle Produkte Hildebrand (1997), S. 179ff.

[1080] Das Servicedesign beinhaltet die Beschreibung von Dienstleistung, Dienstleistungssystem und Leistungserstellung. Vgl. Gummesson (1994), S. 83; Meyer/Blümelhuber/Pfeiffer (2000), S. 61. Ein wesentliches Hilfsmittel hierzu ist das Service Blueprinting, d.h. die Modellierung aller Kundenkontaktpunkte sowie der unterstützenden Prozesse. Vgl. Lovelock/Wirtz (2004), S. 232ff.; Shostack (1982), S. 54ff. Die Methode wurde auch im Rahmen dieser Arbeit zusammen mit den explorativen Kundenbefragungen angewandt.

[1081] Kommunikation bedeutet, dass Informationen und Bedeutungsinhalte zur Steuerung bestimmter Adressaten entsprechend festgelegter Ziele genutzt werden. Vgl. Bruhn (2005), S. 3. Vgl. zur Abgrenzung von Kommunikation und Interaktion Kapitel 2.1.2. Vgl. zu den Zielen der Kommunikation beispielsweise Meffert/Bruhn (2003), S. 440f.; Meyer/Davidson (2001), S. 579; Schnäbele (1997), S. 220f.

[1082] Vgl. Kapitel 2.2.2 sowie 2.2.3.

Die Reduzierung von Unsicherheiten und die Motivation für die Inanspruchnahme der individuellen Leistung haben deshalb oberste Priorität in der Kommunikationsphase. Es ist wesentlich, Vertrauen in den Anbieter und ein nachhaltiges Image aufzubauen.[1083] Hierzu sollte zunächst der Nutzen aus dem individuellen Angebot auf einfache und ansprechende Art und Weise präsentiert werden, wobei weder der Begriff *Mass Customization* noch das individualisierbare Angebot per se in den Vordergrund zu stellen sind, sondern die Fähigkeit und Bereitschaft eines Anbieters zur Lösung kundenindividueller Probleme.[1084] Der Computerherstellers *Dell* beispielsweise transportiert den Kundennutzen wie folgt: *„Eines Tages wird es ganz einfach sein, ihren individuellen PC zu finden – Mit Dell ist eines Tages schon heute."* [1085] Dabei ist es für eine erfolgreiche Vermarktung notwendig, dass Anbieter eine „[...] *ideale Verbindung zwischen rationalen Sachinformationen und emotionalem Zugang zum Leistungsangebot finden."* [1086] Während erstere vom Nachfrager eine rationale Auseinandersetzung mit den Inhalten fordert, wird die Botschaft im zweiten Fall emotional vermittelt.[1087] Da es vielen Kunden um das Erlebnis der Individualisierung geht, bietet es sich an, hedonistische Aspekte des Angebotes in den Vordergrund zu stellen, z.B. den mit dem Co-Design-Prozess oder dem Produkt verbundenen Spaß. Außerdem sollte das Produktinvolvement, also die wahrgenommene Wichtigkeit des Produktes, gezielt gesteigert sowie die Möglichkeit kommuniziert werden, mit Mass Customization die eigene Individualität zum Ausdruck bringen zu können.

Den Kunden sollten zudem möglichst viele tangible Elemente geboten werden, die als Leistungssurrogate funktionieren können.[1088] Kunden greifen bei Leistungen mit wenigen Sucheigenschaften häufig auf die Beurteilung des Leistungspotenzials, d.h. der Geschäftsräume, der Ausstattung sowie insbesondere der Mitarbeiter zurück, um Anhaltspunkte für die Qualität der Leistung zu erhalten. Die vor der Leistungserstellung beurteilbaren Leistungsbestandteile sollten damit gezielt gestaltet werden, z.B. durch vertrauensstiftende Geschäftsräume, in denen sich Kunden wohl fühlen, durch kompetente und kundenorientierte Mitarbeiter, aber auch durch den Einsatz von Konfiguratoren und die Zurverfügungstellung von Produktmustern, -proben und weiteren Leistungssurrogaten. Da Kunden neben diesen Surrogaten bevorzugt externe Informationsquellen heranziehen, z.B. Freunde und Bekannte, sollten Anbieter sicherstellen, dass die Zufriedenheit bestehender Kunden gegeben ist, denn diese führt zu einem aktiven, positiven Weiterempfehlungsverhalten. Hinzu kommt, dass auch Testimonials, z.B. vertrauenswürdige Personen des öffentlichen Lebens, oder Aussagen anderer Kunden über das eigene Produkt als vertrauensvolle

---

[1083] Vgl. Meffert/Bruhn (2003), S. 425; Piller/Stotko (2003), S. 183f.; Reichwald/Müller/Piller (2005), S. 25.

[1084] Vgl. Hildebrand (1997), S. 221; Piller/Stotko (2003), S. 135; Schnäbele (1997), S. 221.

[1085] www.dell.de [Stand: 16.04.2005].

[1086] Ackermann (2001), S. 59.

[1087] Vgl. Belz/Ditze (2004), S. 79.

[1088] Vgl. Lovelock/Wirtz (2004), S. 124ff. Vgl. für einen Überblick zu Kommunikationsinstrumenten und deren Eignung zur Erreichung der Kommunikationsziele beispielsweise Reichwald/Müller/Piller (2005), S. 25.

Informationsquelle eingestuft werden. Auch der Aufbau einer Marke kann die Unsicherheit auf Konsumentenseite reduzieren.[1089]

Wichtig ist insbesondere auch, Kunden bereits in dieser Phase gezielt für die Kundenintegration zu qualifizieren und ihnen ein realistisches Bild des Leistungsangebotes zu transportieren.[1090] Inhaltlich müssen hierbei einerseits die Möglichkeiten des Anbieters erläutert, andererseits aber auch die Leistungsgrenzen kommuniziert werden.[1091] Hinzu kommt, dass den potenziellen Kunden bereits jetzt vermittelt werden muss, welche Aufgaben im Rahmen des Co-Design-Prozesses auf sie zukommen. Nur dann können sie unter Berücksichtigung ihrer Fähigkeiten den Nutzen des Leistungsangebotes für sich bewerten.

Anzumerken ist, dass Aufmerksamkeitserzeugung und Informationstransfer bei Kunden in den Hintergrund treten, die bereits Erfahrungen mit dem Angebot haben, und dass die Imagebildung wichtiger wird, um diese Kunden langfristig an das Unternehmen zu binden. Kommunikation ist zudem nicht nur zu Beginn der Mass-Customization-Kundeninteraktion relevant, sondern durchzieht auch die nachfolgenden Phasen, z.B. findet Kommunikation und Interaktion zwischen Käufer und Verkäufer oder Käufer und Konfigurator auch in der Phase der Konfiguration statt.

Wichtig ist, dass ein integriertes Kontaktpunkt- und Kommunikationserlebnis für die Kunden gestaltet wird, das alle Kommunikationselemente sowie Kundenkontaktpunkte berücksichtigt. Im Sinn einer integrierten Kommunikation soll ein einheitliches Erscheinungsbild des Unternehmens bei allen relevanten Zielgruppen erreicht werden.[1092] So individuell wie Mass Customization-Produkte sind, so individuell sollte sich dabei jeder Kunde von der Kommunikation des anbietenden Unternehmens angesprochen fühlen.

Exploring-Phase

Nachdem die Aufmerksamkeit und das Vertrauen der Kunden gewonnen sowie erste Informationen vermittelt wurden, sollten diese die Gelegenheit haben, sich mit dem Angebot auseinander zu setzen. Hierzu sind die Kunden über die Möglichkeiten und Grenzen des Mass-Customization-Angebotes zu informieren, d.h. den Kunden soll sich das Angebot nun möglichst vollständig erschließen. Dabei werden mehr Informationen bereitgestellt als in der Kommunikationsphase. Wesentlich ist, dass Kunden erforschen können, welche Möglichkeiten ihnen im Rahmen des Mass-Customization-Konzeptes geboten werden, ohne dass *Mass Confusion* durch ein unübersichtliches und zu breites Auswahlspektrum entsteht.[1093] Die Exploring-Phase dient damit

---

[1089] Vgl. Blaho (2001), S. 214; Majer (2005), S. 438; Schnäbele (1997), S. 106.

[1090] Vgl. die Erläuterungen in Kapitel 7.3.4.

[1091] Vgl. Piller/Stotko (2003), S. 183f.

[1092] Vgl. Bruhn (1997), S. 96; Meffert/Bruhn (2003), S. 431; Meyer/Davidson (2001), S. 607.

[1093] Vgl. Kapitel 3.2.2.

dem gezielten Aufbau von Kundenwissen, welches in Hinblick auf die Integrationskompetenz von Kunden von besonderer Bedeutung ist. Daneben müssen Kunden motiviert werden, sich mit dem Angebot auseinander zu setzen.

Exploring ist nicht nur bei Mass Customization wichtig, sondern auch beim Kauf von Standardprodukten, denn auch hier wollen Kunden das Produkt kennen lernen, es z.B. anfassen oder anprobieren. Kennzeichnend für Mass Customization ist, wie erläutert, die höhere Komplexität und Unsicherheit auf der Seite der Kunden, denn diese haben zwar die Möglichkeit, Produktmuster oder einzelne Komponenten physisch zu erleben, jedoch ist in den meisten Fällen nicht genau das Produkt greifbar, das sie kaufen möchten.[1094] Zudem haben Kunden nicht gelernt, Angebote auf Komponentenebene zu erforschen, sondern sie sind es gewohnt, aus Produktalternativen auszuwählen. Dies erhöht das wahrgenommene Risiko tendenziell. Bei entsprechender Präsentation können Co-Design-Aufgaben aber auch motivieren.

Es ist deshalb wesentlich, die Komplexität aus Kundensicht im Rahmen des Exploring zu reduzieren. Entscheidend ist eine verständliche Produktdarstellung, durch welche die Angebote für den Kunden möglichst realitätsnah erfahrbar, erlebbar und beherrschbar gemacht werden.[1095] Zudem sollte die angebotene Auswahl fortwährend überprüft und die Optionen entfernt werden, die nur von einer kleinen Zahl von Kunden gewählt werden. Neben der Steuerung der Anzahl an Optionen ist auch deren adäquate Darstellung wichtig. Hinzu kommt, dass die Integrationskompetenz von Kunden auch in dieser Phase gezielt gefördert werden muss, damit Kunden das Angebot einfacher erforschen können und in der nachfolgenden Phase der Konfiguration erfolgreich sind. Hierzu sollten die notwendigen Informationen zu den Kunden transferiert und somit die Fachkompetenz gezielt aufgebaut werden.

Da die Kunden überzeugt werden sollen, zur nächsten Phase – der Konfiguration – voranzuschreiten, kann es – v.a. bei komplexeren Angeboten – sinnvoll sein, die Kunden persönlich beim Exploring zu unterstützen, um so auf jeden Konsumenten individuell eingehen zu können. Auch Konfiguratoren kommen häufig bereits in dieser Phase zum Einsatz, denn sie können helfen, das Angebot in einer für Kunden ansprechenden Art und Weise darzustellen. Beispielsweise bietet *DaimlerChrysler* den Interessenten für Mercedes-Benz Nutzfahrzeuge die Möglichkeit, im Internet die gewünschten Leistungsmerkmale eines LKWs zusammenzustellen und sich vor dem Händlerbesuch zu informieren. Das Exploring ist anhand der Transportaufgabe, anhand von technischen Aspekten oder über eine Branchenlösung möglich, so dass jeder Kunde den Exploring-Prozess nach seinen individuellen Präferenzen gestalten kann.[1096] Auch am Verkaufsort auslie-

---

[1094] Vgl. hierzu auch Kapitel 2.2.3 und Kapitel 3.2.2.

[1095] Vgl. Ackermann (2001), S. 59.

[1096] Vgl. www.mercedes-benz.de [Stand: 20.06.2006].

gende Stoffmuster, Produktmodelle und -komponenten sowie Kataloge bieten umfassende Möglichkeiten, das Produkt in den Verkaufsräumen zu erforschen.

Anzumerken ist, dass es in der Exploring-Phase im Gegensatz zur Konfiguration nicht um die Zusammenstellung der individuellen Lösung geht, sondern um das grundsätzliche Erforschen der Möglichkeiten.[1097] Der Übergang von Exploring und Konfiguration ist jedoch häufig fließend.

Konfigurationsphase

Im Mittelpunkt des Kundeninteraktionsprozesses bei individuellen Leistungen steht die Konfiguration.[1098] Konfiguration wird als computer-basierte Designaktivität verstanden, die dazu dient, die individuelle Leistung und die Leistungsmerkmale zu gestalten, wobei der Lösungsraum, d.h. sowohl die einzelnen Komponenten als auch ihre Kombinationsmöglichkeiten, vorab durchdacht und festgelegt wurden.[1099] In der Konfigurationsphase geht es somit um die konkrete Gestaltung des individuellen Produktes, beispielsweise hinsichtlich Design oder Passform, und den anschließenden Kauf bzw. die Bestellung. Insbesondere in dieser Phase zeigen sich die Integrationskompetenz von Kunden und ihr Einfluss auf die Leistungserstellung. Der Ablauf des Konfigurationsprozesses kann sich dabei je nach Angebot und verfolgter Mass-Customization-Strategie unterscheiden. Beispielsweise bietet das Sportartikelunternehmen *Nike* seinen Kunden die Möglichkeit, Sportschuhe in Standardgrößen online individuell zu designen; Konkurrent *Adidas* setzt auf individuelles Design und Passform, was eine Fußvermessung bei den Kunden und einen Konfigurationsprozess in Ladengeschäften erforderlich macht.[1100]

Da viele Kunden noch über keine Erfahrung mit der Gestaltung individueller Leistungen verfügen, ist es für Anbieter erfolgsentscheidend, die zumeist sehr umfassende Auswahl auf die richtige Art und Weise anzubieten. Bei der Selbstkonfiguration im Internet ergeben sich häufig Schwierigkeiten durch begrenzte technische Fähigkeiten der Anwender und deren Unvermögen, ihre Wünsche explizit zu formulieren. Anwenderfreundliche Interfaces und intelligente Konfigurationssysteme können dies zum Teil kompensieren, indem sie die Nutzer durch den Vorgang leiten und implizite Wünsche durch intelligente Fragestellungen identifizieren.[1101] Besonders wichtig ist auch die Flexibilität, auf Kunden mit unterschiedlichen Fähigkeiten und Wissen sowie mit unterschiedlicher Befähigung, die eigenen Bedürfnisse auszudrücken, einzugehen; hierfür

---

[1097] Vgl. hierzu auch Wiedemann (2002), S. 25.

[1098] Dies wird auch dadurch deutlich, dass die Konfiguration das Thema ist, mit dem sich Forscher bisher am meisten befasst haben (vgl. Kapitel 3.2).

[1099] Vgl. Dockenfuß (2003), S. 218; Köhne/Klein (2004), S. 9.

[1100] Vgl. www.nike.com; www.adidas.com [Stand: 20.06.2006].

[1101] Vgl. Dockenfuß (2003), S. 226; Khalid/Helander (2003), S. 256.

sollte der Prozess flexibel sein.[1102] Bei der Offline-Konfiguration steht in den meisten Fällen ein Verkäufer bereit, der die Kunden bei der Zusammenstellung unterstützt. Damit kann der Prozess für die Kunden zwar vereinfacht werden, auf der anderen Seite müssen Anbieter und Kunde jedoch miteinander umgehen können. Insbesondere in dieser Phase spielen damit soziale Fähigkeiten von Kunden und Mitarbeitern eine wesentliche Rolle für den Erfolg des Leistungsangebotes, da häufig zwischenmenschliche Interaktionen stattfinden. Wichtig ist, dass jederzeit die Flexibilität existiert, auf unterschiedlichen Kundenbedürfnisse und -qualifikationen einzugehen.[1103]

Wesentliches Hilfsmittel in dieser Phase ist der Konfigurator, der die Gestaltung der individuellen Lösung unterstützen soll. Der Konfigurator führt Kundenbedürfnisse und Modularisierungsmöglichkeiten des Anbieters zusammen und dient dem Verkaufspersonal gegebenenfalls als Hilfsmittel bei der Zusammenstellung der individuellen Leistung gemeinsam mit dem Kunden. Der Konfigurator bietet zudem weitere Potenziale, z.B. die Möglichkeit, sich als Anbieter erfolgreich zu präsentieren oder Kundeninformationen zu sammeln.[1104] Wesentlich ist, dass er bei vielen Anbietern das zentrale Instrument zum Aufbau von Integrationskompetenz auf Kundenseite ist, denn mit dem Interaktionstool können Informationen zum Angebot auf ansprechende Art und Weise transportiert und hierdurch Fachkompetenz auf Kundenseite aufgebaut werden. Da der Umgang mit Konfiguratoren bestimmte methodische Kompetenzen erfordert, müssen diese u.U. ebenfalls noch gefördert werden.

In jedem Fall sollte die Konfiguration aus Kundensicht so einfach wie möglich sein. Das von den Kunden wahrgenommene Risiko in dieser Phase ist tendenziell eher noch gestiegen, da Kunden nun die Kaufentscheidung treffen und spätestens jetzt individuelle Informationen preisgeben müssen. Mass-Customization-Unternehmen sollten bei der Abfrage dieser Daten selektiv und behutsam vorgehen, um die nötigen Informationen sammeln zu können, ohne eine Abwehrreaktion bei den Kunden hervorzurufen. Außerdem sollten Kunden jederzeit Kontrolle über die preisgegebenen Daten besitzen. Die Unsicherheit auf Konsumentenseite bleibt bestehen, da am Ende der Konfiguration noch immer kein fertiges Produkt existiert, sondern meist nur ein (virtuelles) Abbild der Leistung. Wesentlich ist deshalb ein bedürfnisorientierter Konfigurator sowie kundenorientierte Verkaufsmitarbeiter, die die Kunden unterstützen und Vertrauen schaffen.

Wartephase

Diese Phase umfasst die Zeit bis zur Abholung oder Lieferung des individuellen Produktes und ist ebenfalls charakteristisch für Mass-Customization-Angebote, da das Produkt zunächst noch hergestellt werden muss. Kunden sind es insbesondere bei den meisten Angeboten in B2C-

---

[1102] Vgl. Kreutler/Jannach (2006), S. 28.

[1103] Vgl. auch Bettencourt/Gwinner (1996), S. 3.

[1104] Vgl. für weitergehende Erläuterungen Piller/Stotko (2003), S. 133ff.; Rogoll/Piller (2003), S. 26ff.

Märkten nicht gewohnt, auf ein Produkt zu warten. Damit werden mit der Wartephase u.U. negative Assoziationen verbunden und es ist umso wichtiger, den Kundennutzen herauszustellen und diese Phase aktiv zu gestalten, denn auch sie fließt in das Zufriedenheitsurteil der Kunden ein.

Entscheidend ist hierbei, dass die Wahrnehmung der Wartezeit subjektiv ist. In Zusammenhang mit Mass Customization sind folgende vier Aspekte besonders zu bedenken:[1105]

- Wartezeiten, die mit Angst verbunden sind, erscheinen länger.

- Wartezeiten werden als kürzer empfunden, wenn man weiß, wie lange sie dauern werden.

- Kennt und versteht man den Grund für das Warten, verkürzt sich die Zeit scheinbar.

- Wartezeiten auf wertvolle Leistungen werden als kürzer erlebt.

Aus diesen Bedingungen ergeben sich Ansatzpunkte, wie Mass-Customization-Unternehmen die wahrgenommene Wartezeit für ihre Kunden verkürzen und proaktiv gestalten können. Beispielsweise bieten einige Anbieter ihren Kunden die Möglichkeit zur Online-Auftragsverfolgung. Auch die Übergabe eines Produktsurrogates nach der Konfiguration, z.B. eines qualitativ-hochwertigen Bildes des individuell zusammengestellten Produktes und eine Zusammenfassung der Konfigurationsdaten, ist ein Instrument zur Gestaltung der Wartezeit. Wichtig ist ein aktives Zugehen auf die Kunden, sollte sich die Wartephase beispielsweise verlängern oder sollten andere Herausforderungen auftreten. Weitere Ansatzpunkte sind zudem Feedback über den Bearbeitungsstand sowie umfassende Information und Aufklärung über den Prozessablauf.[1106] Zusätzlich ist es wesentlich, den Nutzen des individuellen Leistungsangebotes zu kommunizieren, da die Bereitschaft höher ist, auf Leistungen zu warten, die als wertvoll angesehen werden.

After-Sales-Phase

Wesentlich ist, mit den Kunden auch nach dem Kauf Kontakt zu halten und zu kommunizieren. Die direkte Interaktion mit jedem einzelnen Kunden während der vorausgehenden Phasen bietet neue Möglichkeiten für den Aufbau intensiver, wissensbasierter Beziehungen mit den Kunden, d.h. für das Customer Relationship Management (CRM).[1107] Anbieter individueller Produkte haben dabei den entscheidenden Vorteil gegenüber Anbietern von Massenware, die ihre Produkte auf anonymen Märkten verkaufen, dass sie im Rahmen des Co-Design-Prozesses i.d.R. recht intensiv mit den Kunden interagieren und einzelkundenbezogene Informationen erhalten.

[1105] Vgl. Lovelock/Wirtz (2004), S. 217ff.

[1106] Vgl. Friesen (2001), S. 30f.; Jäger (2004), S. 52; Rogoll/Piller (2003), S. 34.

[1107] Vgl. Piller/Stotko (2003), S. 247; Wehrli/Wirtz (1997), S. 128. Das Customer Relationship Management dient dem Aufbau profitabler Kundenbeziehungen. Vgl. Hippner (2006), S. 18.

Entscheidend ist, das Potenzial dieser Informationen zu nutzen und den Kunden auch nach Übergabe des Produktes weiterhin individuell zu begleiten. Beispielsweise sollte der Hersteller bei Kundenanfragen auf die gespeicherten Kunden- und Produktinformationen zurückgreifen können, um den Kunden eine individuelle Betreuung zukommen zu lassen. Dies ist auch im Sinn der Erwartungen der Kunden, die aufgrund der exklusiven Behandlung in den vorausgehenden Phasen tendenziell sehr hoch sind. Zudem können Kunden regelmäßig mit aktuellen Informationen zu neuen und weiteren passenden Produkten sowie sonstigen Neuheiten rund um das Unternehmen versorgt werden, die optimalerweise entsprechend der Kaufpräferenzen individuell auf jeden einzelnen Kunden abgestimmt sind. Beispielhaft ist hier *Bivolino.com* zu nennen, ein Anbieter individueller Hemden, der seinen Kunden regelmäßig personalisierte Informationen über neue Angebote zusendet.[1108] Außerdem sind in Hinblick auf eine langfristige Kundenbindung After-Sales-Dienstleistungen wie Kunden- oder Reparaturservice oder auch die Ersatzteilbestellung wichtig. Ein weiterer Ansatzpunkt für die After-Sales-Phase ist die Einrichtung eines permanenten Feedback-Prozesses zur Ermittlung von Kundenzufriedenheit und Verbesserungsvorschlägen, wie es z.B. bei *PersonalNovel* geschieht, einem Anbieter individueller Romane.[1109] Insbesondere können hieraus auch Hinweise zu den Aspekten des Angebotes gewonnen werden, die von Kunden noch als herausfordernd oder negativ beurteilt werden. Somit kann wiederum künftig auf die Integrationskompetenz von Kunden besser eingegangen und diese gezielt gefördert werden, indem beispielsweise relevante Informationen vermittelt werden.

Re-Buy-Phase

Mit der Re-Buy-Phase beginnt der Kundeninteraktionsprozess bei Mass Customization erneut. Wie die After-Sales-Phase so ist auch die Re-Buy-Phase nicht spezifisch für Mass-Customization-Angebote. Das Besondere im Fall von Mass Customization ist das Vorliegen umfangreicher Kundendaten aus den vorhergehenden Interaktionen. Wie bei After-Sales-Maßnahmen geht es darum, die vorhandenen Kundendaten sinnvoll zu nutzen, um die Kunden weiterhin individuell zu betreuen. Wird bei Folgekäufen auf bereits gespeicherte Kundendaten zurückgegriffen, z.B. Körpermaße, wird der Konfigurationsvorgang u.U. wesentlich einfacher für die Kunden, da bestimmte Konfigurationsschritte nicht erneut durchgeführt werden müssen. Allerdings darf die Flexibilität nicht verloren gehen, auch auf neue oder geänderte Kundenbedürfnisse einzugehen. Idealerweise sind die Kundendaten auch direkt online für den Kunden einseh- und änderbar, so dass Kunden bei Bedarf auch allein weitere Käufe tätigen und ihre Daten ändern können.

In diesem Zusammenhang wird auch häufig davon gesprochen, dass die vorhandenen Daten die Grundlage für so genannte Learning Relationships bilden, d.h. für Kundenbeziehungen, die mit jeder Interaktion wachsen, stärker und intensiver werden, und die immer mehr Kundennutzen

---

[1108] Vgl. www.bivolino.com [Stand: 20.06.2006].

[1109] Vgl. www.personalnovel.de [Stand: 20.06.2006].

stiften.[1110] Um dauerhafte Kundenbeziehungen aufzubauen, müssen Unternehmen permanent aus jeder Kundeninteraktion lernen.[1111] Das Mass-Customization-Unternehmen lernt somit nicht nur die Vorlieben seiner Kunden kennen, sondern kann auf dieses Wissen auch zurückgreifen, um weiteren Kundennutzen zu stiften.[1112] Bereits beim ersten Kauf kann der Anbieter eine Vielzahl von Kundeninformationen sammeln und diese verwenden, um das Produkt möglichst gut auf die individuellen Kundenwünsche abzustimmen. Werden die Informationen gespeichert, können sie auch für künftige Käufe genutzt werden und bilden dann eine effiziente Basis für ein schnelleres und einfacheres Co-Design. Bei jedem zusätzlichen Kauf wird das vorhandene Wissen verfeinert und es findet eine kontinuierliche Optimierung statt. Learning Relationships erhöhen die Kundenbindung tendenziell, da sie den Kaufprozess vereinfachen und Vertrauen schaffen. Sie sind auch die Grundlage für den Aufbau von Kundenwissen:[1113] Einzelkundenbezogene Informationen können einerseits zur Verbesserung des Angebotes in Hinblick auf die Anforderungen des einzelnen Kunden genutzt werden.[1114] Andererseits führen Aggregation und Vergleich einzelkundenbezogener Informationen zu einer besseren Kenntnis des Absatzmarktes und erlauben eine zielgerichtete Marktbearbeitung und Produktentwicklung.[1115] Damit stellen Learning Relationships einen spezifischen Aspekt der Anbieterkompetenz zur Kundenintegration dar, der auf die Verbesserung der Beziehung zwischen Kunde und Anbieter gerichtet ist.

7.3.4 Steuerung der Integrationskompetenz von Kunden

Abschließend werden in diesem Kapitel Aspekte betrachtet, die direkt an der Integrationskompetenz von Kunden bzw. deren Qualifikationen ansetzen.[1116] Dies ist wesentlich, da die Leistungsfähigkeit und die -bereitschaft von Anbieter und Nachfrager die gemeinsame Leistungserstellung beeinflussen. Tendenziell steigt der Einfluss der Kunden auf den Integrationsprozess mit dem Integrationsgrad, insbesondere dann, wenn Kunden umfassende externe Prozessinformationen einbringen.[1117] Das Unternehmen sollte deshalb Lernprozesse auslösen, die die Qualifikation für

---

[1110] Vgl. Peppers/Rogers (2004), S. 273; Piller/Stotko (2003), S. 247; Rogoll/Piller (2003), S. 20; Wehrli/Wirtz (1997), S. 131.

[1111] Vgl. Peppers/Rogers/Dorf (1998), S. 2.

[1112] Vgl. Peppers/Rogers (2004), S. 273; Rogoll/Piller (2003), S. 34f.

[1113] Vgl. hierzu insbesondere Kapitel 7.3.4.

[1114] Vgl. Kleinaltenkamp (2005), S. 374f.

[1115] Vgl. Piller/Stotko (2003), S. 249.

[1116] Erste Hinweise zum erfolgreichen Umgang mit Fähigkeiten und Kompetenzen wurden bereits im Zusammenhang mit der Gestaltung der Kundeninteraktion gegeben. Vgl. Kapitel 7.3.3. In diesem Kapitel erfolgt eine Konzentration auf die systematische Entwicklung von Kunden.

[1117] Vgl. Fließ (2001), S. 62f.

gegenwärtige und zukünftige Integrationsaufgaben erhöhen.[1118] Nachfolgend werden Hinweise für die Kundenentwicklung gegeben im Sinn der Vermittlung der Qualifikationen, die für die Integration benötigt werden. Zudem muss die Motivation von Kunden gefördert werden, sich im Sinn des Unternehmens an der gemeinsamen Wertschöpfung zu beteiligen. Hinzu kommt, dass u.U. bereits die Selektion von Kunden an ihren Kompetenzen ansetzen kann.

Paradigmenwechsel im Marketing

Der Einfluss von Kunden sowie die Konsequenzen ihrer Beiträge auf die Leistungserstellung und deren Folgen, z.B. für den langfristigen Unternehmenserfolg oder die Kundenzufriedenheit, werden in der Literatur von vielen Autoren beschrieben. In diesem Zusammenhang wird auch die Notwendigkeit gesehen, dass Kunden gesteuert werden müssen, damit sie sich im Sinn des Unternehmens verhalten.[1119] MILLS/MORRIS merken in diesem Zusammenhang an:

> „As active participants, clients and customers must acquire the knowledge, skills, and dispositions that will enable them to perform as effective „partial" employees while in the service creation process. [...] Clients can be made more productive participants when there is a match between the required production-related skills, knowledge, and attitudes, and the degree of involvement required of the client in service production."[1120]

Kunden benötigen demnach bestimmte Qualifikationen – Wissen, Fähigkeiten sowie Motivation –, um sich erfolgreich an integrativen Prozessen zu beteiligen. Sie sollten auf die Teilnahme an gemeinsamen Wertschöpfungsaktivitäten vorbereitet und ihre Kompetenz sollte gezielt entwickelt werden, denn dies führt zu verbesserten Beiträgen. Fehlen die Qualifikationen, sollten Kunden die Möglichkeit erhalten, diese zu erlernen. GUMMESSON sieht darin einen Paradigmenwechsel im Marketing:

> „We accept the ignorance of the customer. We are afraid of educating the customer; that is not the business of business. In my view it is not only an option but a privilege to educate the customer. [...] For the future, I see a great potential in a paradigm shift from maintenance of customer ignorance to a more educational role of marketing; [...]."[1121]

Auch GOUTHIER hält es im Sinn der Realisierung des Leitprinzips der Kundenorientierung für wesentlich, dass Kunden ausgehend von den Qualifikationen, die sie mitbringen, gefördert werden müssen. Unter Entwicklung versteht er *„[...] die anbieterseitig von der Zielgröße der Service Custo-*

[1118] Vgl. Gouthier (2003), S. 106f.

[1119] Vgl. Kapitel 3.3.

[1120] Mills/Morris (1986), S. 734; vgl. ähnlich Ratchford (2001), S. 397, der den Einfluss des *Human Capital* von Konsumenten auf die Produktion von Konsumerlebnissen beschreibt.

[1121] Gummesson (1994), S. 83f.

*mer Performance geleitete systematische Vermittlung von Integrationsqualifikationen zur Schaffung integrations-
kompetenter Dienstleistungskunden [...]."* [1122] Die *Orientierung des Kunden* im Sinn der Qualifizierung für
integrative Leistungserstellungsprozesse ist aus seiner Sicht ebenso relevant wie die Ausrichtung
aller unternehmerischen Aktivitäten und Prozesse an den Kunden und ihren Bedürfnissen, also
die *Orientierung am Kunden* (vgl. Abbildung 26). [1123]

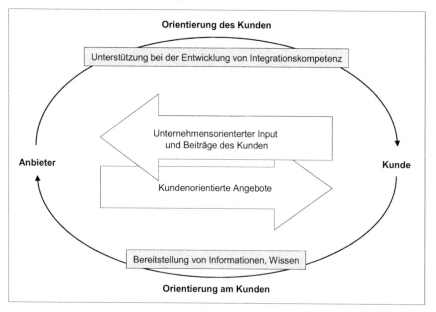

Abbildung 26: Perspektiven der Kundenorientierung [1124]

Wie Abbildung 26 zeigt, geht es bei der Orientierung am Kunden darum, Kundeninformationen
und -wissen aufzugreifen, um kundenorientierte Produkte und Dienstleistungen anzubieten.
Hierbei können sowohl Informationen zu Soziodemographika, zum Einkaufsverhalten, aber auch
weitergehende Ideen und Verbesserungsvorschläge von Kunden verwendet werden, um die Leistungen im Sinn der Kunden zu gestalten und gegebenenfalls zu verbessern. Die Orientierung des
Kunden impliziert Kundenentwicklung und die Schaffung von Kundenintegrationskompetenz,
d.h. der notwendigen Fachkompetenz, Methoden- und Sozialkompetenz sowie personalen Kompetenz, sollten Kunden nicht bereits über die notwendige Qualifikation und Motivation verfügen.

[1122] Gouthier (2003), S. 106; vgl. auch Honebein (1997), S. 2, der unter *Customer Education* die Bereitstellung von
Informationen zur Erreichung spezifischer Ziele versteht.

[1123] Vgl. Gouthier (2003), S. 1f. Gouthier (2006), S. 181f. spricht in diesem Zusammenhang von *Customer Information
Empowerment*, d.h. der Vermittlung von Informationen an Kunden mit dem Ziel, diese für die gemeinsame Leistungserstellung zu befähigen.

[1124] Vgl. Gouthier (2003), S. 2.

Auf diese Art und Weise kann eher sichergestellt, dass die geleisteten Kundenbeiträge im Sinn des Unternehmens sind und die gemeinsame Leistungserstellung nicht negativ beeinflussen.

Darüber hinaus hat die Orientierung der Kunden auch strategische Bedeutung für Unternehmen, beispielsweise dahingehend, dass künftige Kundenbedürfnisse und -wünsche viel besser antizipiert werden können.[1125] In diesem Zusammenhang stellen SCHNEIDER/BOWEN fest:

> „We propose that having the most competent customer base can be a source of sustainable competitive advantage just like having the most skilled employee base. In fact, cultivating the most skilled customer base is a highly unusual approach, and consequently, it has the potential to become a sharper and more enduring source of differentiation."[1126]

Wie in Kapitel 3.3.3 erläutert, gelten drei Aspekte als wesentliche Einflussfaktoren auf das Kundenverhalten und werden in Zusammenhang mit der Qualifizierung von Kunden diskutiert: das Kennen, Können und Wollen der Kunden. Aus den Integrationsqualifikationen entwickelt sich Integrationskompetenz, wenn die drei Bereiche zu den Integrationsaufgaben passen. In diesem Zusammenhang sind drei Fragen relevant:[1127]

- *Rollenklarheit (Role Clarity): Verstehen Kunden, was von ihnen erwartet wird?* Kunden sollten demnach wissen, welche Leistungsbeiträge sie zu leisten haben. Fehlt dieses Verständnis, wird von dem Anbieter erwartet, dass er ein realistisches Bild der Kundenbeiträge schafft, so dass die Erwartungen von Kunden und Unternehmen übereinstimmen.

- *Fähigkeit (Ability): Sind Kunden fähig, die von ihnen erwarteten Rollen auszufüllen und die entsprechenden Beiträge zu leisten?* Es ist also relevant, dass Kunden auch das Können mitbringen, um die Aufgaben auszuführen. Sind diese Fähigkeiten nicht vorhanden, ist der Anbieter gefordert, die vorhandenen Qualifikationen gezielt zu steuern und weiter zu entwickeln.

- *Motivation (Motivation): Werden Kunden belohnt, wenn sie wie erwartet partizipieren?* Kunden müssen den Nutzen aus der Partizipation und dem individuellen Leistungsbündel wahrnehmen. Hierbei ist wesentlich, dass Anbieter die Motivation ihrer Kunden verstehen und die Anreize und Nutzenpotenziale bei der Gestaltung des Angebotes berücksichtigen.

Anbieter sollten sich in Hinblick auf die Entwicklung kompetenter Kunden mit allen drei Bereichen auseinander setzen. Um Fachkompetenz zu entwickeln, müssen Kunden Klarheit über ihre Rolle besitzen und fachspezifisches Wissen aufbauen; Methoden- und Sozialkompetenz basiert auf den für die integrative Leistungserstellung notwendigen Fähigkeiten; die Motivation stellt eine

---

[1125] Vgl. Noel/Ulrich/Mercer (1990), S. 411.

[1126] Schneider/Bowen (1995), S. 86.

[1127] In Anlehnung an Bowen (1986), S. 377f.; Gouthier (2003), S. 92ff.; Honebein (1997), S. 14ff.; Honebein/Cammarano (2005), S. 13ff.; Lovelock/Wirtz (2004), S. 251; Piller (2004), S. 374; Schneider/Bowen (1995), S. 88f.

weitere wichtige Facette eines kompetenten Kunden dar. Beispielhaft sei das Online-Angebot eines Anbieters individueller Hemden aufgeführt. Das Unternehmen kann das Angebot nicht erfolgreich offerieren, wenn Kunden nicht fähig sind, mit dem Web-Interface und Online-Konfigurator umzugehen, und wenn spezifisches Wissen fehlt, z.b. das Wissen über die individuellen Körpermaße. Eine weitere Voraussetzung für die Nutzung des Angebotes ist die Akzeptanz sowie Bereitschaft von Kunden, das Angebot in Anspruch zu nehmen. Wichtige Aspekte zur Steuerung von Wissen, Können und Wollen werden nachfolgend diskutiert.

Kundensegmentierung und Sozialisierung

Haben sich Kunden einmal für ein individuelles Produkt entschieden, gilt es, mit ihren vorhandenen Qualifikationen umzugehen. Kunden bringen in unterschiedlichem Ausmaß Wissen, Motivation sowie soziale und methodische Fähigkeiten mit. Es macht deshalb Sinn, Kunden entsprechend ihrer Qualifikationen zu segmentieren, um jedem Kunden ein individuelles Co-Design-Erlebnis zu ermöglichen, das zu einem passenden individuellen Produkt führt.[1128]

Die Kundensegmentierung kann entsprechend der Kundenintegrationskompetenz erfolgen, wobei die Berücksichtigung aller Facetten sehr aufwändig sein kann, weshalb man sich im Sinn einer praktischen Handhabung auf die Aspekte mit dem größten Einfluss auf die Integrationskompetenz konzentrieren könnte. Die empirischen Untersuchungen haben gezeigt, dass dies *Produktwissen, Produktinvolvement und -erfahrung* sowie *Prozesswissen und -erfahrung* sind, d.h. das fachspezifische Wissen der Kunden. Neben den Wissensaspekten sind insbesondere auch die Erfahrungen mit Produkt und Prozess Kennzeichen eines integrationskompetenten Kunden. Kunden, die umfassende Erfahrungen mit einem Angebot oder vergleichbaren Leistungen besitzen, benötigen weniger Orientierung.[1129] Kunden können demnach auf einfache Art und Weise segmentiert werden, indem nach ihren bisherigen Erfahrungen mit derartigen Angeboten bzw. einem bestimmten Anbieter im Speziellen gefragt wird. Dies kann in Ladengeschäften durch Verkaufsmitarbeiter geschehen, die anschließend im Co-Design-Prozess individuell auf die Kunden eingehen können.

Auch wenn Kunden sich ein individuelles Produkt autonom mittels Online-Konfigurator zusammenstellen, kann eine Selbstsegmentierung von Kunden anhand der Qualifikationen erfolgen. Hierzu ist wesentlich, dass der Konfigurationsprozess anpassbar ist und dass Kunden das Interaktionserlebnis individualisieren können. Viele Anbieter haben ihre Konfigurationsabläufe bereits so gestaltet, dass die Prozesse flexibel sind. Beispielsweise stehen Kunden bei manchen Anbietern verschiedene Konfigurationswege offen oder sie können bestimmte Aspekte bei Interesse vertiefen und Zusatzinformationen abrufen.

[1128] Vgl. hierzu Canziani (1997), S. 16ff.; Lovelock/Wirtz (2004), S. 251.

[1129] Vgl. Bowen (1986), S. 379.

Die Frage nach den bisherigen Erfahrungen unterstützt insbesondere die Differenzierung zwischen Neu- und Altkunden. Dies ist relevant, da der Umgang mit Neukunden andersartige Anforderungen an die Kundenentwicklung stellt.[1130] Insbesondere im Zusammenhang mit der Orientierung von Neukunden wird in der Dienstleistungsliteratur von organisationaler Sozialisation des Kunden als *Partial Employee* gesprochen, wobei Erkenntnisse aus dem Bereich der Mitarbeitermotivation auf Servicebeziehungen übertragen werden.[1131] Sozialisierungsmaßnahmen beinhalten alle Aspekte, die dazu führen, dass ein Individuum die Werte, Normen und Verhaltensweisen einer Organisation akzeptiert und wertschätzt.[1132]

Übertragen auf den Servicebereich wird Sozialisierung als das Lernen eines neuen Selbstverständnisses, neuer Fähigkeiten und das Verstehen des kulturellen Kontextes der Dienstleistungsinteraktion verstanden.[1133] Im Kontext der Dienstleistungserstellung hat dies Auswirkungen auf die Dienstleistungsqualität, da Kunden ihre Rolle besser begreifen, realistischere Erwartungen haben und sich damit passender verhalten. Hinzu kommen affektive Konsequenzen, da Kunden das Organisationsklima besser verstehen, was wiederum ihre Erwartungen sowie das Verhalten, das sie gegenüber dem Unternehmen zeigen, positiv beeinflusst.[1134] Zudem sinkt die Unsicherheit der Kunden und das Vertrauen in den Anbieter steigt.

Eine der wesentlichen Sozialisierungsmaßnahmen setzt an der Vermittlung der Unternehmenskultur an. Diese muss von allen Mitarbeitern im Unternehmen gelebt werden, insbesondere von den Organisationsmitgliedern im Kundenkontakt. Kennen Kunden die Kultur, verstehen sie die Werte und das Verhalten der Mitarbeiter besser, was zu einem Verhalten führt, das im Sinn des Unternehmens ist.[1135] Allerdings ist anzumerken, dass Kunden bestehende Normen, Werte und Rollendefinitionen haben und eine Sozialisierung möglicherweise verweigern, z.B. weil ihnen das Angebot nicht wichtig genug ist und sie nicht bereit sind, Zeit und Energie zu investieren.[1136]

Förderung der Integrationsfähigkeit von Kunden (Kennen und Können)

Ausgangspunkt aller Maßnahmen zur Qualifizierung von Kunden sollte eine Tätigkeitsbeschreibung für die Kunden sein.[1137] Unternehmen sollten die Kundenaufgaben hierzu zunächst analy-

---

[1130] Vgl. Gouthier (2003), S. 372.

[1131] Vgl. beispielsweise Goodwin (1988), S. 72; Kelley/Donelly/Skinner (1990), S. 316.

[1132] Vgl. Schein (1968).

[1133] Vgl. Goodwin (1988), S. 72.

[1134] Vgl. Kelley/Donelly/Skinner (1990), S. 319f.

[1135] Vgl. Gouthier (2003), S. 380ff.

[1136] Vgl. Goodwin (1988), S. 76; Katz/Kahn (1966), S. 120.

[1137] Vgl. Schneider/Bowen (1995), S. 88.

sieren, d.h. den gemeinsamen Wertschöpfungsprozess aus Sicht der Kunden betrachten.[1138] Ähnlich der Tätigkeits- bzw. Stellenbeschreibungen für Mitarbeiter sollten die Anforderungen an Kunden anschließend genau definiert werden.[1139] Hierbei sind die folgenden Fragen zu berücksichtigen:[1140]

- Was sind die Aufgaben des Kunden im Co-Design-Prozess?

- Wie erledigt der Kunde seine Aufgaben (technische und funktionale Qualität)?[1141]

- Wann muss er welche Beiträge leisten?

- Wie oft muss er eine bestimmte Handlung vornehmen?

- Mit wem kommt der Kunde in Kontakt (Mitarbeiter, Maschine)?

Im nächsten Schritt muss sichergestellt werden, dass Kunden ihre Aufgaben kennen, d.h. das notwendige, spezifische Fachwissen besitzen.[1142] Nicht nur Produktinformationen, sondern auch Informationen über den Prozess sind damit wesentlich.[1143] Ähnlich argumentiert FLIEß, die von Integrationsevidenz auf Kundenseite spricht. Diese beinhaltet, dass das Bewusstsein und Wissen über Art und Zeitpunkt der zu leistenden Beiträge sowie der Konsequenzen vorhanden ist (Integrationsbewusstsein) und dass Anbieter und Nachfrager gleiche Vorstellungen in Bezug auf die Kundenaufgaben haben (Integrationstransparenz).[1144] BLAHO spricht in diesem Zusammenhang von Problemlösungsevidenz, d.h. der Fähigkeit, die eigenen Wünsche in Bezug auf ein bestimmtes Problem genau präzisieren zu können.[1145] Damit einher geht ein besseres Gefühl der Kontrolle der Situation auf Kundenseite sowie ein geringeres wahrgenommenes Risiko.

Fehlt die Qualifikation, müssen Kunden für die Aufgaben trainiert werden, die von ihnen erwartet werden.[1146] Dabei ist zum einen die Einflussnahme auf das fachspezifische Wissen, zum ande-

---

[1138] Hierzu kann die Methode des Service Blueprinting herangezogen werden. Vgl. Lovelock/Wirtz (2004), S. 232ff.; Shostack (1982), S. 54ff.

[1139] Vgl. Bitner et al. (1997), S. 203; Blaho (2001), S. 194; Bowers/Martin/Luker (1990), S. 62; Lovelock/Wirtz (2004), S. 250f.; Zeithaml/Bitner (2000).

[1140] Vgl. Canziani (1997), S. 9; Zeithaml/Bitner (2000), S. 328ff.

[1141] Vgl. hierzu die Differenzierung von instrumentellen bzw. technischen und sozialen bzw. funktionellen Kundenbeiträgen in Kapitel 3.3.3.

[1142] Vgl. Barnard (1969), S. 143; Bitner et al. (1997), S. 203; Lovelock/Wirtz (2004), S. 251.

[1143] Vgl. Gouthier (2006), S. 182.

[1144] Vgl. Fließ (2001), S. 68ff.; vgl. auch Blaho (2001), S. 159ff.

[1145] Vgl. Blaho (2001), S. 161.

[1146] Vgl. Bitner et al. (1997), S. 203; Bowers/Martin/Luker (1990), S. 62; Goodwin/Radford (1993); Gouthier (2003), S. 199; Gouthier (2006), S. 183f.; Schneider/Bowen (1995), S. 93ff.; Wind/Rangaswamy (2001), S. 24; Zeithaml/ Bitner (2000), S. 328ff.

ren die Steuerung der sozialen sowie methodischen Fähigkeiten relevant, um sowohl die Fach- als auch die Sozial- und Methodenkompetenz der Kunden gezielt zu fördern.

Im Zusammenhang zu der Fachkompetenz ist insbesondere das Wissen der Kunden in Bezug auf den Co-Design-Prozess sowie die Produktart an sich relevant, wie die empirischen Untersuchungen zeigen.[1147] Um Wissen zu entwickeln, müssen die Inhalte so aufbereitet werden, dass sie dem Wissensbedarf der Zielgruppe entsprechen; zudem müssen die Kommunikationskanäle zur Zielgruppe passen.[1148] Hierzu stehen verschiedene Kommunikationsmittel bereit, z.B. Produktkataloge oder Webseiten, aber auch die persönlichen Information durch Verkäufer.[1149]

STAUSS unterscheidet grundsätzlich zwei Wege der Wissensvermittlung: die Bereitstellung, bei der Kunden aktiv werden, und die aktive Kommunikation, bei der Unternehmen die Initiative ergreifen. Bei der Bereitstellung besteht die Möglichkeit der individuellen Informationsübermittlung auf Kundenanfrage (*Information on Demand*) oder der passiven Bereitstellung von Informationen, die sich Kunden abrufen können (*Information on Stock*). Stellen Kunden Anfragen, bedarf es einer Anpassung der Information an den Kunden, z.B. durch die Mitarbeiter im Kundenkontakt, aber auch durch Hotlines, Kundencenter, Online-Chats mit Mitarbeitern oder virtuelle Nutzer-Gemeinschaften. Zu den *Information on Stock* zählen beispielsweise Produktbeschreibungen, Kataloge, Gebrauchsanweisungen und die Internetseiten eines Unternehmens. Besonders wenn es um die Schließung von Wissensdefiziten geht, deren sich die Kunden nicht bewusst sind, genügt die passive Bereitstellung von Informationen und die Beantwortung von Fragen nicht, sondern Unternehmen müssen Informationen aktiv an die Kunden übermitteln.[1150]

GOUTHIER differenziert zwischen Instrumenten, die dazu dienen, Informationen an den Kunden zu übermitteln, und Instrumenten, die an den persönlichen Erfahrungen von Kunden ansetzen:[1151] Die Informationsübermittlung ist eher passiv und kann mit Hilfe von Broschüren, Mailings, Webseiten, Kundenmagazinen, Kundenseminaren oder Messen erfolgen. Zur Schaffung von persönlichen Erfahrungen dienen Erklärungen des Verkaufspersonals am Verkaufsort oder Konfiguratoren, mit denen sich Kunden ihr Produkt selbst gestalten können. Da die empirischen Untersuchungen auf eine große Bedeutung von Erfahrungen mit Co-Design-Prozess und Produktart für die Kundenintegrationskompetenz hinweisen, sind diese erfahrungsorientierten In-

---

[1147] Damit geht es um Wissensmanagement, d.h. die zielgerichtete, systematische sowie bereichsübergreifende Erschließung, Entwicklung, Verbreitung, Bereitstellung und Nutzung von Kundenwissen mit Nutzenvorteilen für Kunde und Unternehmen. Hierbei sollen nicht nur Wissen über den Kunden, z.B. Merkmale, Bedürfnisse, Kaufverhalten, sowie Wissen des Kunden, z.B. Erfahrungen aus der Produktnutzung, erschlossen werden, sondern auch Wissen für den Kunden bereitgestellt werden. Vgl. Aslanidis/Korell (2003), S. 10f.; Korell/Spath (2003), S. 15ff.; Stauss (2002), S. 276ff.

[1148] Vgl. Stauss (2002), S. 287.

[1149] Vgl. auch Blaho (2001), S. 196ff.; Hildebrand (1997), S. 234f.

[1150] Vgl. Stauss (2002), S. 288f.; vgl. auch Lovelock/Wirtz (2004), S. 249f.

[1151] Vgl. Gouthier (2003), S. 401ff.

strumente besonders zu berücksichtigen. Diese können von dem Anbieter gezielt gefördert werden, indem dieser die Kunden in das Leistungssystem einbezieht. Bei allen Lernmaßnahmen sollte den Kunden ausreichend Spaß geboten werden (*Edu-tainment*).

Neben der Förderung des fachspezifischen Wissens ist auch die Steuerung der sozialen Fähigkeiten sowie der Technologieaffinität in Hinblick auf die Steigerung der Integrationsfähigkeit relevant. Beide Aspekte können zumindest ansatzweise beeinflusst werden. Beispielsweise können organisatorische Sozialisierungsmaßnahmen dazu beitragen, dass die sozialen Fähigkeiten der Kunden verbessert werden. Kennen und akzeptieren Kunden die Unternehmenswerte, können sie das Verhalten der Mitarbeiter besser verstehen und verhalten sich selbst auch eher im Sinn des Unternehmens. Es besteht sozusagen eine gemeinsame Basis, die die Grundlage für den sozialen Austausch darstellt. Auch die Technologieaffinität kann beeinflusst werden, indem die einfache Handhabung und der Nutzen aus der Technologie durch Mitarbeiter vermittelt werden. Auch die Unterstützung von Kunden bei der Verwendung der technischen Geräte kann langfristig zu einer Steigerung der Methodenkompetenz führen.

Abschließend ist anzumerken, dass die Praxis zeigt, dass Kunden häufig die Qualifizierung Gleichgesinnter übernehmen. Insbesondere erfahrene Kunden teilen ihr Wissen mit anderen Kunden.[1152] Gründe hierfür können intrinsische oder soziale Motive sein. Unternehmen können sich dieses Verhalten zu Nutze machen und den Austausch zwischen Kunden gezielt fördern, z.b. durch Bereitstellung einer Austauschplattform auf der Unternehmenshomepage oder durch Organisation von Kundenveranstaltungen, bei denen sich Kunden austauschen können. Neben fachspezifischem Wissen können hierdurch insbesondere die sozialen Fähigkeiten von Kunden gezielt gefördert werden.

Stimulierung der Integrationsbereitschaft (Wollen)

Neben der Steuerung der Integrationsfähigkeit muss die Motivation von Kunden für das individuelle Leistungsangebot und die gemeinsame Leistungserstellung gezielt beeinflusst werden, denn auch die Motivation beeinflusst den Ablauf sowie das Ergebnis des Leistungserstellungsprozesses.[1153] BARNARD merkt hierzu bereits sehr früh an: *„Der Nachweis, dass Arbeitnehmer und Kunden gleichermaßen eines Systems von Leistungsanreizen bedürfen, und dass dies auch in beiden Fällen gleichgeartet ist, fällt nicht schwer."*[1154] Ausgangspunkt ist die Sichtweise, dass zunächst die Problemevidenz vorhanden sein muss, d.h. die Einsicht, dass es einer bestimmten Leistung zur Lösung eines Problems überhaupt bedarf.[1155] Erst wenn Problemevidenz vorhanden ist, entsteht die Bereitschaft auf

---

[1152] Vgl. Baron/Harris/Davies (1996), S. 88.

[1153] Vgl. Gouthier (2003), S. 385; Schneider/Bowen (1995), S. 97ff.

[1154] Barnard (1969), S. 140.

[1155] Vgl. Fließ (2001), S. 68; vgl. ähnlich Gouthier (2003), S. 385.

Kundenseite, die Leistung zu beanspruchen.[1156] Im nächsten Schritt ist zu beachten, dass Kunden sich letztendlich nur für ein Angebot entscheiden, wenn der erwartete Nutzen die Kosten übersteigt,[1157] wobei zu den Kosten nicht nur monetäre Kosten, sondern beispielsweise auch die Kosten der Aneignung von Integrationskompetenz gezählt werden.[1158] Der Nutzen des Leistungsangebotes muss somit herausgestellt werden, wobei sowohl das individuelle Produkt als auch der Co-Design-Prozess Wert auf Kundenseite schaffen können. Dabei ist zu berücksichtigen, dass die einzelnen Nutzen- und Kostenkategorien subjektiv wahrgenommen und bewertet werden[1159] und sich die Beurteilung an personalen und situativen Faktoren orientiert.[1160] Motivationssteigernd kann beispielsweise ein niedrigerer Preis sein.[1161] Auch eine aufgezeigte Belohnung in dem Sinn, dass ein guter Beitrag zu besseren Ergebnissen und Spaß führt, kann die Motivation von Kunden fördern.[1162] Zudem können die Kosten gesenkt werden, z.B. indem der Co-Design-Prozess aus Kundensicht so einfach wie möglich gestaltet wird. Auch die Förderung des fachspezifischen Wissens sowie der Fähigkeiten reduziert den mit dem Leistungsprozess verbundenen Aufwand sowie die Kosten. Letztendlich müssen Mass-Customization-Anbieter somit gezielte Anreize setzen.[1163] Als Anreize können verschiedene Aspekte dienen, wobei zwischen extrinsischen, sozialen sowie intrinsischen Anreizen differenziert werden kann:[1164]

Ist ein Kunde extrinsisch motiviert, wünscht er sich eine direkte oder indirekte Entschädigung für seinen Beitrag oder er möchte einen Anreiz erhalten, der direkt aus seiner Leistung resultiert. Das bekannteste extrinsische Motiv ist die direkte finanzielle oder quasi-monetäre Entschädigung für den geleisteten Beitrag, also die Beteiligung an der Leistungserstellung. Im Kontext von individuellen Angeboten sind beispielsweise Rabatte denkbar, wenn Kunden die Co-Design-Aktivitäten autonom durchführen und nicht auf einen Unternehmensmitarbeiter zurückgreifen.

Soziale Motive ergeben sich aus der Interaktion von Mitarbeitern und Kunden sowie aus der Interaktion zwischen Kunden. Beispielsweise kann es sein, dass Kunden ihre Integrationskompetenz zeigen wollen, sowohl gegenüber anderen Kunden als auch gegenüber den Mitarbeitern im

---

[1156] Vgl. Ernenputsch (1986), S. 50; Gouthier (2003), S. 100.

[1157] Vgl. Bowen/Schneider (1985), S. 136.

[1158] In Hinblick auf den Nutzen differenziert man den Grundnutzen eines Produktes und den Zusatznutzen, z.B. die Anerkennung, die man mit einer Leistung bei anderen erzielt, oder den Erbauungsnutzen aus Schaffensfreude. Die Kosten beinhalten sowohl den Produktpreis als auch Beschaffungs-, Verwendungs- und Post-Verwendungskosten. Vgl. Belz (2004), S. 21.

[1159] Vgl. Belz (2004), S. 21; Belz/Ditze (2004), S. 86.

[1160] Vgl. Belz (2005), S. 10.

[1161] Vgl. Normann (1987), S. 75.

[1162] Vgl. Lovelock/Wirtz (2004), S. 251.

[1163] Vgl. Gouthier (2003), S. 385.

[1164] Vgl. auch Gouthier (2003), S. 389ff.; Piller (2004), S. 338ff.

Kundenkontakt.[1165] Ein Unternehmen sollte Mechanismen zur Stimulierung dieser sozialen Motive nutzen und beispielsweise Kunden herausstellen, die bereits individuelle Leistungen gestaltet haben und dabei besonders kreativ waren. Dies reduziert zudem im Sinn einer vertrauensstiftende Maßnahme das wahrgenommene Risiko bei anderen Kunden.

Intrinsische Motive resultieren aus dem Anreiz, eine anspruchsvolle Aufgabe auszuführen sowie aus dem wahrgenommenen Spaß oder der Lust an Kreativität und Entdeckung. Auch die Reduktion der empfundenen Unsicherheit und des erlebten Risikos in der Interaktionssituation können intrinsische Motive sein. Dabei sind intrinsische Anreize in vielen Fällen motivierender als ein finanzieller Ausgleich und außerdem oft kostengünstiger für Unternehmen, weswegen sie aktiv gesteuert werden sollten. Die intrinsische Motivation kann beispielsweise aus dem Co-Design-Prozess selbst resultieren. In diesem Zusammenhang wird häufig davon gesprochen, dass sich Kunden in einem Flow-Zustand befinden, d.h. in einer Situation zwischen Spaß und Herausforderung, die besonders motivierend wirkt.[1166] Auch wenn Flow besonders in Zusammenhang mit Online-Konfigurationen diskutiert wird, kann ein Co-Design-Prozess, der in einem Ladengeschäft stattfindet, Flow erzeugen. Darüber hinaus kann beispielsweise eine gute Unternehmensreputation oder eine attraktive Marke bereits ein Anreiz für Kunden sein.

In dieser Arbeit konnte insbesondere das Produktinvolvement als wesentlicher motivationaler Aspekte ausgemacht werden, der Kunden mit hoher Integrationskompetenz auszeichnet. Ein hohes Produktinvolvement kann intrinsisch motivierend wirken. Das Involvement mit dem Produkt und der Produktart kann durch gezielte Werbung aktiv gesteuert werden, indem auf die Wichtigkeit des Produktes für den Konsumenten und seine Lebenswelt abgestellt wird. Das Produktinvolvement steht in engem Zusammenhang zu den Wissens- und Erfahrungskomponenten von Kunden. Ein hohes Involvement fördert die Auseinandersetzung mit einem bestimmten Thema und damit den Aufbau von Wissen und Erfahrung, beispielsweise in Hinblick auf ein Produkt. Auch das Kaufinvolvement als kognitiver Aspekt des Kaufverhaltens ist kennzeichnend für einen kompetenten Kunden. Konsumenten mit hohem Kaufinvolvement sind Verbraucher, die gut informiert sind und ein ausgeprägtes Informationssuchverhalten zeigen. Die Bereitstellung von Informationen zur Deckung des Informationsbedarfs kann damit ebenfalls motivierend wirken, die Leistung in Anspruch zu nehmen.[1167] Auch wenn in dieser Arbeit nicht gezeigt werden konnte, dass ein ausgeprägter Konsum-Hedonismus kennzeichnend für einen kompetenten

---

[1165] Vgl. Gouthier (2003), S. 391; Nerdinger (1995), S.51.

[1166] Vgl. Hoffman/Novak (1996), S. 57.

[1167] Hinzu kommt, dass auch das Bedürfnis nach individuellen Produkten als Determinante von Kundenintegrationskompetenz in den Vordergrund gestellt werden kann, wenn Kunden für die Beteiligung an Co-Design-Prozessen motiviert werden sollen. Die empirischen Untersuchungen zeigen, dass Kunden mit einem ausgeprägten Bedürfnis nach Individualität kompetenter sind.

Kunden ist, so kann doch die Förderung des Spaßes nur positiv auf die Motivation von Kunden wirken, sich an der integrativen Leistungserstellung zu beteiligen.

Controlling der Kundenbeiträge und des Kundenwerts

Neben der Festlegung der Kundenaufgaben sowie der Steuerung von Integrationsfähigkeit und -bereitschaft von Kunden, ist es wesentlich, dass ein permanentes Monitoring der Kundenbeiträge stattfindet und dass Feedbackmechanismen implementiert sind, um die Beiträge gegebenenfalls zu verbessern und Kunden künftig noch besser zu unterstützen und zu fördern.[1168]

Dabei sollte der Gesichtspunkt des Kundenwertes berücksichtigt werden, d.h. der Beitrag des Kunden zur Zielerreichung des Anbieters.[1169] Ausgangspunkt ist der Kundenwert im Sinn des *Customer Lifetime Value*, d.h. der *Net Present Value* aller künftigen Einnahmen mit einem bestimmten Kunden abzüglich der anfallenden Kosten.[1170] Hierzu zählen nicht ausschließlich monetäre Größen wie der aktuelle und künftige Umsatz oder das Cross-Selling-Potenzial, sondern beispielsweise auch Einnahmen aufgrund von Kundenempfehlungen, die die Kaufentscheidungen Dritter beeinflussen, Kundeninformationen oder Ideen, z.B. aus Beschwerden, oder die Kooperation des Kunden beim Design neuer Produkte und Dienstleistungen.[1171] Auch die Integrationskompetenz von Kunden stellt einen Bestandteil des Kundenwertes dar, der zur Steigerung des Unternehmenswertes beitragen kann.

Allerdings muss bei allen Maßnahmen berücksichtigt werden, dass die gezielte Entwicklung von Kunden unter Umständen nicht bei allen Kundengruppen rentabel ist. MILLS/MORRIS weisen darauf hin, dass die relativ kurze Einbindung des Kunden die Anwendung von Maßnahmen bei Auswahl, Training und der Umsetzung von Sozialisierungsmaßnahmen beschränkt sowie oft nicht kostendeckend möglich ist.[1172] PEPPERS/ROGERS/DORF postulieren in diesem Zusammenhang, dass die Idee „[...] *of treating different customers differently* [...]"[1173] wesentlich für den Erfolg ist. Dies bedeutet, dass man Kunden entsprechend ihres Wertes behandeln sollte[1174] und entspricht der Kernaufgabe des Marketing.[1175] Mit Hilfe der Ausgestaltung von Kundenbeziehungen,

---

[1168] Vgl. Bitner et al. (1997), S. 203; Bowers/Martin/Luker (1990), S. 62ff.

[1169] Vgl. Hippner (2006), S. 22.

[1170] Vgl. Peppers/Rogers (2004), S. 116; Peppers/Rogers/Dorf (1998), S. 57.

[1171] Vgl. Hippner (2006), S. 27ff.; Peppers/Rogers/Dorf (1998), S. 57f.

[1172] Vgl. Mills/Morris (1986), S. 728.

[1173] Peppers/Rogers/Dorf (1998), S. 1.

[1174] Vgl. Peppers/Rogers (2004), S. 113f.; Zeithaml/Rust/Lemon (2001), S. 118.

[1175] Vgl. Belz/Karstens (2005), S. 3.

die für den Anbieter vorteilhaft erscheinen, sollen Unternehmenserfolg und -wert erhöht werden.[1176]

Somit sollten sich alle Maßnahmen zur Kundenentwicklung und Förderung der Kundenintegrationskompetenz am Wert eines Kunden für das Unternehmen orientieren, wobei darauf zu achten ist, dass auch Nutzen auf Konsumentenseite entsteht, denn nur dann werden sich Kunden im Sinn des Unternehmens entwickeln.

[1176] Vgl. Hippner (2006), S. 21.

Anhang

Anhang 1: Fragebogen der Haupterhebung

 TECHNISCHE UNIVERSITÄT MÜNCHEN   Seite 1

„Ihre Erfahrung mit individuellen Produkten"   *(Fragebogen aus dem Bereich Maßkonfektion)*

Lieber Kunde,

bitte helfen Sie uns, die Verkaufsprozesse von ... zu verbessern. Wir garantieren Ihnen, dass Ihre Daten nur für **wissenschaftliche Zwecke** genutzt und **streng vertraulich** behandelt werden.

Bitte lesen Sie jede der folgenden Aussagen durch und überlegen Sie, inwieweit Sie der Aussage zustimmen. **Kreuzen Sie bitte immer eine Antwort an.** Es gibt weder richtige noch falsche Antworten; nur Ihre individuelle Meinung zählt.

Sie benötigen ca. 15-20 Minuten zur Beantwortung. Unter allen **vollständig ausgefüllten Fragebögen verlosen** wir ... Außerdem informieren wir Sie gerne über die Ergebnisse der Befragung. Geben Sie hierzu bitte Ihre e-Mailadresse hier an: _____

☐ Ich möchte an der **Verlosung** teilnehmen.   ☐ Ich möchte die **Ergebnisse der Befragung** erhalten.

Bitte senden Sie den ausgefüllten Fragebogen im beigefügten (frankierten und adressierten) Rückkuvert bis ... zurück an uns. Wenden Sie sich bei Fragen bitte an ...

Wir bedanken uns bereits vorab ganz herzlich für Ihre Unterstützung!

A. Als erstes interessiert uns Ihr Wissen, Ihre Erfahrung und Ihre Einstellung in Bezug auf <u>Anzüge im Allgemeinen.</u>	Stimme nicht zu						Stimme voll zu
	-3	-2	-1	0	+1	+2	+3
01 Innerhalb meines Freundeskreises bin ich einer der „Experten" für Anzüge.	☐	☐	☐	☐	☐	☐	☐
02 Ich weiß ziemlich viel über Anzüge.	☐	☐	☐	☐	☐	☐	☐
03 In Bezug auf Anzüge empfinde ich mein Wissen als gering.	☐	☐	☐	☐	☐	☐	☐
04 Im Vergleich zu den meisten anderen Leuten weiß ich viel über Anzüge.	☐	☐	☐	☐	☐	☐	☐
05 Es ist sehr unerfreulich, einen Anzug zu kaufen, der nicht passt.	☐	☐	☐	☐	☐	☐	☐
06 Ich würde mich ärgern, wenn sich meine Entscheidung für einen Anzug nachträglich als falsch herausstellte.	☐	☐	☐	☐	☐	☐	☐
07 Anzüge zu kaufen ist, als ob ich mir selbst ein Geschenk machen würde.	☐	☐	☐	☐	☐	☐	☐
08 Anzüge sind eine Art Vergnügen für mich.	☐	☐	☐	☐	☐	☐	☐
09 Ich lege großen Wert auf Anzüge.	☐	☐	☐	☐	☐	☐	☐
10 Man kann sagen, dass mich Anzüge sehr interessieren.	☐	☐	☐	☐	☐	☐	☐
11 Mit Anzügen bin ich sehr vertraut.	☐	☐	☐	☐	☐	☐	☐
12 Ich trage regelmäßig Anzüge.	☐	☐	☐	☐	☐	☐	☐
13 Ich habe viel Erfahrung mit Anzügen.	☐	☐	☐	☐	☐	☐	☐
14 Ich weiß aufgrund meiner Erfahrung über Anzüge Bescheid.	☐	☐	☐	☐	☐	☐	☐

B. Was denken Sie über Anzüge, die individuell auf Ihre Bedürfnisse abgestimmt sind (<u>Maßkonfektion</u>)?	Stimme nicht zu						Stimme voll zu
	-3	-2	-1	0	+1	+2	+3
15 Ich weiß ziemlich viel über Maßkonfektion.	☐	☐	☐	☐	☐	☐	☐
16 Es ist sehr unerfreulich, einen individuellen Anzug zu kaufen, der nicht passt.	☐	☐	☐	☐	☐	☐	☐
17 Ich habe viel Erfahrung mit Maßkonfektion.	☐	☐	☐	☐	☐	☐	☐
Wie viele Maßanzüge haben Sie insgesamt bereits gekauft? ☐ 1 . ☐ 2-3 . ☐ 4-10 . ☐ mehr als 10							
Wann haben Sie den letzten Maßanzug bei Lodenfrey gekauft? ....Monat: _____ Jahr: _____							

TLJT TECHNISCHE UNIVERSITÄT MÜNCHEN   Seite 2

C. Wie ist Ihr Wissen und Ihre Erfahrung in Bezug auf den Kauf- bzw. Beratungsvorgang bei __Maßkonfektion__?	Stimme nicht zu					Stimme voll zu	
	-3	-2	-1	0	+1	+2	+3
18 Innerhalb meines Freundeskreises bin ich einer der „Experten" für den Kauf von Maßkonfektion.	☐	☐	☐	☐	☐	☐	☐
19 Ich weiß ziemlich viel über den Kaufvorgang bei Maßkonfektion.	☐	☐	☐	☐	☐	☐	☐
20 In Bezug auf derartige Kaufvorgänge empfinde ich mein Wissen als gering.	☐	☐	☐	☐	☐	☐	☐
21 Im Vergleich zu den meisten anderen Leuten weiß ich viel über den Ablauf derartiger Käufe.	☐	☐	☐	☐	☐	☐	☐
22 Mit dem Kaufvorgang bei Maßkonfektion bin ich sehr vertraut.	☐	☐	☐	☐	☐	☐	☐
23 Ich kaufe regelmäßig Maßanzüge.	☐	☐	☐	☐	☐	☐	☐
24 Ich habe viel Erfahrung mit dem Kaufvorgang bei Maßanzügen.	☐	☐	☐	☐	☐	☐	☐
25 Ich weiß aufgrund meiner Erfahrung über den Kauf von Maßanzügen Bescheid.	☐	☐	☐	☐	☐	☐	☐

D. Denken Sie nun bitte an den __Kauf Ihres individuellen Anzuges bei ...__ Welche Erinnerungen haben Sie an diesen Prozess und den Ihnen gebotenen Service?	Stimme nicht zu					Stimme voll zu	
	-3	-2	-1	0	+1	+2	+3
54 Die Kaufumgebung bei ... gefällt mir.	☐	☐	☐	☐	☐	☐	☐
55 Die Kaufumgebung bei ... passt zum individuellen Anzug.	☐	☐	☐	☐	☐	☐	☐
56 Die Mitarbeiter von ... bieten einen guten Service.	☐	☐	☐	☐	☐	☐	☐
57 Die Mitarbeiter bieten den Service, den ich bei einem individuellen Produkt wie einem Maßanzug erwarte.	☐	☐	☐	☐	☐	☐	☐
58 Die Mitarbeiter wirken auf mich kompetent.	☐	☐	☐	☐	☐	☐	☐
59 Die Mitarbeiter sind immer bereit, dem Kunden zu helfen.	☐	☐	☐	☐	☐	☐	☐
60 Die Mitarbeiter kümmern sich persönlich um die Kunden.	☐	☐	☐	☐	☐	☐	☐
61 Kundenprobleme werden bei ... sehr professionell behoben..	☐	☐	☐	☐	☐	☐	☐

E. Wie zufrieden sind Sie insgesamt mit __...__ und dem __gekauften Maßanzug__?	Stimme nicht zu					Stimme voll zu	
	-3	-2	-1	0	+1	+2	+3
62 Alles in allem bin ich mit ... zufrieden.	☐	☐	☐	☐	☐	☐	☐
63 ... entspricht voll und ganz meinen Erwartungen.	☐	☐	☐	☐	☐	☐	☐
64 Ich bin voll und ganz von ... überzeugt.	☐	☐	☐	☐	☐	☐	☐
65 ... bietet mir genau das, was ich brauche.	☐	☐	☐	☐	☐	☐	☐
66 Alles in allem bin ich mit meinem Maßanzug zufrieden.	☐	☐	☐	☐	☐	☐	☐
67 Der Maßanzug entspricht voll und ganz meinen Erwartungen.	☐	☐	☐	☐	☐	☐	☐
68 Ich bin voll und ganz von meinem Maßanzug überzeugt.	☐	☐	☐	☐	☐	☐	☐
69 Der Maßanzug bietet mir genau das, was ich brauche.	☐	☐	☐	☐	☐	☐	☐

F. Wie ist Ihre __Einstellung zu Individualität__ und zu individuellen Produkten im Allgemeinen?	Trifft nicht zu					Trifft voll zu	
	-3	-2	-1	0	+1	+2	+3
46 Ich fühle mich zu einzigartigen Objekten sehr hingezogen.	☐	☐	☐	☐	☐	☐	☐
47 Ich bin eher ein Trendsetter als das ich dem Trend folge.	☐	☐	☐	☐	☐	☐	☐

TLMΠ TECHNISCHE UNIVERSITÄT MÜNCHEN   Seite 3

F. Wie ist Ihre <u>Einstellung zu Individualität</u> und zu individuellen Produkten im Allgemeinen?	Trifft nicht zu					Trifft voll zu	
	-3	-2	-1	0	+1	+2	+3
48 Ich kaufe ein Produkt eher, wenn es einzigartig ist.	☐	☐	☐	☐	☐	☐	☐
49 Ich ziehe individuell angepasste Produkte der Stangenware vor.	☐	☐	☐	☐	☐	☐	☐
50 Ich genieße es, Dinge zu haben, die andere nicht haben.	☐	☐	☐	☐	☐	☐	☐
51 Bei den Produkten, die ich kaufe, lege ich großen Wert auf individuelle Extras.	☐	☐	☐	☐	☐	☐	☐
52 Ich mag es, neue Produkte/Dienstleistungen vor anderen auszuprobieren.	☐	☐	☐	☐	☐	☐	☐
53 Ich genieße es, in Geschäften einzukaufen, die ungewöhnliche Ware führen.	☐	☐	☐	☐	☐	☐	☐

G. Wie sind Ihre <u>Empfindungen (im Sinn Ihrer Einstellung) hinsichtlich der Nutzung von technischen Geräten</u>, z.B. der Nutzung eines Computers?

	-3	-2	-1	0	+1	+2	+3	
26 Schlecht	☐	☐	☐	☐	☐	☐	☐	Gut
27 Nicht erfreulich	☐	☐	☐	☐	☐	☐	☐	Erfreulich
28 Nachteilig	☐	☐	☐	☐	☐	☐	☐	Von Vorteil
29 Ungünstig für mich	☐	☐	☐	☐	☐	☐	☐	Günstig für mich

H. Abschließend folgen nun noch einige Fragen zu Ihrem <u>Einkaufsverhalten</u> im Allgemeinen.	Stimme nicht zu					Stimme voll zu	
	-3	-2	-1	0	+1	+2	+3
30 Einkaufen ist für mich eine angenehme Aktivität.	☐	☐	☐	☐	☐	☐	☐
31 Einkaufen zu gehen ist eine der erfreulichen Aktivitäten in meinem Leben.	☐	☐	☐	☐	☐	☐	☐
32 In vielen Geschäften einzukaufen ist für mich Zeitverschwendung.	☐	☐	☐	☐	☐	☐	☐
33 Mir macht Einkaufen Spaß.	☐	☐	☐	☐	☐	☐	☐
34 Ich bin bereit, zusätzliche Zeit aufzuwenden, um das beste Preis-Leistungs-verhältnis zu erhalten.	☐	☐	☐	☐	☐	☐	☐
35 Ich bin bereit, zusätzliche Zeit aufzuwenden, um wirklich gut informiert einkaufen zu gehen.	☐	☐	☐	☐	☐	☐	☐
36 Aufgrund meiner persönlichen Werte ist es für mich wichtig, ein gut informierter Konsument zu sein.	☐	☐	☐	☐	☐	☐	☐
37 Beim Kauf von teuren Gütern investiere ich viel Energie, da es wichtig ist, das beste Preis-Leistungsverhältnis zu erhalten.	☐	☐	☐	☐	☐	☐	☐
38 Ich denke, dass ich ein umgänglicher Kunde bin.	☐	☐	☐	☐	☐	☐	☐
39 Ich nehme gerne an sozialen Aktivitäten teil.	☐	☐	☐	☐	☐	☐	☐
40 Ich versuche, eine persönliche Beziehung zum Verkäufer aufzubauen.	☐	☐	☐	☐	☐	☐	☐
41 Ich bin am Verkäufer als Person interessiert, nicht nur als Verkaufsperson.	☐	☐	☐	☐	☐	☐	☐
42 Der persönliche Kontakt mit einem Mitarbeiter während des Kaufs macht den Kaufvorgang für mich angenehm.	☐	☐	☐	☐	☐	☐	☐
43 Ich mag es, mich während des Kaufs mit einem Mitarbeiter auszutauschen.	☐	☐	☐	☐	☐	☐	☐
44 Die persönliche Aufmerksamkeit der Mitarbeiter ist mir sehr wichtig.	☐	☐	☐	☐	☐	☐	☐
45 Wenn ich die Wahl habe, ziehe ich den persönlichen Kontakt mit einem Mitarbeiter der Nutzung eines technischen Gerätes vor.	☐	☐	☐	☐	☐	☐	☐

Sind Sie weiblich oder männlich?	☐ weiblich	☐ männlich			
Wie alt sind Sie?	☐ < 25	☐ 25-35	☐ 36-45	☐ 46-55	☐ 56-65 ☐ > 65

Wir bedanken uns noch einmal ganz herzlich für Ihre Unterstützung!

Anhang 2: Oblimin-rotierte Faktorladungsmatrix der ursprünglich 45 Indikatoren[1177]

Item	Faktor 1	Faktor 2	Faktor 3	Faktor 4	Faktor 5	Faktor 6	Faktor 7	Faktor 8	Faktor 9
24	0,967	0,040	0,007	0,025	0,098	0,024	-0,041	0,009	-0,118
22	0,919	-0,024	0,040	-0,011	0,050	-0,035	0,017	-0,052	-0,052
25	0,892	0,012	-0,002	-0,009	0,014	0,005	-0,064	-0,053	-0,013
19	0,863	-0,057	0,014	0,012	-0,044	-0,068	0,035	-0,027	0,070
21	0,750	-0,030	0,052	0,010	-0,074	-0,072	0,013	-0,040	0,017
23	0,701	0,073	-0,056	0,112	-0,012	0,143	-0,065	0,119	-0,119
20	0,630	-0,145	0,055	-0,009	-0,119	-0,021	0,073	0,014	0,149
17	0,612	-0,065	-0,059	-0,081	-0,217	-0,020	0,108	-0,070	0,051
18	0,595	-0,013	0,014	-0,062	-0,321	-0,027	0,004	0,020	0,170
15	0,561	0,012	-0,012	-0,140	-0,246	-0,083	0,031	-0,102	0,165
42	-0,035	0,864	0,018	-0,054	-0,088	0,000	0,009	-0,033	0,032
43	-0,072	0,829	0,009	-0,012	-0,067	-0,060	0,080	0,015	0,000
40	-0,023	0,788	-0,056	0,013	-0,112	-0,052	-0,036	0,058	0,095
41	-0,003	0,746	-0,002	-0,047	-0,119	-0,026	-0,153	0,018	0,140
44	-0,011	0,685	0,002	-0,071	0,088	-0,128	0,151	-0,002	-0,163
45	0,025	0,511	-0,062	0,010	0,129	0,036	0,097	-0,034	-0,140
38	0,088	0,197	0,084	0,162	0,058	0,024	0,046	-0,158	0,142
29	-0,004	-0,029	0,942	-0,001	0,031	0,019	0,015	0,032	-0,017
28	0,002	0,007	0,933	-0,021	0,019	0,008	0,005	0,030	-0,051
27	-0,012	-0,025	0,922	0,000	0,004	-0,044	-0,041	-0,015	0,022
26	-0,023	-0,023	0,831	0,030	-0,062	0,002	0,024	-0,001	0,016
30	0,025	0,010	0,046	0,916	-0,046	-0,029	0,008	-0,001	-0,028
33	0,026	-0,005	0,006	0,880	-0,006	-0,035	-0,025	-0,001	-0,007
31	0,040	0,032	0,053	0,877	0,009	-0,016	-0,010	0,022	-0,094
32	-0,070	-0,141	-0,064	0,332	-0,057	-0,054	0,009	-0,009	0,051
02	0,084	0,075	0,017	0,044	-0,880	-0,019	0,018	0,096	0,098
01	0,076	0,047	0,029	0,056	-0,792	0,002	-0,072	0,014	0,121
04	0,088	0,013	0,017	0,000	-0,741	-0,062	0,028	-0,020	0,026
03	0,116	-0,031	0,041	0,059	-0,734	0,035	0,006	0,064	0,087
13	0,100	0,057	-0,016	-0,031	-0,666	-0,013	0,022	-0,219	-0,306
14	0,154	0,050	0,015	-0,038	-0,664	-0,027	0,083	-0,186	-0,192
11	0,087	0,065	0,037	0,019	-0,619	-0,077	0,017	-0,269	-0,227
10	0,061	0,003	-0,004	0,054	-0,563	-0,104	0,030	-0,319	-0,172
35	0,032	0,079	0,008	-0,032	0,026	-0,876	-0,038	-0,018	-0,033
34	0,004	-0,079	-0,054	0,082	0,027	-0,774	-0,014	0,047	0,049
36	0,037	0,178	0,042	0,031	0,015	-0,765	-0,032	-0,051	-0,103
37	-0,039	-0,031	0,038	0,019	-0,034	-0,725	0,065	0,020	0,044
05	0,007	-0,003	0,021	-0,047	0,006	-0,019	0,727	0,012	0,075
16	0,030	-0,052	0,015	0,018	-0,028	0,057	0,711	-0,011	0,077
06	-0,059	0,095	-0,019	0,029	0,020	-0,036	0,644	0,026	-0,128

[1177] Faktorladungen, die zur Zuordnung zu einem Faktor führen, sind hervorgehoben. Vgl. zu den Zuordnungsregeln die Ausführungen in Kapitel 5.1.2.

08	-0,007	-0,059	0,000	0,017	-0,036	0,002	-0,012	-0,931	0,031
07	0,063	-0,007	0,009	0,012	0,071	-0,041	0,051	-0,806	0,105
09	-0,026	0,045	0,009	0,020	-0,400	0,028	0,071	-0,488	-0,261
12	-0,074	0,040	0,060	-0,002	-0,360	0,048	0,046	-0,464	-0,309
39	0,046	0,215	-0,017	0,186	0,048	0,032	-0,005	-0,119	0,265

Anhang 3: Oblimin-rotierte Faktorladungsmatrix der 24 Indikatoren, die in die Analyse auf Ebene des Gesamtmodells eingegangen sind[1178]

Item	Faktor 1	Faktor 2	Faktor 3	Faktor 4	Faktor 5	Faktor 6
13	0,895	0,028	-0,019	0,071	-0,003	-0,038
11	0,864	0,050	0,034	-0,003	-0,045	-0,034
02	0,769	-0,033	-0,036	-0,013	-0,041	0,157
09	0,744	0,085	0,043	-0,030	0,040	-0,159
04	0,722	-0,058	-0,020	0,029	-0,087	0,144
01	0,710	-0,042	-0,020	-0,059	-0,002	0,144
03	0,635	-0,104	-0,004	-0,024	0,021	0,212
43	0,025	0,886	0,026	-0,021	0,003	-0,023
42	0,039	0,879	0,011	0,009	0,048	0,051
40	-0,004	0,726	-0,067	-0,053	-0,003	0,074
44	-0,030	0,725	0,026	0,068	-0,095	-0,046
29	-0,024	-0,012	0,957	-0,006	0,022	0,015
28	0,004	0,017	0,930	0,023	0,008	0,014
27	0,015	-0,016	0,885	-0,021	-0,035	0,017
30	0,030	-0,003	0,010	-0,925	-0,015	-0,006
33	-0,030	-0,022	-0,029	-0,885	-0,019	0,018
31	-0,006	0,026	0,023	-0,872	0,013	-0,020
35	-0,026	0,011	-0,022	0,028	-0,888	0,023
36	0,024	0,103	0,003	-0,026	-0,839	0,000
37	0,021	-0,053	0,021	-0,024	-0,666	-0,030
22	-0,033	0,067	0,020	0,009	0,001	0,937
21	0,042	0,037	0,033	-0,021	-0,042	0,820
25	0,052	0,054	-0,019	-0,004	0,054	0,817
20	0,051	-0,084	0,038	-0,004	-0,005	0,686

[1178] Faktorladungen, die zur Zuordnung zu einem Faktor führen, sind hervorgehoben. Vgl. zu den Zuordnungsregeln die Ausführungen in Kapitel 5.1.2.

Anhang 4: Gütekriterien der ersten Generation der Indikatoren und Faktoren, die in die Analyse
auf Ebene des Gesamtmodells eingegangen sind

Dimension	Faktor	Cronbach-Alpha	Erklärte Varianz (in %)
Fachkompetenz	1_{neu2} Prozesswissen und -erfahrung	0,898	77,319
	5 Produktwissen	0,907	78,591
	10 Produkterfahrung und -involvement	0,892	82,290
Sozialkompetenz	2_{neu2} Soziale Fähigkeiten	0,880	73,877
Methodenkompetenz	3_{neu} Technologieaffinität	0,948	90,536
Motivation	7_{neu} Kaufinvolvement	0,842	76,365
	4_{neu} Konsum-Hedonismus	0,922	86,691

Literaturverzeichnis

Ackermann, Philipp (2001): Produktvisualisierung und Interaktions-Konzepte für Mass Customization, in: Schenk, Michael; Seelmann-Eggebert, Ralf; Piller, Frank T. (Hrsg.): Mass Customization – Von Businessmodellen zu erfolgreichen Anwendungen, Tagungsband zur Deutschen Mass Customization Tagung 2001, Stuttgart, S. 59-64.

Adler, Jost (1994): Informationsökonomische Fundierung von Austauschprozessen im Marketing, Arbeitspapier zur Marketingtheorie, Nr. 3, Lehrstuhl für Marketing, Universität Trier, Trier.

Alba, Joseph W.; Hutchinson, Wesley J. (1987): Dimensions of Consumer Expertise, in: Journal of Consumer Research, 13 (4), S. 411-454.

Albers, Sönke; Clement, Michel; Peters, Kay (1998): Marketing mit interaktiven Medien: Strategien zum Markterfolg, Frankfurt am Main.

Aldrich, Howard (1976): Resource Dependence and Interorganizational Relations: Local Employment Service Offices and Social Services Sector Organizations, in: Administration and Society, 7 (4), S. 419-454.

Anderson, James C.; Gerbing, David W.; Hunter, John E. (1987): On the Assessment of Unidimensional Measurement: Internal and External Consistency, and Overall Consistency Criteria, in: Journal of Marketing Research, 24 (11), S. 432-437.

Anderson, Ronald D.; Engledow, Jack L.; Becker, Helmut (1979): Evaluating the Relationship Among Attitude Toward Business, Product Satisfaction, Experience, and Search Effort, in: Journal of Marketing Research, 16 (3), S. 394-400.

Andrews, J. Craig; Durvasula, Svrinivas; Akhter, Syed H. (1990): A Framework for Conceptualising and Measuring the Involvement Construct in Advertising Research, In: Journal of Advertising Research, 19 (4), S. 27-40.

Armstrong, J. Scott; Overton, Terry S. (1977): Estimating Nonresponse Bias in Mail Surveys, in: Journal of Marketing Research, 14 (3), S. 396-402.

Ashok, Kalidas; Dillon, William R.; Yuan, Sophi (2002): Extending Discrete Choice Models to Incorporate Attitudinal and Other Latent Variables, in: Journal of Marketing Research, 39 (1), S. 31-46.

Aslanidis, Stephanie; Korell, Markus (2003): Ihre Kunden wissen mehr als Sie! in: io new management, 71 (10), S. 10-15.

Atkins, C. Richard; Dykes, Paul; Hagerty, Janet; Hoye, Jeff (2002): How Customer Performance Partnerships can Sharpen your Competitive Edge, in: Journal for Quality and Participation, 25 (3), S. 22-25.

Babin, Barry J.; Darden, William R.; Griffin, Mitch (1994): Work and/or Fun: Measuring Hedonic and Utilitarian Shopping Value, in: Journal of Consumer Research, 20 (4), S. 644-656.

Backhaus, Klaus; Erichson, Bernd; Plinke, Wulff; Weiber, Rolf (2003): Multivariate Analysemethoden: Eine anwendungsorientierte Einführung, Berlin u.a.

Backhaus, Klaus; Voeth, Markus (2004): Besonderheiten des Industriegütermarketing, in: Backhaus, Klaus; Voeth, Markus (Hrsg.): Handbuch Industriegütermarketing, Wiesbaden, S. 3-21.

Bagozzi, Richard P. (1979): The Role of Measurement in Theory Construction and Hypothesis Testing: Toward a Holistic Model, in: Ferell, O. C.; Brown, Stephan; Lamb, Charles (Hrsg.): Conceptual and Theoretical Developments in Marketing, Chicago.

Bagozzi, Richard P. (1982): An Examination of the Validity of Two Models of Attitude, in: Fornell, Claes (Hrsg.): A Second Generation of Multivariate Analysis, Band 2, New York, S. 145-184.

Bagozzi, Richard P.; Baumgartner, Hans (1994): The Evaluation of Structural Equation Models and Hypothesis Testing, in: Bagozzi, Richard P. (Hrsg.): Principles of Marketing Research, Cambridge, S. 386-422.

Bagozzi, Richard P.; Phillips, Lynn W. (1982): Representing and Testing Organizational Theories: A Holistic Construal, in: Administrative Science Quarterly, 27 (3), S. 459-489.

Bagozzi, Richard P.; Yi, Youjae; Phillips, Lynn W. (1991): Assessing Construct Validity in Organizational Research, in: Administrative Science Quarterly, 36 (3), S. 421-458.

Balderjahn, Ingo (1988): Die Kreuzvalidierung von Kausalmodellen, in: Marketing – Zeitschrift für Forschung und Praxis, 10 (1), S. 61-73.

Bankhofer, Udo; Praxmarer, Sandra (1998): Zur Behandlung fehlender Daten in der Marktforschungspraxis, in: Marketing – Zeitschrift für Forschung und Praxis, 20 (2), S. 109-118.

Barnard, Chester I. (1969): Organisation und Management. Ausgewählte Aufsätze, Stuttgart.

Barnard, Chester I. (1970): Die Führung großer Organisationen, Essen.

Baron, Reuben M.; Kenny, David A. (1986): The Moderator-Mediator Variable Distinction in Social Psychological Research: Conceptual, Strategic and Statistical Considerations, in: Journal of Personality and Social Psychology, 51 (6), S. 1173-1182.

Baron, Steve; Harris, Kim; Davies, Barry J. (1996): Oral Participation in Retail Service Delivery: A Comparison of the Roles of Contact Personnel and Customers, in: European Journal of Marketing, 30 (9), S. 75-90.

Bass, Bernhard M. (1960): Leadership, Psychology, and Organization Behavior, New York.

Bateson, John E. G. (1985): Self-Service Consumer: An Exploratory Study, in: Journal of Retailing, 61 (3), S. 49-76.

Bauer, Hans H.; Grether, Mark; Leach, Mark (2002): Building Customer Relations over the Internet, in: Industrial Marketing Management, Special Issue on Internet Based Business-to-Business Marketing, 31, S. 155-163.

Bauer, Raymond A. (1960): Consumer Behavior as Risk Tasking, in: Proceedings of the 43rd National Conference of the American Marketing Association: Dynamic Marketing for a Changing World, S. 389-398.

Baumgartner, Hans; Steenkamp, Jan-Benedict E. M. (1998): Multi-Group Latent Variable Models for Varying Numbers of Items and Factors with Cross-National and Longitudinal Applications, in: Marketing Letters, 9 (1), S. 21-35.

Bearden, William O.; Netemeyer, Richard G. (1999): Handbook of Marketing Scales. Multi-Item Measures for Marketing and Consumer Behavior Research, Thousand Oaks u.a.

Beattie, Ann E. (1983): Product Expertise and Advertising Persuasiveness, in: Advances in Consumer Research, 10 (1), S. 581-584.

Beatty, Sharon E.; Smith, Scott M. (1987): External Search Effort: An Investigation across Several Product Categories, in: Journal of Consumer Research, 14 (1), S. 83-95.

Becker, Fred G.; Günther, Sven (2001): Personalentwicklung als Führungsaufgabe in Dienstleistungsunternehmungen, in: Bruhn, Manfred; Meffert, Heribert (Hrsg.): Handbuch Dienstleistungsmanagement, Wiesbaden, S. 751-780.

Belk, Russel W. (1988): Possessions and the Extended Self, in: Journal of Consumer Research, 15 (2), S. 139-168.

Bellenger, Danny N.; Korgaonkar, Pradeep K. (1980): Profiling the Recreational Shopper, in: Journal of Retailing, 56 (3), S. 77-92.

Belz, Frank-Martin (1999): Stand und Perspektiven des Öko-Marketing, in: DBW – Die Betriebswirtschaft, 59 (6), S. 809-829.

Belz, Frank-Martin (2004): Nachhaltigkeits-Marketing: Konzeptionelle Grundlagen und empirische Ergebnisse, in: Belz, Frank-Martin; Bilharz, Michael (Hrsg.): Nachhaltigkeits-Marketing in Theorie und Praxis, Wiesbaden, S. 19-39.

Belz, Frank-Martin (2005): Sustainability Marketing: Blueprint of a Research Agenda, Diskussionspapier Nr. 1 des Lehrstuhls für Betriebswirtschaftslehre – Brau- und Lebensmittelindustrie, München.

Belz, Frank-Martin; Ditze, Daria (2004): Nachhaltigkeits-Werbung im Wandel: Theoretische Überlegungen und empirische Ergebnisse, in: Belz, Frank-Martin; Bilharz, Michael (Hrsg.): Nachhaltigkeits-Marketing in Theorie und Praxis, Wiesbaden, S. 75-97.

Belz, Frank-Martin; Karstens, Birte (2005): Strategic and Instrumental Sustainability Marketing – A Conceptual Framework, Diskussionspapier Nr. 6 des Lehrstuhls für Betriebswirtschaftslehre – Brau- und Lebensmittelindustrie, München.

Bendapudi, Neeli; Leone, Robert P. (2003): Psychological Implications of Customer Participation in Co-Production, in: Journal of Marketing, 67 (1), S. 14-28.

Berekoven, Ludwig (1974): Der Dienstleistungsbetrieb: Wesen, Struktur, Bedeutung, Wiesbaden.

Berekoven, Ludwig; Eckert, Werner; Ellenrieder, Peter (2001): Marktforschung: Methodische Grundlagen und praktische Anwendung, Wiesbaden.

Berry, Leonard L.; Zeithaml, Valarie A.; Parasuraman, A. (1985): Quality Counts in Services Too, in: Business Horizons, 28 (3), S. 44-52.

Berthel, Jürgen (2000): Personal-Management: Grundzüge für Konzeptionen betrieblicher Personalarbeit, Stuttgart.

Bettencourt, Lance A. (1997): Customer Voluntary Performance: Customers As Partners in Service Delivery, in: Journal of Retailing, 73 (3), S. 383-406.

Bettencourt, Lance A.; Gwinner, Kevin P. (1996): Customization of the Service Experience: The Role of the Frontline Employee, in: International Journal in Services Industry Management, 7 (2), S. 3-20.

Bettman, James R.; Park, C. Whan (1980): Effects of Prior Knowledge and Experience and Phase of the Choice Process on Consumer Decision Processes: A Protocol Analysis, in: Journal of Consumer Research, 7 (3), S. 234-248.

Bienzeisler, Bernd (2004): Interaktionskompetenz im Service-Kontakt. Eine konzeptionelle Annäherung, Fraunhofer Institut Arbeitswirtschaft und Organisation, Stuttgart.

Bitner, Mary Jo (1990): Evaluating Service Encounters: The Effects of Physical Surroundings and Employees Responses, in: Journal of Marketing, 54 (2), S. 69-82.

Bitner, Mary Jo (1992): Servicescapes: The Impact of Physical Surroundings on Customers and Employees, in: Journal of Marketing, 56 (2), S. 57-71.

Bitner, Mary Jo; Booms, Bernhard H.; Tetreault, Mary Stanfield (1990): The Service Encounter: Diagnosing Favorable and Unfavorable Incidents, in: Journal of Marketing, 54 (1), S. 71-84.

Bitner, Mary Jo; Faranda, William T.; Hubbert, Amy R.; Zeithaml, Valarie A. (1997): Customer Contributions and Roles in Service Delivery, in: Journal of Service Industry and Management, 8 (3), S. 193-205.

Blaho, Robert (2001): Massenindividualisierung: Erstellung integrativer Leistungen auf Massenmärkten, Bratislava.

Blake, Robert R.; Mouton, Jane S. (1970): The Grid for Sales Excellence. Benchmarks for Effective Salesmanship, New York u.a.

Blattberg, Robert C.; Glazer, Rashi (1994): Marketing in the Information Revolution, in: Blattberg, Robert C.; Glazer, Rashi; Little, John D. C. (Hrsg.): The Marketing Information Revolution, Boston, S. 9-29.

Blecker, Thorsten; Abdelkafi, Nizar (2006): Mass Customization: State-of-the-Art and Challenges, in: Blecker, Thorsten; Friedrich, Gerhard (Hrsg.): Mass Customization: Challenges and Solutions, New York, S. 1-25.

Blecker, Thorsten; Friedrich, Gerhard; Kaluza, Bernd; Abdelkafi, Nizar; Kreutler, Gerold (2005): Information and Management Systems for Product Customization, New York.

Bloch, Peter H.; Bruce, Grady D. (1984): Product Involvement as Leisure Behavior, in: Advances in Consumer Research, 11 (1), S. 197-202.

Böcker, Franz (1994): Marketing für Leistungssysteme, Stuttgart.

Bollen, Kenneth A. (1989): Structural Equations with Latent Variables, New York.

Bolton, Ruth N.; Drew, James H. (1991a): A Longitudinal Analysis of the Impact of Service Changes on Customer Attitudes, in: Journal of Marketing, 55 (1), S. 1-9.

Bolton, Ruth N.; Drew, James H. (1991b): A Multistage Model of Customers' Assessments of Service Quality and Value, in: Journal of Consumer Research, 17 (4), S. 375-384.

Bortz, Jürgen; Döring, Nicola (2003): Forschungsmethoden und Evaluation: für Human- und Sozialwissenschaftler, Berlin u.a.

Boulding, William; Kalra, Ajay; Staelin, Richard; Zeithaml, Valarie A. (1193): A Dynamic Process Model of Service Quality: From Expectations to Behavioral Intentions, in: Journal of Marketing Research, 30 (1), S. 7-27.

Bourke, Richard W. (2000): Product Configurators: Key Enablers for Mass Customization, in: Midrange Enterprise, (8), S. 1-3.

Bowen, David E. (1986): Managing Customers as Human Resources in Service Organizations, in: Human Resource Management, 25 (3), S. 371-383.

Bowen, David E.; Schneider, Benjamin (1985): Boundary-Spanning-Role Employees and the Service Encounter: Some Guidelines for Management and Research, in: Czepiel, John A.; Solomon, Michael R.; Surprenant, Carol F. (Hrsg.): The Service Encounter, Managing Employee/Customer Interaction in Service Business, Lexington u.a., S. 127-147.

Bowers, Michael R.; Martin, Charles L.; Luker, Alan (1990): Trading Places: Employees as Customers, Customers as Employees, in: The Journal of Services Marketing, 4 (2), S. 55-69.

Broderick, Anne J. (1998): Role Theory, Role Management and Service Performance, in: The Journal of Services Marketing, 12 (5), S. 348-361.

Broekhuizen, Thijs Lennart Jaap; Alsem, Karel Jan (2002): Success Factors for Mass Customization: A Conceptual Model, in: Journal of Market-Focused Management, 5 (4), S. 309-330.

Brosius, Felix (2004): SPSS 12, Bonn.

Browne, Michael W.; Cudeck, Robert (1993): Alternative Ways of Assessing Model Fit, in: Bollen, Kenneth A.; Long, Scott J. (Hrsg.): Testing Structural Equation Models, Newbury Park, S. 136-162.

Brucks, Merrie (1985): The Effects of Product Class Knowledge on Information Search Behavior, in: Journal of Consumer Research, 12 (1), S. 1-16.

Bruhn, Manfred (1997): Kommunikationspolitik: Grundlagen der Unternehmenskommunikation, München.

Bruhn, Manfred (2005): Unternehmens- und Marketingkommunikation: Handbuch für ein integriertes Kommunikationsmanagement, München.

Bruhn, Manfred; Georgi, Dominik (2005): Wirtschaftlichkeit des Kundenbindungsmanagements, in: Bruhn, Manfred; Homburg, Christian (Hrsg.): Handbuch Kundenbindungsmanagement. Strategien und Instrumente für ein erfolgreiches CRM, 3. Auflage, Wiesbaden, S. 589-619.

Bruhn, Manfred; Stauss, Bernd (2000): Dienstleistungsqualität: Konzepte – Methoden – Erfahrungen, Wiesbaden.

Bruhn, Manfred; Stauss, Bernd (2001): Dienstleistungsmanagement Jahrbuch 2001. Interaktionen im Dienstleistungsbereich, Wiesbaden.

Bühl, Achim; Zöfel, Peter (2000): SPSS Version 10: Einführung in die moderne Datenanalyse unter Windows, München u.a.

Bühner, Markus (2004): Einführung in die Test- und Fragebogenkonstruktion, München u.a.

Burghard, Werner; Kleinaltenkamp, Michael (1996): Standardisierung und Individualisierung – Gestaltung der Schnittstelle zum Kunden, in: Kleinaltenkamp, Michael; Fließ, Sabine; Jacob, Frank (Hrsg.): Customer Integration: Von der Kundenorientierung zur Kundenintegration, Wiesbaden, S. 163-176.

Burke, Raymond R. (2002): Technology and the Customer Interface: What Consumers Want in the Physical and Virtual Store, in: Journal of the Academy of Marketing Science, 30 (4), S. 411-432.

Burton, Scot (1990): The Framing of Purchase for Services, in: The Journal of Services Marketing, 4 (4), S. 55-67.

Byrne, Barbara M. (2001): Structural Equation Modeling with AMOS: Basic Concepts, Applications, and Programming, Mahwah/London.

Cadotte, Ernest R.; Woodruff, Robert B.; Jenkins, Roger L. (1987): Expectations and Norms in Models of Consumer Satisfaction, in: Journal of Marketing Research, 24, S. 305-314.

Campbell, Alexandra J. (2003): Creating Customer Knowledge Competence: Managing Customer Relationship Management Programs Strategically, in: Industrial Marketing Management, 32 (5), S. 375-383.

Canziani, Bonnie Farber (1997): Leveraging Customer Competency in Service Firms, in: International Journal of Service Industry Management, 8 (1), S. 5-25.

Cappella, Joseph N. (1987): Interpersonal Communication: Definitions and Fundamental Questions, in: Berger, Charles R.; Chaffee, Steven H. (Hrsg.): Handbook of Communication Science, Newbury Park, S. 184-238.

Capraro, Anthony J.; Broniarczyk, Susan; Srivastava, Rajendra K. (2003): Factors Influencing the Likelihood of Customer Defection: The Role of Customer Knowledge, in: Academy of Marketing Science Journal, 31 (2), S. 164-175.

Carman, James M. (1990): Consumer Perceptions of Service Quality: An Assessment of the SERVQUAL Dimensions, in: Journal of Retailing, 66 (1), S. 33-55.

Carmines, Edward G.; Zeller, Richard A. (1979): Reliability and Validity Assessment, Beverly Hills u.a.

Chase, Richard B. (1981): The Customer Contact Approach to Services: Theoretical Bases and Practical Extensions, in: Operations Research, 29 (4), S. 698-706.

Chase, Richard B.; Garvin, David A. (1989): The Service Factory, in: Harvard Business Review, 67 (4), S. 61-69.

Chase, Richard B.; Tansik, David A. (1983): The Customer Contact Model for Organization Design, in: Management Science, 29 (9), S. 1037-1050.

Chiou, Jyh-Shen; Drodge, Cornelia; Hanvanich, Sangpeth (2002): Does Customer Knowledge Affect How Loyalty Is Formed?, in: Journal of Service Research, 5 (2), S. 113-124.

Churchill, Gilbert A. (1979): A Paradigm for Developing Better Measures of Marketing Constructs, in: Journal of Marketing Research, 16 (2), S. 64-73.

Churchill, Gilbert A. (1987): Marketing Research: Methodological Foundations, Chicago.

Churchill, Gilbert A.; Peter, J. Paul (1984): Research Design Effects on the Reliability of Rating Scales: A Meta-Analysis, in: Journal of Marketing Research, 21 (November), S. 360-375.

Churchill, Gilbert A.; Surprenant, Carol F. (1982): An Investigation into the Determinants of Customer Satisfaction, in: Journal of Marketing Research, 19 (4), S. 491-504.

Clarke, Keith; Belk, Russel W. (1979): The Effects of Product Involvement and Task Definition on Anticipated Consumer Effort, in: Advances in Consumer Research, 6 (1), S. 313-318.

Coase, Ronald H. (1937): The Nature of the Firm, in: Economica, 4 (4), S. 386-405.

Commons, John R. (1934): Institutional Economics. Its Place in Political Economy, New York.

Corsten, Hans (1985): Die Produktion von Dienstleistungen, Berlin.

Corsten, Hans (1988): Betriebswirtschaftslehre der Dienstleistungsunternehmungen: Einführung, München/Wien.

Corsten, Hans (1997): Dienstleistungsmanagement, München u.a.

Corsten, Hans (1998): Der Integrationsgrad als Gestaltungsparameter der Dienstleistungsproduktion, Kaiserslautern.

Corsten, Hans (2001): Ansatzpunkte für ein integratives Dienstleistungsmanagement, in: Bruhn, Manfred; Meffert, Heribert (Hrsg.): Handbuch Dienstleistungsmanagement, 2. Auflage, Wiesbaden, S. 51-71.

Corsten, Hans; Stuhlmann, Stephan (2001): Die Integration des externen Faktors und ihre Auswirkungen auf das Kapazitätsmanagement von Dienstleistungsunternehmungen, in: Bruhn, Manfred; Stauss, Bernd (Hrsg.): Dienstleistungsmanagement Jahrbuch 2001. Interaktionen im Dienstleistungsbereich, Wiesbaden, S. 225-248.

Coupey, Eloise; Irwin, Julie R.; OPayne, John W. (1998): Product Category Familiarity and Preference Construction, in: Journal of Consumer Research, 24 (4), S. 459-468.

Cowles, Deborah; Crosby, Lawrence A. (1990): Consumer Acceptance of Interactive Media in Service Marketing Encounters, in: Service Industries Journal, 10 (3), S. 521-540.

Cronbach, Lee J. (1951): Coefficient Alpha and the Internal Structure of Tests, in: Psychometrika, 16, S. 297-334.

Cronin, Joseph J. Jr.; Taylor, Steven A. (1992): Measuring Service Quality: A Reexamination and Extension, in: Journal of Marketing, 56 (3), S. 55-68.

Cronin, Joseph J. Jr.; Taylor, Steven A. (1994): An Empirical Assessment of the Servperf Scale, in: Journal of Marketing Theory & Practice, 2 (4), S. 52-69.

Cronin, Joseph J. Jr.; Taylor, Steven A. (1994): SERVPERF Versus SERVQUAL: Reconciling Performance-Based Perceptions-Minus-Expectations Measurement of Service Quality, in: Journal of Marketing, 58 (1), S. 125-131.

Crosby, Leon B.; DeVito, Raffael; Pearson, J. Michael (2003): Manage Your Customers' Perception of Quality, in: Review of Business, (Winter), S. 18-24.

Crow, Janis J.; Shanteau, James; Casey, John D. (2003): Using the Internet to Investigate Consumer Choice Spaces, in: Behavior Research Methods Instruments & Computers, 35 (2), S. 259-262.

Cui, Charles C.; Zhu, J. L. (2005): Desire for Unique Consumer Products and Consumer Shopping Destinations, in: Proceedings of the 34th EMAC Conference: Rejuvenating Marketing: Contamination, Innovation, Integration, 24.-27. Mai 2005, Mailand.

Czepiel, John A. (1990): Service Encounters and Service Relationships, in: Journal of Business Research, 20 (1), S. 13-21.

Dabholkar, Pratibha A. (1990): How to Improve Perceived Service Quality by Improving Customer Participation, in: Dunlap, Barbara J. (Hrsg.): Developments of Marketing Science, Cullowhee, S. 483-487.

Dabholkar, Pratibha A. (1994): Technology-based Service Delivery: A Classification Scheme for Developing Marketing Strategies, in: Swartz, Teresa A.; Bowen, David E.; Brown, Stephen W. (Hrsg.): Advances in Service Marketing and Management, Greenwich, S. 241-271.

Dabholkar, Pratibha A. (1996): Consumer Evaluations of New Technology-Based Self-Service Options: An Investigation of Alternative Models of Service Quality, in: International Journal of Research in Marketing, 13 (1), S. 29-51.

Dabholkar, Pratibha A.; Bagozzi, Richard P. (2002): An Attitudinal Model of Technology-Based Self-Service: Moderating Effects of Consumer Traits and Situational Factors, in: Journal of the Academy of Marketing Science, 30 (3), S. 184-201.

Davis, Stanley M. (1987): Future Perfect, Boston.

Day, George S. (1994): The Capabilities of Market-driven Organizations, in: Journal of Marketing, 58 (10), S. 37-52.

De Meuse, Kenneth P.; Erffmeyer, Robert C. (1994): The Relative Importance of Verbal and Nonverbal Communication in a Sales Situation: An Exploratory Study, in: Journal of Marketing Management, 4 (1), S. 11-17.

Decker, Reinhold; Wagner, Ralf; Temme, Thorsten (2000): Fehlende Werte in der Marktforschung, in: Herrmann, Andreas; Homburg, Christian (Hrsg.): Marktforschung. Methoden – Anwendungen – Praxisbeispiele, Wiesbaden, S. 79-98.

Dellaert, Benedict G. C.; Goebel, Jens; Dabholkar, Pratibha A. (2004): Consumer Decisions to use Online Mass Customized Retailing, Arbeitspapier des Department of Marketing, Faculty of Economics and Business Administration, Maastricht University sowie des Department of Marketing and Logistics, College of Business Administration, The University of Tennessee.

Dellaert, Benedict G. C.; Stremersch, Stefan (2003): When Do Consumers Mass Customize? An Extended Choice Modeling Framework, in: Proceedings of the 2nd Interdisciplinary World Congress on Mass Customization and Personalization, 6.-8. Oktober 2003, München.

Dellaert, Benedict G. C.; Stremersch, Stefan (2005): Marketing Mass Customized Products: Striking a Balance between Utility and Complexity, Arbeitspapier, erscheint in: Journal of Marketing Research, 42 (Mai), S. 219-227.

Dellaert, Benedict G. C.; Syam, Niladri B. (2001): Consumer-Producer Interaction: A Strategic Analysis of the Market for Customized Products, in: Review of Marketing Science Working Papers, Berkeley Electronic Press.

Devlin, James F. (2002): Customer Knowledge and Choice Criteria in Retail Banking, in: Journal of Strategic Marketing, 10 (4), S. 273-290.

Diekmann, Andreas (1999): Empirische Sozialforschung, 5. Auflage, Reinbek.

Diller, Hermann (2006): Die Bedeutung des Beziehungsmarketing für den Unternehmenserfolg, in: Wilde, Klaus D.; Hippner, Hajo (Hrsg.): Grundlagen des CRM – Konzepte und Gestaltung, 2. Auflage, Wiesbaden, S. 97-120.

Diller, Hermann; Müllner, Markus (1998): Kundenbindungsmanagement, in: Meyer, Anton (Hrsg.): Handbuch Dienstleistungs-Marketing, Band 2, Stuttgart, S. 1219-1240.

Dion, Paul A.; Notarantonio, Elaine M. (1992): Salesperson Communication Style: The Neglected Dimension in Sales Performance, in: Journal of Business Communication, 29 (1), S. 63-77.

Dockenfuß, Rolf (2003): Praxisanwendungen von Toolkits und Konfiguratoren zur Erschließung taziten Userwissens, in: Herstatt, Cornelius; Verworn, Birgit (Hrsg.): Management der frühen Innovationsphasen, Wiesbaden, S. 215-232.

Donabedian, Avedis (1980): The Definition of Quality and Approaches to Its Assessment, Ann Arbor.

Donthu, Naveen; Gilliland, David (1996): The Infomercial Shopper, in: Journal of Advertising Research, 36 (2), S. 69-76.

Du, Xuehong; Jiao, Jianxin; Tseng, Mitchell M. (2003): Modelling Platform-based Product Configuration Using Programmed Attributed Graph Grammars, in: Journal of Engineering Design, 14 (2), S. 145-167.

Duray, Rebecca; Milligan, Glenn W. (1999): Improving Customer Satisfaction through Mass Customization, in: Quality Progress, 32 (8), S. 60-66.

Dziuban, Charles D.; Shirkey, Edwin C. (1974): When is a Correlation Matrix Appropriate for Factor Analyses?, in: Psychological Bulletin, 81, S. 358-361.

Easterby-Smith, Mark; Thorpe, Richard; Lowe, Andy (2004): Management Research, London u.a.

Engelhardt, Werner Hans (1989): Dienstleistungsorientiertes Marketing. Antwort auf die Herausforderung durch neue Technlogien, in: Adam, Dietrich; Backhaus, Klaus; Meffert, Heribert; Wagner, Helmut (Hrsg.): Integration und Flexibilität: Eine Herausforderung für die allgemeine Betriebswirtschaftslehre, Wiesbaden, S. 269-288.

Engelhardt, Werner Hans; Freiling, Jörg (1995): Die integrative Gestaltung von Leistungspotentialen, in: Zeitschrift für betriebswirtschaftliche Forschung zfbf, 47 (10), S. 899-918.

Engelhardt, Werner Hans; Kleinaltenkamp, Michael; Reckenfelderbäumer, Martin (1993): Leistungsbündel als Absatzobjekte, in: Zeitschrift für betriebswirtschaftliche Forschung zfbf, 45 (5), S. 395-426.

Engelhardt, Werner Hans; Kleinaltenkamp, Michael; Reckenfelderbäumer, Martin (1995): Leistungstypologien als Basis des Marketing – ein erneutes Plädoyer für die Aufhebung der Dichotomie von Sachleistungen und Dienstleistungen, in: DBW – Die Betriebswirtschaft, 55 (5), S. 673-678.

Engels, Achim; Timaeus, Ernst (1983): Face to Face Interaktionen, in: Irle, Martin; Bussmann, Wolf (Hrsg.): Marktpsychologie als Sozialwissenschaft, Göttingen, S. 344-401.

Ernenputsch, Margit A. (1986): Theoretische und empirische Untersuchungen zum Beschaffungsprozess bei konsumtiven Dienstleistungen, Bochum.

Erpenbeck, John; von Rosenstiel, Lutz (2003): Einführung, in: Erpenbeck, John; von Rosenstiel, Lutz (Hrsg.): Handbuch Kompetenzmessung: Erkennen, Verstehen und Bewerten von Kompetenzen in der betrieblichen, pädagogischen und psychologischen Praxis, Stuttgart, S. IX-XL.

Evans, Franklin B. (1963): Selling as a Dyadic Relationship – A New Approach, in: The American Behavioral, 6 (9), S. 76-79.

Fabrigar, Leandre R.; Wegener, Duane T.; MacCallum, Robert C.; Strahan, Erin J. (1999): Evaluating the Use of Exploratory Factor Analysis in Psychological Research, in: Psychological Methods, 4 (3), S. 272-299.

Feick, Lawrence; Price, Linda L. (1987): The Market Maven: A Diffuser of Marketplace Information, in: Journal of Consumer Research, 51 (1), S. 83-97.

Fiore, Ann Marie; Lee, Seung-Eun; Kunz, Grace (2004): Individual Differences, Motivations, and Willingness to Use a Mass Customization Option for Fashion Products, in: European Journal of Marketing, 38 (7), S. 835-849.

Firat, A. Fuat; Dholakia, Nikhilesh; Venkatesh, Alladi (1993): Marketing in a Postmodern World, in: European Journal of Marketing, 29 (1), S. 40-56.

Fishbein, Martin; Ajzen, Icek (1972): Belief, Attitude, Intention, and Behavior: An Introduction to Theory and Research, in: Annual Review of Psychology, 23, S. 487-544.

Fitzsimmons, James A. (1985): Consumer Participation and Productivity in Service Operations, in: Interfaces, 15 (3), S. 60-67.

Fließ, Sabine (2001): Die Steuerung von Kundenintegrationsprozessen: Effizienz in Dienstleistungsunternehmen, Wiesbaden.

Flohr, Bernd; Niederfeichtner, Friedrich (1982): Zum gegenwärtigen Stand der Personalentwicklungsliteratur: Inhalte, Probleme und Erweiterungen, in: Zeitschrift für betriebswirtschaftliche Forschung zfbf, 34 (Sonderheft 14), S. 11-49.

Flynn, Leisa Reinecke; Goldsmith, Ronald E. (1999): A Short Reliable Measure of Subjective Knowledge, in: Journal of Business Research, 46 (1), S. 57-66.

Flynn, Leisa Reinecke; Goldsmith, Ronald E.; Eastman, Jacqueline K. (1996): Opinion Leaders and Opinion Seekers: Two Measurement Scales, in: Journal of the Academy of Marketing Science, 24 (2), S. 137-147.

Fodness, Dale; Pitegoff, Barry E.; Sautter, Elise Truly (1993): From Customer to Competitor: Consumer Cooption in the Service Sector, in: Journal of Services Marketing, 7 (3), S. 18-25.

Forman, Andrew M.; Sriram, Ven (1991): The Depersonalization of Retailing: Its Impact on The "Lonely" Consumer, in: Journal of Retailing, 67 (2), S. 226-243.

Fornell, Claes (1982): A Second Generation of Multivariate Analysis – An Overview, in: Fornell, Claes (Hrsg.): A Second Generation of Multivariate Analysis, Band 1, New York, S. 1-21.

Fornell, Claes (1986): A Second Generation of Multivariate Analysis: Classification of Methods and Implications for Marketing Research, Working Paper, University of Michigan, Ann Arbor.

Fornell, Claes; Larcker, David F. (1981): Evaluating Structural Equation Models with Unobservable Variables and Measurement Errors, in: Journal of Marketing Research, 18 (1), S. 39-50.

Frank, Stefan (2004): Kennzahlenbasiertes strategisches Kompetenzmanagement, in: von den Eichen, Stephan A. Friedrich; Hinterhuber, Hans H.; Matzler, Kurt; Stahl, Heinz K. (Hrsg.): Entwicklungslinien des Kompetenzmanagements, Wiesbaden, S. 309-324.

Franke, Nikolaus; Piller, Frank T. (2003): Key Research Issues in User Interaction with Configuration Toolkits in a Mass Customization System, in: International Journal of Technology Management, 26 (5/6), S. 578-599.

Franke, Nikolaus; Piller, Frank T. (2004): Value Creation by Toolkits for User Innovation and Design: The Case of the Watch Market, in: Journal of Product Innovation Management, 21 (6), S. 401-421.

Franke, Nikolaus; Schreier, Martin (2002): Entrepreneurial Opportunities with Toolkits for User Innovation and Design, in: Arbeitspapier der Vienna University of Economics and Business Administration, später veröffentlicht in: The International Journal on Media Management, 4 (4), S. 225-234.

Franke, Thomas; Mertens, Peter (2003): User Modeling and Personalization: Experiences in German Industry and Public Administration, in: Tseng, Mitchell M.; Piller, Frank T. (Hrsg.): The Customer Centric Enterprise: Advances in Mass Customization and Personalization, Berlin u.a.

Friesen, G. Bruce (2001): Co-creation: When 1 and 1 Make 11, in: Consulting to Management, 12 (1), S. 28-31.

Frühwirt, Wolfgang; Prügl, Reinhard (2005): Eval-U-Tool 1.0 – An Instrument for Assessing and Benchmarking Mass Customization Toolkits, in: Proceedings of the 3rd Interdisciplinary World Congress on Mass Customization and Personalization, 18.-21. September 2005, Hong Kong.

Frutos, Juan Diego; Borenstein, Denis (2003): Object-oriented Model for Customer-Building Company Interaction in Mass Customization Environment, in: Journal of Construction Engineering and Management, 129 (3), S. 302-313.

Fuchs, Victor (1968): The Service Economy, New York.

Garvin, David A. (1984): What does "Product Quality" Really Mean?, in: Sloan Management Review, (Herbst), S. 25-43.

Gemünden, Hans G. (1981): Innovationsmarketing: Interaktionsbeziehungen zwischen Hersteller und Verwender innovativer Investitionsgüter, Tübingen.

Gerbing, David W.; Anderson, James C. (1988): An Updated Paradigm for Scale Development Incorporating Unidimensionality and Its Assessment, in: Journal of Marketing Research, 25 (2), S. 186-192.

Gerhard, Andrea (1995): Die Unsicherheit des Konsumenten bei der Kaufentscheidung. Verhaltensweisen von Konsumenten und Anbietern, Wiesbaden.

Gersch, Martin (1995): Die Standardisierung integrativ erstellter Leistungen, Arbeitsbericht Nr. 57 des Instituts für Unternehmensführung und Unternehmensforschung, Universität Bochum.

Gersuny, Carl; Rosengren, William R. (1973): The Service Society, Cambridge.

Gerum, Elmar (1977): Zu den normativen und empirischen Elementen einer Theorie einzelwirtschaftlicher Institutionen. Zugleich einige Anmerkungen zur "Betriebswirtschaftlichen Handlungstheorie" und „Empirischen Theorie der Unternehmung", in: Köhler, Richard (Hrsg.): Empirische und handlungstheoretische Forschungskonzeptionen in der Betriebswirtschaftslehre, Stuttgart, S. 209-228.

Giering, Annette (2000): Der Zusammenhang zwischen Kundenzufriedenheit und Kundenloyalität: Eine Untersuchung moderierender Effekte, Wiesbaden.

Gilmore, James H.; Pine II, B. Joseph (1997): The Four Faces of Mass Customization, in: Harvard Business Review, 75 (1), S. 91-101.

Gilmore, James H.; Pine II, B. Joseph (2000): The Four Faces of Mass Customization, in: Gilmore, James H.; Pine II, B. Joseph (Hrsg.): Markets of One, Boston, S. 115-132.

Goldsmith, Ronald E.; d'Hauteville, Francois; Flynn, Leisa Reinecke (1998): Theory and Measurement of Consumer Innovativeness. A Transnational Evaluation, in: European Journal of Marketing, 32 (3/4), S. 340-353.

Goodwin, Cathy (1988): "I Can Do It Myself": Training the Service Consumer to Contribute to Service Productivity, in: The Journal of Services Marketing, 2 (4), S. 71-78.

Goodwin, Cathy; Radford, Russell (1993): Models of Service Delivery: An Integrative Perspective, in: Advances in Service Marketing and Management, 2, S. 231-252.

Gouthier, Matthias H. J. (2003): Kundenentwicklung im Dienstleistungsbereich, Wiesbaden.

Gouthier, Matthias H. J. (2006): Customer Empowerment in Geschäftsbeziehungen, in: Wilde, Klaus D.; Hippner, Hajo (Hrsg.): Grundlagen des CRM – Konzepte und Gestaltung, 2. Auflage, Wiesbaden, S. 167-194.

Gouthier, Matthias H. J.; Schmid, Stefan (2003): Customers and Customer Relationships in Service Firms: The Perspective of the Resource-based View, in: Marketing Theory, 3 (1), S. 119-143.

Griffin, Mitch; Babin, Barry J.; Attaway, Jill S. (1996): Anticipation of Injurious Consumption Outcomes and Its Impact on Consumer Attributions of Blame, in: Journal of the Academy of Marketing Science, 24 (4), S. 314-327.

Grochla, Erwin (1978): Einführung in die Organisationstheorie, Stuttgart.

Grönroos, Christian (1983): Innovative Marketing Strategies and Organization Structures for Service Firms, in: Berry, Leonard L.; Shostack, G. Lynn; Upah, Gregory D. (Hrsg.): Emerging Perspectives on Services Marketing, Chicago, S. 9-21.

Grün, Oskar; Brunner, Jean-Claude (2002): Der Kunde als Dienstleister: Von der Selbstbedienung zur Co-Produktion, Wiesbaden.

Grün, Oskar; Brunner, Jean-Claude (2003): Wenn der Kunde mit anpackt: Wertschöpfung durch Co-Produktion, in: Zeitschrift Führung Organisation ZFO, 72 (2), S. 87-93.

Grund, Michael A. (1998): Interaktionsbeziehungen im Dienstleistungsmarketing. Zusammenhänge zwischen Zufriedenheit und Bindung von Kunden und Mitarbeitern, Wiesbaden.

Guilabert, Margarita B.; Donthu, Naveen (2003): Mass Customization and Consumer Behavior: The Development of a Scale to Measure Consumer Customization Sensitivity, in: Proceedings of the 2nd Interdisciplinary World Congress on Mass Customization and Personalization, 6.-8. Oktober 2003, München.

Gummesson, Evert (1994): Service Management: An Evaluation and the Future, in: International Journal of Service Industry Management, 5 (1), S. 77-96.

Gurzki, Thorsten; Hinderer, Henning; Rotter, Uwe (2003): Individualized Avatars and Personalized Customer Consulting: A Platform for Fashion Shopping, in: Tseng, Mitchell M.;

Piller, Frank T. (Hrsg.): The Customer Centric Enterprise: Advances in Mass Customization and Personalization, Berlin u.a., S. 477-489.

Hahn, Dietger (1975): Kompetenz, in: Gaugler, Eduard (Hrsg.): Handwörterbuch des Personalwesens, Stuttgart, S. 1112-1118.

Haller, Sabine (1995): Beurteilung von Dienstleistungsqualität. Dynamische Betrachtung des Qualitätsurteils im Weiterbildungsbereich, Wiesbaden.

Hammann, Peter; Erichson, Bernd (2000): Marktforschung, Stuttgart.

Hart, Christopher W. L. (1995): Mass Customization: Conceptual Underpinnings, Opportunities and Limits, in: International Journal of Service Industry Management, 6 (2), S. 36-45.

Heinen, Edmund (1991): Industriebetriebslehre als entscheidungsorientierte Unternehmensführung, in: Heinen, Edmund (Hrsg.): Industriebetriebslehre: Entscheidungen im Industriebetrieb, 9. Auflage, Wiesbaden, S. 1-71.

Helm, Sabrina (2001): Unsicherheitsaspekte integrativer Leistungserstellung – eine Analyse am Beispiel der Anbieter-Nachfrager-Interaktion im Asset Management, in: Bruhn, Manfred; Stauss, Bernd (Hrsg.): Dienstleistungsmanagement Jahrbuch 2001. Interaktionen im Dienstleistungsbereich, Wiesbaden, S. 67-89.

Hennig-Thurau, Thorsten (1998): Konsum-Kompetenz: Eine neue Zielgröße für das Management von Geschäftsbeziehungen. Theoretische Begründung und empirische Überprüfung der Relevanz für das Konsumgütermarketing, Frankfurt am Main u.a.

Hennig-Thurau, Thorsten (1999): Steigert die Vermittlung von Konsum-Kompetenz den Erfolg des Beziehungsmarketing? Das Beispiel Consumer Electronics, in: Die Unternehmung: Schweizerische Zeitschrift für betriebswirtschaftliche Forschung und Praxis, 53 (1), S. 21-38.

Hentze, Joachim; Lindert, Klaus (1998): Motivations- und Anreizsysteme in Dienstleistungs-Unternehmen, in: Meyer, Anton (Hrsg.): Handbuch Dienstleistungs-Marketing, Band 1, Stuttgart, S. 1010-1030.

Herder-Dorneich, Philipp; Kötz, Werner (1972): Zur Dienstleistungsökonomik: Systemanalyse und Systempolitik der Krankenhauspflegedienste, Berlin.

Herrmann, Andreas; Johnson, Michael D. (1999): Die Kundenzufriedenheit als Bestimmungsfaktor der Kundenbindung, in: Zeitschrift für betriebswirtschaftliche Forschung zfbf, 51 (6), S. 579-598.

Herrmann, Andreas; Schaffner, Dorothea; Heitmann, Mark (2006): Individuelles Entscheidungsverhalten bei Variantenvielfalt – die Wirkung der "Attribute Alignability", in: Zeitschrift für Betriebswirtschaft ZfB, 76 (3), S. 309-337.

Heyse, Volker; Erpenbeck, John (2004): Vorwort, in: Heyse, Volker; Erpenbeck, John (Hrsg.): Kompetenztraining: 64 Informations- und Trainingsprogramme, Stuttgart.

Higie, Robin A.; Feick, Lawrence F. (1989): Enduring Involvement: Conceptual and Methodological Issues, in: Advances in Consumer Research, 16, S. 690-696.

Hildebrand, Volker G. (1997): Individualisierung als strategische Option der Marktbearbeitung, Wiesbaden.

Hildebrandt, Lutz (1984): Kausalanalytische Validierung in der Marketingforschung, in: Marketing – Zeitschrift für Forschung und Praxis, 6 (1), S. 41-51.

Hilke, Wolfgang (1989): Grundprobleme und Entwicklungstendenzen des Dienstleistungs-Marketing, in: Hilke, Wolfgang (Hrsg.): Dienstleistungs-Marketing, Wiesbaden, S. 5-44.

Hippner, Hajo (2006): CRM – Grundlagen, Ziele und Konzepte, in: Wilde, Klaus D.; Hippner, Hajo (Hrsg.): Grundlagen des CRM – Konzepte und Gestaltung, 2. Auflage, Wiesbaden, S. 15-44.

Hirschman, Elizabeth C. (1980): Innovativeness, Novelty Seeking, and Consumer Creativity, in: Journal of Consumer Research, 7 (Dezember), S. 283-295.

Hirschman, Elizabeth C.; Holbrook, Morris (1982): Hedonic Consumption: Emerging Concepts, Methods and Propositions, in: Journal of Marketing, 46 (3), S. 92-101.

Hoffman, Donna L.; Novak, Thomas P. (1996): Marketing in Hypermedia Computer-Mediated Environments: Conceptual Foundations, in: Journal of Marketing, 60 (3), S. 50-68.

Hoffmann, Terrence (1999): The Meanings of Competency, in: Journal of European Industrial Training, 23 (6), S. 275-285.

Holbrook, Morris B.; Hirschmann, Elizabeth C. (1982): The Experiential Aspects of Consumption: Consumer Fantasies, Feelings, and Fun, in: Journal of Consumer Research, (9), S. 132-140.

Holling, Heinz; Liepmann, Detlev (1993): Personalentwicklung, in: Schuler, Heinz (Hrsg.): Lehrbuch Organisationspsychologie, Bern u.a., S. 285-316.

Holt, Douglas B. (1995): How Consumers Consume: A Typology of Consumption Practices, in: Journal of Consumer Research, 22 (1), S. 1-16.

Homans, George C. (1950): The Human Group, New York.

Homburg, Christian (2000): Kundennähe von Industriegüterunternehmen, Wiesbaden.

Homburg, Christian; Baumgartner, Hans (1995): Beurteilung von Kausalmodellen: Bestandsaufnahme und Anwendungsempfehlungen, in: Marketing – Zeitschrift für Forschung und Praxis, 18 (1), S. 162-176.

Homburg, Christian; Becker, Annette; Hentschel, Frederike (2005): Der Zusammenhang zwischen Kundenzufriedenheit und Kundenbindung, in: Bruhn, Manfred; Homburg, Christian (Hrsg.): Handbuch Kundenbindungsmanagement. Strategien und Instrumente für ein erfolgreiches CRM, 3. Auflage, Wiesbaden, S. 93-123.

Homburg, Christian; Bruhn, Manfred (2005): Kundenbindungsmanagement – Eine Einführung in die theoretischen und praktischen Problemstellungen, in: Bruhn, Manfred; Homburg, Christian (Hrsg.): Handbuch Kundenbindungsmanagement. Strategien und Instrumente für ein erfolgreiches CRM, 3. Auflage, Wiesbaden, S. 3-37.

Homburg, Christian; Bucericus, Matthias (2001): Kundenzufriedenheit als Managementherausforderung, in: Homburg, Christian (Hrsg.): Kundenzufriedenheit. Konzepte – Methoden – Erfahrungen, 4. Auflage, Wiesbaden, S. 51-83.

Homburg, Christian; Faßnacht, Martin; Harald, Werner (2000): Operationalisierung von Kundenzufriedenheit und Kundenbindung, in: Bruhn, Manfred; Homburg, Christian (Hrsg.): Handbuch Kundenbindungsmanagement: Grundlagen – Konzepte – Erfahrungen, 3. Auflage, Wiesbaden, S. 505-527.

Homburg, Christian; Giering, Annette (1996): Konzeptualisierung und Operationalisierung komplexer Konstrukte – Ein Leitfaden für die Marketingforschung, in: Marketing – Zeitschrift für Forschung und Praxis, 18 (1), S. 5-24.

Homburg, Christian; Giering, Annette (2001): Personal Characteristics as Moderators of the Relationship between Customer Satisfaction and Loyalty, in: Psychology & Marketing, 18 (1), S. 43-66.

Homburg, Christian; Giering, Annette; Hentschel, Frederike (1999): Der Zusammenhang zwischen Kundenzufriedenheit und Kundenbindung, in: DBW – Die Betriebswirtschaft, 59 (2), S. 174-195.

Homburg, Christian; Kebbel, Phoebe (2001): Involvement als Determinante der Qualitätswahrnehmung von Dienstleistungen, in: DBW – Die Betriebswirtschaft, 61 (1), S. 42-59.

Homburg, Christian; Kühlborn, Sven; Stock, Ruth (2005): Systemanbieterstrategien im Industriegütermarketing: Eine Untersuchung der Erfolgsfaktoren, in: Die Unternehmung: Schweizerische Zeitschrift für betriebswirtschaftliche Forschung und Praxis, 59 (5), S. 385-405.

Homburg, Christian; Stock, Ruth; Kühlborn, Sven (2005): Die Vermarktung von Systemen im Industriegütermarketing, in: DBW – Die Betriebswirtschaft, 65 (6), S. 537-562.

Honebein, Peter C. (1997): Strategies for Effective Customer Education, Lincolnwood.

Honebein, Peter C.; Cammarano, Roy F. (2005): Creating Do-It-Yourself Customers. How Great Customer Experiences Build Great Companies, Mason.

Hoppe, Sonja; Höllermann, Stefan (2001): Was versteht man unter Theorie- und Praxisbezug in der Dissertation?, Doktorandenseminar Forschungsmethoden und komplexe Strukturen, St. Gallen.

Hu, Litze; Bentler, Peter M. (1998): Fit Indices in Covariance Structure Modeling: Sensitivity to Underparameterized Model Misspecification, in: Psychologicial Methods, 3 (4), S. 424-453.

Hu, Litze; Bentler, Peter M. (1999): Cutoff Criteria for Fit Indexes in Covariance Structure Analysis: Conventional Criteria versus New Alternatives, in: Structural Equation Modeling, 6 (1), S. 1-55.

Huffman, Cynthia; Kahn, Barbara E. (1998): Variety for Sale: Mass Customization or Mass Confusion?, in: Journal of Retailing, 74 (4), S. 491-513.

Hüttner, Manfred; Schwarting, Ulf (2000): Exploratorische Faktorenanalyse, in: Herrmann, Andreas; Homburg, Christian (Hrsg.): Marktforschung. Methoden – Anwendungen – Praxisbeispiele, 2. Auflage, Wiesbaden, S. 381-412.

Ihl, Christoph; Müller, Melanie; Piller, Frank T.; Reichwald, Ralf (2006): Kundenzufriedenheit bei Mass Customization: Eine empirische Untersuchung zur Bedeutung des Co-Design-Prozesses aus Kundensicht, in: Die Unternehmung: Schweizerische Zeitschrift für betriebswirtschaftliche Forschung und Praxis, 60 (3), S. 165-184.

Jacob, Frank (1995): Produktindividualisierung als spezielle Form des Dienstleistungsmarketing im Business-to-Business-Bereich, in: Kleinaltenkamp, Michael (Hrsg.): Dienstleistungsmarketing. Konzeptionen und Anwendungen, Wiesbaden, S. 193-223.

Jacob, Frank (2002): Geschäftsbeziehungen und die Institutionen des marktlichen Austauschs, Wiesbaden.

Jacob, Frank (2003): Kundenintegrations-Kompetenz. Konzeptualisierung, Operationalisierung und Erfolgswirkung, in: Marketing – Zeitschrift für Forschung und Praxis, 25 (2), S. 83-98.

Jacoby, Jacob (1978): Consumer Research: How Valid and Useful Are All Our Consumer Behavior Findings? A State of the Art Review, in: Journal of Marketing, 42 (4), S. 87-96.

Jacoby, Jacob; Chestnut, Robert W.; Fischer, William A. (1978): A Behavioral Process Approach to Information Acquisition in Nondurable Purchasing, in: Journal of Marketing Research, 15 (4), S. 532-544.

Jacoby, Jacob; Troutman, Tracy; Kuss, Alfred; Mazursky, David (1986): Experience and Expertise in Complex Decision Making, in: Advances in Consumer Research, 13 (1), S. 469-472.

Jäger, Stephan (2004): Absatzsysteme für Mass Customization. Am Beispiel individualisierter Lebensmittelprodukte, Wiesbaden.

Johansen, Leif (1981): Interaction in Economic Theory, in: Economic Appliquée, 34 (2-3), S. 229-267.

Johnson, Eric J.; Russo, J. Edward (1984): Product Familiarity and Learning New Information, in: Journal of Consumer Research, 11 (1), S. 542-550.

Jones, Edward G.; Gerard, Harold B. (1967): Foundations of Social Psychology, New York.

Jöreskog, Karl G. (1966): Testing a Simple Structure Hypothesis in Factor Analysis, in: Psychometrika, 31, S. 165-178.

Joshi, Ashwin W.; Sharma, Sanjay (2004): Customer Knowledge Development: Antecedents and Impact on New Product Performance, in: Journal of Marketing, 68 (4), S. 47-59.

Kaas, Klaus P. (1995): Marketing und Neue Institutionenökonomik, in: Zeitschrift für betriebswirtschaftliche Forschung zfbf, 47 (Sonderheft 35), S. 1-18.

Kahn, Barbara E. (1998): Dynamic Relationships with Customers: High-Variety Strategies, in: Journal of the Academy of Marketing Science, 26 (1), S. 45-53.

Kahn, Barbara E.; Wansink, Brian (2004): The Influence of Assortment Structure on Perceived Variety and Consumption Quantities, in: Journal of Consumer Research, 30 (4), S. 519-533.

Kaiser, Henry F. (1974): An Index of Factorial Simplicity, in: Psychometrika, 39, S. 31-36.

Kaiser, Henry F.; Rice, John (1974): Little Jiffy, Mark IV, in: Educational and Psychological Measurement, 34, S. 111-117.

Kaiser, Peter (1982): Kompetenz als erlernbare Fähigkeit zur Analyse und Bewältigung von Lebenssituationen auf mehreren Ebenen, Oldenburg.

Kamali, Narges; Loker, Suzanne (2002): Mass Customization: On-line Consumer Involvement in Product Design, in: Journal of Computer-Mediated Communication, 7 (4).

Kapferer, Jean-Noël; Laurent, Gilles (1986): Consumer Involvement Profiles: A New Practical Approach to Consumer Involvement, in: Journal of Advertising Research, 25 (6), S. 49-56.

Kassarjian, Harold H. (1981): Low Involvement – A Second Look, in: Advances in Consumer Research, 8, S. 31-34.

Katz, Daniel; Kahn, Robert L. (1966): The Social Psychology of Organizations, New York.

Kebbel, Phoebe (2000): Qualitätswahrnehmung von Dienstleistungen. Determinanten und Auswirkungen, Wiesbaden.

Kelley, Scott W. (1989): Efficiency in Service Delivery: Technological or Humanistic Approaches?, in: The Journal of Services Marketing, 3 (3), S. 43-50.

Kelley, Scott W.; Donelly, James H. Jr.; Skinner, Steven J. (1990): Customer Participation in Service Production and Delivery, in: Journal of Retailing, 66 (3), S. 315-335.

Kelley, Scott W.; Skinner, Steven J.; Donelly, James H. Jr. (1992): Organizational Socialization of Service Customers, in: Journal of Business Research, 25 (3), S. 197-214.

Kendall Sproles, Elisabeth; Sproles, George B. (1990): Consumer Decision-making Styles as a Function of Individual Learning Styles, in: Journal of Consumer Affairs, 24 (1), S. 134-147.

Kern, Egbert (1990): Der Interaktionsansatz im Investitionsgütermarketing. Eine konfirmatorische Analyse, Berlin.

Kersten, Wolfgang; Zink, Thomas; Kern, Eva-Maria (2006): Wertschöpfungsnetzwerke zur Entwicklung und Produktion hybrider Produkte: Ansatzpunkte und Forschungsbedarf, in: Blecker, Thorsten; Gemünden, Hans Georg (Hrsg.): Wertschöpfungsnetzwerke. Festschrift für Bernd Kaluza, Berlin, S. 189-201.

Khalid, Halimahtun M.; Helander, Martin G. (2003): Web-Based Do-it-Yourself Product Design, in: Tseng, Mitchell M.; Piller, Frank T. (Hrsg.): The Customer Centric Enterprise: Advances in Mass Customization and Personalization, Berlin u.a., S. 247-266.

Kirsch, Werner; Kutschker, Michael (1978): Das Marketing von Investitionsgütern: Theoretische und empirische Perspektiven eines Interaktionsansatzes, Wiesbaden.

Klaus, Peter G. (1984): Auf dem Weg zu einer Betriebswirtschaftslehre der Dienstleistungen: Der Interaktionsansatz, in: DBW – Die Betriebswirtschaft, 44 (3), S. 467-475.

Kleinaltenkamp, Michael (1993): Standardisierung und Marktprozeß: Entwicklungen und Auswirkungen im CIM-Bereich, Wiesbaden.

Kleinaltenkamp, Michael (1996): Customer Integration: Kundenintegration als Leitbild für das Business-to-Business-Marketing, in: Kleinaltenkamp, Michael; Fließ, Sabine; Jacob, Frank (Hrsg.): Customer Integration: Von der Kundenorientierung zur Kundenintegration, Wiesbaden, S. 13-24.

Kleinaltenkamp, Michael (1997a): Integrativität als Kern einer umfassenden Leistungslehre, in: Backhaus, Klaus; Günter, Bernd; Kleinaltenkamp, Michael; Plinke, Wulff (Hrsg.): Marktleistung und Wettbewerb – Strategische und operative Perspektiven der marktorientierten Leistungsgestaltung, Werner H. Engelhardt zum 65. Geburtstag, Wiesbaden, S. 83-114.

Kleinaltenkamp, Michael (1997b): Kundenintegration, in: Wirtschaftswissenschaftliches Studium, 26 (7), S. 350-354.

Kleinaltenkamp, Michael (2000): Einführung in das Business-to-Business-Marketing, in: Kleinaltenkamp, Michael; Plinke, Wolfgang (Hrsg.): Technischer Vertrieb, 2. Auflage, Berlin/ Heidelberg, S. 171-247.

Kleinaltenkamp, Michael (2001): Begriffsabgrenzungen und Erscheinungsformen von Dienstleistungen, in: Bruhn, Manfred; Meffert, Heribert (Hrsg.): Handbuch Dienstleistungsmanagement: Von der strategischen Konzeption zur praktischen Umsetzung, 2. Auflage, Wiesbaden, S. 27-50.

Kleinaltenkamp, Michael (2002): Customer Integration im Electronic Business, in: Weiber, Rolf (Hrsg.): Handbuch Electronic Business, 2. Auflage, Wiesbaden, S. 443-468.

Kleinaltenkamp, Michael (2005): Kundenbindung durch Kundenintegration, in: Bruhn, Manfred; Homburg, Christian (Hrsg.): Handbuch Kundenbindungsmanagement. Strategien und Instrumente für ein erfolgreiches CRM, 3. Auflage, Wiesbaden, S. 361-378.

Kleinaltenkamp, Michael; Fließ, Sabine; Jacob, Frank (1996): Customer Integration: Von der Kundenorientierung zur Kundenintegration, Wiesbaden.

Kleinaltenkamp, Michael; Haase, Michaela (1999): Externe Faktoren in der Theorie der Unternehmung, in: Albach, Horst; Eymann, Egbert; Luhmer, Alfred; Steven, Marion (Hrsg.): Die Theorie der Unternehmung in Forschung und Praxis, Berlin u.a., S. 167-194.

Kleiser, Susan B.; Mantel, Susan P. (1994): The Dimensions of Consumer Expertise: A Scale Development, in: Proceedings of the AMA Summer Marketing Educators' Conference, Band 5, S. 20-26.

Kline, Rex B. (2005): Principles and Practice of Structural Equation Modeling, New York.

Knapp, Mark L.; Cody, Michael J.; Reardon, Kathleen Kelley (1987): Nonverbal Signals, in: Berger, Charles R.; Chaffee, Steven H. (Hrsg.): Handbook of Communication Science, Newbury Park, S. 358-418.

Köhne, Frank; Klein, Stefan (2004): Prosuming in der Telekommunikationsbranche: Konzeptionelle Grundlagen und Ergebnisse einer Delphi-Studie, Arbeitsberichte des Instituts für Wirtschaftsinformatik, Universität Münster, Münster.

Korell, Markus; Ganz, Walter (2000): Design hybrider Produkte – Der Weg vom Produkthersteller zum Problemlöser, in: Bullinger, Hans-Jörg (Hrsg.): Wettbewerbsfaktor Kreativität: Strategien, Konzepte und Werkzeuge zur Steigerung der Dienstleistungsperformance, Wiesbaden, S. 153-161.

Korell, Markus; Spath, Dieter (2003): Customer Knowledge Management – Überblick über ein neues Forschungsfeld, in: Bungard, Walter; Fleischer, Jürgen; Nohr, Holger; Spath, Dieter; Zahn, Erich (Hrsg.): Customer Knowledge Management. Erste Ergebnisse des Projektes Customer Knowledge Management, Stuttgart, S. 13-36.

Krafft, Manfred; Götz, Oliver (2006): Der Zusammenhang zwischen Kundennähe, Kundenzufriedenheit und Kundenbindung sowie deren Erfolgswirkungen, in: Wilde, Klaus D.; Hippner, Hajo (Hrsg.): Grundlagen des CRM – Konzepte und Gestaltung, 2. Auflage, Wiesbaden, S. 325-356.

Kratz, Jürgen (1975): Der Interaktionsprozess beim Kauf von einzeln gefertigten Investitionsgütern, Bochum.

Kreutler, Gerold; Jannach, Dietmar (2006): Personalized Needs Elicitation in Web-based Configuration Systems, in: Blecker, Thorsten; Friedrich, Gerhard (Hrsg.): Mass Customization: Challenges and Solutions, New York, S. 27-42.

Kreuzer, Michael (2005): Die praktische Relevanz von Mass Customization. Die individuellen Bedürfnisse des Kunden – oder der Kunde als Lemming?, Bern u.a.

Kroeber-Riel, Werner; Weinberg, Peter (2003): Konsumentenverhalten, München.

Krugman, Herbert E. (1965): The Impact of Television Advertising: Learning Without Involvement, in: Public Opinion Quarterly, 29 (3), S. 349-356.

Kuhlmann, Eberhard (1998): Besonderheiten des Nachfragerverhaltens bei Dienstleistungen, in: Bruhn, Manfred; Meffert, Heribert (Hrsg.): Handbuch Dienstleistungsmanagement: Von der strategischen Konzeption zur praktischen Umsetzung, Wiesbaden, S. 165-194.

Kurniawan, Sri Hartati (2004): Consumer Decision-Making in Product Selection and Product Configuration Processes, Dissertation, The Hong Kong University of Science and Technology, Hong Kong.

Kurniawan, Sri Hartati; Wong, K. Lu; Tseng, Mitchell M.; So, Richard H. Y. (2002): Facilitating Design-by-Customer Process for Mass Customization, in: Proceedings of the 2002 International CIRP Design Seminar, Hong Kong University of Science and Technology, 16.-18.05.2002, Hong Kong.

Lacher, Kathleen (1989): Hedonic Consumption: Music as a Product, in: Advances in Consumer Research, 16 (1), S. 367-373.

Lampel, Joseph; Mintzberg, Henry (1996): Customizing Customization, in: Sloan Management Review, 37 (1), S. 21-30.

Langeard, Eric; Bateson, John E. G.; Lovelock, Christopher H.; Eiglier, Pierre (1981): Services Marketing: New Insights from Consumers and Managers, Cambridge.

Larsson, Rikard; Bowen, David E. (1989): Organization and Customer: Managing Design and Coordination of Services, in: Academy of Management Review, 14 (2), S. 213-233.

Laurent, Gilles; Kapferer, Jean-Noël (1985): Measuring Consumer Involvement Profiles, in: Journal of Marketing Research, 22 (1), S. 41-53.

Lee, C.-H. Sophie; Barua, Anitesh; Whinston, Andrew B. (2000): The Complementarity of Mass Customization and Electronic Commerce, in: Economics of Innovation and New Technology, 9 (2), S. 81-110.

Lee, Haksik; Lee, Yongki; Yoo, Dongkeun (2000): The Determinants of Perceived Service Quality and Its Relationship with Satisfaction, in: Journal of Services Marketing, 14 (2/3), S. 217-231.

Lee, Hanjoon; Herr, Paul M.; Kardes, Frank R.; Kim, Chankon (1999): Motivated Search: Effects of Choice Accountability, Issue Involvement, and Prior Knowledge on Information Acquisition and Use, in: Journal of Business Research, 45 (1), S. 75-88.

Lehmann, Axel (1998): Dienstleistungsbeziehungen zwischen Kunde und Unternehmen, in: Bruhn, Manfred; Meffert, Heribert (Hrsg.): Handbuch Dienstleistungsmanagement: Von der strategischen Konzeption zur praktischen Umsetzung, Wiesbaden, S. 828-843.

Lengnick-Hall, Cynthia A. (1996): Customer Contributions to Quality: A Different View of the Customer-Oriented Firm, in: Academy of Management Review, 21 (3), S. 791-824.

Levin, Irwin P.; Schreiber, Judy; Lauriola, Marco; Gaeth, Gary J. (2002): A Tale of Two Pizzas: Building Up from a Basic Product Versus Scaling Down from a Fully-Loaded Product, in: Marketing Letters, 13 (4), S. 335-344.

Levitt, Theodore (1976): The Industrialization of Service, in: Harvard Business Review, 55 (5), S. 12-25.

Li, Tiger; Calantone, Roger J. (1998): The Impact of Market Knowledge Competence on New Product Advantage: Conceptualization and Empirical Examination, in: Journal of Marketing, 62 (4), S. 13-29.

Liebold, Renate; Trinczek, Rainer (2002): Experteninterview, in: Kühl, Stefan; Strodtholz, Petra (Hrsg.): Methoden der Organisationsforschung: Ein Handbuch, Reinbek, S. 33-71.

Liechty, John; Ramaswamy, Venkatram; Cohen, Steven H. (2001): Choice Menus for Mass Customization: An Experimental Approach for Analysing Customer Demand with an Application to a Web-Based Information Service, in: Journal of Marketing Research, 38 (2), S. 183-196.

Lockshin, Lawrence S.; Spawton, Anthony L.; Macintosh, Gerrard (1997): Using Product, Brand and Purchasing Involvement for Retail Segmentation, in: Journal of Retailing and Consumer Services, 4 (3), S. 171-183.

Lovelock, Christopher H.; Wirtz, Jochen (2004): Services Marketing: People, Technology, Strategy, Upper Saddle River.

Lovelock, Christopher H.; Young, Robert F. (1979): Look to Consumers to Increase Productivity, in: Harvard Business Review, 57 (3), S. 168-178.

Lürssen, Jürgen (1989): Produktwissen und Kaufentscheidung: Einbeziehung des Produktwissens bei der Analyse von Kaufentscheidungen mit der Information-Display-Matrix, Frankfurt am Main u.a.

Lusch, Robert F.; Brown, Stephen W.; Brunswick, Gary J. (1992): A General Framework for Explaining Internal vs. External Exchange, in: Journal of the Academy of Marketing Science, 20 (2), S. 119-134.

Lüthje, Christian (2000): Kundenorientierung im Innovationsprozess: Eine Untersuchung der Kunden-Hersteller-Interaktion in Konsumgütermärkten, Wiesbaden.

Lynn, Michael; Harris, Judy (1997): The Desire for Unique Consumer Products: A New Individual Differences Scale, in: Psychology & Marketing, 14 (6), S. 601-616.

Macharzina, Klaus (1970): Interaktion und Organisation: Versuch einer Modellanalyse, München.

Maheswaran, Durairaj; Sternthal, Brian; Gürhan, Zeynep (1996): Acquisition and Impact of Consumer Expertise, in: Journal of Consumer Psychology, 5 (2), S. 115-133.

Majer, Ingrid (2005): Mass Customization. Integration von Mass Customization und Marke, in: Gaiser, Brigitte; Linxweiler, Richard; Brucker, Vincent (Hrsg.): Praxisorientierte Markenführung. Neue Strategien, innovative Instrumente und aktuelle Fallstudien, Wiesbaden, S. 428-442.

Maleri, Rudolf (1994): Grundlagen der Dienstleistungsproduktion, Berlin u.a.

Maleri, Rudolf (2001): Grundlagen der Dienstleistungsproduktion, in: Bruhn, Manfred; Meffert, Heribert (Hrsg.): Handbuch Dienstleistungsmanagement: Von der strategischen Konzeption zur praktischen Umsetzung, 2. Auflage, Wiesbaden, S. 125-149.

Marks, Larry J.; Olson, Jerry C. (1981): Toward a Cognitive Structure Conceptualization of Product Familiarity, in: Advances in Consumer Research, 8 (1), S. 145-150.

Marschak, Jacob (1954): Towards an Economic Theory of Organization and Information, in: Thrall, Robert M.; Coombs, Clyde H.; Davis, Robert L. (Hrsg.): Decision Processes, New York/London, S. 187-220.

Martin, Charles L.; Pranter, Charles A. (1989): Compatibility Management: Customer-to-Customer Relationships in Service Environments, in: The Journal of Services Marketing, 3 (3), S. 5-15.

Mason, Kevin; Jensen, Thomas; Burton, Scot; Roach, Dave (2001): The Accuracy of Brand and Attribute Judgements: The Role of Information Relevancy, Product Experience, and Attribute-Relationship Schemata, in: Journal of the Academy of Marketing Science, 29 (3), S. 307-317.

Mattmüller, Roland (2004): Integrativ-Prozessuales Marketing: Eine Einführung, Wiesbaden.

Mayer, Rainer (1993): Strategien erfolgreicher Produktgestaltung: Individualisierung und Standardisierung, Wiesbaden.

McDougall, Gordon H. G.; Snetsinger, Douglas W. (1990): The Intangibility of Services: Measurement and Competitive Perspectives, in: Journal of Services Marketing, 4 (4), S. 27-40.

McQuarrie, Edward F.; Munson, J. Michael (1987): The Zaichkowsky Personal Involvement Inventory: Modification and Extension, in: Advances in Consumer Research, 14 (1), S. 36-40.

McQuarrie, Edward F.; Munson, J. Michael (1992): A Revised Product Involvement Inventory: Improved Usability and Validity, in: Advances in Consumer Research, 19 (1), S. 108-115.

Meffert, Heribert (1994): Marktorientierte Führung von Dienstleistungsunternehmen – neuere Entwicklungen in Theorie und Praxis, in: DBW – Die Betriebswirtschaft, 54 (4), S. 519-541.

Meffert, Heribert (1995): Entgegnungen zum Beitrag von W. H. Engelhardt/M. Kleinaltenkamp und M. Reckenfelderbäumer >>Leistungstypologien als Basis des Marketing – ein erneutes Plädoyer für die Aufhebung der Dichotomie von Sachleistungen und Dienstleistungen<<, in: DBW – Die Betriebswirtschaft, 55 (5), S. 678-682.

Meffert, Heribert; Bruhn, Manfred (2003): Dienstleistungsmarketing. Grundlagen – Konzepte – Methoden, Wiesbaden.

Merten, Klaus (1993): Die Entbehrlichkeit des Kommunikationsbegriffes – oder: Systematische Konstruktion von Kommunikation, in: Bentele, Günter; Rühl, Manfred (Hrsg.): Theorien öffentlicher Kommunikation: Problemfelder, Positionen, Perspektiven, München, S. 188-201.

Meuter, Matthew L.; Ostrom, Amy L.; Roundtree, Robert I.; Bitner, Mary Jo (2000): Self-Service Technologies: Understanding Customer Satisfaction with Technology-Based Service Encounters, in: Journal of Marketing, 64 (3), S. 50-64.

Meyer, Anton (1991): Dienstleistungsmarketing, in: DBW – Die Betriebswirtschaft, 51 (2), S. 195-209.

Meyer, Anton (1996): Dienstleistungs-Marketing: Erkenntnisse und praktische Beispiele, Augsburg.

Meyer, Anton (1998): Dienstleistungs-Marketing: Grundlagen und Gliederung des Handbuchs, in: Meyer, Anton (Hrsg.): Handbuch Dienstleistungs-Marketing, Band 1, Stuttgart, S. 3-22.

Meyer, Anton; Blümelhuber, Christian; Pfeiffer, Markus (2000): Der Kunde als Co-Produzent und Co-Designer – oder: die Bedeutung der Kundenintegration für die Qualitätspolitik von Dienstleistungsanbietern, in: Bruhn, Manfred; Stauss, Bernd (Hrsg.): Dienstleistungsqualität: Konzepte – Methoden – Erfahrungen, 3. Auflage, Wiesbaden, S. 49-70.

Meyer, Anton; Davidson, Hugh J. (2001): Offensives Marketing. Gewinnen mit P.O.I.S.E. Märkte gestalten – Potenziale nutzen, Freiburg u.a.

Meyer, Anton; Mattmüller, Roland (1987): Qualität von Dienstleistungen. Entwurf eines praxisorientierten Qualitätsmodells, in: Marketing – Zeitschrift für Forschung und Praxis, 9 (3), S. 187-195.

Meyer, Anton; Oevermann, Dirk (1995): Kundenbindung, in: Tietz, Bruno; Köhler, Richard; Zentes, Joachim (Hrsg.): Handwörterbuch des Marketing, 2. Auflage, Stuttgart, S. 1340-1351.

Meyer, Anton; Pfeiffer, Markus (1998): Der Einsatz interaktiver Medien: Nutzen und Konsequenzen für Dienstleistungsanbieter, in: Meyer, Anton (Hrsg.): Handbuch Dienstleistungs-Marketing, Band 1, Stuttgart, S. 297-318.

Meyers-Levy, Joan; Maheswaran, Durairaj (1991): Exploring Differences in Males' and Females' Processing Strategies, in: Journal of Consumer Research, 18 (1), S. 63-70.

Mills, Peter K.; Chase, Richard B.; Margulies, Newton (1983): Motivating the Client/Employee System as a Service Production Strategy, in: Academy of Management Review, 8 (2), S. 301-310.

Mills, Peter K.; Morris, James H. (1986): Clients as "Partial" Employees of Service Organizations: Role Development in Client Participation, in: Academy of Management Review, 11 (4), S. 726-735.

Miniard, Paul W.; Cohen, Joel B. (1979): Isolating Attitudinal and Normative Influences in Behavioral Intentions Models, in: Journal of Marketing Research, 16 (1), S. 102-110.

Mitchell, Andrew A.; Dacin, Peter A. (1996): The Assessment of Alternative Measures of Consumer Expertise, in: Journal of Consumer Research, 23 (3), S. 219-239.

Mittal, Banwari (1989): A Theoretical Analysis of Two Recent Measures of Involvement, in: Advances in Consumer Research, 16, S. 697-702.

Mittal, Banwari; Lee, Myung-Soo (1988): Separating Brand-Choice Involvement from Product Involvement via Consumer Involvement Profiles, in: Advances in Consumer Research, 15 (1), S. 43-49.

Mittal, Banwari; Lee, Myung-Soo (1989): A Causal Model of Consumer Involvement, in: Journal of Economic Psychology, 10 (3), S. 363-389.

Möller, Sabine (2004): Interaktion bei der Erstellung von Dienstleistungen. Die Koordination der Aktivitäten von Anbieter und Nachfrager, Wiesbaden.

Moore, William L.; Lehmann, Donald R. (1980): Individual Differences in Search Behavior for a Nondurable, in: Journal of Consumer Research, 7 (3), S. 296-307.

Moreau, C. Page; Lehmann, Donald R.; Markman, Arthur B. (2001): Entrenched Knowledge Structures and Consumer Response to New Products, in: Journal of Consumer Research, 38 (1), S. 14-29.

Moser, Klaus (2006): Mass Customization Strategies – Development of a Competence-based Framework for Identifying different Mass Customization Strategies, Morrisville.

Möslein, Kathrin M. (2000): Bilder in Organisationen. Wandel, Wissen und Visualisierung, Wiesbaden.

Mühlbacher, H. (1983): Die Messung von Produktinvolvement im Rahmen des "Involvement-Modells" der Werbewirkung, in: Mazanec, Josef; Scheuch, Fritz (Hrsg.): Marktorientierte Unternehmensführung, Wien, S. 707-728.

Murphy, Kevin R.; Davidshofer, Charles O. (2001): Psychological Testing: Principles and Applications, Upper Saddle River.

Nemeth, Robert; Ohlhausen, Peter (2000): Praxisbeispiel Siemens Medizintechnik – Erhöhung der Kundenperformance durch die Generierung hybrider Produkte, in: Bullinger, Hans-Jörg; Hermann, Sybille (Hrsg.): Wettbewerbsfaktor Kreativität: Strategien, Konzepte und Werkzeuge zur Steigerung der Dienstleistungsperformance, Wiesbaden, S. 171-177.

Nerdinger, Friedemann W. (1994): Zur Psychologie der Dienstleistung: Theoretische und empirische Studien zu einem wirtschaftspsychologischen Forschungsgebiet, Stuttgart.

Nerdinger, Friedemann W. (1995): Motivation und Handeln in Organisationen: Eine Einführung, Stuttgart u.a.

Nerdinger, Friedemann W. (1998): Interaktionsmanagement – Verbale und nonverbale Kommunikation als Erfolgsfaktoren in den Augenblicken der Wahrheit, in: Meyer, Anton (Hrsg.): Handbuch Dienstleistungs-Marketing, Band 2, Stuttgart, S. 1177-1193.

Neuhaus, Patricia (1996): Interne Kunden-Lieferanten-Beziehungen, Wiesbaden.

Newman, Joseph W.; Staelin, Richard (1971): Multivariate Analysis of Differences in Buyer Decision Time, in: Journal of Marketing Research, 8 (2), S. 192-198.

Noel, James L.; Ulrich, Dave; Mercer, Steven R. (1990): Customer Education: A New Frontier for Human Resource Development, in: Human Resource Management, 29 (4), S. 411-434.

Nolte, Hartmut (1976): Die Markentreue im Konsumgüterbereich, Bochum.

Normann, Richard (1987): Dienstleistungsunternehmen, Hamburg u.a.

Normann, Richard; Ramirez, Rafael (1993): From Value Chain to Value Constellation: Designing Interactive Strategy, in: Harvard Business Review, 71 (4), S. 65-77.

North, Klaus; Reinhardt, Kai (2005): Kompetenzmanagement in der Praxis – Mitarbeiterkompetenzen systematisch identifizieren, nutzen und entwickeln, Wiesbaden.

Norton, Robert (1983): Communicator Style. Theory, Applications, and Measures, Beverly Hills u.a.

Notarantonio, Elaine M.; Cohen, Jerry L. (1990): The Effects of Open and Dominant Communication Styles on Perceptions of the Sales Interaction, in: Journal of Business Communication, 27 (2), S. 171-184.

Novak, Thomas P.; Hoffman, Donna L.; Duhachek, Adam (2003): The Influence of Global-Directed and Experiental Activities on Online Flow Experiences, in: Journal of Consumer Psychology, 13 (1/2), S. 3-16.

Nunnally, Jum C. (1978): Psychometric Theory, New York u.a.

Ogawa, Susumu; Piller, Frank T. (2006): Collective Customer Commitment: Reducing the Risks of New Product Development, in: MIT Sloan Management Review, 47 (2), S. 65-72.

Oliver, Richard L. (1980): A Cognitive Model of the Antecedents and Consequences of Satisfaction Decisions, in: Journal of Marketing Research, 17 (4), S. 460-469.

Oliver, Richard L. (1981): Measurement and Evaluation of Satisfaction Processes in Retail Settings, in: Journal of Retailing, 57 (3), S. 25-48.

Oliver, Richard L. (1993): Cognitive, Affective, and Attribute Bases of the Satisfaction Response, in: Journal of Consumer Research, 20 (3), S. 418-430.

Oliver, Richard L. (1997): Satisfaction: A Behavioural Perspective on the Consumer, New York.

Oliver, Richard L. (1999): Whence Consumer Loyalty?, in: Journal of Marketing, 63 (4), S. 33-44.

Olshavsky, Richard W.; Miller, John A. (1972): Consumer Expectations, Product Performance, and Perceived Product Quality, in: Journal of Marketing Research, 9, S. 19-21.

Oon, Yin Bee; Khalid, Halimahtun M. (2003): Usability of Design by Customer Websites, in: Tseng, Mitchell M.; Piller, Frank T. (Hrsg.): The Customer Centric Enterprise: Advances in Mass Customization and Personalization, Berlin u.a., S. 283-300.

Oppermann, Ralf (1998): Marktorientierte Dienstleistungsinnovation: Besonderheiten von Dienstleistungen und ihre Auswirkungen auf eine abnehmerorientierte Innovationsgestaltung, Göttingen.

Ostrom, Amy L.; Roundtree, Robert I. (1998): Factors Influencing Consumers' Performance of Co-Production Service Roles, in: Scheuing, Eberhard E.; Brown, Stephan W.; Edvardsson, Bo; Johnston, Robert (Hrsg.): Pursuing Service Excellence: Practices and Insights, Warwick, S. 13-20.

Parasuraman, A.; Berry, Leonard L.; Zeithaml, Valarie A. (1991a): Understanding Customer Expectations of Service, in: Sloan Management Review, 32 (3), S. 39-48.

Parasuraman, A.; Berry, Leonard L.; Zeithaml, Valarie A. (1991b): Refinement and Reassessment of the SERVQUAL Scale, in: Journal of Retailing, 67 (4), S. 420-450.

Parasuraman, A.; Grewal, Dhruv (2000): The Impact of Technology on the Quality-Value-Loyalty. Chain: A Research Agenda, in: Journal of the Academy of Marketing Science, 28 (1), S. 168-174.

Parasuraman, A.; Zeithaml, Valarie A.; Berry, Leonard L. (1985): Conceptual Model of Service Quality and Its Implications for Future Research, in: Journal of Marketing, 49 (1), S. 4-50.

Parasuraman, A.; Zeithaml, Valarie A.; Berry, Leonard L. (1988): SERVQUAL: A Multiple-Item Scale for Measuring Consumer Perceptions of Service Quality, in: Journal of Retailing, 64 (1), S. 5-6.

Parasuraman, A.; Zeithaml, Valarie A.; Berry, Leonard L. (1994): Alternative Scales for Measuring Service Quality: A Comparative Assessment based on Psychometric and Diagnostic Criteria, in: Journal of Retailing, 70 (3), S. 201-230.

Parasuraman, A.; Zeithaml, Valarie A.; Berry, Leonard L. (1994): Reassessment of Expectations as a Comparison Standard in Measuring Service Quality: Implications for Further Research, in: Journal of Marketing, 58 (1), S. 111-124.

Park, C. Whan; Jun, Sung Youl; MacInnis, Deborah J. (2000): Choosing What I Want versus Rejecting what I Do not Want: An Application of Decision Framing to Product Option Choice Decisions, in: Journal of Marketing Research, 37 (2), S. 187-202.

Park, C. Whan; Lessig, Parker V. (1981): Familiarity and Its Impact on Consumer Decision Biases and Heuristics, in: Journal of Consumer Research, 8 (2), S. 223-229.

Park, C. Whan; Mothersbaugh, David L.; Feick, Lawrence (1994): Consumer Knowledge Assessment, in: Journal of Consumer Research, 21 (1), S. 71-82.

Parsons, Talcott (1970): How are Clients Integrated into Service Organizations?, in: Rosengren, William R.; Lefton, Mark (Hrsg.): Organizations and Clients: Essays in the Sociology of Service, Columbus, S. 1-16.

Penley, Larry E.; Alexander, Elmore R.; Jernigan, Edward I.; Henwood, Catherine I. (1991): Communication Abilities of Managers: The Relationship to Performance, in: Journal of Management, 17 (1), S. 57-76.

Peppers, Don; Rogers, Martha (2004): Managing Customer Relationships: A Strategic Framework, Hoboken.

Peppers, Don; Rogers, Martha; Dorf, Robert (1998): The One to One Fieldbook: The Complete Toolkit for Implementing a 1to1 Marketing Program, New York.

Peter, J. Paul (1979): Reliability: A Review of Psychometric Basics and Recent Marketing Practices, in: Journal of Marketing Research, 16 (1), S. 6-17.

Peter, J. Paul (1981): Construct Validity: A Review of Basic Issues and Marketing Practices, in: Journal of Marketing Research, 18 (2), S. 133-145.

Peter, J. Paul; Churchill, Gilbert A. (1986): Relationships Among Research Design Choices and Psychometric Properties of Rating-Scales: A Meta-Analysis, in: Journal of Marketing Research, 23 (1), S. 1-10.

Peter, J. Paul; Olson, Jerry C. (2005): Consumer Behavior and Marketing Strategy, Boston u.a.

Pfeffer, Jeffrey (1972): Mergers as a Response to Organizational Interdependence, in: Administrative Science Quarterly, 17 (3), S. 382-394.

Pfeffer, Jeffrey; Salancik, Gerald R. (1978): The External Control of Organizations: A Resource Dependence Perspective, New York.

Picot, Arnold; Dietl, Helmut; Franck, Egon (2005): Organisation. Eine ökonomische Perspektive, Stuttgart.

Picot, Arnold; Reichwald, Ralf; Wigand, Rolf T. (2003): Die grenzenlose Unternehmung: Information, Organisation und Management. Lehrbuch zur Unternehmensführung im Informationszeitalter, 5. Auflage, Wiesbaden.

Piller, Frank T. (2003): Mass Customization: Ein wettbewerbsstrategisches Konzept im Informationszeitalter, 3. Auflage, Wiesbaden.

Piller, Frank T. (2004): Innovation and Value Co-Creation. A Theoretical Approach for Integrating Customers in the Innovation Process, Habilitationsschrift, Technischen Universität München, München.

Piller, Frank T. (2005): Mass Customisation: Reflections on the State of the Concept, in: International Journal of Flexible Manufacturing Systems, 16 (10), S. 313-335.

Piller, Frank T.; Möslein, Kathrin M. (2002): From Economies of Scale towards Economies of Customer Integration – Value Creation in Mass Customization Based Electronic Commerce, in: Proceedings of the 15th Bled Electronic Commerce Conference, Konferenzband eReality: Constructing the eEconomy, 17.-19.6.2002, Bled, Slovenia.

Piller, Frank T.; Möslein, Kathrin M.; Stotko, Christof M. (2004): Does Mass Customization Pay? An Economic Approach to Evaluate Customer Integration, in: Production Planning and Control, 15 (4), S. 435-444.

Piller, Frank T.; Reichwald, Ralf; Möslein, Kathrin M. (2000): Information as a Critical Success Factor for Mass Customization, Or: Why Even a Customized Shoe Not Always Fits, in: Proceedings of the ASAC-IFSAM 2000 Conference, 8.-11. Juli 2000, Montreal.

Piller, Frank T.; Stotko, Christof M. (2003): Mass Customization und Kundenintegration: Neue Wege zum innovativen Produkt, Düsseldorf.

Pine II, B. Joseph (1993): Mass Customization: The New Frontier in Business Competition, Boston.

Piontkowski, Ursula (1982): Psychologie der Interaktion, München.

Plinke, Wulff (2000): Grundlagen des Marktprozesses, in: Kleinaltenkamp, Michael; Plinke, Wulff (Hrsg.): Technischer Vertrieb – Grundlagen des Business-to-Business-Marketing, Berlin/ Heidelberg, S. 3-98.

Popper, Karl R. (1934): Logik der Forschung, Tübingen.

Porcar, Rosa; Such, María-José; Alcántara, Enrique; García, Ana-Cruz; Page, Alvaro (2003): Applications of Kansei Engineering to Personalization: Practical Ways to Include Consumer Expectations into Personalization, in: Tseng, Mitchell M.; Piller, Frank T. (Hrsg.): The Customer Centric Enterprise: Advances in Mass Customization and Personalization, Berlin u.a., S. 301-313.

Porter, Michael E. (1999): Wettbewerb und Strategie, München.

Prahalad, C. K.; Hamel, Gary (1990): The Core Competence of the Corporation, in: Harvard Business Review, 68 (3), S. 79-81.

Prahalad, C. K.; Ramaswamy, Venkatram (2000): Co-opting Customer Competence, in: Harvard Business Review, 78 (1), S. 79-87.

Prahalad, C. K.; Ramaswamy, Venkatram (2004): The Future of Competition. Co-creating Unique Value with Customers, Boston.

Prahalad, C. K.; Ramaswamy, Venkatram (2003): The New Frontier of Experience Innovation, in: MIT Sloan Management Review, 44 (4), S. 12-18.

Pribilla, Peter; Reichwald, Ralf; Goecke, Robert (1996): Telekommunikation im Management: Strategien für den globalen Wettbewerb, Stuttgart.

Probst, Gilbert J. B.; Deussen, Arne; Eppler, Martin J.; Raub, Steffen P. (2000): Kompetenz-Management. Wie Individuen und Organisationen Kompetenz entwickeln, Wiesbaden.

Punj, Girish N.; Staelin, Richard (1983): A Model of Consumer Search Behavior for New Automobiles, in: Journal of Consumer Research, 9 (4), S. 366-380.

Putrevu, Sanjay; Ratchford, Brian T. (1997): A Model of Search Behavior with an Application to Grocery Shopping, in: Journal of Retailing, 73 (4), S. 463-486.

Rafiq, Mohammed; Ahmed, Pervaiz K. (2000): Advances in the Internal Marketing Concept: Definition, Synthesis and Extension, in: Journal of Services Marketing, 14 (6), S. 449-462.

Raju, Puthankurissi S. (1977): Product Familiarity, Brand Name, and Price Influences on Product Evaluation, in: Advances in Consumer Research, 4 (1), S. 64-71.

Raju, Puthankurissi S.; Lonial, Subhash C.; Mangold, W. Glynn (1995): Differential Effects of Subjective Knowledge, and Usage Experience on Decision Making – An Exploratory Investigation, in: Journal of Consumer Psychology, 4 (2), S. 153-180.

Ramirez, Rafael (1999): Value Co-Production: Intellectual Origins and Implications for Practice and Research, in: Strategic Management Journal, 20 (1), S. 49-65.

Randall, Taylor; Terwiesch, Christian; Ulrich, Karl T. (2005): Principles for User Design of Customized Products, in: California Management Review, 47 (4), S. 68-85.

Ratchford, Brian T. (2001): The Economics of Consumer Knowledge, in: Journal of Consumer Research, 27 (4), S. 397-411.

Raynes, Bobbie L. (2001): Predicting Difficult Employees: The Relationship between Vocational Interests, Self-Esteem, and Problem Communication Styles, in: Applied H.R.M. Research, 6 (1), S. 33-66.

Reckenfelderbäumer, Martin (1995): Marketing-Accouting im Dienstleistungsbereich: Konzeption eines prozesskostengestützten Instrumentariums, Wiesbaden.

Reichwald, Ralf (1977): Grundprobleme der Erfassung von Arbeitsleistungen in einer empirischen Theorie der betriebswirtschaftlichen Produktion, in: Köhler, Richard (Hrsg.): Empirische und handlungstheoretische Forschungskonzeptionen in der Betriebswirtschaftslehre, Stuttgart, S. 229-248.

Reichwald, Ralf (1993): Kommunikation und Kommunikationsmodelle, in: Wittmann, Waldemar; Kern, Werner; Köhler, Richard; Küpper, Hans-Ulrich; von Wysocki, Klaus (Hrsg.): Handwörterbuch der Betriebswirtschaft, Band 2, 5. Auflage, Stuttgart, S. 2174-2188.

Reichwald, Ralf (2005): Informationsmanagement, in: Bitz, Michael; Domsch, Michel; Ewert, Ralf; Wagner, Franz W. (Hrsg.): Vahlens Kompendium der Betriebswirtschaftslehre. Band 2, 5. Auflage, München, S. 247-301.

Reichwald, Ralf; Ihl, Christoph; Schaller, Christian (2003): Kundeninteraktionskompetenz im Innovationsmanagement für Dienstleistungen, in: Luczak, Holger (Hrsg.): Internationale Studie zur Dienstleistungsentwicklung in Unternehmen, Aachen, S. 18-39.

Reichwald, Ralf; Moser, Klaus; Schlichter, Johann; Stegmann, Rosmary; Leckner, Thomas (2006): Der Interaktions- und Kaufprozess für individualisierte Produkte, in: Lindemann, Udo; Reichwald, Ralf; Zäh, Michael F. (Hrsg.): Individualisierte Produkte. Komplexität beherrschen in Entwicklung und Produktion, Berlin u.a., S. 117-127.

Reichwald, Ralf; Möslein, Kathrin M. (1997): Innovationsstrategien und neue Geschäftsfelder von Dienstleistern – Den Wandel gestalten, in: Bullinger, Hans-Jörg (Hrsg.): Dienstleistungen für das 21. Jahrhundert. Gestaltung des Wandels und Aufbruch in die Zukunft, Stuttgart, S. 75-105.

Reichwald, Ralf; Möslein, Kathrin M.; Sachenbacher, Hans; Englberger, Hermann; Oldenburg, Stephan (2000): Telekooperation: Verteilte Arbeits- und Organisationsformen, Berlin u.a.

Reichwald, Ralf; Müller, Melanie; Ihl, Christoph; Piller, Frank T. (2005): Satisfaction of Customer Co-designers: Process vs. Product Satisfaction, in: Proceedings of the 34th EMAC Conference: Rejuvenating Marketing: Contamination, Innovation, Integration, 24.-27. Mai 2005, Mailand, S. 1-8.

Reichwald, Ralf; Müller, Melanie; Piller, Frank T. (2005): Management von Kundeninteraktion als Erfolgsfaktor, in: Kirn, Stefan; Piller, Frank; Reichwald, Ralf; Schenk, Michael; Seelmann-Eggebert, Ralf (Hrsg.): Kundenzentrierte Wertschöpfung mit Mass Customization: Kundeninteraktion, Logistik, Simulationssystem und Fallstudien, Magdeburg, S. 10-45.

Reichwald, Ralf; Piller, Frank T. (2000): Produktionsnetzwerke für Mass Customization – Potentiale, Arten und Implementation, in: Kaluza, Bernd; Blecker, Thorsten (Hrsg.): Produktions- und Logistikmanagement in virtuellen Unternehmen und Unternehmensnetzwerken, Berlin u.a., S. 599-628.

Reichwald, Ralf; Piller, Frank T. (2001): Die Reverse Economy. Begriff, Wertschöpfungsmodelle und Erfolgsfaktoren kundenorientierten Unternehmertums im Informationszeitalter, Band 25, Arbeitsberichte des Lehrstuhls für Allgemeine und Industrielle Betriebswirtschaftslehre, München.

Reichwald, Ralf; Piller, Frank T. (2002): Der Kunde als Wertschöpfungspartner, in: Albach, Horst; Kaluza, Bernd; Kersten, Wolfgang (Hrsg.): Wertschöpfungsmanagement als Kernkompetenz, Wiesbaden, S. 27-51.

Reichwald, Ralf; Piller, Frank T. (2002): Mass-Customization-Konzepte im E-Business, in: Weiber, Rolf (Hrsg.): Handbuch Electronic Business, Wiesbaden, S. 469-494.

Reichwald, Ralf; Piller, Frank T. (2006): Interaktive Wertschöpfung: Open Innovation, Individualisierung und neue Formen der Arbeitsteilung, Wiesbaden.

Reichwald, Ralf; Schaller, Christian (2003): Innovationsmanagement von Dienstleistungen – Herausforderungen und Erfolgsfaktoren in der Praxis, in: Bullinger, Hans-Jörg; Scheer, August-Wilhelm (Hrsg.): Service Engineering: Entwicklung und Gestaltung innovativer Dienstleistungen, Berlin u.a., S. 171-198.

Reichwald, Ralf; Seifert, Sascha; Ihl, Christoph (2004): Innovation durch Kundenintegration, Arbeitsbericht Nr. 40 des Lehrstuhls für Information, Organisation und Management der Technischen Universität München, Juni 2004, gekürzt abgedruckt in, in: Frey, Dietmar; von Rosenstiel, Lutz; Graf Hoyos, Carl (Hrsg.): Wirtschaftspsychologie (Angewandte Psychologie, Band 2), Weinheim.

Reichwald, Ralf; Siebert, Jörg; Möslein, Kathrin M. (2004): Leadership Excellence: Führungssysteme auf dem Prüfstand, in: Personalführung, (3), S. 50-56.

Richins, Marsha L.; Bloch, Peter H. (1986): After the New Wears Off: The Temporal Context of Product Involvement, in: Journal of Consumer Research, 13 (2), S. 280-285.

Ritter, Thomas (1998): Innovationserfolg durch Netzwerk-Kompetenz. Effektives Management von Unternehmensnetzwerken, Wiesbaden.

Rogoll, Timm A.; Piller, Frank T. (2003): Konfigurationssysteme für Mass Customization und Variantenproduktion. Strategie, Erfolgsfaktoren und Technologie von Systemen zur Kundenintegration, München.

Rosada, Michael (1990): Kundendienststrategien im Automobilsektor: Theoretische Fundierung und Umsetzung eines Konzeptes zur differenzierten Vermarktung von Sekundärdienstleistungen, Berlin.

Roth, Stefan (2001): Interaktionen im Dienstleistungsmanagement – Eine informationsökonomische Analyse, in: Bruhn, Manfred; Stauss, Bernd (Hrsg.): Dienstleistungsmanagement Jahrbuch 2001. Interaktionen im Dienstleistungsbereich, Wiesbaden, S. 35-66.

Rushton, Angela M.; Carson, David J. (1989): The Marketing of Services: Managing the Intangibles, in: European Journal of Marketing, 19 (3), S. 19-40.

Sahin, Funda (2000): Manufacturing Competitiveness: Different Systems to Achieve the Same Results, in: Production & Inventory Management Journal, 41 (1), S. 56-65.

Salvador, Fabrizio; Forza, Cipriano (2005): Individual Competences and Training Needs for Mass Customization, in: Proceedings of the 3th Interdisciplinary World Congress on Mass Customization and Personalization, 18.-21. September 2005, Hong Kong.

Sauer, Nicola (2003): Consumer Sophistication: Messung, Determinanten und Wirkungen auf Kundenzufriedenheit und Kundenloyalität, Wiesbaden.

Sauer, Nicola E. (2005): Entwicklung und Validierung einer Skala zur Messung von Consumer Sophistication, in: Marketing – Zeitschrift für Forschung und Praxis, 27 (1), S. 55-70.

Schafer, Joseph L.; Graham, John W. (2002): Missing Data: Our View of the State of the Art, in: Psychological Methods, 7 (2), S. 147-177.

Schanz, Günther (2000): Personalwirtschaftslehre: Lebendige Arbeit in verhaltenswissenschaftlicher Perspektive, München.

Schein, Edgar H. (1968): Organizational Socialization and the Profession of Management, in: Industrial Management Review, 9 (Winter), S. 1-15.

Schenk, Michael; Ryll, Frank; Schady, Rico (2003): Anforderungen an den Produktentwicklungsprozess für hybride Produkte im Anlagenbau, in: Industrie Management.

Schermelleh-Engel, Karin; Moosbrugger, Helfried; Müller, Hans (2003): Evaluating the Fit of Structural Equation Models: Test of Significance and Descriptive Goodness-of-Fit Measures, in: Methods of Psychological Research – Online, 8 (2), S. 23-74.

Schiffman, Leon G.; Kanuk, Leslie Lazar (2004): Consumer Behavior, Upper Saddle River.

Schnäbele, Peter (1997): Mass Customized Marketing. Effiziente Individualisierung von Vermarktungsobjekten und -prozessen, Wiesbaden.

Schneider, Benjamin; Bowen, David E. (1995): Winning the Service Game, Boston.

Schneider, Bernd; Totz, Carsten (2003): Web-gestützte Konfiguration komplexer Produkte und Dienstleistungen, Arbeitsbericht Nr. 98 des Instituts für Wirtschaftsinformatik der Westfälischen Wilhelms-Universität Münster, Münster.

Schnell, Rainer; Hill, Paul Bernhard; Esser, Elke (1999): Methoden der empirischen Sozialforschung, München u.a.

Schnurer, Katharina; Mandl, Heinz (2004): Wissensmanagement mit dem Ziel des Kompetenzaufbaus, in: von Rosenstiel, Lutz; Pieler, Dirk; Glas, Peter (Hrsg.): Strategisches Kompetenzmanagement. Von der Strategie zur Kompetenzentwicklung in der Praxis, Wiesbaden, S. 127-145.

Schoch, Rolf (1969): Der Verkaufvorgang als sozialer Interaktionsprozess, Winterthur.

Schreier, Martin (2005): Wertzuwachs durch Selbstdesign. Die erhöhte Zahlungsbereitschaft von Kunden beim Einsatz von "Toolkits for User Innovation and Design", Wiesbaden.

Schreier, Martin; Mair am Tinkhof, Astrid; Franke, Nikolaus (2006): Warum "Toolkits for User Innovation and Design" für ihre Nutzer Wert schaffen: Eine qualitative Analyse, in: Die Unternehmung: Schweizerische Zeitschrift für betriebswirtschaftliche Forschung und Praxis, 60 (3), S. 185-201.

Schreiner, Peter (2005): Gestaltung kundenorientierter Dienstleistungsprozesse, Wiesbaden.

Schwartz, Barry (2004): The Paradox of Choice, New York.

Schwarz, Ulrike; Müller, Melanie (2006): Karstadt und Maile: Zwei Konzepte für Herrenmode nach Maß, in: Piller, Frank T.; Stotko, Christof M. (Hrsg.): Mass Customization und Kundenintegration: Neue Wege zum innovativen Produkt (Modularisierungskapitel, online verfügbar unter www.symposion.de), Düsseldorf.

Selnes, Fred; Gronhaug, Kjell (1986): Subjective and Objective Measures of Product Knowledge Contrasted, in: Advances in Consumer Research, 13 (1), S. 67-71.

Selnes, Fred; Troye, Sigurd Villads (1989): Buying Expertise, Information Search, and Problem Solving, in: Journal of Economic Psychology, 10 (3), S. 411-428.

Sharma, Subhash; Durand, Richard M.; Gur-Arie, Oded (1981): Identification and Analysis of Moderator Variables, in: Journal of Marketing Research, 18 (3), S. 291-300.

Sherif, Muzafer; Cantril, Hadley (1947): The Psychology of Ego-Involvement. Social Attitudes and Identifications, New York.

Sheth, Jagdish N. (1976): Buyer-Seller Interaction: A Conceptual Framework, in: Proceedings of the Association for Consumer Research, Cincinnati, S. 382-386.

Sheth, Jagdish N.; Sisodia, Rajendra S.; Sharma, Arun (2000): The Antecedents and Consequences of Customer-centric Marketing, in: Journal of the Academy of Marketing Science, 28 (1), S. 55-66.

Shim, Soyeon; Gehrt, Kenneth C. (1996): Hispanic and Native American Adolescents: An Exploratory Study of Their Approach to Shopping, in: Journal of Retailing, 72 (3), S. 307-324.

Shostack, G. Lynn (1982): How to Design a Service, in: European Journal of Marketing, 16 (1), S. 49-64.

Shostack, G. Lynn (1985): Planning the Service Encounter, in: Czepiel, John A.; Solomon, Michael R.; Surprenant, Carol F. (Hrsg.): The Service Encounter, Managing Employee/Customer Interaction in Service Business, Lexington u.a., S. 243-254.

Siems, Florian (2003): Preiswahrnehmung von Dienstleistungen: Konzeptualisierung und Integration in das Relationship Marketing, Wiesbaden.

Simonson, Itamar (2005): Determinants of Customers' Responses to Customized Offers: Conceptual Framework and Research Propositions, in: Journal of Marketing, 69 (1), S. 32-45.

Sivadas, Eugene; Dwyer, F. Robert (2000): An Examination of Organizational Factors Influencing New Product Success in Internal and Alliance-Based Processes, in: Journal of Marketing, 64 (1), S. 31-49.

Skaggs, Bruce C.; Huffman, Tammy Ross (2003): A Customer Interaction Approach to Strategy and Production Complexity Alignment in Service Firms, in: Academy of Management Journal, 46 (6), S. 775-786.

Slama, Mark E.; Tashchian, Armen (1985): Selected Socioeconomic and Demographic Characteristics Associated with Purchasing Involvement, in: Journal of Marketing, 49 (1), S. 72-82.

Snyder, Charles R.; Fromkin, Howard L. (1977): Abnormality as a Positive Characteristic: The Development and Validation of a Scale Measuring Need for Uniqueness, in: Journal of Abnormal Psychology, 86 (Oktober), S. 518-527.

Solomon, Michael; Bamossy, Gary; Askegaard, Søren (2001): Consumer Behaviour: A European Perspective, Harlow u.a.

Solomon, Michael R.; Rabolt, Nancy J. (2003): Consumer Behavior: In Fashion, Upper Saddle River.

Solomon, Michael R.; Surprenant, Carol; Czepiel, John A.; Gutman, Evelyn G. (1985): A Role Theory Perspective on Dyadic Interactions: The Service Encounter, in: Journal of Marketing, 49 (1), S. 99-111.

Song, Jae H.; Adams, Carl R. (1993): Differentiation Through Customer Involvement in Production or Delivery, in: Journal of Consumer Marketing, 10 (2), S. 4-12.

Sonntag, Karlheinz; Scharper, Niclas (2006): Förderung beruflicher Handlungskompetenz, in: Sonntag, Karlheinz (Hrsg.): Personalentwicklung in Organisationen, Göttingen u.a., S. 270-311.

Spangenberg, Eric; Voss, Kevin E.; Crowley, Ayn C. (1997): Measuring the Hedonic and Utilitarian Dimensions of Attitude: A Generally Applicable Scale, in: Advances in Consumer Research, 24, S. 235-241.

Spath, Dieter; Demuß, Lutz (2003): Entwicklung hybrider Produkte – Gestaltung materieller und immaterieller Leistungsbündel, in: Bullinger, Hans-Jörg; Scheer, August-Wilhelm (Hrsg.):

Service Engineering: Entwicklung und Gestaltung innovativer Dienstleistungen, Berlin u.a., S. 467-506.

Spence, Mark T.; Brucks, Merrie (1997): The Moderating Effects of Problem Characteristics on Experts' and Novices' Judgements, in: Journal of Marketing Research, 34 (2), S. 233-247.

Spencer, Lyle M.; Spencer, Signe M. (1993): Competence at Work. A Model for Superior Performance, New York.

Spremann, Klaus (1990): Asymmetrische Information, in: Zeitschrift für Betriebswirtschaft ZfB, 60 (5/6), S. 561-586.

Spreng, Richard A.; MacKenzie, Scoff B.; Olshavsky, Richard W. (1996): A Reexamination of the Determinants of Consumer Satisfaction, in: Journal of Marketing, 60 (3), S. 15-32.

Spreng, Richard A.; Mackoy, Robert D. (1996): An Empirical Examination of a Model of Perceived Service Quality and Satisfaction, in: Journal of Retailing, 72 (2), S. 201-214.

Sproles, George B.; Geistfeld, Loren V.; Badenhop, Suzanne B. (1978): Informational Inputs as Influences on Efficient Consumer Decision-Making, in: The Journal of Consumer Affairs, 12 (1), S. 88-103.

Sproles, George B.; Kendall, Elizabeth L. (1986): A Methodology for Profiling Consumer's Decision-Making Styles, in: The Journal of Consumer Affairs, 20 (2), S. 267-279.

Staehle, Wolfgang H.; Conrad, Peter; Sydow, Jörg (1999): Management: Eine verhaltenswissenschaftliche Perspektive, München.

Stäudel, Thea (1987): Problemlösen, Emotionen und Kompetenz: die Überprüfung eines integrativen Konstrukts, Regensburg.

Stäudel, Thea (2004): Heuristische Kompetenz – Eine Schlüsselkompetenz in Zeiten der Ungewissheit, in: von den Eichen, Stephan A. Friedrich; Hinterhuber, Hans H.; Matzler, Kurt; Stahl, Heinz K. (Hrsg.): Entwicklungslinien des Kompetenzmanagements, Wiesbaden, S. 21-40.

Stauss, Bernd (1996): Dienstleistungen als Faktoren, in: Kern, Werner; Schröder, Hans-Horst; Weber, Jürgen (Hrsg.): Handwörterbuch der Produktionswirtschaft, Stuttgart, S. 318-327.

Stauss, Bernd (1998): Beschwerdemanagement, in: Meyer, Anton (Hrsg.): Handbuch Dienstleistungs-Marketing, Band 2, Stuttgart, S. 1255-1271.

Stauss, Bernd (1999): Kundenzufriedenheit, in: Marketing – Zeitschrift für Forschung und Praxis, 1 (1), S. 5-24.

Stauss, Bernd (2002): Kundenwissens-Management (Customer Knowledge Management), in: Böhler, H. (Hrsg.): Marketing-Management und Unternehmensführung, Stuttgart, S. 273-295.

Stauss, Bernd; Neuhaus, Patricia (1997): The Qualitative Satisfaction Model, in: International Journal Service Industry Management, 8 (3), S. 236-249.

Stauss, Bernd; Seidel, Wolfgang (2001): Prozessuale Zufriedenheitsermittlung und Zufriedenheitsdynamik bei Dienstleistungen, in: Homburg, Christian (Hrsg.): Kundenzufriedenheit. Konzepte – Methoden – Erfahrungen, 4. Auflage, Wiesbaden, S. 123-147.

Stotko, Christof M. (2005): Vertriebseffizienz durch Kundenintegration. Empirische Untersuchung am Beispiel deutscher Hersteller von Werkzeugmaschinen, Wiesbaden.

Stremersch, Stefan; Tellis, Gerard J. (2002): Strategic Bundling of Products and Prices: A New Synthesis for Marketing, in: Journal of Marketing, 66 (1), S. 55-72.

Sujan, Mita (1985): Consumer Knowledge: Effects on Evaluation Strategies Mediating Consumer Judgements, in: Journal of Consumer Research, 12 (1), S. 31-46.

Sureshchandar, G. S.; Chandrasekharan, Rajendran; Kamalanabhan, T. J. (2001): Customer Perceptions of Service Quality: A Critique, in: Total Quality Management, 12 (1), S. 111-124.

Surprenant, Carol; Solomon, Michael R. (1987): Predictability and Personalization in the Service Encounter, in: Journal of Marketing, 51 (4), S. 86-96.

Swartz, Teresa A.; Bowen, David E.; Brown, Stephen W. (1992): Fifteen Years after Breaking Free: Services Then, Now and Beyond, in: Advances in Services Marketing and Management, 1, S. 1-21.

Tansuhaj, Patriya; Randall, Donna; McCullough, Jim (1988): A Services Marketing Management Model: Integrating Internal and External Marketing Functions, in: The Journal of Services Marketing, 2 (1), S. 31-38.

Tasch, Andreas; Mraczny, Sebastian; Reichwald, Ralf (2005): Management kommerzieller Lifestyle-Communities, in: Reichwald, Ralf; Krcmar, Helmut; Schlichter, Johann; Baumgarten, Uwe (Hrsg.): Community Services: Lifestyle, Lohmar, S. 29-136.

Taylor, Steven A.; Baker, Thomas L. (1994): An Assessment of the Relationship between Service Quality and Customer Satisfaction in the Formation of Consumers' Purchase Intentions, in: Journal of Retailing, 70 (2), S. 163-178.

Teresko, John (1994): Mass Customization or Mass Confusion, in: Industry Week, (12), S. 45-48.

Thibaut, John W.; Kelley, Harold H. (1986): The Social Psychology of Groups, New Brunswick u.a.

Thomke, Stefan; von Hippel, Eric (2002): Customers as Innovators. A New Way to Create Value, in: Harvard Business Review, 80 (4), S. 74-81.

Tian, Kelly Tepper; Bearden, William O.; Hunter, Gary L. (2001): Consumers' Need for Uniqueness: Scale Development and Validation, in: Journal of Consumer Research, 28 (1), S. 50-66.

Toffler, Alvin (1970): Der Zukunftsschock, Bern u.a.

Toffler, Alvin (1980): The Third Wave: The Classic Study of Tomorrow, New York.

Totz, Carsten; Riemer, Kai (2001): The Effect of Interface Quality on Success – An Intergrative Approach on Mass Customization Design, in: Proceedings of the 2nd World Congress on Mass Customization and Personalization, 6.-8. Oktober 2003, München.

Trommsdorff, Volker (2004): Konsumentenverhalten, Stuttgart u.a.

Tse, David K.; Wilton, Peter C. (1988): Models of Consumer Satisfaction Formation: An Extension, in: Journal of Marketing Research, 25 (2), S. 204-212.

Tseng, Mitchell M.; Piller, Frank T. (2003): The Customer Centric Enterprise, in: Tseng, Mitchell M.; Piller, Frank T. (Hrsg.): The Customer Centric Enterprise: Advances in Mass Customization and Personalization, Berlin u.a., S. 3-16.

Tunder, Ralph (2000): Der Transaktionswert der Hersteller-Handel-Beziehung: Hintergründe, Konzeptualisierung und Implikationen auf Basis der neuen Institutionenökonomik, Wiesbaden.

Ulrich, Pamela V.; Anderson-Connell, Lenda Jo; Wu, Weifang (2003): Consumer Co-Design of Apparel for Mass Customization, in: Journal of Fashion Marketing and Management, 7 (4), S. 398-412.

Unterreitmeier, Andreas (2003): Auswirkungen alternativer Skalierungsverfahren auf das Antwortverhalten der Befragten, in: planung & analyse, (3), S. 65-71.

Urban, Glen L.; von Hippel, Eric (1988): Lead User Analyses for the Development of New Industrial Products, in: Management Science, 34 (5), S. 569-582.

Urbany, Joel E.; Dickson, Peter R.; Kalapurakal, Rosemary (1996): Price Search in the Retail Grocery Market, in: Journal of Marketing, 60 (2), S. 91-104.

Van Raaij, Fred W.; Prunyn, Ad T.H. (1998): Customer Control and Evaluation of Service Validity and Reliability, in: Psychology & Marketing, 15 (8), S. 811-832.

Venkatraman, Meera P. (1990): Opinion Leadership, Enduring Involvement and Characteristics of Opinion Leaders: A Moderating or Mediating Relationship, in: Advances in Consumer Research, 17, S. 60-67.

Von Hippel, Eric von (1988): The Sources of Innovation, New York u.a.

Von Hippel, Eric (2001): Perspective: User Toolkits for Innovation, in: Journal of Product Innovation Management, 18 (4), S. 247-257.

Von Hippel, Eric von (2005): Democratizing Innovation, Cambridge.

Von Krogh, Georg; Roos, Johan (1995): A Perspective on Knowledge, Competence and Strategy, in: Personnel Review, 24 (3), S. 56-76.

Von Rosenstiel, Lutz (2004): Rollen in Organisationen aus psychologischer Sicht, in: von Rosenstiel, Lutz; Pieler, Dirk; Glas, Peter (Hrsg.): Strategisches Kompetenzmanagement. Von der Strategie zur Kompetenzentwicklung in der Praxis, Wiesbaden, S. 94-113.

Voss, Kevin E.; Spangenberg, Eric R.; Grohmann, Bianca (2003): Measuring the Hedonic and Utilitarian Dimensions of Consumer Attitude, in: Journal of Marketing Research, XL (August), S. 310-320.

Walcher, Dominik (2006): Der Ideenwettbewerb als Methode der aktiven Kundenintegration, Technische Universität München, München.

Webb, Dave (2000): Understanding Customer Role and Its Importance in the Formation of Service Quality Expectations, in: The Service Industries Journal, 20 (1), S. 1-21.

Wegge, Jürgen (2006): Gruppenarbeit, in: Schuler, Heinz (Hrsg.): Lehrbuch der Personalpsychologie, 2. Auflage, Göttingen u.a., S. 579-610.

Wehrli, Hans Peter; Wirtz, Bernd W. (1997): Mass Customization und Kundenbeziehungsmanagement: Aspekte und Gestaltungsvarianten transaktionsspezifischer Marketingbeziehungen, in: Jahrbuch der Absatz- und Verbrauchsforschung, 43 (2), S. 116-138.

Weiber, Rolf; Jacob, Frank (2000): Kundenbezogene Informationsgewinnung, in: Kleinaltenkamp, Michael; Plinke, Wolfgang (Hrsg.): Technischer Vertrieb – Grundlagen des Business-to-Business-Marketing, 2. Auflage, Berlin und Heidelberg, S. 523-612.

Weil, Marty (2000): Tool at the Crux, in: Manufacturing Systems, (Juni), S. 61-66.

Westbrook, Robert A.; Oliver, Richard L. (1991): Developing Better Measures of Consumer Satisfaction: Some Preliminary Results, in: Advances in Consumer Research, (8), S. 94-99.

Westbrook, Robert A.; Reilly, Michael D. (1982): Value-Percept Disparity: An Alternative to the Disconfirmation of Expectations Theory of Consumer Satisfaction, in: Advances in Consumer Research, 10 (1), S. 256-261.

Wiedemann, Steffen (2002): Die Nutzung von Mass Customization-Konfiguratoren. Eine empirische Analyse, Diplomarbeit an der Fakultät für Betriebswirtschaft der Ludwig-Maximilians-Universität, München.

Wikström, Solveig (1996a): The Customer as Co-Producer, in: European Journal of Marketing, 30 (4), S. 6-19.

Wikström, Solveig (1996b): Value Creation by Company-Consumer Interaction, in: Journal of Marketing Management, 12 (5), S. 359-374.

Wikström, Solveig (1996c): Creating Value through Company-Consumer Interaction, in: Hansen, Ursula (Hrsg.): Marketing im gesellschaftlichen Dialog, Frankfurt am Main/New York.

Williams, Kaylene C.; Spiro, Rosann L. (1985): Communication Style in the Salesperson-Customer Dyad, in: Journal of Marketing, 22 (4), S. 434-442.

Williams, Kaylene C.; Spiro, Rosann L.; Fine, Leslie M. (1990): The Customer-Salesperson Dyad: An Interaction/Communication Model and Review, in: The Journal of Personal Selling & Sales Management, 10 (3), S. 29-43.

Williamson, Oliver E. (1985): The Economic Institutions of Capitalism, New York/London.

Wilson, David T. (1976): Dyadic Interaction: An Exchange Process, in: Advances in Consumer Research, 3 (1), S. 394-397.

Wind, Jerry; Rangaswamy, Arvind (2001): Customerization: The Next Revolution in Mass Customization, in: Journal of Interactive Marketing, 15 (1), S. 13-32.

Witte, Eberhard (1972): Das Informationsverhalten in Entscheidungsprozessen, Tübingen.

Wolf, Joachim (2005): Organisation, Management und Unternehmensführung. Theorien und Kritik, Wiesbaden.

Wolny, Julia (2005): Factors Affecting Consumer Adoption of Mass Customisation: Large-scale Internet Study, in: Proceedings of the 3rd Interdisciplinary World Congress on Mass Customization and Personalization, 18.-21. September 2005, Hong Kong.

Zaichkowsky, Judith Lynne (1985): Measuring the Involvement Construct, in: Journal of Consumer Research, 12 (3), S. 341-352.

Zaichkowsky, Judith Lynne (1994): The Personal Involvement Inventory: Reduction, Revision, and Application to Advertising, in: Journal of Advertising, 23 (4), S. 59-70.

Zeithaml, Valarie A. (1981): How Consumer Evaluation Processes Differ Between Goods and Services, in: Donelly, James H. Jr.; Georg, William R. (Hrsg.): Marketing of Services, Chicago, S. 186-190.

Zeithaml, Valarie A.; Berry, Leonard L.; Parasuraman, A. (1996): The Behavioral Consequences of Service Quality, in: Journal of Marketing, 60 (2), S. 31-46.

Zeithaml, Valarie A.; Bitner, Mary Jo (2000): Services Marketing: Integrating Customer Focus across the Firm, Boston u.a.

Zeithaml, Valarie A.; Parasuraman, A.; Berry, Leonard L. (1985): Problems and Strategies in Services Marketing, in: Journal of Marketing, 46 (2), S. 33-46.

Zeithaml, Valarie A.; Rust, Roland T.; Lemon, Katherine N. (2001): The Customer Pyramid: Creating and Serving Profitable Customers, in: California Management Review, 43 (4), S. 118-142.

Zipkin, Paul (2001): The Limits of Mass Customization, in: Sloan Management Review, 42 (3), S. 81-87.

Zuboff, Shoshana; Maxmin, James (2002): The Support Economy: Why Corporations are Failing Individuals and the Next Episode of Capitalism, London.

Stichwortverzeichnis

Printed in Great Britain
by Amazon

18992061R00200